Ⅰ. 用材林

• 杨—白榆混交林

• 杨树速生丰产林

• 杨树新品种：北林雄株 2 号

• 窄冠毛白杨

• 株行距 4mx6m 的 6 年生速生杨（刘春鹏 摄）

Ⅱ．经济林

● 苹果Ⅴ字形栽培

● 苹果纺锤形

● 苹果纺锤形栽培

● 苹果篱壁形栽培

• 梨 V 字形栽培

• 梨架式栽培

• 梨架式栽培

• 梨架式栽培

• 梨架式栽培

• 梨棚架栽培

• 梨园生草

• 葡萄架式栽培

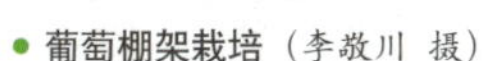

• 葡萄棚架栽培（李敬川 摄）

• 葡萄设施栽培（李敬川 摄）

• 樱桃架式栽培

• 油桃设施栽培

● 核桃丰产栽培

● 金银花丰产栽培

文冠果：果

文冠果：花

银杏叶用林

Ⅲ．景观林

● 景观树种：金叶榆（闫淑芳 摄）

● 景观树种：金叶国槐（闫淑芳 摄）

• 景观树种：海棠（闫淑芳 摄）

• 景观树种：文冠果

• 景观树种：冀榆 2 号（闫淑芳 摄）

• 景观树种：丝棉木

● 彩叶树种景观林（闫淑芳 摄）

● 乔木树种＋地被花卉景观林

● 苗林一体化经营

● 苗林一体化经营

Ⅳ．林地复合经营

杨—小麦复合经营

杨—谷子复合经营

杨—花生复合经营

● 杨—朝天椒复合经营

● 杨—魔芋复合经营

● 杨—药用牡丹复合经营

杨—芍药复合经营

悬铃木—大葱复合经营

悬铃木—甘蓝复合经营

• 白蜡—大蒜复合经营

• 核桃—桔梗复合经营

• 梨—花生复合经营

• 银杏—紫菀复合经营

• 银杏—大蒜复合经营

• 杨—食用菌复合经营

• 杨—食用菌复合经营

• 林下柴鸡养殖

• 林下鹅养殖

• 林下鸵鸟养殖

林下牛养殖

林下舍饲养羊

林下羊养殖

V．休闲林业

● 晋州周家庄生态观光园

● 晋州周家庄生态观光园

● 晋州周家庄生态观光园

● 晋州周家庄生态观光园

● 石家庄林外林生态观光园

石家庄林外林生态观光园

石家庄林外林生态观光园

• 石家庄林外林生态观光园

• 石家庄林外林生态观光园

Ⅵ.新技术 新机械

起苗机

植树机

旋耕机

割草机

• 开沟机

• 风送式喷雾机

• 风送式喷雾机

• 无人机作业

• 果园自走式作业平台

• 果园自走式作业平台

• 黏虫胶防治枣树虫害（赵志新 摄）

• 黏虫胶防治春尺蠖（赵志新 摄）

• 黏虫胶防治草履蚧（赵志新 摄）

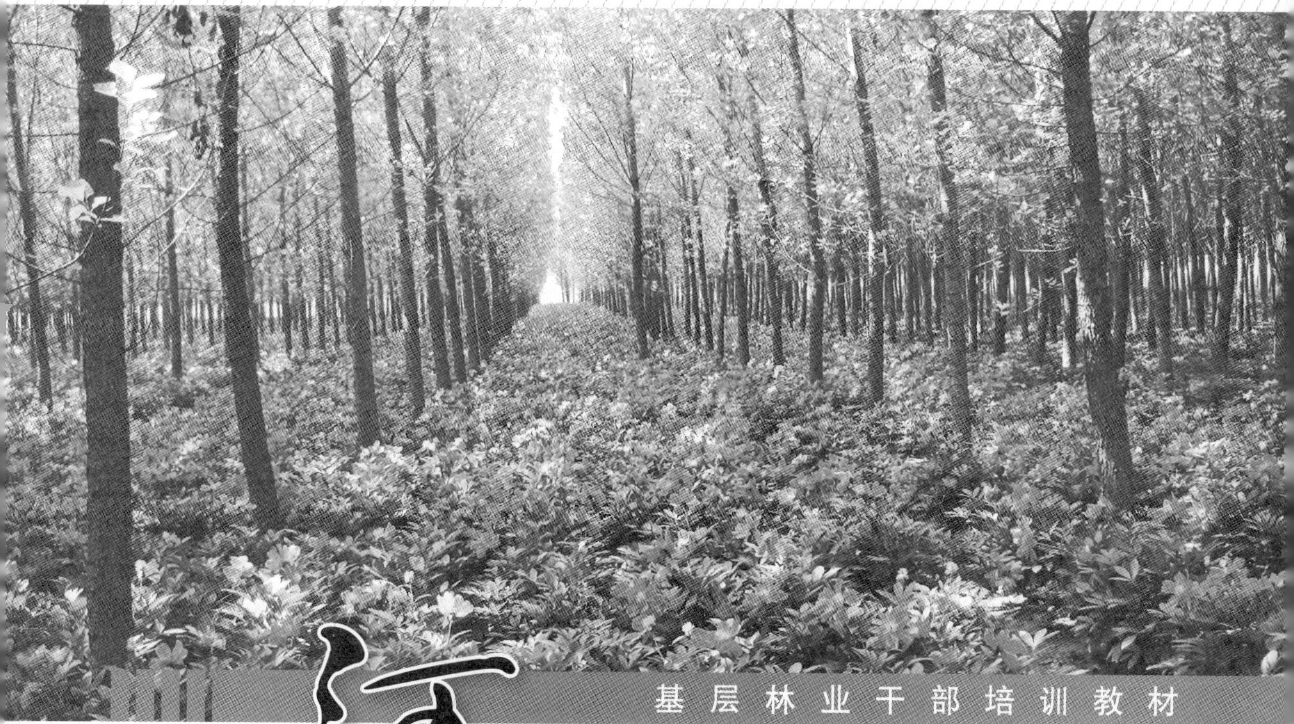

基层林业干部培训教材

河北平原林业集约经营技术

FORESTRY INTENSIVE MANAGEMENT TECHNOLOGY IN HEBEI PLAIN

毕 君 郭书彬◎主编

中国林业出版社
China Forestry Publishing House

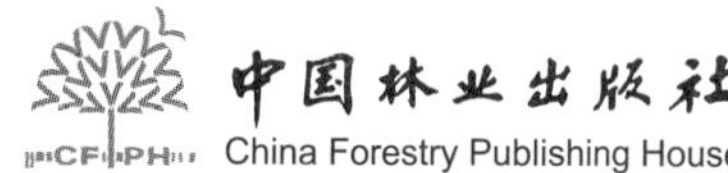

图书在版编目(CIP)数据

河北平原林业集约经营技术 / 毕君，郭书彬主编. —北京：中国林业出版社，2018.5
基层林业干部培训教材
ISBN 978-7-5038-9573-9

Ⅰ.①河… Ⅱ.①毕… ②郭… Ⅲ.①林业经营-集约经营-研究-河北 Ⅳ.①F326.272.2

中国版本图书馆 CIP 数据核字(2018)第102012号

国家林业和草原局生态文明教材及林业高校教材建设项目

中国林业出版社·教育出版分社

策划编辑：肖基浒　　**责任编辑**：肖基浒　曹鑫茹

电　　话：(010)83143555　　**传　　真**：(010)83143516

出版发行　中国林业出版社(100009　北京市西城区德内大街刘海胡同7号)
E-mail:jiaocaipublic@163.com　电话：(010)83223120
http://lycb.forestry.gov.cn

经销　新华书店
印刷　三河市祥达印刷包装有限公司
版次　2018年5月第1版
印次　2018年5月第1次
开本　787mm×1092mm　1/16
印张　19.25　插页　24
字数　518千字
定价　56.00元

《河北平原林业集约经营技术》编委会

主　　编： 毕　君　郭书彬

副 主 编： 王　超　宋熙龙

编写人员：（以姓氏笔画为序）

王春荣　王燕来　尤海舟　亢海英
龙学兵　任启文　杨丽娟　李　晋
李联地　陈群领　尚国亮　姚伟强
赵高鑫　高红真　高运茹　秦素洁
耿新杰　袁　媛　蔡　肖　魏红彦

序

平原林业是我国林业建设的重要组成部分，加快平原林业发展，对维护国家生态安全、粮食安全、木材安全，促进农民就业增收，推动农村生态文明，实现平原地区经济社会科学发展，具有重大战略意义。

河北平原西倚太行，北靠燕山，东临渤海，内环京津及河北省省会等诸多大中城市，是京津冀的核心地区，区位优势明显。河北平原是河北省农业生产条件最好的地区，是小麦、棉花、花生、玉米等作物主要种植区，又是苹果、梨、桃、枣等干鲜果品的主要产区。平原林业既承担改善农业生产条件，生产木材和果品，又担负改善人居环境的作用。

党的十八大提出要建设生态文明，并把生态文明建设提升到五位一体总体布局的战略高度；2015 年，京津冀协同发展上升为国家战略，把建设“京津冀生态环境支撑区”明确为河北省的功能定位之一；2017 年，党中央、国务院决定设立国家级新区——雄安新区，建设绿色生态宜居新城成为其发展定位之一，并提出大幅度增加新区的森林和绿地面积，建设绿色、森林、智慧、水城一体的新区，打造生态城市标杆。新的形势为河北平原林业发展带来新的发展机遇和挑战。传统的低投入、低产出、小规模、零散种植、分散经营的林业发展模式，正在面临大量工商资本的进入，在土地流转机制下形成的林业大户、家庭林场、林业合作社、林业企业，向现代林业的规模种植和集约经营、高投入和高产出转变，为平原林业发展带来新的无限活力。

《河北平原林业集约经营技术》全面系统总结了平原林业用材林、经济林、林粮、林药、林畜、林菜等复合经营模式、生态景观林、休闲观光林业等经营模式及林地土壤管理、节水灌溉、病虫害防治、机械化和自动化作业等方面的新技术，并提供了相关案例。为新形势下的林业发展，提供了科学、实用、符合实践需求的营造林模式及配套技术。该书内容通俗易懂，对于指导当前林业生产，促进农民增收致富具有积极意义。希望该书的出版能够有助于提高河北平原及全国同类地区的林业生产和经营管理水平。

中国工程院院士 [签名]

前　言

河北平原系华北平原的一部分，面积81 459km^2，占河北省总面积的43.4%。中华人民共和国成立以来，平原林业经历了20世纪五六十年代的沙荒造林和四旁植树、七八十年代的农林间作和农田林网化建设、八十年代末期到九十年代的平原绿化达标、高标准平原绿化试点和新时期的平原绿化工程。平原区林业的主导功能是调节小气候，保护农田，提供林果产品和保障人居环境。作为传统农业区，河北平原林业存在的主要问题是：①森林覆盖率较低。部分县(区、市)的森林覆盖率不足10%，京津保平原生态过渡带森林覆盖率只有11.84%；②农田防护林网不健全。由于受土地承包经营的影响，20世纪七八十年代形成的农田防护林网格化体系显著退化、残缺不全；③造林模式单一、新技术普及率和集约化经营水平低；④林木所有权属中个体所有占较大比重，经营规模小，在市场经济环境下，林农易受市场经济利益的驱动，造林成果不易巩固。

在市场经济的推动下，资本市场越来越多参与到平原林业建设，农业供给侧改革，也正在改变传统种植结构和模式。为此，各地在探索创新平原造林绿化机制方面已经取得积极进展。一是适度规模流转造林绿化用地，有效解决平原造林用地少、规模小、综合效益低的问题。二是培育新型造林主体。为适应林业生态建设和产业发展形势，改变"一家一户、零打碎敲"的林业经营模式，通过强化组织领导、加大财政投入和政策引导，积极培育造林大户、家庭农场、林业合作社、林业企业等新型造林主体开展规模造林和集约经营。伴随着平原林业经营主体、经营机制的变革，以传统农田防护林和"一家一户小果园"为主的平原林业发展模式，已经发生根本性变化，平原林业新的发展形势，迫切需要新技术、新品种、新模式、新机械。作者根据多年来的林业科研与生产实践，结合近年来的科研成果，创新和总结了用材林、经济林、生态景观林、休闲观光林业、农林复合及集约经营新技术等相关内容和案例。

本书紧密结合生产实际，力求通俗易懂，学以致用，可供广大林业生产管理、科技推广人员、新型林业经营主体和广大农民使用参考。本书编写过程中，得到了河北省林业外资项目管理中心的大力支持，平原有关市县林业部门及河北省林业科学研究院的有关专家提供了许多有益的帮助，在此一并致谢。

由于作者水平所限，书中难免存在错误和疏漏，敬请同行和广大读者批评指正。

编　者

2017年8月

目　录

第1章 总 论

1.1 河北平原概况

1.1.1 地理气候

河北平原系华北平原的一部分，位于东经114°05′~119°50′、北纬36°05′~40°15′之间，南界漳河，北至燕山，西邻太行山，东濒渤海，面积81 459km^2，占河北省总面积的43.4%。按成因分为残坡积平原、冲积扇平原、泛滥平原、冲积湖积平原和冲积海积平原5个二级地貌类型。其中以冲积扇平原和泛滥平原为主，分别占全区的52%和33%。该区地势低平，海拔由100m左右降低至渤海沿岸的3m左右。整个区域属于暖温带湿润或半湿润气候，冬季寒冷干燥，雨雪稀少；春季冷暖多变，干旱多风；夏季炎热潮湿，雨量集中；秋季风和日丽，凉爽少雨。全区年均气温12~13.3℃，年总辐射量4 900~5 300MJ/m^2，年日照时数2 400~2 700h，≥0℃积温4 200~5 200℃，无霜冻期170~205d，年平均降水量430~730mm，降水主要集中在夏季，占全年降水总量的65%~75%，年降水量变率较大。

1.1.2 土壤植被

河北平原土壤母质主要由第四纪沉积物所组成，共有13个土类37个亚类79个土属。土壤种类包括沼泽土、棕壤、栗钙土、粗骨土、栗褐土、褐土、水稻土、砂姜黑土、灌淤土、潮土、碱土、滨海盐土和风沙土。其中潮土分布最为广泛，其次是褐土，再次为滨海盐土。河北平原农耕历史悠久，各类自然土壤已熟化为耕作土壤。从山麓至滨海，土壤变化明显。沿燕山、太行山、平原中部主要为黄潮土，冲积平原上尚分布有其他土壤，如沿漳河、滹沱河、永定河等大河的泛道分布的风沙土；扇前洼地及湖淀周围的盐碱土或沼泽土。黄潮土为华北平原最主要的耕作土壤，耕性良好，矿物养分丰富，在利用、改造上潜力很大。平原东部沿海一带为滨海盐土分布区，经开垦排盐，形成盐潮土。

河北平原大部分属暖温带落叶阔叶林带，原生植被早已被农作物所取代，仅在太行山、燕山山麓边缘生长有旱生、半旱生灌丛或灌草丛，局部沟谷或山麓丘陵阴坡出现小片落叶阔叶林。广大平原的田间路旁，以禾本科、菊科、蓼科、藜科等组成的草甸植被为主。海河一些支流泛滥淤积的沙地、沙丘上，生长有沙蓬、蒺藜等沙生植物。平原上的湖淀洼地，不少低湿沼泽生长有芦苇，局部水域生长荆三棱、莲、芡实、菱等水生植物。在内陆盐碱地和滨海盐碱地上生长有各种耐盐碱植物，如蒲草、珊瑚菜、盐蓬、碱蓬、剪刀股等。

1.1.3 农业资源

河北平原土层深厚，土质肥沃。主要粮食作物有小麦、玉米、水稻、谷子等，经济作物主要有棉花、花生、芝麻、大豆等。河北平原是我国小麦、棉花、花生、玉米等作物主要种植区，也是温带果品如苹果、梨、柿和核桃、板栗、红枣等的主要产区。沿海平原又是重要海盐产地。

多年来，华北地区持续干旱少雨，多数河流常年干涸或成为季节性河流，河北平原多年平均水资源量约 $203\times10^8m^3$，可利用水资源量 $171\times10^8m^3$，人均占有水资源量 $307m^3$，是全国人均水资源量的1/7，世界人均水资源量的1/32，属于极度资源型缺水地区（程群旺，2015）。此外，还表现为地表水时空分布不均，地下水资源开采严重，石家庄、邢台、邯郸、保定、衡水等城市的地下水开采量已占总供水量的70%以上，农田灌溉耗水导致的地下水超采是引起河北平原地下水位持续下降的直接原因。近30年来，河北平原生产粮食约 5.9×10^8t，农田耗水总量约 $7\ 224\times10^8m^3$，开采地下水约 $4\ 400\times10^8m^3$（其中约 $3\ 300\times10^8m^3$ 用于农田灌溉），地下水位下降约11.5m（袁再健，2014）。

1.1.4 社会经济概况

2015年，河北省有132个县（市），平原县91个（注：未包括市辖区），陆域面积占全省总面积的37.13%。平原县县域平均面积 $823km^2$，平均户籍人口46.7万人（2013年），平均人口密度568人/km^2，平原县平均规模在全国各省级单元中是最小的。河北平原特殊的区位和交通便利条件，造就平原县域经济中，村镇工业发展迅速，村镇工业以传统产业为主，低端化特征较为明显。村镇工业的活跃使农村地区人口不降反增，2009—2012年，京津冀地区人口增量70%在农村，反映了近些年河北农村地区快速工业化的状况。但由此导致的环境污染治理压力很大，是京津冀地区污染治理和生态修复的难点所在（张娟，2016）。

1.2 河北平原林业现状和存在问题

1.2.1 平原林业现状

平原林业是我国林业建设的重要组成部分，加快平原林业发展，对维护国家生态安全、粮食安全、木材安全，促进农民就业增收，推动农村生态文明，实现平原地区经济社会科学发展，具有重大战略意义。建国以来，平原林业经历了20世纪五六十年代的沙荒造林和四旁植树、七八十年代的农林间作和农田林网化建设、80年代末期到90年代的平原绿化达标、高标准平原绿化试点和新时期的平原绿化工程等不断发展、逐步完善的多个发展时期，平原林业得到了长足发展（徐志扬，2014）。

根据《河北省造林绿化规划（2011—2020年）》（河北省绿化委员会、河北省林业局，2011），河北平原划分为“冀中及东南平原”和“冀东沿海地区”两部分，“冀中及东南平原”包含124个县（市、区）（注：含平原和半山区半平原县），有林地面积（含特灌）$77.93\times10^4hm^2$，森林覆盖率为11.71%。“冀东沿海地区”包括14个县（市、区），有林地面积（含特灌)$7.8\times10^4hm^2$，森林覆盖率11.66%。从平原林业的组成看，主要包括用材林、防护林(包括通道绿化、农田林网、村镇绿化)、经济林等类型。根据第八次全国森林资源清查成果，经济林在平原林业中占有重要地位，约占有林地面积的19.01%，主要树种有苹果、梨、桃、枣等；用材林和防护林树种主要是各类杨树，特别是速生杨，占有林地面积的2/3以上；按森林资源权属划分，平原林业以个体所有为主，林地面积占59.66%，经济林更是以个体所有占绝对优势，达90%以上。

1.2.2 林业和生态环境的主要问题

平原区林业的主导功能是调节小气候、保护农田、提供林果产品和人居环境保障。主要问题是：①林木覆盖率较低。有些县的森林覆盖率不足10%，京津保平原生态过渡带(见1.3.1.2)森林覆盖率也只有11.84%，而北京市平原森林覆盖率已达25%(2015年)；②农田防护林网不健全。由于受土地承包经营的影响，平原区20世纪七八十年代形成的农田防护林网体系残缺不全、退化严重；③用材林树种单一、集约化经营水平低。北方平原区杨树独大的局面没有改观。近年来，受市场经济和木材价格低迷的影响，平原区防护林和用材林经营管理粗放。④平原地区的森林资源结构中个体所有占较大比重，在市场经济环境下，林农易受市场经济利益的驱动，在种植林木和粮食两者之间取经济利益较高者，当粮食价格上涨、林木价格下跌时，造林成果不易巩固。

河北平原农村人口众多，约占全省农村人口的80%，是我国重要的粮棉产区。随着人口的增长和农村经济的快速发展，河北平原农村生态建设问题也日益突出。主要表现在：①经济基础薄弱，工业化水平相对较低，生态环境基础设施薄弱。河北平原农村是传统农业产区，经济基础薄弱，工业化水平相对较低。工业企业的规模小，产业链短，农业产业化水平低，增值作用不明显，和农业生产的优势条件不匹配。薄弱的经济基础制约了对生态环境保护的投入，主要表现在村镇绿地系统、污水和废弃物处理等严重滞后。②资源环境承载能力较低。主要是水资源和优质耕地资源不足，盐渍化土地面积大，旱、涝等自然灾害频发，资源与环境承载能力低。③农业和农村面源污染严重。河北平原农药、化肥的使用量逐年增加，农业废弃物回收再利用率低，农业面源污染较为突出(张伟，2011)。

由于地下水超采严重，地下水位大幅度下降等原因，自20世纪60年代在河北邯郸发现地裂缝以来，海河流域平原区已发现地裂缝200多条，主要分布在石家庄、保定、邯郸等地区，其规模长达数米到500m，最长达数千米。河北省柏乡县地裂缝，始发现于1996年，到目前为止，这个地裂缝已长达8 000m，可见深度为1.5m，宽度为0.5m以上，且深度和宽度仍在扩大。海河流域平原区地裂缝主要由构造裂缝、塌陷伴生裂缝、地面沉降裂缝和脱水干裂缝类型组成。其中，开采地下水引起地面不均匀性沉降，产生地面沉降裂缝；地下水位大幅度下降，产生了脱水干裂缝。海河流域地下水超采严重是造成地裂缝产生的主要原因，超采地下水还带来地下漏斗形成、湿地湖泊干涸、海水入侵等一系列生态环境问题。浅层地下水都在30m以下，地下水位降落漏斗26个，其中漏斗面积超过1 000km^2的有7个。很多天然湿地如不进行补水将会不复存在，95%以上的平原河道干涸或季节性干涸，湿地面积比20世纪50年代减少70%以上，最大的两个湿地白洋淀和衡水湖都靠人工调水维持一定的水面(程群旺，2015)。

1.3 平原林业面临的形势、机遇和需求

1.3.1 国家和河北省的发展战略、规划及功能定位

1.3.1.1 党的十八大把生态文明建设提升到五位一体总体布局的战略高度

过去几十年，我国经济快速发展，创造了举世瞩目的“中国奇迹”，人民群众普遍富裕起来。但是粗放的发展方式，也使我国在资源环境方面付出沉重代价。高能耗、高排放难以为继，资源节约，环境友好，蓝天白云，青山绿水，成为人民群众对美好生活的共同向往。为此，2012 年 11 月召开的党的十八大，把生态文明建设纳入中国特色社会主义事业“五位一体”总体布局，首次把“美丽中国”作为生态文明建设的宏伟目标，从战略高度强力推进生态文明建设。十八大以来，习近平总书记多次在多个场合提到“良好生态环境是最公平的公共产品，是最普惠的民生福祉。”“保护生态环境就是保护生产力，改善生态环境就是发展生产力。”“绿水青山就是金山银山。”从顶层设计到全面部署，生态文明建设扎实有序推进。

2015 年 5 月，中共中央、国务院发布《关于加快推进生态文明建设的意见》(以下简称《意见》)，这是继党的十八大和十八届三中、四中全会对生态文明建设作出顶层设计后，中央对生态文明建设的一次全面部署。《意见》首次提出“绿色化”概念，并将其与新型工业化、城镇化、信息化、农业现代化并列，赋予了生态文明建设新的内涵，明确了建设美丽中国的实践路径。

1.3.1.2 京津冀协同发展规划及河北平原的功能定位

2015 年 4 月 30 日，中央政治局会议审议通过的《京津冀协同发展规划纲要》，确定了河北省“三区一基地”功能定位，即建设“全国现代商贸物流重要基地、产业转型升级试验区、新型城镇化与城乡统筹示范区、京津冀生态环境支撑区”，这是国家第一次明确界定河北的功能定位。2016 年 3 月 1 日，河北省人民政府召开了河北省功能定位专项新闻发布会，正式发布河北省围绕“三区一基地”制定的四个专项规划。其中，《河北省建设京津冀生态环境支撑区规划(2016—2020 年)》是个责任规划，核心是把河北的生态环境修复好、保护好、建设好，不断改善大气和水环境质量，为京津冀区域可持续发展提供保障。该规划可以概括为“一条红线、五大分区、六大行动、三个五十条举措”。在总体把握上，坚守“一条红线”，即资源环境生态红线，划定森林、湿地、草原、海洋、河湖等生态保护红线，划定空气、水、土壤等环境质量底线，划定控制能源、水资源和耕地消耗上限。在功能定位上，将全省划分为“五大分区”，即京津保中心区生态过渡带、坝上高原生态防护区、燕山—太行山生态涵养区、低平原生态修复区和海岸海域生态防护区五个区域，构建“一核、四区、多廊、多心”生态安全格局。“一核”就是京津保中心区生态过渡带，包括廊坊、保定、沧州市的 33 个县(市、区)的全部或部分，将适当增加生态用地比重，用大网格宽林带建设成片森林和恢复连片湿地，整体构建环首都生态圈。“四区”包括坝上高原生态防护区、燕山—太行山生态涵养区、低平原生态修复区以及海岸海域生态防护区。其中，低平原生态修复区地处华北平原中部，要全面实施地下水超采综合治理；海岸海域生态防护区的主要任务则是恢复和扩建滨海湿地，构建海岸生态防御体系。“多廊”为滦河、

北运河、南运河、潮白河、子牙河、永定河、拒马河、大清河、滏阳河、滹沱河等生态水系廊道，以及石家庄、唐山、保定、廊坊、衡水、张家口、承德等城市生态绿楔。“多心”为白洋淀、衡水湖、南大港、唐海湿地、滦河口湿地以及潘家口—大黑汀水库、王快—西大洋水库、岗南—黄壁庄水库、岳城水库、大浪淀水库、桃林口水库等重要饮用水源地组成的区域生态绿心。为此，河北省国土资源“十三五”规划提出：围绕打造京津冀生态环境支撑区，进一步扩大和优化生态空间，加强生态功能保护区、防护林区、水源保护区、蓄滞洪区、湿地、海岸基干林带等基础性生态用地保护与建设。通过土地整治、地下水超采地区综合治理、涵养水源与退耕还湖还湿等措施，支持形成“一核、四区、多廊、多心”生态屏障用地格局。同时，河北省林业发展“十三五”规划提出：到2020年，京津保平原生态过渡带完成造林 $28\times10^4\mathrm{hm}^2$，退耕还湖(湿) $3.09\times10^4\mathrm{hm}^2$，森林覆盖率将由现在的11.84%提高到25.59%，林木覆盖率将达到28.55%，为京津冀协同发展提供生态安全保障。

1.3.1.3 千年大计——雄安新区建设

2017年4月1日，中共中央、国务院决定在河北省雄县、容城、安新3县及周边部分区域设立国家级新区——雄安新区。这是以习近平同志为核心的党中央深入推进京津冀协同发展作出的一项重大的历史性战略选择，是继深圳经济特区和上海浦东新区之后又一具有全国意义的新区，是千年大计、国家大事。设立雄安新区，对于集中疏解北京非首都功能，探索人口经济密集地区优化开发新模式，调整优化京津冀城市布局和空间结构，培育创新驱动发展新引擎，具有重大现实意义和深远历史意义。雄安新区规划建设以特定区域为起步区先行开发，起步区面积约 $100\mathrm{km}^2$，中期发展区面积约 $200\mathrm{km}^2$，远期控制区面积约 $2\,000\mathrm{km}^2$。

雄安新区的发展定位是：①绿色生态宜居新城区；②创新驱动发展引领区；③协调发展示范区；④开放发展先行区。重点任务包括七个方面：一是建设绿色智慧新城，建成国际一流、绿色、现代、智慧城市；二是打造优美生态环境，构建蓝绿交织、清新明亮、水城共融的生态城市；三是发展高端高新产业，积极吸纳和集聚创新要素资源，培育新动能；四是提供优质公共服务，建设优质公共设施，创建城市管理新样板；五是构建快捷高效交通网，打造绿色交通体系；六是推进体制机制改革，发挥市场在资源配置中的决定性作用和更好发挥政府作用，激发市场活力；七是扩大全方位对外开放，打造扩大开放新高地和对外合作新平台。

显然，无论从发展定位，还是重点任务，雄安新区建设的立足点和出发点都是“生态优先，绿色发展”。突出、强调、加强白洋淀生态环境治理和保护，大幅度增加新区的森林和绿地面积，建设绿色、森林、智慧、水城一体的新区，打造生态城市标杆。

1.3.1.4 美丽乡村建设

2016年1月，河北省委、省政府印发《关于加快推进美丽乡村建设的意见》，提出到2020年，基本实现美丽乡村建设全覆盖，具备条件的农村全部建成“环境美、产业美、精神美、生态美”的美丽乡村。其中，“生态美”就是指田园、水源、家园清洁，生产方式和生活方式绿色低碳，生态支撑能力显著增强，天蓝、地绿、水清的宜居乡村基本展现。“产业美”就是指农民收入明显提高。农业产业结构趋于合理，一二三产业深度融合，产业特色鲜明，农民增收渠道不断拓宽，农民收入明显高于全国平均水平。为实现美丽乡村建设的目标，重点实施12个专项行动。其中，实施村庄绿化专项行动，就是充分利用村边荒地、荒滩和环村路，大力营造生态防护林型、经济林型、用材林型、花卉苗木型、公园绿地型等不同模式的村庄林。根据街道宽度、周边环境，合理选择乔木+绿篱型、乔木+花灌木型、花灌木+攀缘植物型等不同模式，提高街道绿化美化水平。利用攀缘类植物，对建筑物外立面、围墙等进行立体、多层次、多功能的绿化美化。种植花果蔬菜，打造家庭园艺景观，推进庭院绿化。充分利用村内和周围的“四清”场地，建设供村民休闲、游憩的游园绿地，搞好空心村绿化和路渠堤塘绿化。到2020年，全省新增村庄绿化面积$9.33\times10^4hm^2$，村庄绿化覆盖率由现在的30%提高到35%，实现村庄绿化达标全覆盖。实施特色富民产业专项行动，就是大力调整农业产业结构，加快培育新型农业生产经营主体，积极推进现代农业园区、特色产业链条、特色产业乡镇建设，打造一批旅游、特色种养、特色工贸和家庭手工业专业村，加快转变农业发展方式，提升农业竞争力，提高农民致富能力。到2020年，打造100个省级现代农业园区、100个绿色优质“菜篮子”产品供应基地、100个农产品加工物流生产链条、100个“一乡一业”特色产业乡镇、500个乡村旅游示范村、100个农产品出口质量安全示范基地、100个智慧农业示范园、100个规模化农业社会化服务组织、100个农产品知名品牌，培养100万新型职业农民。设施蔬菜、优质林果、食用菌、中药材、畜牧业、水产业、休闲农业等特色富民产业得到全面发展，农产品市场体系进一步完善，农业产业化经营水平明显提升，农民收入明显提高。

1.3.2 国家和省重点生态建设项目

1.3.2.1 退耕还林工程

长期以来，由于盲目毁林开垦和进行陡坡地、沙化地耕种，造成了我国严重的水土流失和风沙危害，洪涝、干旱、沙尘暴等自然灾害频频发生，人民群众的生产、生活受到严重影响，国家的生态安全受到严重威胁。在1999年试点基础上，2002年我国全面启动退耕还林工程。退耕还林工程就是从保护生态环境出发，将水土流失严重的耕地，沙化、盐碱化、石漠化严重的耕地以及粮食产量低而不稳的耕地，有计划、有步骤地停止耕种，因地制宜地造林种草，恢复植被。这是我国乃至世界上投资最大、政策性最强、涉及面最广、群众参与程度最高的一项重大生态工程。

2 000年，河北省退耕还林工程在张家口和承德坝上地区开始试点，2002年工程在河北全面展开。工程建设不仅涉及坝上和全省山区，而且惠及广大平原地区。截至2012年年底，退耕还林工程的实施，在冀东、冀中、冀西、冀南四大风沙危害区网带片相结合，完成造林面积超过$20\times10^4hm^2$，增加农田林网控制面积$70\times10^4hm^2$，有效控制了风沙危害，治理了水土流失，改善了农业生产环境和农村人居环境。工程建设促进了农业结构调整，增加农民收入，为全省社会主义新农村建设作出了突出贡献(马宁，2011)。

2014年，国家启动了新一轮退耕还林还草工程。新一轮退耕还林还草遵循农民自愿，政府引导，还林还是还草，种什么品种，由农民自己决定；尊重规律，因地制宜，不再限定生态林与经济林的比例，重在增加植被盖度。新一轮退耕还林还草的目标为，到2020年，将全国具备条件的约$283\times10^4hm^2$耕地退耕还林还草，主要是25°以上坡耕地、严重沙化耕地和重要水源地的15°~25°坡耕地。

1.3.2.2 三北防护林工程

1979 年，国家决定在西北、华北、东北风沙危害、水土流失严重的地区，建设大型防护林工程，即带、片、网相结合的“绿色万里长城”三北防护林工程，东西长约 4 480km，南北宽 560～1 460km，规划范围包括河北、内蒙古、黑龙江等 13 个省(自治区、直辖市)，总面积 $406.9\times10^4km^2$，占国土面积的 42.4%。按照工程建设总体规划，从 1979 年开始到 2050 年结束，分三个阶段，八期工程，建设期限 70 年，共需造林 $3\ 567\times10^4hm^2$，使三北地区的森林覆盖率由 5% 提高到 15%，从根本上改善生态环境和生产条件，被誉为“世界生态工程之最”。河北省三北防护林体系建设工程从 1978 年开始准备，1979 年开始实施，一期工程 1978—1985 年，实施区域仅包括承德、张家口两市，二、三、四期工程 1986—2010 年，逐步增加了唐山、秦皇岛、廊坊和保定市的部分县区，在永定河及冀东泛风沙区，优化推广桑粮油棉复合治理模式，大力建设网带片结合的防护林体系，在平原地区营造农田林网，开展交通干线绿化和城镇村庄绿化。2012 年，国家正式批准了《三北防护林体系建设五期工程规划(2011—2020 年)》。三北防护林五期工程涉及河北省承德、秦皇岛、唐山、廊坊、保定、石家庄、沧州、衡水等 8 市 58 个县(市、区)，与三北四期工程相比，五期工程范围新增加了保定、石家庄、沧州、衡水等 4 市的 32 个平原县，规划造林绿化总面积 $61\times10^4hm^2$。

1.3.2.3 地下水压采项目

河北平原工农业生产和居民生活用水多取自地下水，农业灌溉用水的 80% 以上取自地下水。自 20 世纪 80 年代开始超采地下水，现在河北每年地下水开采总量 $156\times10^8m^3$，超采 $56\times10^8m^3$。30 年来，河北持续超采累计达到 $1\ 500\times10^8m^3$，地下水位的严重超采，使河北形成了全国最大的地下水漏斗区，并由此引发一系列生态和地质灾害问题(程群旺，2015)。为此，由国家水利部、农业部等牵头，在河北平原等地实施了旨在控制地下水资源消耗的“地下水压采项目”，主要措施包括完善水利设施，合理调配地表水资源；加强政府监管，规范地下水开采；提高用水效率，减少农业用水。其中还包括减少冬小麦种植面积，实施非农作物替代农作物，即采用低密度的造林模式，改种榆树、椿树、白蜡、槐树、枣树、核桃等耐干旱耐瘠薄且有一定经济效益的生态树种，间作牧草、药材等耐旱作物。2016—2020 年，在衡水、保定、石家庄等 7 个地下水严重超采区，规划完成非农作物替代农作物造林 $5.4\times10^4hm^2$。

1.3.2.4 世界银行贷款林业综合发展项目

1988 年，原林业部提出到 20 世纪末全国建设 $667\times10^4hm^2$ 速生丰产用材林基地建设项目，为加快建设速度，拓宽筹资渠道，提出利用世界银行贷款的建议。经国务院同意，原国家计委批准，世界银行认定，最终确定利用世界银行贷款约 3 亿美元，在全国 16 个省、自治区实施“中国国家造林项目”，即世行贷款一期造林项目。河北省成为世行贷款一期造林项目的实施省份，开始了平原农区速生丰产林建设。截至 2016 年，河北省已经实施了五期世行贷款造林项目，利用世界银行贷款 6 301.35 万美元，营造各类人工林 $20.062\ 4\times10^4hm^2$。除三期项目“贫困地区林业发展项目”外，其余四期的实施范围均涉及平原地区。近期结束的五期项目“林业综合发展项目”，2011—2015 年在古黄河故道和永定河下游的邯郸、邢台、衡水和廊坊的 17 个县共营造防风固沙林 24 555.3hm²，有效提高了平原沙区的植被盖度和林木覆盖率，减轻了风沙危害。

1.3.2.5 国家储备林基地建设

依据国家林业局与中国农业发展银行签订的合作协议，利用农发行贷款开展国家储备林基地建设，以解决我国木材安全和生态安全的问题。项目建设期限2015—2020年，利率按农业发展银行贷款利率计算，执行现有财政贴息政策，其中中央级贴息比例3%，省市贴息比例2%，剩余部分由贷款主体承担。实行"统贷统(自)还、融资担保、契约管理、检查验收、提款报帐、按期还款"的模式，贷款宽限期6~8年，贷款年限为30年。实施国家储备林基地项目对解决各地林业建设投入不足、加快造林绿化具有重要的现实意义。

2016—2020年，全省规划在邢台、张家口和秦皇岛的49个县(市、区)完成国家储备林基地试点建设$26.67 \times 10^4 hm^2$。其中，邢台市国家储备林基地建设涉及21个县(市、区)，总任务为$10.52 \times 10^4 hm^2$，包括新造林$8.33 \times 10^4 hm^2$，现有林改造培育面积$2.19 \times 10^4 hm^2$。其中，平原区建设任务占总任务量的81.27%。主要发展速生杨、毛白杨、楸树、榆树、槐树、白蜡、元宝槭、法桐、核桃等树种的用材林和特色经济林，面积$6.36 \times 10^4 hm^2$，占总建设面积的60.4%。平原区现有集中连片的杨树林$2.19 \times 10^4 hm^2$，实现集约经营培育，占总建设面积的20.9%。

1.3.3 平原林业发展新的政策、机制和新形势下的技术需求

在政策支持方面，2017年2月14日，国家发展和改革委员会、国家林业局、国家开发银行、农业发展银行联合印发《关于进一步利用开发性和政策性金融推进林业生态建设的通知》，提出四大支持政策，包括加大金融支持力度、加大政府投资支持、科学构建融资机制、建立林业生态建设扶贫机制。在金融支持方面，要求各级开发银行和农业发展银行立足开发性和政策性银行定位，充分发挥专业和系统优势，为林业政策贷款项目提供长周期、低成本的资金支持，贷款期限可达30年(含不超过8年的宽限期)，贷款利率体现优惠原则。对林业政策贷款项目，可以采用政府购买服务、特许经营、企业自主经营等市场化运作模式进行融资。地方政府、银行和承贷主体协同配合，完善偿债机制和监督机制。建立健全林权评估、抵押、监管、收储、流转交易体系，通过林权收储担保费用补助、贷款风险准备金、购买森林保险等方式完善风险补偿机制，管控贷款风险。这种政策贷款的支持范围就包括国家储备林建设、三北防护林、木本油料、特色经济林、林下经济、林木种苗、森林旅游休闲康养及林业生态扶贫项目建设等。

除金融扶持林业优惠政策外，国家和省还出台了其他促进平原林业发展的配套政策。如作为促进农民增收的重要举措，2012年7月30日国务院办公厅发布《关于加快林下经济发展的意见》，鼓励和支持林下经济的发展。作为配套政策，河北省政府以冀政函〔2013〕1号文，出台《河北省人民政府关于加快林下经济发展的实施意见》，明确提出：以林业生态安全为前提，以促进农民增收为目的，以提高林地利用效率和林业生产力水平为核心，促进林业由单一营林向多目标复合经营转变，实现以短养长，增强林业持续发展能力。

地方政府在探索创新造林绿化机制方面已经取得积极进展，如衡水市，为改变长期以来平原林业项目少、投资不足的困境，大胆创新林业发展机制，取得了积极效果。主要做法是：①适度规模流转造林绿化用地，有效解决平原造林用地少、规模小、综合效益低的问题。如枣强县欣苑林业园区，集中流转了3个相邻村庄的$530hm^2$土地，发展油用牡丹、核桃、树莓、林草间作等经营模式；②培育新型造林主体。为适应林业生态建设和产业发

展形势，改变“一家一户、零打碎敲”的林业经营模式，通过强化组织领导、加大财政投入和政策引导，积极培育造林大户、家庭农场、林业合作社、林业企业等新型造林主体开展规模造林。如阜城县霞口镇刘老人村，作为传统的鸭梨种植专业村，以往一家一户分散种植经营鸭梨，受品种、技术、规模、销售渠道等影响，效益差，产业濒临衰败。2014 年，村集体牵头成立霞口果品专业合作社，统一规划、栽植、管理、销售等环节，农户以土地实有面积入股，成为合作社社员，按股份核算效益、保底分红。合作社整合 200 hm^2 土地，采用“矮化密植”模式，种植早果早丰梨品种。同时，合作社对百年老果园进行改造，发展观光采摘、生态休闲产业，年吸引游客达 5 000 余人次。刘老人村的做法不仅壮大了果品产业，还衍生了旅游产业，实现了生态效益、经济效益和社会效益的多赢。2014 年至今，全衡水市范围内 90% 以上规模造林均由新型造林主体完成，造林绿化实现了由分散种植、分户经营向规模种植、集约经营的转变。

总体来看，土地流转机制下形成的林业大户、家庭林场、林业合作社、林业企业，为平原林业发展带来新的无限活力，突出表现为传统林业的零散种植、分户经营向现代林业的规模种植、集约经营转变，低投入、低产出向高投入、高产出转变。同时，由于粮食价格的持续走低，以及“地下水压采”等政策的实施，以保护农田，增加粮食产量为目的，以农田防护林为主的平原林业发展模式，已经发生根本性变化。平原林业新的发展形势，迫切需要新技术、新品种、新模式，如林业机械化作业新技术、高产优质的林果新品种与栽培管理技术、林业节水新技术、林果病虫害无公害防治技术、高效林业产业化经营模式、林果产品贮藏保鲜及深加工技术等。

1.4 平原林业发展的目标取向

基于上述对于平原林业现状、问题、形势、机遇与需求分析，平原林业发展的目标取向可以归纳为三个方面。一是充分发挥平原林业的生产、生活、生态功能，促进平原农区生产发展、生活富裕、生态良好，进一步丰富生态文明的核心内涵。二是运用现代科技手段，提高劳动生产率和资源利用率，实行集约型生产，为社会提供更多更好的生态产品、物质产品和文化产品。三是实施精品战略，加快平原林业的专业化、有机化、特色化、标准化发展，提质增效，带动农民增收。

第 2 章　用材林集约化经营技术

2.1　杨树纯林集约化经营技术

2.1.1　河北杨树主要栽培种类介绍

杨树是杨柳科杨属落叶乔木的通称，杨树是世界上分布最广、适应性最强的树种之一，海拔 4 800m 以下均有分布，世界杨树天然林面积约 $2\ 000\times10^4hm^2$（天然林中以杨树为优势种的林分），天然种约 100 多种，杨属植物又分为胡杨派、白杨派、青杨派、黑杨派、大叶杨派五个派。河北省分布有黑杨派、白杨派、青杨派三派杨树品种，通过引进国内外杨树新品种、品系及省内选育，目前河北省栽培过的杨树品种（系）有上百种（包括纯种、变种、杂种、无性系），主要适宜栽培的品种（系）如下：

2.1.1.1　黑杨派

黑杨派杨树品种（系）主要有欧美杨 107、欧美杨 108、欧美杨 110、中林 46 杨、中林 2001 杨、中林 2025、中林 23、中菏 1 号（2025 杨）、廊坊杨系列、I-214 杨、沙兰杨、69 杨（I-69 杨）、63 杨（I-63 杨）、72 杨（I-72 杨）、丹红杨、极尔杨、桑迪杨、桑巨杨、中涡一号杨、I-102、L323、L324、L35、窄冠黑杨Ⅰ号、窄冠黑杨Ⅱ号、红叶杨等（张绮纹等，1999；李志新等，2015）。

黑杨派品种（系）适合我国淮河、黄河流域种植，在河北省快速推广发展的优势在于：①无性繁殖能力强。黑杨派品种扦插育苗技术简单、容易繁殖扩增；②速生丰产。速生期胸径年均生长量 3.0～5.0cm，树高年均生长量 2.5～4.0m，3～4 年间伐可作纸浆材及中小径民用材，7～8 年主伐可作为干径材，造林 825 株/hm^2 主伐时蓄积量可达 280m^3/hm^2；③材性良好。纤维长度和木材密度均优于普通杨树；④干型优美。树冠窄、侧枝细、叶满冠；⑤抗性强。抗病虫（比 I-214 杨抗光肩星天牛的能力强）、抗风能力强。

红叶杨是一个杨树彩叶新品种，又称变色杨，实现了杨树从用材为主到园林造景的应用方式转变。红叶杨树形高大优美，叶片大而厚，叶面颜色三季四变，正常年份 3 月中下旬展叶，叶片呈玫瑰红色，可持续到 6 月下旬，7～9 月份变为紫绿色，10 月份为暗绿色，11 月份变为杏黄或金黄色，叶柄、叶脉及新梢始终为红色，色泽亮丽诱人，观赏价值颇高，可在城市绿化中广泛种植。

2.1.1.2　白杨派

白杨派主要有山杨、河北杨、三毛杨系列（8 号等）、抗虫杨 741、深州杨、雄株毛白杨无性系冀毛 1316、1319、8001 等、窄冠毛白杨系列、新疆杨、银中杨、鲁毛 50、易县雌株、箭杆毛白杨、塔形毛白杨 CV-BJHR（01、02、03、04、06、07）、锥干形毛白杨 CV-

BJHR09 等(李善文等，2004；李志新等，2015)。

毛白杨为速生大乔木，其特点如下：①材性良好。毛白杨湿心材比例比其他派系低、木材轻而细密、纹理直、易加工、纤维长度和木材密度均优于普通杨树；②干型优美。树干端直、树形高大广阔；③抗性强。耐寒、抗旱、耐盐碱、抗烟尘、抗污染、抗病虫(主要抗灰斑病、青杨锈病、杨干象甲)、抗风能力强；④速生丰产。胸径年均生长量2.0~4.0cm，树高年均生长量2.0~3.5m，12~15年主伐可作为大径材，造林420株/hm^2主伐时蓄积量可达310m^3/hm^2。

毛白杨可用于大径材生产，供建筑、家具、胶合板、造纸及人造纤维等使用；毛白杨树体高大、形态优美、雄株不飞絮，净化美化环境，适宜城乡绿化美化，常作为行道树，也可以用于防护林和河渠绿化等。

窄冠毛白杨系列、新疆杨、银中杨、箭杆毛白杨，树冠较窄小，根系水平分布面积小，深根性，根系发达，萌芽力强，生长较快；对土壤要求不严，喜深厚肥沃的砂壤土，不耐过度干旱瘠薄；大树耐湿、耐烟尘、抗污染，与农作物的光照、肥水竞争矛盾较小，是适合农田林网及农林间作的杨树品种(庞金宣等，2001)。

2.1.1.3 青杨派

青杨派杨树品种主要有大官杨、青杨、小叶杨等。

青杨派杨树具有以下特点：①适应性强。耐旱、抗寒，在砂壤土、黄土、冲积土、灰钙土均能生长，在湿润、肥沃土壤的河岸、山沟和平原上生长最好；②材性良好。木材纹理直、结构细、质轻柔、易加工；③根系发达。根系分布深而广，生长快，萌蘖性强，固土抗风能力强。

青杨派杨树成材后可做家具、箱板及建筑用材，为四旁绿化及防护林树种，目前青杨派新培育的品种较少，现有品种多用于毛白杨等不易扦插繁殖杨树品种(系)的嫁接砧木。

2.1.1.4 材用品种分类

根据杨树木材加工利用方式及品种生长特性，河北省主栽杨树品种划分为三类：

(1)胶合板材品种

胶合板需要大径材，干形通直圆满、无疤结，木材硬度适中，旋切、干燥、胶合性能好。适宜品种有巨霸杨、丹红杨、I-69、I-72、L323、L324、中菏1号、中林46杨、雄株毛白杨系列(冀毛1319和1316等)、深州杨、鲁毛50等。

(2)纸浆材品种

纸浆材要求生长快，材色浅，木材密度较大，纤维素含量高，纤维长(应达到0.9mm以上)，纤维长宽比大于35，壁腔比小于1，杂质含量低，适于培养纸浆材的杨树品种有巨霸杨、丹红杨、极尔杨、I-69杨、I-72杨、L323、L324、L35、中菏1号、中林46、中林2025、I-107、中林23杨、欧美杨系列(107和108等)、三倍体毛白杨系列如三毛杨1号和2号、北林雄株1号和2号等。

(3)家具材品种

要求树干通直圆满，疤结少，木材密度较高，结构细致，心材含量低，力学强度及硬度较高，易干燥，胀缩性小，易加工，胶接油漆性能好等。主要品种有雄株毛白杨系列(冀毛1319和1316等)、鲁毛50、易县雌株、I-69、I-107、L35、I-102、中林23杨、窄冠毛白杨系列等。

2.1.2 适宜立地条件选择

立地选择是实现杨树速生丰产的基本条件。杨树是落叶阔叶树中的速生树种，在土层深厚、疏松、肥沃、湿润、排水良好的土壤上生长最好，河北省杨树造林主要在平原地区、河滩地、山前平原和山区沟谷地带，造林地应具备以下条件：土层深厚，有效土层厚度大于1.0m；土壤质地较轻，黑杨派树种（如欧美杨和美洲黑杨品种）以轻壤土和砂壤土最好，中壤和砂土次之，白杨派树种（如毛白杨）可在较轻黏壤土上生长；杨树速生需要土壤养分含量较高，有机质含量大于0.4%、全氮大于0.03%、有效氮大于0.015%、速效磷大于2mg/L、速效钾大于40mg/L；土壤无盐碱或轻度盐碱，土壤含盐量宜在0.1%以下，地下水矿化度低于1g/L；土壤pH 6.5~8.0。

杨树对水资源需求旺盛，生长适宜的地下水位应在1.5m左右，生长期内地下水位应在1m以下，不低于2.5~3m；杨树对水肥要求较高，集约经营要求有充足的灌溉用水。

风口、盐碱湿地以及地势低洼容易积水的地块不适宜营造杨树速生丰产林；杨树一般不与桑树、构树作为共同栽植品种，两者间至少相隔500m，除非桑树、构树作为天牛的诱饵植物管理（陈章水等，2007）。

2.1.3 苗木繁育技术

对于不能扦插生根及扦插成活率低的杨树品种可以参考以下毛白杨繁育方法培育苗木。

2.1.3.1 毛白杨无性育苗技术——一条鞭嫁接育苗法

一条鞭嫁接育苗法又称串接、分段芽接、芽寄接，是把若干个毛白杨腋芽按一定间隔嫁接在一株砧木上，接芽成活后剪成段作插穗用于扦插育苗的方法。本法特点是：繁殖系数高，可充分利用接穗和砧木；操作简便，一人一天可接500~1 800个芽；可以在雨季扦插育苗，躲过春旱和土壤返盐高峰期；缺点是苗木长势不如基芽接苗和炮捻苗。

1）砧木和接芽的准备

砧木品种以大官杨、青杨、小叶杨等青杨派树种为佳，砧木用当年或二年根一年干苗木。为便于嫁接，砧木采用大小垄培育，大垄距40~50cm，小垄距20cm，株距15cm，嫁接前加强追肥、浇水、抹除侧芽、中耕除草及病虫害防治，为嫁接作好准备。砧木地径达到1.5~2cm时嫁接较好；接芽所着生的种条称为接穗，当年的圃生苗、大树根上的萌蘖条和树干的新生“抱条”，只要枝条已木质化、腋芽饱满、无病虫害都可作为接穗，树冠上的枝条不宜做接穗。接穗随采随用，采后剪去叶片，留0.5cm长叶柄，然后竖放入5~10cm深的清水中防止失水，接穗贮藏时间不宜超过3d，贮藏时注意保水、避光、透气。

2）嫁接时期

在一般地区秋季(8月上旬至9月上旬)嫁接，来年春季扦插较为合适；在盐碱地区或春旱缺水的地区，7月上中旬嫁接，成活后立即扦插（此时土壤盐份少、湿度大）成活率可达80%。

3）嫁接操作

（1）切取接芽

“两刀削”切取接芽，选接条中部饱满腋芽，在芽尖上方4~6mm处横切一刀，在芽下方1cm左右带木质部向上削至横切口，削成一个盾形芽片，此法费力费刀适于较细嫩接穗。“三刀削”切取接芽，先在芽上方横切一刀深达木质部，从这个横刀口向下在腋芽左右约5mm处各切一竖刀深达木质部，成一锐角会合于芽下1cm处，即切割成一个三角形芽片，此法接芽大、省力省刀适于粗壮接穗。

(2)切割接口

在砧木距地表4~5cm处，先用芽接刀横切一刀长度相当于接芽的宽度(约8mm)，再由横切线当中垂直向下切1.5cm的纵切口，呈“丁”字形，这两刀要切透皮层，但不要太深以免伤及木质部，否则会影响接口愈合、刺激接芽萌发和造成砧木风折。

(3)接合绑缚

整个过程要求即快又准，用一手食指和拇指捏住接芽的两侧左右摇动将芽片从接穗上取下，另一手用刀尖插入砧木接口纵切线内左右移动撬起接口处皮层，立即将芽片插入接口中，使芽片上切口与砧木横切口对齐后用塑料薄膜等捆绑物由上到下缠裹严实打好结即完成一个接芽。然后间隔16~20cm依次向上嫁接，顶部50cm未木质化部分不嫁接。

(4)接后管理

接后15~20d解绑检查是否成活，凡叶柄一触即落、芽片鲜绿、腋芽完好的即为成活，后期加强水肥管理保证接芽生长健壮。

4)嫁接半成品苗的贮藏与运输

(1)剪条及成活率统计

嫁接好的“一条鞭”可以在翌年春天育苗前剪条扦插，也可以在当年嫁接落叶后剪条贮藏。贮藏前首先要把“一条鞭”芽接插条从砧木圃中剪截下来。11~12月砧木落叶、汁液停止流动、砧木苗休眠后，将接芽成活的砧木剪截成段，剪口在接芽上1~1.5cm处，剪口尽量保持平滑，一般保留最下面的根芽不剪，根芽生长快可快速成苗。一根合格的“一条鞭”芽接插条，应符合以下标准：粗度≥1cm，长度16~18cm，接芽愈合良好，芽体膨大饱满，外被革质芽鳞，接芽离插条上切口约1cm，上下剪口平整光滑，接芽薄膜带已解除。剪截好“一条鞭”芽接插条，捆绑成把(50~100支/把)。没有成活的插条可留作翌年生产砧木使用。

(2)贮藏

为了防止插条萌发生长、失水和冻害，促进插条切口愈合，嫁接好的“一条鞭”插条应进行窖藏越冬。窖藏温度0~5℃为宜，窖藏前应做好挖坑、备沙、通气等准备工作。可在离扦插育苗地不远的院内或大田露天荫凉避风处挖宽1m、深60~80cm的土坑，长度视插条数量确定，坑内松土耙平，撒上事先准备好的细沙10~15cm，然后将成捆的嫁接插条竖直放置于坑内。1个品种摆放在一起，插上品种系号标签。1个品种或1个坑放完后，再排放第2个品种或第2个坑。每2m间隔插上1捆玉米秆(直径15~20cm)，以便坑内播条通气。然后用细沙把插条盖上，当沙掩没插条时用水管浇水，利用水的冲力将细沙冲入插条间，然后再填沙至低于地面20cm为止，将沙耙平，再浇1次透水，至此贮藏结束。插上木牌，标明品种、数量等，注意管护，防止人畜践踏。窖藏期间应经常检查，遇气温突降或大风天气，在沙坑上盖上草帘，以防冻害和失水；如发现沙坑干旱，及时补充浇水；如发现插条芽过早萌动，应加盖草帘遮阴，以降土温；如发现插条下切口毫无愈合迹象，应揭帘增温。

(3)装箱运输

在“一条鞭”接芽尚未萌动且不易脱落时适宜装箱运输。将合格的插条捆绑成把，每把50～100根，逐捆垂直装入纸箱内。要求在纸箱上注明品种(系)编号、数量、产地、负责人等(以便用户卸车后贮藏和统计其插条质量)，这样可以运输调拨到其他地方贮藏和育苗。

5)苗圃土地准备与扦插

(1)圃地选择

苗圃土地选择可以参考以下几点进行：a. 苗圃要设在造林地的附近，这样培育的苗木能很好地适应造林地的环境条件提高造林成活率；并且可减少长途运输造成的苗木失水、损伤等；b. 苗圃地要尽量设在交通方便水源充足的地方，有利于育苗生产资料和苗木的及时运输及满足灌溉需求；c. 苗圃地应选在地势平坦、排水良好的地方，风口、盐碱湿地以及地势低洼容易积水的地方不适宜作苗圃；d. 苗圃地土壤选择结构疏松、排水透气性良好的砂壤土为好，土层厚度不低于40cm，酸碱度适中，长期种植玉米、烟草、马铃薯、蔬菜等病虫害较严重的地块不适宜作苗圃用地。

(2)整地

冬前翻耕土地，翻地前清除前茬作物，撒施基肥，基肥可施农家肥或饼肥，施肥量根据不同地方土壤肥力情况而定。然后深翻25cm以上，耙平并浇1次水，促进基肥矿化与腐熟。

翌年3月开春以后，再表施尿素、二铵、钾肥等。为作好土壤杀虫，同时施入75%辛硫磷7.5kg/hm^2。然后深犁细耙，将化肥农药均匀耙入土内。保持苗床土层20～25cm以内为疏松状态，耙细土块，以利作畦扦插。

(3)作畦

堆埂作畦之前，先要安排好苗圃的一级道路、干渠、作业大区和二级小区、水沟、作业小区的分布。几个作业小区构成一个作业大区；小区与大区间有道路、干渠相连；小区与小区间有小路、水沟连接，这样构成阡陌交通，水网棋布。而作业小区就是其中一个方块或长方形的结构单位，堆土作畦，扦插育苗，培土灌水，甚至系号分配都以小区为单位进行，所以小区为苗圃中的基本单元，不宜太大和过小，一般长30～50m，宽40～60m，面积约1 200～3 000m^2。

在作业小区内作畦，行状分布，行距1.7～1.8m，南北走向；作畦时，先用长测绳定线，每隔1.7～1.8m堆土作埂，埂高20cm，宽30～40cm，用脚踩实或铁锹拍实。埂间为苗床，扦插就在苗床上进行，苗床两端与水沟连接，所以苗床也就是育苗前期灌水的通道。

行距0.85～0.9m是培育毛白杨健壮苗木的基本要求，减小行距则会没有足够的取土面积进行培土操作，影响雄性毛白杨苗木自身根系的形成及生长。

(4)扦插

扦插的步骤：科学计算株行距、土壤处理、扦插、封土这几个环节。

①计算株行距　行距、株距要根据插条质量、育苗密度结合多年育苗经验计算而来。一般毛白杨出圃合格苗控制在30 000株/hm^2左右，而插条的成活率则因接芽质量及栽后管理细致程度的不同而不同，因此插条数应掌握在37 500～45 000根/hm^2，相应的株行距

为 30cm×90cm 和 26cm×85cm。

②土壤处理　畦内松土、耙平，土壤消毒杀虫（99.5%氯化苦原液 300～450kg/hm^2，每隔 30cm 注入 2～3mL）。畦沟（苗床）是插条扦插的地方，在其 20cm 深的土层内务必保持疏松状态，这样 16cm 长的插条才易垂直插入土中。

③扦插　操作要求接芽向上、向阳斜插，倾斜度≤75°，如插不下去时可先用铁锹掘一下再插。扦插后马上浇透水，这样既可使泥土与插条与泥土结合紧密，也可使插条充分吸水。

④封土　扦插 2～3d 后，随着水分下渗而表土渐干，露在苗床表土上方接芽插条应该及时封土保护。所谓封土保护是指对畦内（苗床）插条两旁的表土进行中耕，将表土层耙松以割断毛细管，减少蒸发。并将多余的土向插条四周堆盖，直到与接芽持平为止。这样插条处苗床可以保持较好墒情，接芽又紧贴地表未被表土覆盖，有利于砧木生根、接芽萌动生长。

有条件的可结合封盖地膜，人为创造地温较高、湿度饱和、土壤疏松透气的地表小环境，7d 以后，砧木皮部开始生根，接芽也在萌动，进入到育苗成败的关键时期。此时应注意膜内土壤墒情和温度变化，从而决定第二次灌水或地膜穿孔的时间。

6）苗期管理

（1）撤膜与松土锄草

随着膜内温度增高，接芽不断抽梢放叶，并开始触碰地膜，这时应将地膜破孔，将其顶梢释放于地膜之外，继续生长一段时间，发挥地膜的保墒增温作用。直到幼苗已根深叶茂，确定成活之后，再撤去地膜，并浇水 1 次以促进生长。撤膜后容易滋生杂草和土壤板结，应适时进行松土和锄草。

（2）培土与追肥

在 5～7 月份应进行 2～3 次培土，将原来的苗床变成垄埂，而原来的埂则变成了垄沟。这样原来插在苗床沟底的插条，就成为长在垄埂上的幼苗了。培土的目的是促进毛白杨苗木自生根的生长，形成第二层根系。培土的同时应进行追肥，可追施尿素或腐熟粪肥等。

（3）抹芽

在苗期管理过程中，抹芽包括两方面的内容：一是抹去砧木上长出来的砧木芽，以免砧木的芽长成幼苗并与嫁接苗竞争水分、养分和生长空间，进而压滞嫁接幼苗的正常生长发育甚至导致接芽死亡；二是抹去毛白杨苗干的一些芽和嫩枝，使苗木主干下部粗壮光滑，中部有一轮匀称的侧枝，上部有长长的直立顶梢，顶芽饱满，不干梢，不分叉，木质化充实。要做到这一点，应采取系列措施，其中之一是 1.5m 主干以下的抹芽。

苗干抹芽必须循序渐进，当苗木生长出现侧枝后，即开始抹芽。以后随着苗干向上生长，抹芽部位也随之上升，直到 1.5m 为止。在 1.5m 以上可保留 3～5 条侧枝，多余侧枝继续抹掉，2m 以上则不再抹芽。

7）防治病虫害

虽然毛白杨抗性较强，但在育苗期间由于密度大、植株幼嫩及受环境因子的影响，需要对一些病虫害进行防治。

（1）地下害虫

主要有蝼蛄和地老虎。一般在 4 月中旬至 5 月上旬发生及防治，防治技术可用毒土或毒饵法。毒土法用杀地虎(10%二嗪磷颗粒剂)6~7.5kg/hm^{2}拌150kg细土沟施，要点是施匀、盖土，保证药剂均匀分布在土层5~10cm处，地下害虫严重地块可适当增加用药量；毒饵法以敌百虫100倍液加拌麦麸制成毒饵，于每天傍晚在苗床上撒毒饵防治。

(2)食叶害虫

如柳兰叶甲，一般在4月上旬至5月上旬发生，群集危害毛白杨新生嫩叶及生长点；盲蝽象，一般在6月上旬发生，危害毛白杨新生叶片；杨扇舟蛾，属于危害黑杨派树种的害虫，若毛白杨周围栽植或混交有黑杨树种时，当黑杨叶片食尽后，也会转主危害毛白杨，一般在6~9月均有发生，7月为盛期。

上述食叶害虫可用5%阿维菌素800~1 000倍液叶面喷施防治。

(3)叶部病害

5月中、下旬如遇干热风危害，有时会发生轻微的褐斑病，及时用多菌灵1 000倍液连续喷洒1~2次防治。

2.1.3.2　毛白杨无性系嫁接育苗技术——接炮捻育苗法

接炮捻育苗法因为砧木粗接穗细，接后形如鞭炮所以称为接炮捻，本法特点是：可用毛白杨等外条作接穗，充分利用接穗资源、繁殖系数大；成活率高(90%左右)、苗木健壮、自生根系发达、当年苗可达3~4m；虽操作技术复杂，但可在冬闲时进行，育苗成本低于埋条法。

1)嫁接时期

从秋末到翌年春季的整个树木休眠期都可进行，以秋冬季嫁接最好。

2)砧穗选择

砧木用大官杨、二青杨、小美旱、欧美杨107及108等易生根杨树的1~2年生苗干，粗度1~2.5cm；接穗用苗圃培育的1年生腋芽饱满的种条，粗度以0.5~1.0cm为宜，砧木和接穗在秋季大部分叶片脱落时采集储存，嫁接时随用随取。

3)嫁接操作

嫁接要领是“削面平、劈口齐、二层皮对准二层皮，上露白下蹬空，砧穗挤紧定成功。”

(1)削取接穗

将种条截成10~15cm，有2~5个芽的接穗，粗细分级，在接穗下剪口芽的两侧用快刀削成(一刀削一个面)两个2cm左右的平滑斜面，两个斜面夹着的部分形成一个外宽内窄的偏楔形，靠芽面厚度大于0.3cm，背芽面0.2cm左右，便于挤紧二层皮，同时对下端靠芽和背芽边各斜削一小刀便于蹬空。

(2)劈砧木

砧木提前截成10~15cm长段，根据接穗选相应砧木，先在砧木上部截面一侧斜削一刀(以便露白)，斜削面约占整个截面的1/3，接着在斜面中心(砧木中心)纵向劈一刀，劈口光滑整齐无撕裂，长度略长于接穗斜面。

(3)接合

用嫁接刀撬开砧木劈口，将已削好的接穗轻轻插入劈口中，插时把接穗和砧木的二层皮(树皮与木质部间的形成层)对准，标准是白色的木质部对准，接穗上部留下0.3cm的白茬不插入劈口即“上露白”，接穗下部与砧木劈口下端也留空隙即“下蹬空”(以后生健壮根系），最后抽出嫁接刀，接穗不松动即可，不用绑扎，有的用泥封闭接口防止接穗移动。

此外还有地方对本法进行改进，出现缩短砧木接法（砧木8~10cm），单芽接法（用只有上剪口一个芽或上下剪口各一芽的接穗），倒接炮捻（砧木芽向下用）。

(4)炮捻贮存

选地势较高背风向阳的地方挖贮藏窖，宽1~1.2m，深0.5~0.8m，长度随炮捻多少定，窖底拌3~5cm厚的泥浆，接好的炮捻50株/捆，砧木基部向下蹲放在泥浆上，每隔1~1.5m竖一草把，再用湿沙填充炮捻空隙，并超过接芽3cm，最后封冻土，定期检查温度（4~5℃），防寒、防水。

扦插和后期管理参照一条鞭的管理。

2.1.3.3　毛白杨无性系育苗技术——留根育苗

留根育苗是利用毛白杨苗木出圃后遗留在土壤中的残根进行根蘖繁殖的育苗方法，特点是节约种条、省工省事、稳妥可靠。

1)培养根系

留根育苗是在其他方法育苗基础上发展起来的。准备用作留根育苗的圃地，必须先培养根系，如用埋条地留根，最好用双行埋条法育苗；如用插条地育苗，扦插密度要增加。地里尽量多留根系，部分不合格或小的苗木进行平茬养根，平茬后灌水一次，施有机肥60 000~75 000kg/hm^{2}和300~375kg/hm^{2}过磷酸钙促进根系发育，然后全面松土。第二年4月除蘖2、3次，根桩留一个健壮芽，加强水肥管理及病虫害防治，促进苗木及根系生长。

2)留根方法

留根是在起苗（或平茬）同时完成的，起苗最好在秋季进行，先在苗木周围15~20cm处用镐或锨切断侧根，然后刨断主根，这样即保证苗木质量，又留下更多根系。

苗木出圃后先填平坑穴，施有机肥75 000kg/hm^{2}左右，再进行松土断根（用板镐浅刨3~6cm），增加苗木产量，露出地面的苗根应从地表剪掉（萌蘖苗细弱不成苗），最后用铁耙搂平地面，做畦埂修渠道，冬季进行冬灌，有利于春季幼苗出土。

3)苗木管理

(1)适时灌水

根系深浅、粗细的不同造成幼苗出土时间不一（出苗期可延续60d左右），在出苗期如墒情较差应在早春灌一次透水，并及时用大锄松土，开始出苗后不再灌水，如圃地过干将影响出苗，可引小水灌溉并防止泥浆沾污幼苗。当幼苗高于15cm时改用大水漫灌。

(2)松土除草

出苗期最好不除草，如草太盛，可站在畦埂上用手拔或小锄除草，避免伤害幼苗，除草松土应前期浅后期深。

(3)间苗

留根出的幼苗多丛状萌生，间苗在幼苗木质化前进行（苗高20cm，叶片15枚左右），同一残根留一株，每丛保留1~4株，按株行距20~25cm选定最壮的萌蘖苗。结合间苗可进行嫩苗移栽或扦插。

(4)除蘖

间苗同时结合摘芽（将萌生的侧枝及早摘除），促进苗木的高生长和形成腋芽。

育苗的后期管理参照一条鞭育苗进行。

对于易扦插繁育的杨树品种如中林 46、欧美杨 107、108 等，选用 1 年生苗平茬主干作为种条或选用无病虫害、生长健壮、冬芽饱满的 1~2 年生枝条作种条，种条剪切成长 12~15cm、粗 1.0~1.5cm 的插穗，消毒后进行扦插育苗，育苗步骤可以参考“2.1.3.1 一条鞭嫁接育苗法”等后续步骤进行。

2.1.3.4　杨树有性繁殖——种子繁殖

杨树有性繁殖——种子繁殖是通过雌雄株亲本杨树受粉结成种子来繁殖后代。亲本(父本、母本)应选择树干圆满通直、生长快、健壮、生活力强、冠形好，无病虫害的植株；杂交亲本具有优良性状和特征，优缺点应彼此互补，有较高的可配性。

1)花枝的采集及处理

提前选择标记雌雄株杨树亲本，2 月下旬至 3 月初从树冠中上部剪取直径 1.5~2.0cm、长 60~100cm 带有花芽的枝条，剪掉徒长枝，只保留顶端一个叶芽；雄花枝保留全部花芽，雌花枝在枝条中上部选发育好的花芽均匀保留 3~5 个/枝，每个花枝挂一个标签，注明品种、父/母本、采集时间、地点、优良特性等，采下的枝条保湿冷藏(温度 -1~1℃、相对湿度 85%~95%)。

为了使雌花开放时有充足的花粉，可以分 3 批次水培雄花枝，可先将部分雄花枝采下放入室内水培 3~5d 后再将部分雄花枝与雌花枝一起水培，过 3~5d 后再次放入部分雄花枝水培，水培溶液采用 0.1% 尿素 +0.2% 过磷酸钙水溶液。

2)水培花枝所需器材、工具

所需主要器材工具有：塑料桶作为水培容器、修枝剪、培养皿、毛笔、25cm×30cm 的硫酸纸袋、尖头镊子、放大镜、胶布、滤纸、标签等。

3)水培管理

将修剪好的枝条下部(10~20cm)浸入塑料桶中，在水中将枝条基部剪成斜口；每隔 2~3d 换 1 次水，温度保持在 20℃左右，湿度 75%~90%；每次换水时应冲洗枝条切口，8~10d 或枝条下端切口变色换水时于水中剪去 1~2cm。

4)花粉的收集

为保证授粉的可追溯性，应在开花前把不同杂交组合的枝条培养在不同的隔离间或雄花露蕊后在花序上套纸袋进行隔离；待雄花序下端有少量的熟花粉散落时，用干净白纸托住花序并轻轻抖动，让花粉散落于白纸上，然后用毛笔弹去混在花粉中的杂物，一天应收集 2~3 次(最好在 9:00~11:00、14:00~16:00 收集，连续收集几天，直到整个雄花序全部成熟粉散完。收集的花粉放入干净的培养皿中(培养皿应贴上标签注明品种、日期等)，然后将培养皿放入干燥器中干燥 24h 后，将花粉置于 0~5℃冰箱中低温保存备用。

5)授粉

当雌花开放，柱头发亮具有分泌汁液时即可授粉。在 9:00~11:00 用毛笔蘸少量花粉轻轻抖动洒在柱头上，授粉 1 次/d，连续进行 3d，授粉后套袋挂上标签。

6)授粉后的管理

授粉 3~4d 后柱头开始枯萎，子房渐渐膨大，蒴果开始发育，当蒴果全部膨大后去袋；授粉后换水次数改为 1 次/(1~2d)，室内保持通风，温度控制在 25℃左右，湿度 75%~90%；光线不足需要补光或在晴朗无风的天气将花枝搬到室外曝光 2~3h/d。在水培过程中为了防止落果，可在叶面喷洒 0.2% 的硼酸水溶液；雌花枝保留 5~7 个叶片保证蒴果发育和种子成熟的营养。

7)采种

果实由绿变黄时在果序外套上小纸袋，防止果实开裂时带绒毛的种子飞散，待蒴果全部张开后取下装有种子的纸袋，用尖头镊子取出种子，按组合分别收集标记备用。

8)播种育苗

(1)催芽

先在10~15cm的培养皿中放一张水湿滤纸，用镊子将种子均匀摆放在滤纸上，盖好培养皿，标记后置于室内向阳的窗台上，保持滤纸湿润，种子在培养皿中1~2d后发芽。

(2)播种及育苗

播种采用5cm×5cm穴盘播，基质配比为草炭土∶蛭石∶珍珠岩=5∶3∶2，并加少量氮、磷、钾复合肥料混合均匀，用0.2%高锰酸钾浇透消毒，填充穴盘后用尖头镊子在穴盘上轻戳小洞(3~5mm深)，然后用尖头镊子轻轻夹取在培养皿中发芽的种子放入小洞中，再用尖头镊子轻轻将小洞压住。播种后做好标记并记录，穴盘上面用透明塑料膜覆盖，塑料膜与穴盘之间距离约为10cm，这样既保持穴盘湿度又便于观察。

小苗正常生长后即可除去覆盖物进入正常管理，待小苗在室内长到5~10cm即可移入大棚进行培育及炼苗，同时标记记录好亲本等信息。第二年可将实生杂交苗移植到苗圃培育并做好标记记录。

后期管理参照一条鞭育苗进行。

2.1.4 造林技术要点

1)良种壮苗

选用壮苗造林，壮苗指2年根1年干或2年根2年干，高4.5m以上，胸径3.5cm以上的苗木，要求根系发达完整(嫁接苗有接穗自身根系)，苗木粗壮，枝梢木质化程度高，具有充实饱满的顶芽，无机械损伤，无病虫害。利用壮苗造林缓苗期短，抗自然灾害的能力强、生长快、成才早、出材量高。利用埋根或埋干方法造林主干部必须有3个以上饱满芽。

2)细致整地

(1)林地规划

造林前根据造林地形状和环境特点进行道路、干渠的规划设计和建造，将大块的林地进行合理划分，形成阡陌交通、水网棋布的格局。设计要做到既能满足林木生产中运输车辆、农药喷施器械、灌溉器械等正常操作需要，又能充分利用土地资源和节约生产成本。一般速生丰产林地块设计多为长条形，也有长宽相近的块状。

(2)全面整地

主要适用于平原地区有利于实现机械化作业的大块平整土地。整地后可以充分改善林地条件，有利于苗木成活、幼林生长，方便进行农林间作，但投资大、费工耗时。

具体操作为：秋冬季节全面耕翻，耕深30~40cm，清除伐根、杂草、石块等杂物，经过一个冬季的冻融、风化，翌春造林前耙平，可改善林地环境，提高造林成活率，为幼林创造良好的生长条件。

(3)局部整地

主要用于河滩地、山前平原和沟谷地等中小地块，局部整地是翻耕造林地部分土壤的整地方式，又分为带状整地和块状整地。在不宜进行林下间作的地块是较为适宜的整地方式。

带状整地是长条状翻耕造林地土壤，并保留一定宽度的原有植被的整地方法。整地带的方向一般为南北向，如风害严重，带的方向可与主风方向垂直；带状整地使用机械或畜力耕作完成，能局部改善造林地立地条件，预防土壤侵蚀，并且省工。

块状整地是块状翻耕造林地土壤的整地方法。适用于各种立地条件的造林地，整地省工、成本低、引起水土流失的危险性较小，但改善立地条件的效果较差。

(4)深耕挖穴

造林地经平整地面，修好排灌沟渠系统后，进行全面深耕(或深翻)30cm，然后挖大穴，规格为径0.8~1.0m，深0.8~1.0m。

3)合理密度

合理的造林密度，应根据杨树的品种特性、造林地立地条件、培育目标、轮伐周期及土地利用性质等因素来确定。立地条件好的造林地可选用树冠较大的速生品种、小密度种植，培养大径材；立地条件较差的造林地，可选用干形通直、冠形较窄的品种大密度种植，培育短轮伐期的林分。一般前期速生的杨树品种根系向下生长能力较强，根系分布面积较小，适于大密度种植出产中小径材；中期速生的杨树品种根系前期水平生长较旺盛，然后向下生长，根系分布面积较大，适于低密度种植出产大中径材。

杨木径级的划分标准为：

大径材：小头去皮直径≥26cm，材长>2m；

中径材：20cm≤小头去皮直径<26cm，材长>2m；

小径材：6cm≤小头去皮直径<20cm，材长>2m；

废　材：小头去皮直径<6cm的材积和树皮。

根据国家木材标准对杨木的有关加工要求，结合杨树丰产林造林密度的研究结果，杨树纯林的种植密度根据后加工所需材种的不同，结合经济效益考量，一般可参照以下几种密度。

2m×3m、2m×4m出产中小径材用于造纸，3~5年采伐，80%材积用于造纸浆；

3m×3m、3m×4m生长4~5年可以间伐，留存树木继续培育出产大中径材；

5m×5m~6m×6m出产大径材用做胶合板，利用单株材积优势取得最大经济效益，12年后轮伐，50%材积用于胶合板材、30%材积符合锯材标准、20%材积用于纸浆材。

4)精心栽植

苗木栽植要求：苗木栽植前将劈裂、断折的损伤根系剪掉，然后划线定点、分级栽植、做到“刨大坑、栽当中、扶正踩实不透风”；定植穴内施用基肥，一般施腐熟土杂肥15 000kg/hm^{2}以上，集中施入栽植穴内根系主要分布层；栽植苗木培土2/3时浇足定根水，让根系和土壤紧密结合在一起，保证根际土壤有足够的水分，满足根系吸收水分需要，水渗完后培土成堆以减少自然蒸发导致的水分损失。

2.1.5　抚育管理

河北省杨树常规抚育管理可以参考表2-1及相关技术进行。

表 2-1　河北省杨树周年管理工作历

月份(物候期)	树木及林地管理	易发病虫害种类
1~3 月上旬 树木休眠期	清理林地内枯枝落叶、杂草等；剪除病虫危害的枝条及刮除感病树皮，涂刷药物防治	害虫：杨树舟蛾、刺蛾、美国白蛾的越冬蛹，蚜虫的越冬成虫； 2 月底前用黏虫胶防治草履蚧成虫
3 月中下旬至 4 月 出芽展叶期	新植杨树注意：①适地适品种；②良种壮苗；③细致整地；④合理密度；⑤精心栽植；⑥科学管护； 已植杨树 3 月中旬春灌	害虫：蚜虫、杨尺蠖、草履蚧、天牛、透翅蛾、地老虎、杨卷叶螟、美国白蛾； 病害：溃疡病、叶枯病、杨锈病
5 月 生长初期	林地除草、灌溉(5 月中下旬)、施肥、松土(灌溉后保墒)； 可以修枝抹芽	害虫：蛴螬、天牛、蚜虫、草履蚧、地老虎、透翅蛾、潜叶蛾、杨卷叶螟、杨小舟蛾、杨扇舟蛾、美国白蛾； 病害：溃疡病、黑斑病、叶枯病、杨锈病、杨烂皮病
6~8 月 速生期	林地灌溉、施肥、除草、松土； 大暴雨林地积水后，及时排水，可喷叶面肥	害虫：天牛、蚜虫、刺蛾、透翅蛾、潜叶蛾、杨卷叶螟、杨小舟蛾、杨扇舟蛾、瘿螨、美国白蛾； 病害：溃疡病、黑斑病、杨锈病、腐烂病
9~10 月 枝条木质化期	林地松土、除草(减少杂草种子量)	害虫：天牛、蚜虫、刺蛾、杨卷叶螟、杨小舟蛾、杨扇舟蛾、美国白蛾； 病害：溃疡病、黑斑病、杨锈病
11~12 月 落叶期	修枝、林地清理、灌冻水、翻地压落叶	落叶后树干涂刷涂白剂防冻害及烂皮病

2.1.5.1　科学管护

苗木定植初期可以采取树上喷涂驱避剂或缠绕草绳(不能太紧)等保护措施防止人畜破坏，禁止在林地和树木周围焚烧作物秸秆。新栽苗木雨后及时培土、踩实，防止风吹倒伏。在每公顷超过 450 株的情况下，生长期达到 5 年后应根据立地条件和生长情况进行择伐。暴雨后，积水严重的林地应及时开沟排水、排涝降渍，以防影响树木生长；对暴风雨后倒伏的杨树及时扶正、培土、踩实，确保生长正常。

2.1.5.2　灌溉

杨树对水分的反应十分敏感，缺水时，植株很快停止生长，叶片萎蔫、发黄和脱落，直至死亡；长期干旱，杨树的抵抗力大大减弱，易受病虫害侵袭。根据杨树生长规律和河北平原气候特点，除新造幼林立即浇水外，杨树速生林每年灌水要求不少于 4 次，即 3 月中旬树木发芽前灌 1 次；5 月上旬灌 1 次，以促进枝叶生长；6 月下旬灌 1 次，干旱时要勤灌，降水量大时可免灌；11 月上旬灌 1 次，以促进根系发育。

对杨树丰产林的灌溉主要在生长季节进行以保证林木旺盛生长；遇到严重秋旱时也应进行灌溉；进行冬灌可提高林木抗旱抗寒能力。灌水量和灌水次数应根据天气、土质等具体情况确定。由于林木根系较深，灌水量应适当加大，以便造成较大的灌溉湿润深度。两次灌溉的间隔期以土壤含水量降低到一定程度为标准，杨树丰产林要保持土壤含水量不低于田间持水量的 60%（如砂壤土土壤含水量不低于 11%），每次灌水量 450~750m^3/hm^2。浇水后及时划锄保墒，提高灌溉效果。对于保水性差的轻质土壤，应增加灌水次数，减少每次的灌水量；对于黏重土壤则相反，每次灌水必须灌透，使水能达到根系的主要分布层，浅灌会使根系集中在土壤上层，降低树木的抗旱和抗风能力。旱情严重时需增加灌水次数和灌水量；反之，可以减少灌水次数和灌水量。

需要注意的是，杨树在水分浸泡的地方生长不良，因为地下水位过高或土壤含水量过多会导致根系缺氧。在非生长季节，杨树根系处于休眠期时，较耐水淹，水淹1个月对翌年生长无大碍。在生长季节，水淹1周树木即落叶，因此在夏季暴雨后及时排水降渍。

2.1.5.3 施肥

充足的肥料是保障杨树速生丰产的必要条件，施肥以秋冬季施基肥为主，春夏辅以追肥，即秋冬季节施一次基肥，第二年晚春、初夏时追施化肥。施用有机肥、氮素化肥或氮肥与磷肥相配合有明显的增产效果。

对杨树丰产林的施肥一般可作如下要求：

①造林前施足基肥。施腐熟土杂肥22 500kg/hm^{2}以上，掺入过磷酸钙750kg/hm^2，集中施入定植穴内根系主要分布深度范围。

②造林后于每年6～8月杨树速生期追施氮素化肥2次，每年施肥量折合氮52.5～105kg/hm^2（尿素112.5～225kg/hm^{2}或碳酸氢铵375～750kg/hm^2）。造林当年可少施、晚施，幼林郁闭后可适当多施。追肥应与浇水结合进行，以保证肥效的发挥。杨树丰产林注意氮、磷、钾肥的配合，施氮肥生长率可增大200%；单施磷肥，效果不佳；施钾肥主要是为了增强抗霜冻的能力。施复合肥最佳混合比为15:35:5（N:P:K），施肥量为325kg/hm^2。施肥的方法和用量新植树每株树按不同方向距树干50cm开4个穴，每穴施入复合肥0.1kg，第二年追肥，距树干1m远开4个穴，与第一年施肥方向错开，每穴施入复合肥0.2kg，第三年施肥距树干1.5m远开穴，每穴施入复合肥0.3kg，以后逐年施肥相应远离树干，挖穴方向不断变换，施肥量相应增加。

③对杨树丰产林增施绿肥，有明显的效果，在有条件的地方要积极提倡。可于每年林木生长期为每株杨树压埋鲜草20～30kg，位置在树冠投影外缘，深度40～50cm。杨树丰产林落叶中含有较多养分，应于每年秋末冬初，结合中耕翻压落叶，有利于保持土壤肥力，提高林木生长量。

④杨树根系淹水会受到一定损害，养分吸收受阻，可通过根外施肥来补充杨苗所需养分，增强其抗渍耐涝性。具体方法：以浓度为0.4%尿素和0.2%磷酸二氢钾混合液，进行叶面喷雾，每隔10d喷施1次，连喷3次即可。叶面喷肥时要注意在阴天或晴天的早、晚进行，浓度不要过高。雨季结束后，要抓紧时间进行施肥，可施入尿素750kg/hm^{2}或碳酸氢铵1 500kg/hm^2，这样可保证杨树生长。

2.1.5.4 松土除草

松土、除草对幼龄杨树生长影响很大，不但能有效防止杂草与幼树争夺土壤水分和养分，而且能提高土壤通气性，促进土壤微生物的繁殖和土壤有机物的分解，改善杨树根系的呼吸作用；松土、除草一般掌握在灌溉后或降雨后进行。松土1～2次，除草每年2～3次，深度5～10cm，里浅外深，不要伤树根。因圃地多水地黏，无法人工除草时可以采用化学除草，除草时应注意除草剂的品种、除草范围、除草效果、有效期长短，再结合杂草类型选择除草剂。喷施除草剂一定要选择晴天无露水时进行。对于实施农林间作的幼龄林地停止间作以后，每年至少要对林地松土1～2次，以防止林地土壤板结。可安排在秋末冬初结合翻压落叶一起进行，或在生长季节结合除草进行。

2.1.5.5 修枝抚育

合理修枝能提高树干质量和提高木材利用率，促进林木生长，培养通直、圆满的优良用材。修枝技术主要应掌握合理的修枝强度和修枝方法。修枝主要在休眠期进行，贯彻“重留冠、轻修剪、去竞争(枝)”的原则，避免出现旗杆树。修枝时注意清除病虫危害的枝条。

①整形工序由栽植当年开始，直到枝下高达8m左右。在栽植的第一年秋或第二年春，剪去或短截影响主枝生长的竞争枝，避免形成多头植株，以后逐年剪去树冠中下部的力枝，即“霸王枝”。进行整形修剪，培养直立强壮的主干，去除或控制竞争枝，保留辅养枝，并修除树干基部的萌条。通过控制侧枝加强主梢，人为地加强顶端优势。幼林郁闭前，林内光照条件好，对树冠下层枝条可不修或少修，保留较大树冠，增加光合面积，提高林木生长量。树冠长度与树高的比值应保持在3/4以上。

②修枝的目的是为了获得无节良材。为培育胶合板材，幼林生长最初2、3年不进行较大强度的修枝，使幼树尽力发展树冠。当最下部侧枝着生部位树干直径达到6cm时，将这一轮侧枝修去，以后每年随树干直径增长，凡达6cm处的侧枝修去一轮，直到枝下高达8m。对4年生以后的林木，要逐步修除树冠下层生长衰弱的枝条。修枝一般在秋冬树木落叶后进行，切口要平滑，树冠长度与树高大致保持以下比例：树高 >10m，冠高比2/3；树高 >20m，冠高比1/2；树高 >25m，冠高比1/3；下部主干上再萌发的新枝，要及时剪去。

修枝技术对伤口愈合速度与质量有很大影响，要求修枝工具锋利，切口平滑，不撕裂树皮。修剪时应紧贴枝条基部，修后切面与树干平，不留茬。用修枝锯修剪较大侧枝时，从枝条基部的膨大部位以下，紧贴树干由下向上修剪。修剪多在晚秋或冬季进行，也可在早春进行。

2.1.5.6 间伐抚育

对培育大径材且初植密度较高的林分，可以通过间伐调整林分密度。间伐抚育是在林分郁闭后至主伐前，定期伐去部分林木，为保留的林木创造更好的生长环境条件，同时获取一部分收益的采伐措施。适时间伐是必要的，也是可行的。通过间伐最后出产大径材的杨树适宜密度，大冠型杨树密度控制在400~450株/hm^2，窄小冠型杨树密度控制在800~850株/hm^2。

2.1.5.7 杨树病害防治

杨树病害除少部分是传播而来，多数为不良环境条件造成，如春旱、日灼、土壤瘠薄、长期积水、冻害、虫害等不利条件引发病害发生。杨树病害防治应注重日常管理工作中病害的发现及预测，做到“早发现快处理、防止扩散”，药物治理应做到成方连片的统一用药和“群防群治”，避免病害通过未防治林木不断传播。

(1)杨树溃疡病

【发病症状】杨树溃疡病主要发生于苗木移植过程中，3月下旬开始发病，4月中旬至5月下旬为发病高峰期，6月初基本停止，10月后稍有发展。该病可侵染树干、根茎和大树枝条，但主要危害树干的中部和下部。发病初期树干皮孔附近出现水泡，水泡破裂后流出带臭味的液体，内有大量病菌。病部最后干缩下陷成溃疡斑，病斑处皮层变褐腐烂，当病斑横向扩展环绕树干一圈后，树即死亡。杨树长势衰弱时易发病。

【防治措施】

①选用壮苗造林，起苗时尽量避免伤根，运输假植时保持水分。

②定植前用ABT 3号生根粉溶液蘸根，定植时浇足底水，定植后对幼树干部喷施5406细胞分裂素1 000倍液。

③春季在树干下部涂刷涂白剂或用0.5°Be石硫合剂、波尔多液喷干，可预防树干感染，降低发病率。若发病率在50%以上时可平茬，重新培育苗木主干。

(2)杨树黑斑病

【发病症状】杨树黑斑病的显著特点是病叶上病斑细小，直径大多不超过1mm，黑褐色或褐色。小斑点常汇成较大黑色斑块或全叶变黑枯死，故称黑斑病。该病5月初开始发生，夏秋最盛，直至落叶为止。可危害杨树叶片、叶柄、果穗、嫩梢等，在其上形成角状、近圆形或不规则的黑褐色病斑，直径约1mm，有的达5mm。病斑多时可连成不规则的大块斑，引起早期落叶。

【防治措施】

①选育抗病杨树品种。

②合理密植、及时间伐，保持林内通风透光；及时清扫林内落叶，以减少病源。

③可在6月上旬喷40%多菌灵800倍液、25%百菌清600~800倍液，或0.3%尿素与磷酸二氢钾混合液防治(尿素:磷酸二氢钾=3:1)。

④发病期间，苗圃和幼林用200倍波尔多液或85%代森锌250倍液喷洒。

(3)杨树叶枯病

【发病症状】杨树叶枯病从杨树叶片抽生开始，危害杨树叶片、嫩梢和幼茎，受害叶片以5~6月感病最重。受害叶片出现近圆形、多角形或不规则形的病斑，直径1~5mm，病斑多时可连成大斑。病斑上有黑褐色霉状物。嫩梢和嫩茎上的病斑凹陷，呈棱形，上有绿色霉层。

【防治措施】

①及时清除枯枝落叶，并带出林外集中烧毁或埋沤制肥，以减少菌源。

②从发病开始，进行药剂防治，在整个生长季节喷2、3次药，可用40%乙磷铝300倍液，或75%百菌清500倍液，或50%多菌灵1 000倍液防治。

(4)杨树腐烂病

【发病症状】杨树腐烂病主要危害杨树枝干、枝条的各个部位，病斑形状不规则，大小不等。发病初期病斑呈暗褐色，水渍状，后失水干缩下陷，有时病斑开裂成丝状。后期在病斑上密生出许多小黑点。潮湿时，从病斑的小黑点中长出卷曲的，橘黄色的丝状物。该病的病斑每年向外扩展，当包围枝干一圈时，上部枝、干会全部死亡。在春、夏降水量大的年份，腐烂病发生严重。

【防治措施】

①春秋季，在树干下部涂刷涂白剂(配制方法见2.1.5.9)。

②用刀刮除病斑，应刮至健康部位，再在刮开部位上涂10倍的食用碱水，或20%农抗120水剂10倍液，连涂2~3次即可。

(5)杨树烂皮病

【发病症状】杨树烂皮病是常见病和多发病，是潜伏侵染性病害。当出现干旱、水涝、日灼、冻害等恶劣条件，以及苗木移植或强度修剪后不易恢复树木生机时，病害便迅速发生，轻者影响树木生长，出现放叶晚、叶片变小、枯枝、枯干等病状，重者造成树木成片死亡。病害发生在枝干皮部。初期受害树皮部出现不规则隆起，触之较软，剥皮则有淡淡酒精味。隆起斑块渐渐失水，随之干缩下陷，甚至产生龟裂。剥皮观看时，可见皮下形成层腐烂，木质部表面出现褐色区。病皮不断扩大，以春、秋两季扩大速度最快，纵向发展较横向快。在下陷的病皮上，出现密集的小黑丘疹状物，是病原菌的分生孢子器座。遇雨或湿度过大时，由黑点顶端挤出乳白色浆状物，并逐渐变为橘黄色，即病菌的孢子角。孢子角边挤边干，形成细长的卷须。分生孢子器座有时呈同心环状排列。干后病皮极易剥离，可见皮层腐烂成乱麻样的纤维丝条。若病皮环干一周时，自此以上的枝干，便干枯形成枯枝。枝发病时无明显溃疡斑，在粗皮部分发病时也无明显的溃疡斑，也无卷须状孢子角，但有琥珀色的分生孢子块。病菌在病皮中连年存活生长，4 月形成分生孢子，5 月产生量最多。分生孢子角在雨后或潮湿天气下更多，借雨水溶开孢子角后，孢子借风、雨、昆虫、鸟类传播，从无伤的死皮侵入定居潜育。在北方地区自 3 月中旬开始发病，5 月是病害盛发期，7 月病势缓和，9 月停止发展。

【防治措施】

①保持树木生长旺盛是防治本病的主要途径。栽植时选择适宜的土壤条件，选择抗冻、抗虫、抗日灼的树种和品种，保护根系。

②栽植后加强抚育管理。合理整枝、不留残桩、保护伤口，防治蛀干害虫，初冬树干涂白防冻害。

③成林后注意改善林分卫生状况，清除衰弱枝条及病株。

④化学防治时可选用 10% 碱水、多菌灵、托布津、石硫合剂等药物涂干和喷干，使用以上几种药剂后 5d，在病斑周围再涂 50～100mg/L 赤霉素，可促使产生愈合组织，病斑不易复发。

(6) 杨树锈病

【发病症状】春季杨树展叶期，常可见到树上满布黄色粉堆，形状像黄色绣球花的畸形病芽。严重受侵的病芽经 3 周左右便干枯，这就是杨树锈病。芽展出的叶片受侵后，形成黄色小斑点，以后在叶背面可见到散生的黄色粉堆，即锈病病菌的夏孢子堆。严重时夏孢子堆可联合成大块，且叶背病菌部隆起。受侵叶片提早落叶，严重时形成大型枯斑，甚至叶片枯死。较冷的早春可在病落叶上见到赭色近圆形或多角形的疱状物，即为锈病病菌的冬孢子堆。病菌还会危害嫩梢，形成溃疡斑。于 3 月底至 4 月初气温升高到 15～16℃时病芽便陆续出现。一般病芽比健芽早 1～2d 展开，经 3 周左右便干枯，病芽主要在枯条上部为多。病菌芽陆续出现的时期为 4 周左右，但大量出现主要在 4 月中下旬。由于夏孢子的重复侵染，5～6 月为发病高峰期。到 7～8 月，由于气温不断升高，不利于夏孢子的萌发侵染，故病害进入平缓期。到 9 月初，气温逐渐下降，随着枝叶的 2 次抽梢，病害又进入发展阶段，形成第 2 个发病高峰期，到 10 月下旬，由于温度不断降低，病害便停止发生。

【防治措施】

①在初春病芽出现时期可以利用病芽颜色鲜艳和形状特殊的特点及时发现并摘除。摘除病芽要早和彻底，并随摘随装入塑料袋中，以防夏孢子扩散。该期喷洒多菌灵 800 倍液可有效地控制病害的发生。

②发病期间喷洒 50% 的代森氨 100 倍液或 50% 退菌特 500～1 000 倍液等。此外，洗衣粉液 2 000 倍对夏孢子萌发有很好的抑制效果。

③及时清除田间病菌落叶，以减少病菌的可能来源。

(7) 杨树根癌病

【发病症状】杨树根癌病是一种主要发生在幼苗期的病害。该病在中国分布广，毛白杨、加杨、大青杨均可受害，主要危害苗木和幼树，新移栽的苗木更易发生，轻则影响生长，重则造成大面积的树木枯死。该病主要发生在幼树根颈处，有时主根、侧根以及地上部的主干也发生。该病的病原是薄壁菌门中的根癌土壤杆菌。病原细菌从伤口入侵主要在皮层细胞中定植，其致病因子 Ti 质粒部分整合到寄主细胞的 DNA 上，致使皮层细胞迅速大量增殖，发病初期病部出现瘤状物。幼瘤呈灰白色或肉色，质地柔软，表面光滑，以后瘤渐增大，质地变硬，褐色或黑褐色，表面粗糙、龟裂，呈菜花状。肿瘤大小不等，数量不定。由于根系受到破坏，重则引起全株死亡，发病轻的造成植株生长缓慢或停止，叶色不正。砂壤土偏碱且湿度大利于发病，连作苗圃发病重。

【防治措施】

①加强检疫。发现病苗立即烧毁。

②在无病区设立苗圃，培育无病健苗。如苗圃已发生根癌病，要停止育苗，种植非寄主植物 3 年以上再进行苗木繁育。

③育苗前对苗床用氯化苦熏蒸消毒；栽植前用 500 ~ 2 000mg/L 的链霉素液浸泡 30min，或 1% 硫酸铜溶液浸根 5min，用清水冲洗干净，然后栽植。

④用生防菌剂 K84 的菌悬液浸泡杨树的插条或根，然后栽植，可以大大降低肿瘤的数目及肿瘤的大小。

⑤除药物防治方法外，营林措施对防治杨树病害也可以发挥显著作用。如选用良种壮苗、栽植时浇足定根水、加强肥水管理、复壮树势；苗木栽植前用 50% 多菌灵和 70% 恶霉灵可湿性粉剂按 5:1 比例混合，然后配成 600 倍混合液浸根 1 ~ 2h，可有效预防根腐病和黑斑病；在杨树生长期间加强抚育管理，清除感病枝叶及枯枝落叶减少病源，发现根癌苗木清除焚烧等。

2.1.5.8　杨树害虫防治

杨树害虫包括危害杨树叶片、枝干、地下根系的各种害虫，食叶害虫通过取食杨树叶片影响杨树正常生长；危害枝干的害虫通过幼虫蛀食树木的枝干，成虫啃食树皮等，引起林木衰弱易折，造成林木生理和工艺上的损失；地下害虫在土中生活，危害杨树根部、近地表主茎及其他部位。

杨树虫害的发生主要是预防不力、虫口积累较多造成的。杨树害虫的防治首先应注重日常查看树木生长状况，调查、预测虫害的发生发展，把预防工作做在前头，当害虫暴发危害时及时进行化学防治。

食叶害虫危害程度判断：轻度为 50cm 标准枝 2 ~ 5 条幼虫，中度为 6 ~ 8 条幼虫，重度为 9 条幼虫以上。

危害枝干的害虫危害程度判断(以光肩星天牛为例)：轻度为有虫株数 5%~ 10%，中度为 11%~ 20%，重度为 21% 以上。

杨树主要害虫及防治措施如下：

(1) 杨天蠖

杨天蠖又名杨尺蛾、春尺蠖、沙枣尺蠖，属鳞翅目天蛾科。

【发病症状】

以幼虫取食芽和叶片，常在短期内将杨树嫩叶、嫩芽吃光，影响树木生长。杨尺蠖1年1代，以蛹在土中越冬，3月成虫羽化，雌蛾无翅，成虫交配后产卵孵化，4月上中旬出现幼虫，开始食害嫩芽幼叶，逐步发展成取食全叶。小幼虫能吐丝下垂，随风飘荡扩散危害。4月中下旬为幼虫危害盛期，5月中旬入土化蛹。幼虫体长22~40mm。老龄幼虫灰褐色，腹部第2节两侧各有1个瘤状突起，腹线均为白色，气门线一般为淡黄色。行走时背弓起前进。蛹在树冠下土中越夏、越冬。翌年2月底、3月初成虫开始羽化出土。3月上中旬见卵，4月上中旬幼虫孵化，5月上中旬老熟幼虫入土化蛹，预蛹期4~7d，蛹期达9个多月。

【防治措施】

①物理措施　在蛹越夏、越冬期间深翻林地，将蛹锄死或翻于地表杀死；利用雄成虫的趋光性，设置黑光灯诱杀雄蛾；在树干1m处喷涂黏虫胶闭合环防治无翅雌虫。

②化学药物防治　对低矮幼树可用机动喷雾器喷洒菊酯类杀虫剂1 500~2 500倍液防治；对高大树木用打孔注药法，在杨树胸高处打孔注入按1∶1稀释的18%杀虫双水剂或18%杀虫安水剂，药剂注射量的依据是，胸径多少厘米就注入多少毫升。或用烟剂熏蒸(1.2%烟碱·苦参碱烟剂15~20kg/hm^2)毒杀；在干基周围挖深、宽各约10cm环形沟，沟壁要垂直光滑，沟内撒毒土(细土1份混合杀螟松1份)毒杀无翅雌成虫；用20%杀灭菊酯乳油50倍液(用柴油作稀释剂)在树干1m处喷涂闭合环阻杀无翅雌虫；在春季幼虫上树前在树干基部绑塑料薄膜和带药草绳(氯氰菊酯80倍液)阻止杨尺蠖上树，通过更换草绳将卵集中消灭。

(2)杨扇舟蛾

杨扇舟蛾又名杨舟蛾、白杨天社蛾，属鳞翅目舟蛾科。

【发病症状】

主要以幼虫危害树叶，每年发生4~5代，世代重叠，以蛹在地面的落叶、树干基部结茧越冬；翌年4月羽化成虫，5月初出现第1代幼虫，以后大约每隔1个月发生1代。幼虫头黑褐色，体密生灰色长毛，每个体节上生有环形排列的橙红色瘤8个，其上有长毛，两侧各有一个较大的黑瘤，上面生有白色细毛一束。成虫有趋光性，体灰褐色，头顶部有一个椭圆形黑斑。幼虫有群集性，常数十条或上百条群居一株杨树，白天吐丝卷伏叶中，夜晚上树食叶，常将整株树叶吃光后转移邻树继续危害。危害期5~10月，以第3代7~8月危害最严重，10月第5代结茧化蛹越冬。

【防治措施】

①人工防治　杨扇舟蛾多发生于苗圃幼树和幼龄林，根据初龄幼虫在叶片上吐丝结苞、群集的习性，组织人力用手捏叶苞，将幼虫捏死在苞内或剪除有虫叶苞销毁，尤其是清除第1~2代幼虫虫苞，对降低虫口密度，减轻危害十分关键；冬季或早春，收集受害树下的落叶、杂草烧毁。

②物理防治　利用成虫的趋光性，成虫期灯光诱杀成虫；利用第三代幼虫下树结茧化蛹越冬的习性，于9月上中旬在受害树的树干上绑扎草把，诱使老熟幼虫结茧化蛹，然后集中收集烧毁灭虫。

③化学药物防治　在杨扇舟蛾幼虫发生期间，树干注内吸药物防治，如注射按1∶1浓度稀释的18%杀虫双水剂或18%杀虫安水剂，胸径多少厘米就注多少毫升药剂；树体喷

施25%灭幼脲Ⅰ号800~1 000倍液、80%敌敌畏800~1 200倍液、2.5%敌杀死6 000~8 000倍液或Bt(苏云金杆菌)乳剂10倍液、1.8%阿维菌素乳油4 000~6 000倍液防治。

④生物防治　卵期释放赤眼蜂，放蜂量30万~40万头/hm^2。

(3)杨小舟蛾

杨小舟蛾属鳞翅目舟蛾科。

【发病症状】主要危害树叶，1年发生4代，以蛹越冬。每年4月中旬羽化成虫，5月初出现第1代幼虫，以后大约每隔1个多月发生1代，直至10月底化蛹。初孵幼虫群食叶面，剥食叶肉，稍大后分散活动危害，幼虫行动迟缓，白天潜伏于树干粗皮缝或树杈处，夜间上树取食。危害期5~10月，尤以7月中下旬至8月上旬第3代幼虫危害最盛，可在短期内将一片林地的树叶全部吃光。

【防治措施】

①人工防治　杨小舟蛾幼虫具有在枝条上停息时固着不牢的习性，可在早晨猛击树干震落捕杀；也可在杨小舟蛾产卵盛期，人工寻找卵块、卵槽集中销毁。

②物理防治　利用杨小舟蛾成虫有较强的趋光性，可在林地设置黑光灯诱杀成虫。

③化学药物防治　对3~4年生幼树，用25%灭幼脲悬浮剂1 500倍加2.5%溴氰菊酯乳油5 000倍液，用4.5%绿丹微乳剂1 500~2 000倍液或用0.2%阿维菌素2 000~3 000倍药液用弥雾机喷施；对树高超过10m的大树，采用打孔注药毒杀，在杨树胸高处打孔，然后注入18%杀虫双水剂或18%杀虫安水剂按1:1稀释液，胸径多少厘米就注多少毫升药剂。此法杀虫效果好、安全，对天敌、环境副作用小，并可兼治其他刺吸类害虫。

④生物防治　杨小舟蛾的卵寄生蜂主要是赤眼蜂、松毛虫赤眼蜂、黑卵蜂等。放蜂时间：第1代卵盛期放蜂1~2次，第2代卵始见期至盛期再放蜂3次。放蜂量：在低虫口时放45万~75万头/hm^2，虫口较高时放75万~150万头/hm^2，每次放蜂间隔期4~5d；每次放蜂量比例：卵发生初期约放总量的20%、卵盛期放总量的70%、卵末期放总量的10%为宜。

(4)杨白潜叶蛾

杨白潜叶蛾属鳞翅目潜叶蛾科。

【发病症状】以幼虫潜入杨叶组织咬食叶肉，引起落叶。每年发生3代，以蛹结茧于落叶上藏于白色“H”形小茧内越冬，各代成虫分别于5月初、7月下旬、8月下旬出现。在老嫩适中的叶片上产卵，幼虫扁平乳白色，钻入叶内取食，一个叶片常潜居数条或数十条，使叶片呈棕褐色块斑，严重时整个叶片枯焦脱落。

【防治措施】

①人工防治　苗圃及幼林内清扫落叶，烧毁或深埋消灭部分虫茧。

②化学药物防治　在幼虫潜叶危害期用20%灭幼脲3号1 500倍液、50%杀螟松乳油1 000倍液或2.5%扑虱蚜粉剂1 500~2 000倍液防治。

(5)杨卷叶螟

杨卷叶螟属鳞翅目螟蛾科。

【发病症状】以幼虫在嫩梢上吐丝缀叶取食危害，卷叶成苞，严重时常把叶片吃光。1年发生4代，以幼虫结茧越冬，翌年4月初，杨树发芽出叶后，越冬幼虫开始危害，5月底至6月初幼虫老熟呈黄绿色，6月上旬越冬代成虫羽化，成虫第1代盛发期在7月中旬，第2代在8月中旬，第3代在9月中旬至10月底结茧越冬。

【防治措施】

①人工防治　对于零星发生危害的植株，人工剪、摘除受害的叶片和新梢集中烧毁。

②化学药物防治　枝叶喷20%灭幼脲3号1 500倍液或高效菊酯等杀虫剂防治。

(6)刺蛾

刺蛾又名洋辣子、刺毛虫，杨树上常见种类为黄刺蛾、褐刺蛾、扁刺蛾和褐边绿刺蛾等。

【发病症状】小幼虫常群集啃食树叶下表皮及叶肉，仅存上表皮，形成圆形透明斑；3龄后，分散危害，取食全叶，仅留叶脉与叶柄，严重影响林木生长，甚至致使树木枯死。幼虫身上的枝刺触及人体，会引起红肿和灼热剧痛。刺蛾成虫体粗短，翅上鳞毛厚；幼虫头小，能缩回于前胸下，体短粗肥。胸足小，腹足退化，体上生有枝刺。

【防治措施】

①人工防治　刺蛾小幼虫多群集危害，叶片上白膜状危害特征明显，可以人工摘除消灭；老熟幼虫入土结茧需爬行，可树干涂刷黏虫胶防治；成虫羽化期可设置黑光灯诱杀成虫；据不同种类刺蛾的结茧地点，采用采摘、敲击、挖掘虫茧等措施减少虫口密度。

②化学药物防治　刺蛾幼虫对药剂抵抗力弱，可叶面喷施90%晶体敌百虫1 000倍液、80%敌敌畏乳油800倍液、50%辛硫磷乳油800倍液或用拟除虫菊酯类农药3 000~5 000倍液防治。

(7)草履蚧

草履蚧又名草鞋虫，树虱子，属同翅目介壳虫总科。

【发病症状】主要以成虫、若虫刺吸嫩枝、幼芽的汁液。1年发生1代，草履蚧雌成虫体长10mm，背面有皱褶、扁平椭圆形，似草鞋，赭色，周缘和腹面淡黄色，触角、口器和足均黑色，体被白色蜡粉，触角8节。雄虫体长5~6mm，翅展约10mm，体紫红色，头胸淡黑色，1对复眼黑色，前翅淡黑色，有许多伪横脉，后翅为平衡棒，末端有4个曲钩，触角黑色，丝状，10节，第3至第9节各有2处收缢形成3处膨大，其上各有1圈刚毛，腹部末端有4根树根状突起。此蚧1年发生1代，大多以卵在卵囊内于土中越冬，极个别以1龄若虫越冬。越冬卵于翌年2月上旬至3月上旬孵化。孵化后的若虫仍停留在卵囊内。2月中旬后，随气温升高，若虫开始出土上树，2月底达盛期，3月中旬基本结束。个别年份，冬季气温偏高时，上年12月即有若虫孵化，1月下旬开始出土。若虫出土后爬上寄主主干，在皮缝内或背风处隐蔽，10:00~14:00在树的向阳面活动，顺树干爬至嫩枝、幼芽等处固定吸食。初龄若虫行动不活泼，喜在树洞或树杈等处隐蔽群居。若虫于3月底至4月初第1次脱皮。4月中下旬第2次蜕皮，雄若虫不再取食，潜伏于树缝、皮下或土缝、杂草等处，分泌大量蜡丝缠绕化蛹。蛹期10d左右，4月底至5月上旬羽化为成虫。雄成虫不取食，白天活动量小，傍晚大量活动，飞或爬至树上寻找雌虫交尾，阴天整日活动，寿命3d左右，雄虫有趋光性。4月下旬至5月上旬雌若虫第3次脱皮后变为雌成虫，并与羽化的雄成虫交尾。5月中旬为交尾盛期，雄虫交尾后死去。雌虫交尾后仍需吸食危害，至6月中下旬开始下树，钻入树干周围石块下、土缝等处，分泌白色绵状卵囊，产卵其中。一般为100~180粒，最多达261粒。产卵期4~6d，产卵结束后雌虫体逐渐干瘪死亡。土壤含水量对雌虫产卵亦有影响，极度干燥的表土层使雌虫很快死亡。卵囊初形成时为白色，后转淡黄至土色，卵囊内绵质物亦由疏松到消失，所以夏季土中卵囊明显可见，到冬季则不易找到。越冬后孵化的若虫耐饥、耐干燥能力极强。

【防治措施】

①人工防治　夏季或冬耕时挖除树冠下土中的白色卵囊销毁。

②物理防治　早春在树干离地面1m处，先用刀刮去一圈老粗皮(宽10cm左右)，涂上一圈3~5cm宽黏虫胶，然后用粗布或草把等抹杀胶环下的初孵若虫，一般涂2~3次。

③化学药物防治　在树干离地面1m处，刮平老皮，绑扎光滑塑料薄膜再用宽胶带纸做成20cm宽阻隔带，阻止草履蚧若虫爬上树，同时在阻隔带下涂毒环(废齿轮油或废机油40份+2.5%溴氰菊酯浮油1份，搅匀后即可用)或喷洒“绿色威雷”200~300倍液；在阻隔带以下的树干或地面可定期喷洒2.5%溴氰菊酯3 000~5 000倍液或80%敌敌畏乳油1 000~1 200倍液毒杀若虫。如果若虫已上树危害，对新栽幼树可于3月下旬喷施速扑杀1 000倍液或25%噻嗪酮800~1 000倍液。对高大杨树，可用打孔注药法，药剂可用18%杀虫安水剂或2%定虫脒按1:1稀释，胸径多少厘米就注多少毫升药剂，均可取得良好防治效果。

(8)瘿螨

瘿螨属蛛形纲，螨类俗称红蜘蛛。

【发病症状】以成、若螨在杨树的叶片、叶柄、嫩枝、嫩梢等幼嫩组织刺吸危害。嫩叶受害后，叶面皱缩突起，增厚变脆，表面凹凸不平，沿叶脉向背面弯曲，叶缘出现焦枯；嫩梢嫩芽受害后，不能继续生长和抽发新梢，顶梢被迫封顶，腋芽萌发抽条，枝杈横生。受害叶片及新梢出现锈色粉状物。以若螨和成螨在芽鳞内越冬，4月中下旬芽萌动期开始活动，展叶后群集于叶柄和叶脉两侧吸食汁液。据观察大约每半个月发生1代，并有世代重叠现象，以6月下旬至7月上旬危害最重，7月下旬以后虫口逐渐减少，9月下旬转入芽鳞内越冬。每世代成活的天数与温度关系密切，春旱有利于繁殖，但由于气温较低，繁殖速度慢；伏旱则有利于大发生，夏季高温干旱季节可迅速繁殖，低温多雨季节不利于繁殖。虫体微小，可借助风力、枝条摩擦、昆虫及农事活动传播危害，常使叶面卷曲，呈红褐色斑块，严重时造成嫩茎畸形，叶片脱落。螨类世代多，繁殖快，1年最少2、3代，最多有20~30代，一般高温干旱有利于繁殖，但过分干燥树叶组织缺水对其生长也不利，一般在6~7月为多发期。

【防治措施】

化学药物防治　用18%杀虫双水剂或18%杀虫安水剂按1:1稀释，胸径多少厘米就注多少毫升药剂；用15%扫螨净乳油1 500~2 000倍液或1.8%阿维菌素乳油2 500~3 000倍液对嫩梢嫩叶进行喷雾防治。

(9)美国白蛾

美国白蛾属鳞翅目灯蛾科。

【发病症状】成虫白色，体长12~15mm。雄虫触角双栉齿状，前翅上有几个褐色斑点。雌虫触角锯齿状，前翅纯白色。卵球形。幼虫体色变化很大，根据头部色泽分为红头型和黑头型两类。蛹长纺锤形，暗红褐色，茧褐色或暗红色，由稀疏的丝混杂幼虫体毛组成。美国白蛾1年发生2代，繁殖力强，扩散快。以蛹在树皮下或地面枯枝落叶处越冬，幼虫孵化后吐丝结网，群集网中取食叶片，叶片被食尽后，幼虫移至枝杈和嫩枝的另一部分织一新网。

【防治措施】

①人工防治 在美国白蛾幼虫3龄前，每隔2~3d仔细查找一遍美国白蛾幼虫网幕，发现网幕用高枝剪将网幕连同小枝一起剪下，集中烧毁或深埋，剪网时注意不要造成破网，散落在地上的幼虫应立即杀死；老熟幼虫化蛹前，在树干距地面1~1.5m处，用谷草、稻草等上松下紧围绑起来，诱集幼虫化蛹，每隔7~9d换1次草把，解下的草把要集中烧毁或深埋。

②生物防治 在美国白蛾老熟幼虫期，按1头白蛾幼虫释放3~5头周氏啮小蜂的比例，选择无风或微风10:00~17:00进行放蜂，间隔5d左右二次放蜂；一次放蜂，用发育期不同的蜂茧混合搭配，将茧悬挂在离地面2m处的枝干上。

利用美国白蛾性信息素，在轻度发生区的成虫期诱杀雄性成虫。春季诱捕器设置高度以树冠下层枝条(2.0~2.5m)处为宜，夏季以树冠中上层(5~6m)处设置最好。每100m设一个诱捕器，诱集半径为50m。使用期间诱捕器内放置的敌敌畏棉球每3~5d换1次，以保证薰杀效果。诱芯可连续使用2代。第1代用后，将诱芯用胶片封好，低温保存，第2代可以继续使用。

2、3龄美国白蛾幼虫可喷施浓度1.5×10^7~3.0×10^7 PIB/mL的美国白蛾核型多角体病毒防治，4龄前幼虫喷施浓度为1亿孢子/mL Bt苏云金杆菌防治。

③化学药物防治 对4龄前幼虫使用1.2%烟参碱乳油1 000~2 000倍液、25%灭幼脲Ⅲ号胶悬剂5 000倍液、24%米满胶悬剂8 000倍液或20%杀铃脲悬浮剂8 000倍液进行喷洒防治。利用黑光灯在成虫羽化期引诱成虫，在距设灯中心点50~100cm范围内进行喷药毒杀。

(10)柳兰叶甲

柳兰叶甲又名柳树金花虫，属鞘翅目叶甲科。

【发病症状】以成虫、幼虫危害垂柳、旱柳、杨树等叶片，常造成叶片缺刻、穿孔。成虫全体深蓝色有金属光泽，头部横宽，触角褐色有细毛，前胸背板光滑，前缘呈弧形凹入，鞘翅上有排列成行的刻点；卵橙黄椭圆形；幼虫体略扁平灰黄色，头部黑褐色，胸部最宽，中、后胸背部有6个黑色瘤状突起，腹部每节有4个瘤突；蛹椭圆形，长4mm，腹背有4列黑斑。

柳兰叶甲1年发生6代左右，以成虫在土缝内和落叶层下越冬，翌年4月上旬越冬成虫开始上树取食叶片，并在叶片上产卵。幼虫有群集性，咬食叶片呈网状，自第2代起世代重叠，在同一叶片上，常见到各种虫态，7~9月危害最严重，10月下旬成虫陆续下树越冬。

【防治措施】

①人工防治 结合树木管理工作，人工杀灭成虫。

②化学药物防治 危害期喷施0.5%蔬果净(楝素)乳油600倍液或2.5%保富乳油2 000倍液防治。

③生物防治 保护和利用天敌瓢虫、太平鸟、灰喜鹊等。

(11)柳毒蛾

柳毒蛾属鳞翅目毒蛾科。

【发病症状】幼虫危害柳树和杨树的树叶。成虫体翅为绢白色，稍有光泽，雌蛾触角双栉齿状，黑褐色，雄蛾触角羽毛状，灰褐色，足黑色，胫节和肘节上有黑白相间的环纹；卵圆形灰白色，块状有胶状物覆盖；幼虫头深褐色，冠逢两侧各有黑色纵纹一条，体灰黄色，背中线黑色，两侧黄褐色，亚背线呈黑色斑，每节中央有棕黄色毛瘤，第一、二、六、七腹节背面有黑色横带，气门下线由灰黑色斑组成，每节有黑褐色瘤一个，着生黄褐色刚毛，腹面赤褐色，胸足和腹足黑色；蛹黑褐色，有光泽，背有淡黄色细毛，在腹部聚集成束。

1 年发生 2 代，每年 10 月份以幼虫在树皮缝、树洞和树干萌发条缝隙等处越冬。翌年 4 月当杨树、柳树萌芽长叶时，幼虫爬出取食危害，幼虫昼伏夜出，5 月中下旬为幼虫危害盛期，6 月上中旬成虫出现高峰，以后成虫产卵孵化出幼虫，7 月上旬至 8 月上旬幼虫再度出现危害高峰期，10 月由于气温下降、食源条件逐渐恶化，幼虫钻入树皮缝隙内越冬。

柳毒蛾成虫白天经常躲藏在树丛内或附近的玉米、大豆等作物田间，夜间在树干上产卵，其卵呈块状；幼虫具有昼伏夜出性，严重受害的树木几乎难以找到完整叶片，幼虫经过一段的暴食，逐渐老熟，在树叶上吐丝卷叶或在树皮缝隙内结茧化蛹。

【防治措施】

①物理防治　利用成虫具有趋光性特点，晚上设置灯光诱杀成虫。

②化学药物防治　幼虫期防治抓住两次危害高峰期进行化学防治，可参照杨扇舟蛾的防治方法。

(12) 桑天牛和光肩星天牛

桑天牛属天牛科，别名粒肩天牛、桑干黑天牛、桑牛等。

【发病症状】在河北幼虫经过 2 或 3 个冬天，于 6~7 月老熟，在隧道内两端填塞木屑筑蛹室化蛹。蛹期 15~25d。羽化后于蛹室内停 5~7d 后，咬羽化孔钻出，7~8 月为成虫发生期。成虫多晚间活动取食，以早晚较盛，约经 10~15d 开始产卵。2~4 年生枝上产卵较多，多选直径 10~15mm 的枝条的中部或基部，先将表皮咬成“U”形伤口，然后产卵于其中，每处产 1 粒卵，偶有 4、5 粒。每雌虫可产卵 100~150 粒，产卵约 40d。卵期 10~15d，孵化后于韧皮部和木质部之间向枝条上方蛀食约 1cm，然后蛀入木质部内向下蛀食，稍大即蛀入髓部。开始每蛀 5~6cm 长向外蛀 1 排粪孔，随虫体增长而排粪孔距离加大，小幼虫粪便红褐色细绳状，大幼虫的粪便为锯屑状。幼虫一生蛀隧道长达 2m 左右，隧道内无粪便与木屑。

光肩星天牛属鞘翅目天牛科，1 年发生 1 代，或 2 年发生 1 代。以幼虫或卵越冬。翌年 4 月气温上升到 10℃以上时，越冬幼虫开始活动危害。5 月上旬至 6 月下旬为幼虫化蛹期。从做蛹室至羽化为成虫共经历 40d 左右。6 月上旬开始出现成虫，盛期在 6 月下旬至 7 月下旬，直到 10 月都有成虫活动。

6 月中旬成虫开始产卵，7~8 月间为产卵盛期，卵期 16d 左右。6 月底开始出现幼虫，到 11 月气温下降到 6℃以下，开始越冬。

【防治措施】

①人工防治　在桑天牛羽化期捕捉成虫，或用铁丝从蛀道中刺死幼虫。

②化学药物防治　在林缘或林内彻底清理天牛成虫必须取食的补充营养植物，使成虫

出孔后得不到补充营养或食料不足，降低其生存和繁殖能力；有目的地种植一定数量天牛嗜食的寄主植物(诱饵树)，如桑天牛成虫必须以桑科树木枝皮补充营养，引诱其成虫来取食时捕杀或毒杀(喷施 0.2% 阿维菌素 2 000～3 000 倍药液或新型触破式微胶囊剂绿色威雷 200～300 倍液)。

利用天牛成虫出孔后在树干上爬行、寻找产卵部位和用咀咬刻槽的习性，在杨树枝干上喷施持效期 1～2 个月的新型触破式微胶囊剂绿色威雷 200～300 倍液毒杀成虫。

在桑天牛危害期，找到新鲜的排粪孔，用注射器将敌敌畏 100 倍液或 50% 杀螟松乳剂 200 倍液直接注入蛀道或塞入蘸满药液的棉团或插入磷化铝毒签，然后用黄泥封口，薰杀幼虫。

③生物防治　保护和招引啄木鸟、人工繁殖释放肿腿蜂、花绒坚甲等天敌有一定的抑制作用。

(13) 白杨透翅蛾

白杨透翅蛾属鳞翅目透翅蛾科，是国内检疫害虫。

【发病症状】成虫体长 11～21mm，翅展 23～39mm，外形似胡蜂。头半球形，头和胸部之间有橙黄色鳞片围绕，头顶有米黄色鳞片。前翅纵狭，有赭色鳞片，中室与后缘略透明；后翅透明，缘毛灰褐色。腹部黑色圆筒形，有 5 条橙黄色环带。卵黑色椭圆形，上有灰白色不规则多角形刻纹。初龄幼虫淡红色；老熟幼虫黄白色圆筒形，体长约 30mm。胸足 3 对，腹足、臀足退化，仅留趾钩。蛹褐色纺锤形，长 12～23mm；腹部 2～7 节，背面各有横列倒刺两排，9、10 两排具刺 1 排；腹末具臀棘。

白杨透翅蛾 1 年发生 1 代或 2 代，以幼虫在枝干隧道内越冬。翌年 4 月初取食危害，4 月下旬幼虫开始化蛹，成虫 5 月上旬开始羽化，盛期在 6 月中旬至 7 月上旬，10 月中旬羽化结束。卵始见于 5 月中旬，少部分孵化早的幼虫，若环境适合，当年 8 月中旬还可化蛹，并羽化为成虫，发生第 2 代。成虫飞翔力强而迅速，夜间静伏。卵多产于叶腋、叶柄、伤口处及有绒毛的幼嫩枝条上；卵细小，卵期 7～15d。幼虫 8 龄，初龄幼虫取食韧皮部，4 龄以后蛀人木质部危害，幼虫蛀入后，通常不再转移。9 月底，幼虫停止取食，以木屑将隧道封闭，吐丝做薄茧越冬；在苗圃地，大部分幼虫越冬前从枝条蛀道中迁出，从近地面茎秆或插条苗基部处蛀入，向下蛀食后潜伏蛀道中越冬。

白杨透翅蛾幼虫钻蛀枝、干和顶芽，由顶芽侵入时，能穿透整个组织，使被害处枯萎下垂，抑制顶芽生长，形成秃枝；侵入叶腋时，使叶片枯萎；侵入枝干初期先在木质部与韧皮部之间蛀食，致被害处组织增生形成瘤状虫瘿，然后蛀入髓部，形成坑道，被害处易风折。

【防治措施】

①人工防治　严格检疫，防止幼虫随苗木调运扩散；结合起苗、剪穗等工作发现虫瘿及时剪掉烧毁。

②化学药物防治　6、7 月每隔半月往苗木和幼树上喷施 1 次 50% 杀螟松乳剂或 50% 辛硫磷 400 倍液，可杀死初孵化的幼虫；夏秋季节于枝干蛀口处涂 1.2% 苦参碱・烟碱乳油或 80% 敌敌畏 50 倍液；用 2.5% 氯氰菊酯 600 倍溶液、80% 敌敌畏 100 倍溶液棉球塞孔，或用熏蒸剂磷化铝堵塞排粪孔(每孔用 0.1g 剂量)，施药后立即密封孔口杀死幼虫。

③生物防治　保护天敌，招引啄木鸟、灰喜鹊等。

④仿生防治　利用性诱剂在每年的6月初至8月初防治。6月初在林带边行和林中阳光充足四周无遮挡的树干1.3m处，用20g胶涂成10cm×15cm的胶面，性诱剂诱芯钉在胶面中下部，诱芯距胶面0.5cm，胶面被土砂覆盖失去黏性则需重涂一次胶，确保诱捕效果。

(14)地老虎

地老虎，又名地蚕、土蚕、切根虫、夜盗虫等。在河北省主要有小地老虎、大地老虎、黄地老虎3种。

【发病症状】地老虎主要以幼虫危害幼苗，初龄幼虫常群集于叶或叶径间，昼夜均可危害幼苗地上部分。3龄以后分散并潜伏土中，夜晚出来活动，将幼苗径干距地面1~2cm处咬断，并将其拖入土中取食，也可爬至苗木上部咬食嫩径和幼芽，对幼苗生长影响很大。地老虎危害盛期在4月下旬至5月上中旬。

【防治措施】

①人工防治　在清晨检查圃地苗木，发现新鲜危害状则在苗株附近挖土捕杀幼虫；清除圃地及附近杂草消灭越冬代成虫产卵场所和第1代幼虫的食料来源。

②物理防治　利用地老虎成虫趋光、趋化习性，在羽化期用黑光灯引诱成虫，既可诱杀，又可监测虫情；还可在圃地及周围设置糖醋液(配比为糖6份、醋3份、白酒1份、水10份、敌百虫1份)诱杀成虫，可有效减少第1代虫量。

③化学药物防治　每公顷用2.5%敌百虫粉剂15~22.5kg与30倍细土或细粪拌匀，撒施于土表，然后用锄翻入土中防治虫害；用90%敌百虫1kg加5~10kg温水溶化后，拌新鲜多汁的杂草100kg，于傍晚撒于苗圃地，每公顷撒杂草量225~300kg，或堆成长70cm、宽20cm、高15cm的草堆，诱杀3龄以上幼虫；用90%敌百虫、75%辛硫磷乳油等1 000倍液喷于幼苗或四周土面上，也可在苗床上开沟或打洞将药液浇灌到土中毒杀幼虫。

④生物制剂防治　用米糠300kg/hm^{2}与7.5kg/hm^{2}的8 000IU/mg苏云金杆菌可湿性粉剂拌匀后，在虫害期于傍晚均匀撒在每个插穗周围，防治效果极好。

(15)蛴螬

蛴螬是金龟子幼虫的总称，俗称地蚕。在林业上危害严重的有20余种，主要有东北大黑鳃金龟、暗黑鳃金龟、黑绒鳃金龟和铜绿丽金龟等。

【发病症状】蛴螬危害林木幼苗的症状表现为萎蔫苗木呈团、块状分布，萎蔫苗木用手轻拔即可拔出，受害苗木主、侧根切断，切口整齐，或根基部皮层被啃食。金龟子的发育时间均较长，完成一个世代需经1~6年。金龟子幼虫平均只有3龄，初孵幼虫先取食腐殖质，随后开始啃咬植物的幼嫩芽、根。蛴螬发育至3龄老熟后，在20~30cm深的土层内化蛹，蛹期一般为15~30d。成虫在黄昏或夜间活动，少数在白天活动；夜间活动种类一般具有趋光性和假死性；出土成虫大多需要进行补充营养，性成熟后即在其取食场所附近土壤中产卵。

【防治措施】

①人工防治　在冬季前深耕、深翻苗圃地，增加蛴螬的越冬死亡率；施入苗圃的基肥一定要充分腐熟，以减少卵量。

②物理防治　利用成虫的假死性和趋光性，在成虫出土期，可人工震落捕杀或用黑光灯诱杀；利用蛴螬不耐水淹的特点，可在每年11月前后冬灌或5月上中旬适时浇灌大水，

保持一定时间后，蛴螬数量会下降。

③化学药物防治 3%敌百虫粉22.5~37.5kg/hm^{2}加细土375~750kg/hm^{2}充分混合后，均匀撒于地面，再翻耕毒杀土中蛴螬；或用杀地虎(10%二嗪磷颗粒剂)6~7.5kg/hm^{2}拌150kg/hm^{2}毒土沟施，药剂均匀分布在土层5~10cm处，地下虫害严重地块可适当增加用药量。

在树木上喷洒90%晶体敌百虫800~1 000倍液或80%敌敌畏乳油1 000~1 500倍液或绿色威雷300~500倍液防治成虫有良好效果。

(16)蝼蛄

蝼蛄属直翅目蝼蛄科，俗称啦啦蛄。

【发病症状】该虫昼伏夜出，夜间主要在表土层活动，尤其在气温高、湿度大的闷热天气活动更为频繁。初孵若虫有群集性，成虫具有趋光性，食性杂，嗜好香甜食物，以成虫和若虫在表土层下开掘隧道，咀食杨树根系。

【防治措施】

①物理防治 利用蝼蛄趋光性强的特性，设置黑光灯诱杀成虫。

②化学药物防治 将5kg谷秕子煮成半熟或将5kg麦豆饼等炒热香后用90%敌百虫0.15kg，对水制成30倍液，拌成毒谷或毒饵，再加1.5倍的水，选择无风闷热天气的晚上，撒在蝼蛄活动的隧道处；也可用50%辛硫磷乳油800倍液或25%异丙磷乳油等农药1 000~1 500倍液，在苗床上开沟或打洞灌溉根际毒杀。

另外，叶蝉、蚜虫等在早春上树吸取树木嫩芽、嫩枝的汁液影响树木生长，会造成整株叶片全部脱落。防治蚜虫可用阿维菌素等农药喷雾防治，叶蝉可用三氯杀螨醇或哒螨灵、吡虫啉等农药喷雾防治，一般每隔1周防治1次，2~3次即可，喷洒时必须做到喷洒均匀周到不留死角不漏喷。

在预防虫害方面，除物理防治、化学防治、生物防治外，也可以综合考虑营林措施。主要包括：

①选用适应当地环境的杨树品种，选用抗病、虫品种，慎重引进新品种，做到适地适树，尽量不连茬种植。加强用苗检查和使用本地的苗木，控制虫害的传入和蔓延。

②选用良种壮苗、保持良好根系、保湿运输；栽植前将根系整个浸泡在水中3~5d；栽植时按照“四大一深”(大穴、大苗、大株行距、大水浇足、深栽)的技术规格和“三埋二踩一提苗”(先向栽植穴内填30~40cm厚的表土和基肥，将树苗垂直放入，再填土2/3深，踩实，最后填土至地面，再踩实，将树苗往上提到栽植深度，以利于根系舒展)的造林技术要领，要浇足定根水；栽植后及时浇水、松土、除草、施肥。要搞好抚育管理，增强树势，降低发病率。

③施用充分腐熟的农家肥，多施磷钾肥提高树木木质化程度和增强抗病虫能力。

④在秋冬季节，采用新鲜的石灰水、石硫合剂、波尔多液等对树干涂白，杀死树皮缝隙内和根颈周围的各种病菌、越冬幼虫和卵；冬翻冻土使杨尺蠖越冬蛹、草履蚧越冬卵露出冻死。

2.1.5.9 常用药剂制备方法

(1)石硫合剂

石硫合剂是由生石灰、硫黄粉、水熬制而成，其比例为1:2:10。将足量的水在铁锅中加热烧开，把生石灰放入铁锅，在石灰乳沸腾时，硫黄粉用少量水调成糊状的硫黄浆自锅边缓缓倒入锅中，边倒边搅拌，搅匀后记下锅内水位线，并不断补足水量。煮沸40～50min，待药液熬至红褐色，液面起一层薄膜，有刺鼻臭气，捞出的渣滓呈黄绿色时即算熬成，立即停火。其浓度一般可达25°～30°Be。

石硫合剂使用时要根据公式计算稀释浓度用水量，每千克石硫合剂原液稀释到目的浓度需加水量的公式计算：

每千克石硫合剂原液加水量(kg)=原液波美度÷需稀释的波美度-1

例如：原液30°Be，稀释为3°Be的药液，则每千克石硫合剂原液加水量=30÷3-1=9(kg)。树木休眠期喷施石硫合剂的浓度一般掌握在3°～5°Be，树体生长势强、气温低时可适当提高使用浓度，反之可适当降低浓度。石硫合剂除喷雾使用外，也可用于杨树枝干伤口处理或作为涂白剂。枝干涂刷稀释3倍的石硫合剂原液可有效防治多种介壳虫的危害；用原液涂刷消毒刮治的伤口可以防止有害病菌的侵染。

石硫合剂使用要注意如下问题，第一，石硫合剂属强碱性药剂，不能与一般农药混合使用，更不能与波尔多液和石油乳剂混用。第二，石硫合剂熬制时要用铁锅或陶器，不能用铜锅或铝锅。施用石硫合剂后的喷雾器，应选用醋水洗涤，然后再用清水洗净收存，否则会损坏喷雾器。第三，石硫合剂容易和空气中的氧气、二氧化碳发生反应而失效，最好随用随配，如必须贮存时，可用带釉的缸或坛中加油密封，避光，存放在冷凉处；也可短时间使用塑料桶保存或运输。第四，石硫合剂在休眠期随温度的升高使用浓度逐步降低，一般可用3°～5°Be；生长期可用0.2°～0.5°Be，生长期使用需慎重，使用前应做药害试验。

(2)波尔多液

硫酸铜、生石灰比例1:（3～5），用水一般为160～240倍。按用水量一半溶化硫酸铜，另一半溶化生石灰，待完全溶化后，再将两者同时缓慢倒入备用的容器中，不断搅拌。也可用10%～20%的水溶化生石灰，80%～90%的水溶化硫酸铜，待其充分溶化后，将硫酸铜溶液缓慢倒入石灰乳中，边倒边搅拌即成波尔多液。但切不可将石灰乳倒入硫酸铜溶液中，否则质量不好，防效较差。

注意事项：

①配制容器不能用金属器皿，喷过的药械要及时洗净，防止腐蚀；阴雨天、雾天、早晨露水未干时均不能使用，以免发生药害；不能与石硫合剂等碱性农药混用，两药间隔期15～20d。

②波尔多液不能用铁桶盛放。

③不能先配成浓缩波尔多液再加水稀释。一次配成的波尔多液是比较稳定的胶悬体，若再加水则会形成沉淀或结晶影响质量，易产生药害。

④将石灰乳倒入稀硫酸铜中配成的波尔多液极不稳定易出现沉淀。

⑤将浓硫酸铜倒入石灰水中配成的波尔多液不稳定、质量差。

(3)磷化锌毒签

毒签用市售医用棉签浸蘸药胶制作，取桃胶25份，加水30份，加热熬15min，搅拌成糊状，加磷化锌15份，拌匀后再加热熬约3min，即为磷化锌药胶。用棉签带棉花端部不少于2cm长度蘸磷化锌药胶，干后(注意不可太阳直晒)，装塑料袋密封备用。毒签应储存于阴凉干燥处，防止受潮。

毒签使用方法：操作时配戴手套和口罩以防中毒，并注意安全。将树体上的害虫排粪孔刮开用锥子扩眼并掏空蛀道内的粪屑，将毒签插入蛀孔，将露在外面无药部分剪除，然后用黄泥封口。插签时要从上到下，确保不遗漏虫孔。湿度大的阴雨天毒签易受潮分解减效，不宜作业；若毒签已经黏结在一起，说明已受潮分解，使用时酌情增加药(签)量。

(4)涂白剂

生石灰 12~15 份、水 36 份、食盐 1~2 份、豆面 0.2~0.3 份、石硫合剂原液 1~2 份充分混合后备用。

(5)黏虫胶

①取废机油 1.1kg、石油沥青 1kg，将废机油加热充分熬煮，投入石油沥青溶化后混合均匀待用。

②用废机油或柴油 0.5kg 熬煮后，加入压碎的松香 0.5kg 完全溶化，停火即可使用。

2.1.6　采伐更新及开发利用

2.1.6.1　采伐更新

林分达到成熟年龄而进行的采伐，主要目的是获取木材。主伐一般在秋末冬初林木停止生长后进行，通常采用平地锯伐，再根据工艺要求锯材，第二年进行更新造林。采伐林龄以培育胶合板材为例，轮伐期一般 10~15 年，培育大径材应在 12 年以后采伐，培育中径材一般在 10 年以后。

更新造林的方法包括 3 种，即全面整地植苗造林、伐桩嫁接更新造林和根蘖更新造林。

①全面整地植苗造林　伐后迹地深翻，风化土壤，清除枯枝，挖除树根，全面整地，第 2 年进行植苗造林。

②伐桩嫁接更新造林　选择当年早春采伐的杨树伐根做砧木，利用插皮法嫁接适宜的优良杨树品种育苗造林。

③根蘖更新造林　利用一些杨树品种根蘖性较强、水平根蘖条数量较多、生长速度较快的特点培育根蘖苗，进行采伐后的林地更新。

2.1.6.2　开发利用

杨树木材具有质量轻、强度高、弹性好、纤维长而含量高和易加工等优点，因此杨树的木材用途非常广泛，采伐后根据杨木用途进行分解分类。

①胶合板加工　利用小头直径≥18cm 的大中径材，长度每根 2.6m。旋切单板、干燥热压，加工成胶板。

②刨花板、纤维板加工　利用杨树梢头、枝桠及加工下脚碎料等作为原料，打碎加工成刨花板、纤维板。

③造纸纸浆加工　利用小径材和枝桠材，可与针叶木材混用。

④民用建筑材加工　可作梁木结构、椽子、天花板、隔板等。

⑤包装材加工　杨木木材纹理直，胀缩小，冲击韧性中至高，减震性能好，无异味，握钉力虽小但不易裂，适合军工、食品、茶叶、医药、精密仪器等包装箱的加工。

⑥火柴材的加工　杨木木材密度低而软，纹理直，结构细而均匀，材色浅，浸蜡易，是制作火柴梗的理想原料。

⑦细木工板的加工　利用直径 6cm 以上的原木或枝桠材，锯成方块，制作成细木工板

的夹心，为细木工板的加工提供原料。

⑧其他材的加工　可作木掀头、木掀把、打谷桶、牙签、雪糕棒等。

另外，杨树的叶子可用于加工饲料、栽培平菇；树皮可作饲料添加剂、药用或制作活性炭、软木塞、隔音板、救生衣具、防震垫板等；花可作饲料或入药；锯屑可栽培蘑菇；树根可作包装板和细木工板的夹心板条等，可以说杨树全身都是宝，因此，大力发展杨树产业前景光明。

2.1.7　案例分析

2.1.7.1　杨树中小径材培育案例

为了阐明杨树人工林密度与经济效益的关系，河北省林业科学研究院刘春鹏等对廊坊市文安县虎兴林场不同密度杨树人工林进行了跟踪研究，通过对13种不同密度人工林调查数据的分析，筛选出较为适宜的中小径材造林密度及适宜的采伐年限。

(1)自然地理条件

廊坊市文安县虎兴林场(东经116°12′~116°45′，北纬38°43′~39°3′)位于河北平原中部，处于暖温带东亚季风区，属亚湿润大陆性季风气候。本区年平均气温12.4℃，年平均降水量556.3mm。降水主要集中在7~9月，平均降水量409.6mm，占全年总降水量的70%以上。年均日照时数2 765.3h。土壤以潮土为主，质地为轻壤土。

(2)造林密度(按株行距设定)

造林密度为2m×6m、4m×6m、3m×5m、2m×5m、4m×4m、5m×4m、6m×4m、3m×3m、4m×3m、4m×2m、3m×2m、2m×2m、1m×2m，共13个处理。

(3)造林设计

以欧美杨107号杨为试验材料，苗木规格为胸径2.3cm、树高1.6m，试验每小区30株，3次重复，设置保护行。2009年定植，苗木栽培参考“2.1.4造林技术要点”。

(4)抚育管理

中等管理，参照“2.1.5抚育管理”所述抚育管理措施。

(5)效益分析

造林后每年在生长停止后进行每木检尺，依据所调查的胸径、树高数据，计算林木单株材积、每公顷蓄积量以及经济效益，其中单株材积按照欧美杨107杨立木材积表进行计算，计算公式为：

$$V=0.000\,036D^{1.651\,27}H^{1.282\,16}$$

式中，D为胸径；H为树高。

经济效益分析中，木材价格按照目前当地木材收购价格计算(表2-2)，其中胸径小于8cm林木只能作薪柴，价格为0.4元/kg。另外，投资成本包括：苗木费(5元/株)、苗木种植费(1元/株)、肥料(0.65元/kg)、施肥用工(0.3元/株)，施肥量0.5kg/(株·a)，浇水费750元/(hm^2·次)、除草等费用225元/(hm^2·次)。

表2-2　木材价格表

胸径(cm)	<8	8~10	10~12	12~14	14~16	16~18	18~20	>20
价格(元/m^3)	0.4(元/kg)	450	530	610	690	770	850	930

注：引自刘春鹏等，2014。

经过效益分析，2016 年底(即造林后 8 年)，各密度林分毛收益以及净收益均差异显著。随着密度的增大，投资成本增大，但其毛收益与净收益并非逐渐增大，经过数据统计，筛选中小径材最佳栽培密度、采伐年限及效益如下：

小径材：造林密度 3m×4m，林分最佳采伐时间为第 6 年，平均胸径 18.1cm，年平均净收益约 5 668 元/hm^2。

中径材：造林密度 4m×5m，林分最佳采伐时间为第 7 年，平均胸径 21.6cm，年平均净收益约 6 450 元/hm^2。

2.1.7.2　杨树大径材培育

以河北省林业科学研究院在威县苗圃营造的毛白杨品种对比实验林为案例，分析大径材人工林的经济效益。

(1)自然地理条件

造林地位于邢台市威县苗圃，处于河北省东南部平原地带，北纬 36°39′，东经 115°15′，海拔 30m，属暖温带大陆季风气候。土壤肥沃，潮土，质地为砂壤土；年平均降水量 584mm，年平均气温 13℃，无霜期 198d。

(2)造林设计

以毛白杨 16 个无性系品种为试验材料，易县毛白杨为对照林分，造林密度 4m×6m，苗木规格为：胸径 2.0~2.5cm、树高 1.6~2.0m。于 1987 年进行定植。

(3)投入产出指标

木材价格按照当地市场价格计算 930 元/m^3，投资成本包括：苗木费 5.0 元/株、苗木种植费 1.0 元/株、补植补造费 480.0 元/hm^2、施肥用工 1.0 元/(株·a)、肥料为 3.0 元/(株·a)、灌溉水费 1 150.0 元/(hm^2·次)、除草、除虫等费用 525.0 元/(hm^2·次)。

(4)经济效益分析

至 2002 年年底(即造林后 15 年)，投入及净收益见表 2-3。

表 2-3　毛白杨实验林收益测算表

品　种	平均胸径 (cm)	平均树高 (m)	单木材积 (m^3/株)	蓄积 (m^3/hm^2)	价格 (元/m^3)	投入 (元/hm^2)	净收益 (元/hm^2)	年均收益 [元/(hm^2·a)]
冀毛 1319	28.15	18.64	0.576 8	239.95	930	112 686.0	110 467.5	7 364.55
冀毛 1316	31.14	20.31	0.736 0	306.18	930	112 686.0	17 2061.4	11 470.80
冀毛 8001	27.50	18.73	0.516 3	214.78	930	112 686.0	87 059.4	5 803.95
三毛杨 8 号	28.14	17.32	0.517 1	215.11	930	112 686.0	87 366.3	5 824.35
塔形毛白杨 07 号	24.33	18.68	0.413 3	171.93	930	112 686.0	47 208.9	3 147.30
锥干形毛白杨 09 号	30.57	19.35	0.672 5	279.76	930	112 686.0	147 490.8	9 832.65
易县毛白杨	22.15	16.76	0.321 6	133.79	930	112 686.0	11 738.7	782.55

本表只测算立木主干收益，没有考虑枝杈、根等收益和采伐支出。就经济效益而言，杨树大径材纯林年收益增长差异显著，对照易县毛白杨只有 782.55 元，最高的冀毛 1316 达到 11 470.80 元，可见对于大径材的培养，速生品种是获取收益最大化的关键。由于是品种实验林、精细管理、投入较大。另外，木材价格随着市场行情波动，采伐期不同，其木材产量及收益也不同。

2.2 混交林经营技术

2.2.1 混交林及混交方式

(1)营造混交林的优点

混交林指两个或多个优势乔木树种或不同生活型的乔木所组成的森林。通过耐阴性、根型、生长性、嗜肥性等不同的植物品种搭配种植，可较充分利用林地的地上和地下空间，有利于在不同时间和空间层次利用光照、水分和养分；可以提高空间异质性，改善林内光照、气温、地温、风速、蒸发量、空气湿度等，混交林枯落物较多、成分较复杂能提高表层土壤肥力，且林冠浓密、根系深广，保持水土、防风固沙等功能优于纯林；混交林由多树种合理搭配、生境条件好、生物多样性高，可以抑制病虫害的繁殖和蔓延，而且树种之间相互促进，可以提高林木总蓄积量和单木质量，单木一般长得较通直、圆满，干材质量优于纯林。

(2)混交类型及方式

根据树种在混交林中的地位、生物学特性及其生长类型等，混交林有3种类型，即乔木混交类型(两个以上的乔木树种混交)、乔灌木混交类型(主要树种与灌木混交)、综合混交类型(主要树种、次要树种和灌木的混交)。

混交方式有5种：

①行内混交(株间混交) 即两个以上树种在行内彼此隔株或隔数株进行混交。

②行间混交(隔行混交) 即两个以上树种彼此隔行进行混交。

③带状混交 由一个树种连续种植3行以上构成一条带与另一个树种构成的带依次配置的混交方法。

④块状混交(团状混交) 即把一个树种栽植成规则的或不规则的块状，与另一个树种的块状地依次配置进行混交的方法。

⑤植生组混交 即种植点配置成群状时的混交形式，即在一小块地上密集种植同一树种，与相邻小块地密集种植的另一树种相混交的方法。

2.2.2 杨树混交林营造技术

(1)品种选择

混交林营造首先选择优良的杨树品种，适宜华北地区大面积推广的品种有中林46、中林2001、中林2025、欧美杨107、欧美杨108、毛白杨良种(冀毛1319、1316、8001)、窄冠毛白杨等速生品种。混交林种间关系发生与变化受树种、苗木规格、造林方法与时间、生长时期、生长环境等多因素影响。混交树种应选择与杨树互相促进或具有其他功能(如防治病虫害等)的树种，尽量不用与杨树具有竞争关系的树种，混交树种可以选择刺槐、臭椿、紫穗槐等。

(2)造林技术要求

杨树混交林密度可以参考生产中大径材纯林密度设计，根幅小、根系深的杨树品种(如窄冠毛白杨)可适当增大密度；对于有竞争关系的伴生树种在混交林营造初期应控制在

25%~50%，对于有促进关系的品种伴生树种可以适当加大种植密度。混交灌木密度根据具体品种考虑，一般混交林地不超过3 000株(丛)/hm^2。

一般乔木混交类型采取行间混交模式，株行距多采用4m×6m、5m×5m、6m×6m，树种彼此隔单行或双行种植；乔灌木混交类型多采用带状混交模式，杨树栽植2~10行，灌木栽植4~16行，形成乔灌混交群落。下面给出几种参考模式：

①杨树、刺槐混交林　刺槐与杨树互相促进生长，可以采用株行距4m×5m行状混交。

②杨树、臭椿混交林　杨树与臭椿有竞争关系，但是可以防治天牛，栽植株行距可以采用4m×6m、5m×5m、6m×6m(根幅小、根系深的品种如窄冠毛白杨等株行距可以适当减小)，按照窄冠毛白杨和臭椿2∶(1~3)的比例行状栽植。

③杨树、紫穗槐混交林　杨与紫穗槐带状混交方式互相促进生长，结合资料及河北省平原区情况，在河北省平原营造杨树、紫穗槐混交林，整地与栽植措施是：

a. 杨树采用大穴整地，规格为80cm×80cm×80cm，窄冠型杨树品种株行距3m×4m，栽植密度840株/hm^2；大冠型杨树品种株行距5m×5m，栽植密度400株/hm^2；春秋季栽植，栽前施足底肥，栽后浇水。紫穗槐采用穴状整地，株行距1m×2m、2m×2m，栽植密度5 000株/hm^{2}或2 500株/hm^2，春季、雨季或秋季栽植，也可采取直播造林方式，每穴播8~10粒种子。

b. 采取杨与紫穗槐带状混交方式，杨树栽植4~10行，紫穗槐6~20行，形成乔灌混交群落，紫穗槐当年可产生效益。

④杨树与柠条混交　杨树与柠条混交有利于杨树根系的生长，对于干旱河道等荒地的杨树造林及水土保持具有积极的意义，并且柠条可以作饲料，实现以短养长的发展目标。

2.2.3　混交林经营案例

混交林在人工林营建中类型多样，许多类型在促进目标树木生长及防护功能上都有突出的效果。

(1) 杨树、刺槐混交林模式

①立地条件　造林地位于山东省章丘县黄河林场，属黄泛平原的一部分。半湿润大陆性季风气候，年平均气温13.3℃，无霜期210d左右。年平均降水量572mm。造林地为沙质潮土，2m以上无间层，地下水埋深3m左右。土壤肥力较低。

②造林设计　造林模式为加杨、刺槐混交林和加杨纯林，25年生混交林加杨443株/hm^2、刺槐347株/hm^2，合计790株/hm^2。

③抚育管理　经营管理水平一般，除造林头几年除草松土，其后无计划修枝外，未进行其他抚育管理。

④产出效益分析　混交林地加杨平均树高和胸径为22.5m和20.0cm，单株材积0.260 5m^3，刺槐平均树高和胸径为21.5m和20.4cm，单株材积0.337m^3。混交林两树种树冠相互庇荫的条件下，刺槐对弱光的忍耐力远较加杨大；在刺槐树冠的挤压下，混交林加杨的树冠比纯林加杨小。杨树与刺槐混交林对杨树的生长有促进作用，虽然杨树密度减小，但是单株质量及材积提高了，经过测算纯林加杨毛收益约102 430元/hm^2，混交林加杨毛收益约98 090元/hm^2、刺槐毛收益约79 400元/hm^2，混交林比纯林多收75 060元/

hm²(周长瑞等，1989)。

(2)杨树、紫穗槐混交模式

杨树与紫穗槐混交可以互相促进，是比较好的混交造林模式。河南商丘地区国有民权林场的欧美杨与紫穗槐混交造林模式具有借鉴意义。

①立地条件　民权林场位于豫东黄河故道冲积平原，属华北暖温带大陆性气候区，春季干旱多风、夏季炎热多雨，年平均气温14℃，无霜期213d。年平均降水量679mm，夏季占降水量的57.73%。年均相对湿度69%。土壤为黄河冲积而成的潮土中的细沙或粉砂土，质地松散，有机质含量0.2%~0.42%，保肥力差。pH 7.5左右，地下水位2~4m。

②造林设计　1987年营造沙兰杨、I-72杨、I-69杨与紫穗槐混交林2 000多亩(1亩≈667m²)，欧美杨行距6~8m，株距3~6m；紫穗槐的株行距为1m×(3~4)m，每墩(穴)4株，杨树与紫槐混交比为1:(3~7)(穴)。采用“三大一深”的丰产栽培措施(大苗、大坑、大株行距、深栽)，每穴施入饼肥1kg，过磷酸钙0.5kg。

③抚育管理　造林后前2年间作豆类或花生，以耕代抚。在2~5年每株追施尿素0.5kg(穴施)。隔年麦收前(5月中下旬)割紫穗槐掩青1次，每株5~10kg。修枝抹芽1~5年，除修去中央领导干的竞争枝外，树冠应不少于树高的2/3，6年以后树冠也不应小于树高的1/2，并及时防治病虫危害。

④效益分析　I-72杨、I-69杨、沙兰杨与紫穗槐营造混交林，在相同立地条件和营林措施下，比杨树纯林具有明显的增产效果，一般比纯林增产90%以上，增收1倍以上；杨树与紫穗槐株数之比以1:(12~32)为宜(紫穗槐每墩4株)；从造林后6年的生产实践看，平均树高超过对照45.7%，平均胸径超过对照79.3%，蓄积量大于对照99.7%。如果按经济收入比较，混交林亩产值达11 569.5元/hm²；而对照收入为5 730.0元/hm²。另外，从造林后第3年开始年收条子1 575kg/hm²，价值216元/hm²。因此，在立地条件和营林措施相同的条件下，杨树、紫穗槐混交林是一项投资少收益高的营林模式(佟超然等，1990)。

(3)杨树、柠条混交模式

在河北平原旱地营造杨柠混交林，能增强杨树的抗逆性及生长，根系的分布更均匀合理，可充分利用土壤空间、养分和水分；并且可以出产饲料促进养殖业的开发，有利于实现杨树造林以短养长。对于杨树与柠条的混交类型，姚延、王志敏等对“三北防护林”晋西北偏关县的杨树柠条混交林进行研究，对于了解此种造林模式具有借鉴意义。

①立地条件　偏关县地处晋西北黄土丘陵区，位于东经111°21′21″~112°0′48″，北纬39°12′56″~39°39′88″，属大陆性暖温带气候，年平均气温6.5℃，10℃以上年积温3 290℃；年降水量419mm，蒸发量2 037.5mm，土质松散、贫瘠，土壤有机质含量仅为1.6%。

②造林设计　杨树柠条混交林，柠条株行距1m×4m，带宽80cm，密度1 500~1 800丛/hm²，杨树株行距2m×4m，密度1 200株/hm²。

③混交效果　通过对生物量、树高、胸径、根系分布状态等指标的定量分析，得出12~15年生混交林杨树的树高生长量比纯林提高46.5%~114%；胸径生长量比纯林提高44.4%~132.7%。混交林杨树单株生物量比纯林杨树单株生物量提高13.64%。混交林根系主要分布在20~30cm，且根系的分布比杨树纯林均匀，这有利于林木对土壤空间、水分和土壤营养元素的利用。混交林内根系虽较密集，但互不干扰，说明杨柠混交是合理和可行的(姚延等，1994)。

第3章　经济林集约化经营技术

3.1　梨矮化密植栽培技术

梨属于蔷薇科，梨属植物，原产于我国，栽培历史悠久，是我国最主要的果树之一，全国各地均有栽培，面积和产量均居世界首位。河北平原又是梨树栽培的主产区，栽培面积和产量均居全国之冠。长期以来，我国的梨树栽培多以稀植大冠为主，管理费工费力，产品质量差，国际竞争力弱，制约了我国梨产业的发展。欧美等发达国家，早在20世纪80年代，基本实现了矮化密植栽培。近年来我国在梨树新品种选育和栽培模式研究方面有了较大进步，推出了一些新的品种，栽培管理模式也由稀植大冠栽培逐步向矮化密植栽培方向转变。

3.1.1　优良品种

(1)黄冠梨

黄冠梨是由雪花梨×新世纪杂交培育的中熟品种。

果实椭圆形，个大，平均单果重235g，最大果重360g。果皮黄色，果面光洁，果点小、中密，外观酷似金冠苹果。果心小，果肉洁白，肉质细腻，松脆，石细胞及残渣少。风味酸甜适口并具浓郁香味。平均可溶性固形物含量为11.4%，总糖、总酸及维生素C含量分别为9.376%、0.200 9%和2.8mg/100g。品质综评极上。自然条件下可贮藏20d，冷藏条件下可贮藏至翌年3~4月。果实8月中旬成熟，果实生育期120d。

1年生苗形成顶花芽率达17%，定植2~3年结果。以短果枝结果为主，短果枝占68.9%，中果枝占10.8%，长果枝占16.8%，腋花芽占3.5%。连续结果能力强，每花序坐果3.5个，采前落果轻，极丰产稳产。

(2)冀硕梨

冀硕梨是由黄冠×金花杂交选育的中晚熟品种。

果实纺锤形，平均单果重344g，果面绿黄色、光滑，具蜡质，果点小，果皮较薄，套袋后果面呈乳黄色；果肉白色，质地细腻、脆，汁液丰富，果心小，石细胞及残渣少，风味甜；可溶性固形物含量13.0%；常温下可贮藏20d以上，综合品质上等。

树冠半圆形，树姿较开张，树势强健，萌芽率和成枝力中等。具有优质、抗黑星病、结果早、丰产等特性。定植2~3年即可结果；盛果期产量可达45 000kg/hm^2，具有良好的丰产性能。以短果枝结果为主，幼树腋花芽结果明显，连续结果能力中等。

(3)冀酥梨

冀酥梨是由黄冠×金花杂交选育的晚熟梨新品种。

该品种果实近圆形，平均单果重325g，果面绿黄色、光滑，具蜡质，果点小，果皮较薄，果肉白色，肉质细、脆，汁液丰富，果心小，石细胞及残渣少，风味酸甜；可溶性固形物含量12.5%；常温下果实货架期可达20d以上，0~5℃条件下可贮藏4个月以上，综合品质上等。

该品种树势较强，生长旺盛。定植2~3年即可结果，4年生产量达8 446.5kg/hm²，8年高接树产量可达46 069.5kg/hm²，无大小年现象，丰产稳产性好。

(4)中矮红梨

中矮红梨是由矮香×贺新村杂交选育的矮化红色梨新品种。

果实近圆形，平均单果重215g，最大达544g；底色黄绿，阳面紫红色，着色面积大于果面的3/5；果心小，果肉乳白色；采后在室温下后熟7~10d可达到最佳品质，果肉柔软多汁，风味酸甜适口，有芳香味，品质极佳；8月中下旬成熟；常温下可贮藏20d左右。

树势中庸，树冠矮小，萌芽力强，发枝力中等，枝条自然开张，以短果枝结果为主，每花序坐果4~5个，自花结实率低，早果性、连续结果能力强。

(5)香红梨

香红梨是由红安久自然杂交种子经^{60}Co-γ射线辐射诱变选育的红色梨新品种。

果实粗颈葫芦形，平均单果重216.0g；果实鲜红色，底色黄；着色程度80%，萼洼、梗洼和胴部均无锈，果面光滑，果点小，中密，外观综合品质极上。果皮较厚，果心小；果肉白色，经后熟软而多汁，酸甜适度，香味浓郁，石细胞少；可溶性固形物含量12.5%，可溶性糖含量10.78%，可滴定酸含量0.097%。8月末成熟，果实发育期125~130d。货架期约20d，冷藏条件下可贮藏5个月左右。

早果丰产性好，定植后2年见果，4年生树每667m²产1 350kg，5年生每667m²产1 800kg；短枝容易成花，花芽量大。

(6)红宝石梨

红宝石是由八月红梨×酥梨杂交培育的红皮梨新品种。

果实近纺锤形，平均单果重280g，纵径9.8cm，横径7.8cm；果皮光滑，几近全红色，果点小而疏，萼洼浅狭，萼片宿存，果梗较长，平均6cm；果肉乳白色，肉质细脆、稍硬，汁液中等，石细胞少，果心较小，可溶性固形物含量14.6%，可滴定酸含量0.29%，维生素C含量72.4mg/100g，果实硬度(去皮)9.2kg/cm²，风味酸甜适口，品质中上；8月下旬成熟，果实发育期约145d，较耐贮藏，常温下可贮藏20d左右，贮藏后果实风味更佳。

该品种树冠为纺锤形，长势中庸，干性较强，树姿较开张；定植后3年结果，5年丰产，每667m²产量可达3 800kg。

(7)早酥蜜梨

早酥蜜是由七月酥×砀山酥梨杂交选育的极早熟梨新品种。

该品种果实卵圆形，大型，平均单果重250.0g，果面绿黄色，果点小而密，果梗长3.8cm、粗0.3cm，木质化，梗洼浅，萼洼中等，萼片脱落；果心小，果肉乳白色，肉质极酥脆。汁液多，风味甘甜，品质上乘。果实带皮硬度5.36kg/cm²，可溶性固形物含量13.1%，总糖7.84%，可滴定酸0.096%，维生素C含量54.6mg/100g。果实成熟期7月上旬，果实生育期约为80d。

植株树势中庸，树姿半开张，树冠纺锤形。结果较早，定植后3年结果，平均每667m^{2}产量1 200kg，第4年达2 100kg，第5年达3 000kg。

(8)中梨2号

中梨2号是由栖霞大香水梨×兴隆麻梨杂交选育的中熟梨新品种。

果实端正，近圆形，平均单果重200g；果皮绿黄色，果面光洁，果点小、稍密，萼片脱落；果肉淡黄白色，肉质酥脆，石细胞少，汁液多，风味纯正，甘甜具香味；可溶性固形物含量13.5%，总糖含量9.48%，总酸含量0.21%，维生素C含量5.35mg/100g，品质极上。8月上旬成熟，果实生育期110d，果实室温下可贮藏30d左右。

树体健壮，树姿开张，生长势中庸，芽饱满；极易成花，结果早，以短果枝结果为主，易形成腋花芽；花量较大，坐果率高，丰产稳产。自交不亲和，建园时应按照(4~5):1配置授粉树，授粉品种可选圆黄、黄冠、红香酥等。

(9)玉露香梨

玉露香梨是由库尔勒香梨×雪花梨杂交育成的中熟梨新品种。

肉质细嫩、口味香甜，果面红色，克服了香梨果小、心大、可食率低等缺点，是一个优质、耐藏、中熟的大果新品种。平均单果重236.8g，最大果重450g；果实近球形，果形指数0.95。果面光洁细腻具蜡质，保水性强。阳面着红晕或暗红色纵向条纹，采收时果皮黄绿色，贮藏后呈黄色，色泽更鲜艳。果皮薄，果心小，可食率90%。果肉白色，酥脆，无渣，石细胞极少，汁液特多，味甜具清香，口感极佳；可溶性固形物含量12.5%~16.1%，总糖8.7%~9.8%，酸0.08%~0.17%，糖酸比(68.22~95.31):1，品质极佳。成熟期8月底至9月初，8月上中旬即可食用，耐贮藏，在自然土窑洞内可贮藏4~6个月，恒温冷库可贮藏6~8个月。

幼树生长势强，结果后树势中庸。萌芽率高，成枝力中等，定植后3~4年结果，高接树2~3年结果，易成花，坐果率高，丰产、稳产。树体适应性及抗性强，对土壤要求不严。花粉量少，不宜作授粉树，建园时要注意配置至少2个可互相授粉的授粉品种。

(10)红香酥梨

红香酥梨是由库尔勒香梨×鹅梨杂交选育而成。

果实长卵圆形或纺锤形，平均单果重200g，最大果重498g，果面洁净、光滑、果点大。果皮底色绿黄、阳面2/3鲜红色；果肉白色，肉质细嫩，石细胞少，汁多、味甘甜、香味浓，品质极上。9月下旬成熟，常温下可贮藏2~3个月。

长势中庸，萌芽率高，成枝力中等，树冠内枝条稍稀疏。长枝缓放后容易成花，成花率高，有腋花芽结果习性。早果丰产，定植后2年结果，5年进入盛果期，每667m^{2}产量3 000kg左右。

(11)秋月梨

秋月梨是日本由162－29(新高×丰水)×幸水杂交选育的梨新品种。

果个大，平均单果重450g，最大可达1 000g。果形端正，果实整齐度极高，商品果率高。果形为扁圆形，果形指数0.8左右。果皮黄褐色，果色纯正；果肉白色，肉质酥脆，石细胞极少，口感清香，可溶性固形物含量14.5%左右。果核小，可食率95%以上，品质上等。9月中下旬成熟。耐贮藏，长期贮藏后无异味。

生长势强，树姿较开张，成枝力较高，易形成短果枝，1 年生枝条甩放后可形成腋花芽。授粉树可选南水等经济价值较高的品种，授粉树配置比例(7～8)∶1。其适应性较强，较抗黑星、黑斑病。

3.1.2 矮化中间砧育苗技术

梨的矮化育苗一般采用矮化中间砧，由基砧、中间砧、栽培品种 3 部分组成。基砧一般选常规的秋子梨、山梨等；中间砧木品种主要有中国农科院果树研究所选育的中矮1～4号、山西省果树研究所选育的 K 系列等，各地应选择适宜本地条件的矮化砧木品种。培育矮化中间砧苗一般需要 2～3 年。

第 1 年培育基砧苗，于当年的 8 月在基砧苗上采用“T”字形芽接法嫁接矮化中间砧，也可于翌年的春季采用枝接法嫁接。第 2 年的 8 月或翌年春季再嫁接梨品种苗。一般中间砧适宜长度 20～40cm，可起到较好的树体矮化、早果丰产的效果。

3.1.3 栽培地选择

梨树抗逆性强，适应性广，对土质要求不严，较耐旱、耐涝和耐盐碱(但含盐量不能超过 0.3%)，以土层深厚，排水良好，较肥沃的砂壤土为宜。

3.1.4 栽植技术

(1)品种选择及授粉树的配置

选择栽培品种应立足于果园的立地条件及气候特征，同时综合考虑品种的特性、成熟期、经济价值及市场需求等。多数梨品种不能自花结实，建园时需配置一定比例的授粉品种。

(2)栽植方法

矮化密植园对苗木质量要求较高，需要选择大规格的苗木。一般早春顶凌栽植，栽植前深翻土壤，施足基肥，一般以有机肥为主，每公顷施腐熟的有机肥 45t 左右。栽植密度根据品种和管理模式而异，一般株行距可以为(1～2)m×(3～4)m，定点挖穴，穴宽 80cm，深50～60cm。

3.1.5 整形修剪技术

1)整形技术

生产上常用的树形主要有主干疏层形、改良扇形、纺锤形、单层高位开心形等。通常情况下，主干疏层形适于稀植大冠树整形，改良扇形适于中冠树整形，纺锤形和单层高位开心形适于小冠树整形。具体树形应根据栽培品种及管理模式而定，矮化密植栽培是发展方向。矮化密植栽培，树形多采用细长纺锤形，树高保持在 250～300cm，主干高 60cm，60cm 以下的枝芽全部抹除，注意保留强势的中心干，主干以上直接着生 10～15 个主枝，利用主枝结果。

整形中应注意的问题：树体顶端优势明显，极性强，对修剪敏感，整形期间尽量轻剪，勿修剪过重造成旺长；梨树大多数品种萌芽力强，成枝力弱，对发生的长枝尽量应用，扩大枝叶量；对保留的长枝拉枝缓放，使之迅速转化成结果枝；注意主枝中后部枝组的培养，多培养背斜侧大中枝组，控制主侧枝先端延伸速度。

2)修剪技术

(1)幼龄期修剪

采取以整形为主、促进提早结果的修剪原则。除按整形要求培养各级骨干枝外，其余枝条要掌握少疏多留，以尽量扩大结果部位，克服梨幼树枝条稀疏和上强的现象，同时注意培养大、中、小各类结果枝组，为早结果早丰产打基础。对于花芽易形成的品种，第1年对生长枝留4~6芽短截，第2年对先端长枝去强留弱，后部即能形成短枝花芽开花结果，对所留长枝继续留4~6芽短截，即可形成良好的结果枝组。对生长势弱，花芽较难形成的品种，宜先放后缩的方法培养枝组，枝条经长放后，生长势转缓，待后部形成花芽后，再进行回缩或短截。

(2)盛果期修剪

树形已基本形成，应对中心干落头开心，控制树高，并改善上层光照条件，同时逐步清理各类辅养枝。为维持盛果期树稳产，单株或单位面积上每年应保持一定的总枝量，其中长枝应占10%~15%，并在树冠内外分布均匀。大树重剪长、中果枝，留作预备枝，轻剪生长枝，促使其成花；小树基本不剪果枝，并充分利用中、长果枝和腋花芽结果，重剪生长枝，促使翌年生长新梢而少形成花芽，减少大年的成花量。

(3)衰老期修剪

进入衰老期后，可进行更新修剪，利用内膛的徒长枝形成新的树冠，恢复树势，继续结果。如果缺乏适当的徒长枝时，可选骨干枝的适当部位进行露骨更新，剪锯口下应留角度适宜的领头枝，加以短截，其下枝条也相应短截，以提高复壮能力。

3.1.6　田间管理技术

(1)土壤管理

梨树根系分布的深浅与土层深浅关系很大，土层浅薄或地下水位过高时，根的垂直生长明显受到抑制。因此，梨园每年要深翻扩穴，并结合施用有机肥，改良土壤，创造根系生长的良好条件。深翻时间以秋季采果后到落叶前为好，有利于根系愈合和新根发生。生长期间可以采用清耕法或清耕覆盖作物法。目前国外多采用行间生草、行内清耕或覆盖的栽培方法。

(2)施肥

基肥在采果后落叶前施入，有利于根系愈合和生长，也利于恢复树势和积累贮藏养分。基肥应以经过充分腐熟的有机肥为主，牛粪、猪粪、羊粪均为优质有机肥，对提高果实品质，改良土壤，培肥地力效果很好。一般每667m^2施肥3~5t，撒于地表，用旋耕机耕翻混匀即可。

追肥根据梨树的需肥特点，在花前、新梢生长基本停止和幼果迅速膨大期分次施用。花前肥以速效氮肥为主，对提高坐果率和促进枝叶生长均有一定作用。第2次追肥氮磷钾及各种微肥相互配合，可以促进花芽分化和果实增大。第3次追肥主要是促进果实增大和树体积累贮藏养分。氮磷钾具体比例根据当地土壤养分含量状况而定。

(3)灌溉和排水

梨的需水量较大，生长期雨量分布不均的地区需灌溉。梨对土壤水分的要求是保持田间最大持水量的60%~80%为宜，下降到50%时则需要灌水。特别是开花、坐果、新梢生长期对水分需求较多而且反应敏感。梨树主要灌水期有：萌芽期、落花后、幼果膨大期和新梢旺长期。落叶后至土壤结冻前应灌封冻水。

梨树虽然需水量大，较耐水湿，但土壤中水分过多，排水不畅，会引起根系活动衰退，植株生长受阻，甚至死亡，所以雨季应及时排涝。

3.1.7 花果管理技术

(1)人工辅助授粉

梨是异花授粉植物，当花期气温不稳定，授粉昆虫量小或授粉树配置不足时，人工辅助授粉是保证丰产的重要措施之一。

花期放蜂是最经济、有效的辅助授粉措施。一般每公顷放蜂2~3箱，于开花前2~3d放置到果园背风向阳处。坐果率低的品种或授粉树少的果园可适当加大放蜂量。

人工辅助授粉：开花前应提前准备花粉。当花朵含苞待放或刚刚开花时采集花朵，取出的花粉在阴凉干燥处保存。人工授粉最佳时期为开花1~3d，可采用人工点授或者喷粉、喷雾等方法。

(2)疏花疏果

梨树盛果期花量大，坐果率高，易导致大小年结果现象。疏花疏果是调节生长与结果，提高品质，防止大小年结果，实现连年丰产稳产的有效措施。

疏花应从冬季修剪留花芽量时开始。花芽量过多时，应疏弱留壮，少留腋花芽，原则上是花芽:叶芽=1:1。花芽萌动至盛花期可继续疏花，主要疏除发育不良、开花晚，以及过密的花序，留用的花序，留基部1~2朵花，疏去其余的花，以节省养分。留花力求分布均匀，内堂、外围少留，树冠中部多留；壮枝多留，弱枝少留。

疏果应根据品种、树势、花期、气候而定。花量多，树势弱，坐果率高的应早疏。树势强健，土壤肥力水平较高的可多留；反之则少留。中大型果每花序留基部1~2个果，留果形长、萼端突出的果，疏去球形果、歪果和小果。

(3)果实套袋

为了提高果实品质，减轻病虫鸟害，降低农药残留，套袋是最有效的措施之一。疏果后细致周到的喷布一次杀虫杀菌剂，然后及时套袋。如果7d之内不能套完或中间遇雨，应重新喷药后再套袋，防止将病虫套入袋内。注意切记把袋口扎紧。

3.1.8 病虫害防治技术

(1)梨黑星病

梨黑星病又叫疮痂病，是中国南北梨区发生普遍，流行性强，损失大的一种重要病害，从落花期一直危害到果实成熟期。危害叶片、果实、芽、花序和新梢。

梨黑星病的防治应以预防为主，把病害控制在未发或初发阶段。

①秋冬季清除残枝落叶后喷渗透性强的杀菌剂，清除病源；春芽萌动时，喷1°~3°Be石硫合剂或80%大生600~800倍进行保护；经常注意果园清洁，发现病花、病枝、病果应及时摘除并集中深埋，减少病源菌。

②药剂防治　根据田间的长势，在花期、幼果期及嫩叶期进行药剂保护，4月下旬至

5 月中旬、7 月上中旬注意观察田间有极少数病斑发生时用治疗型兼保护型药剂，如病斑稍多时应连喷 2～3 次。在梨树花前、花后各喷 1 次 1∶2∶200 倍式波尔多液或 30% 绿得保胶悬剂 300～500 倍液；生长期可选用 50% 甲基硫菌灵（甲基托布津）可湿性粉剂 500～600 倍液、50% 苯菌灵可湿性粉剂 1 500 倍液、25% 多菌灵可湿性粉剂 250 倍液、75% 百菌清可湿性粉剂 750 倍液、65% 代森锌可湿性粉剂 600 倍液等杀菌农药。在发病初期喷 40% 新星乳剂 800～1 000 倍液，防治梨黑星病效果突出。

（2）梨锈病

梨锈病是梨病虫害中较为严重的一种，它的病源来源于柏树，一般在每年初春的时候出现，表现为叶面正面出现圆形的黄色斑点，同时背面出现黄色的管状物。可以用 75% 的百菌清可湿性粉剂 600 倍液、粉锈宁等药剂防治。

（3）黑斑病

黑斑病是一种叶部病害，但叶柄、细嫩枝梢、花梗和幼果等都会受到侵害。从梨花前期到采摘果实期间，几乎一直都存在。可以用扑海因、多氧霉等叶斑病特效药进行防治，或者混合喷蓝卡、欢喜、叶美等药物交替使用。

（4）梨腐烂病

梨树腐烂病又名臭皮病，危害梨树枝干。多发生在主干主枝和侧枝上，病部易发于枝干的向阳面，桠部也易发病。发病初期病部呈红褐色，椭圆形或不整形，水渍状，稍肿起，用手指压之，病部下陷。病部组织糟烂，有时溢出红褐色汁液，发出酒糟气味。发病后期，病皮表面出现小疣状突起，渐突破表皮，露出黑色小点粒，即病原菌的子座和分生孢子器，病部表面色泽转暗，逐渐变为黑褐色至炭黑色，干缩下陷并于病健交界处发生龟裂，病情严重时，树体局部或全部死亡。

加强栽培管理，增强树势，提高树体抗病力，是预防腐烂病的根本措施。发病初期，在病斑较小时及时刮治，在刮除主干、主枝上病组织及粗皮基础上，喷具渗透性、残效期长的杀菌剂，如 40% 福美砷可湿性粉剂 50 倍液或 5% 百菌毒清水剂 200 倍液，需注意防止药液伤害叶片，采果后，于晚秋冬初再喷 1 次药。

（5）梨轮纹病

梨轮纹病又称粗皮病，分布遍及中国各梨产区，主要危害梨树枝干和果实，少量危害叶片，可造成烂果和枝干枯死。

梨轮纹病菌是一种弱寄生菌，只有在树体较弱的情况下，才能引起大发生，因此必须加强梨园的管理，增强树势，提高抗病力。芽萌动前喷布 5°Be 石硫合剂。生长期喷药防治：4 月下旬至 5 月上旬、6 月中下旬、7 月中旬至 8 月上旬，每间隔 10～15d 喷 1 次杀菌剂。药剂可选用：50% 多菌灵可湿性粉剂 800 倍、50% 克菌灵可湿性粉剂 500 倍、70% 甲基托布津可湿性粉剂 1 000 倍、50% 退菌特可湿性粉剂 600 倍、70% 代森锰锌可湿性粉剂 900～1 300 倍、40% 杜邦福星 8 000～10 000 倍、30% 绿得保杀菌剂（碱式硫酸铜胶悬剂）400～500 倍、50% 甲霉灵或多霉灵可湿性粉剂 600 倍、12. 5% 速保利可湿性粉剂 3 000 倍、80% 大生 M-45 可湿性粉剂 600～1 000 倍、6% 乐必耕可湿性粉剂 1 000～1 500 倍或 1∶（2～3）∶200式波尔多液。

（6）梨木虱

梨木虱一种主要危害叶片和果柄的害虫，每年晚春开始发生，初秋达到盛期。可用一遍净 1 000 倍或大功臣 1 000 倍液防治。

(7) 梨小食心虫

梨小食心虫是卷蛾科小食心虫属的一种昆虫。幼虫危害果多从萼、梗洼处蛀入，早期被害果蛀孔外有虫粪排出，晚期被害多无虫粪，幼虫蛀入直达果心，高湿情况下蛀孔周围常变黑腐烂，俗称“黑膏药”。

梨小食心虫在华北地区 1 年发生 3~4 代，以老熟幼虫结茧在老树翘皮下、枝叉缝隙、根颈部土壤中越冬，也有的在石块下、果品仓库墙缝处越冬。各代成虫发生期：越冬代 4 月中旬至 6 月中旬，第 1 代 6 月中旬至 7 月中旬，第 2 代 7 月上中旬至 8 月上旬，第 3 代 8 月中旬至 9 月上旬。各代发生期很不整齐，世代重叠严重。

防治方法：春季细致刮除树上的老翘皮，可消灭越冬幼虫；在幼虫发生期，人工摘除被害虫果；在主枝主干上，绑草或麻袋片诱杀脱果越冬的幼虫；建园时，尽量避免与桃、杏混栽或近距离栽植，杜绝梨小在寄主间相互转移；黑光灯诱杀，悬挂频振式杀虫灯可以有效诱杀；悬挂梨小食心虫性诱剂或利用迷向丝干扰梨小食心虫交配是目前防治梨小食心虫最有效的方法。

3.2 苹果矮化密植栽培技术

苹果是落叶果树中主要栽培树种之一，我国的苹果栽培面积和产量均居世界首位。苹果的种类及品种较多，适应性强，分布区域广，成熟期自 6 月上旬至 11 月，耐贮藏，是季产年销、周年供应的重要果品。近年来，河北省栽培面积和产量都得到快速发展，在矮密栽培、良种繁育、优质高效技术等方面均取得了可喜的成就，但与先进省(自治区)还存在一定差距，与欧美等发达国家相比差距更大。

3.2.1 优良品种

(1) 冀苹 1 号

冀苹 1 号是以藤牧 1 号为母本，通过自然授粉杂交选育出的早熟新品种。

果实圆锥形，果形指数 0.81，果形端正；平均单果重 146.8g，最大果重 217.5g；果面洁净，底色绿黄，被鲜红色条纹。果肉乳黄色，肉质细脆多汁，去皮硬度 11.1kg/cm^2，果实可溶性固形物含量 14.9%，风味酸甜适口，芳香浓郁，品质上等。果实发育期 90~100d，果实成熟期为 7 月下旬，果实成熟度一致，采前落果轻。常温可贮藏 3 个月，冷库(2~4℃)可贮至翌年 3 月。

树体半圆形，树姿较开张，树势强健。萌芽率高，成枝力强。生长前期以中果枝结果为主，盛果期后以短果枝结果为主，连续丰产能力强，果台副梢连续结果近 50%，采前不落果。定植后 3 年结果，4~5 年丰产，667m^2 产量可达 2 500kg 以上。坐果率较高，果实在树体分布均匀，不易出现大小年现象。较抗轮纹病和炭疽病，属抗病品种。

适宜在河北省苹果主产区及相似气候条件地区引种栽植。适宜的基砧为八棱海棠，矮化中间砧为 SH38 等。授粉品种可选择目前常用的主栽品种，但不能与美国 8 号搭配。幼树轻剪长放，开张角度，春季萌芽前刻芽增加短枝量，缓和长势，利于成花结果。结果后需对衰弱枝组及时回缩更新。严格疏花疏果，合理控制负载量，调控水肥，亩产量稳定在

2 500kg 左右。果实不需套袋，易着色，采前 1 周摘叶转果，着色更佳。注重防治山楂红蜘蛛、蚜虫及早期落叶病。

(2)苹光

苹光是从富士×红津轻杂交后代中选出的中晚熟新品种。

果实圆锥形至长圆锥形，果面光亮，整齐度高，平均单果质量 212g，果形指数 0.88，底色淡黄色，着浓红色条纹，着色程度近 100%，蜡质层较厚。果肉浅黄色，质细，硬脆，果汁多，香气中，甜酸适口；去皮硬度 $8.4kg/cm^2$，可溶性固形物含量 15.5%，可滴定酸 0.48%。果实发育期 145d 左右，熟前不落果，成熟期一致，9 月下旬采收。品质好，较耐贮藏。

树体健壮，树势中庸，枝干光滑，幼树生长势较强，萌芽率高，成枝力强，枝条较开张。成龄树生长势减弱，较易萌生中、短枝。进入结果期早，一般第 3 年开始结果。在生长势缓和的树上，短枝容易形成花芽，坐果率高，短果台枝连续结果能力较强，丰产。5 年生树株产 25.5kg。抗粗皮病(轮纹病)及早期落叶病。

苹果主产区均可栽培，与乔砧(八棱海棠、山丁子)、SH 系矮化中间砧亲和性良好。授粉树可选王林、金冠、嘎拉等。树形宜采用纺锤形或细长纺锤形，树高控制在 3～3.5m。合理负载，及时疏花疏果，$667m^2$ 产量控制在 2 700kg 左右。果实不套袋，颜色紫红艳丽，病果少；套袋栽培果实浓红，更加光洁美观。

(3)延长红

延长红是长富 2 号的芽变新品种。

果实较大，平均单果重 225g，近圆形，高桩。果实底色黄色，果面浓红色(片红)，有光泽。果点中大。蜡质中多，果粉少。果心小，果肉黄色，肉质细，致密，石细胞少，汁液多，风味酸甜，具香气，贮藏后可溶性固形物含量可达 17%。与长富 2 号果实相比颜色差异明显，全果面浓红色，具有质优、早果、丰产等特点。果实生育期 175d 左右。果实耐贮藏，常温下可放 4 个月，冷库可贮藏 6～8 个月。

自然条件下树冠为圆锥形，树姿半开张，树势强旺。萌芽率中等，成枝率较强，定植第 3 年开始结果，幼树以长果枝结果为主，成年树以短果枝结果为主，坐果率较高，自花结实率较低，较丰产；采前落果现象轻。抗病虫能力较强，较抗早期落叶病和腐烂病。

宜选择背风向阳、肥水条件较好的平原地或坡度较小的坡台地栽植，土壤以黄绵土、砂壤土为宜。授粉品种可选用嘎拉等。树形宜选用纺锤形，幼树轻剪长放，开张角度，春季萌芽前刻芽增加短枝量，缓和长势，以利早期成花结果。枝组连续结果能力较强，当年果台副梢也可成花结果。结果后对衰弱枝组及时回缩更新，保持结果枝组生长健壮。

成枝力较强，较难形成短枝，幼树期注意采取刻芽、扭捎、环切等促花措施；结果期注意花前复剪，严格疏花疏果，合理控制负载量，可按 20～25cm 间距选留 1 个中心果。宜套袋栽培，采前 1 周摘叶转果，促进果实着色。

(4)华瑞

华瑞是以美八×华冠杂交育成的早熟苹果优良新品种，与华硕苹果为姊妹系。

果实扁圆形到近圆形，平均单果重 208g，果实中等偏大；色泽鲜艳，着色面积 70%以上，个别果实可达到全面着色。果面平滑，蜡质多，有光泽；无锈，果粉少。果肉乳白色；肉质细，松脆，采收时果实去皮硬度 $9.7kg/cm^2$；汁液多，可溶性固形物含量

13.2%，可滴定酸含量0.29%；风味酸甜适口，浓郁，有芳香，品质上等。果实7月中下旬成熟，发育期100~110d。果实在室温下可保持20d不变绵软，冷藏条件下可贮藏2~3个月。

树姿直立，树势强健，幼树生长旺盛。萌芽率和成枝力高于其亲本华冠，与嘎拉接近。幼树腋花芽结果能力很强，在矮化砧上定植后第2年几乎全是腋花芽结果，随树龄增大逐渐以短果枝和中果枝结果为主，果台副梢有一定的连续结果能力。坐果率高，生理落果轻，具有较好的早果性和丰产性。

授粉品种可与嘎拉、美八、华硕、富士等混栽，互为授粉。

华瑞植株生长健壮，枝叶繁茂。由于果实7月中旬成熟采收，避开了苹果的炭疽病、轮纹病等发病时期，果实病害较轻。重点防治果树腐烂病、轮纹病、早期落叶病和红蜘蛛。注意预防白粉病和果实日灼。

(5)华苹

华苹是以金冠作母本，惠作父本杂交育成的中晚熟新品种。

果实长圆形，果形指数0.98；果个中大，平均单果重177g，果皮底色黄绿色，全面着鲜红色，果面光滑，蜡质层较厚，果锈轻，果点小而疏，外观美丽。果肉淡黄色，肉细、松脆，汁液多，风味甜酸适度，香气浓郁，品质极佳。平均果实硬度7.1kg/cm^2、可溶性固形物含量12.8%、可滴定酸含量0.64%。果实8月下旬至9月上旬开始着色，9月下旬成熟，果实发育期140d左右。采后室温贮藏最佳食用期为采后20d左右，4℃冷库可贮藏90d。

树姿半开张，树势强健，适应性较强。萌芽率和成枝力中等，定植后3年结果，初果期以腋花芽和中、长果枝结果为主，盛果期以中、短果枝结果为主，果台枝连续结果能力较强，无采前落果，丰产稳产。

树形可选用自由纺锤形和细长纺锤形。华苹连续结果能力强，应注意花前复剪，严格疏花疏果，合理控制负载量，生产上叶果比为(60~70):1、果间距20cm以上。套袋栽培，在果实成熟前20d左右摘袋，果实着色最佳。注重防治苹果早期落叶病和桃小食心虫。授粉品种可选用富士、寒富、嘎拉、珊夏和金冠等。

(6)烟富7号

烟富7号是秋富1号的短枝型芽变新品种。

果实长圆形，果形端正，果形指数0.89。大果型，平均单果重265g；果实片红，浓红色，着色快，脱袋后5d全红果率98%，品质上乘，可溶性固形物含量14.7%，果肉硬度8.78kg/cm^2。10月下旬成熟，果实发育期170~180d。

树姿半开张，树冠中大，树冠紧凑，树势中庸偏旺，干性较强，枝条粗壮，短枝性状稳定。早果性强。对枝干轮纹病和苦痘病有明显抗性。

授粉树为专用品种红玛瑙。树形选用高纺锤形。

(7)烟富3号

烟富3号由长富2号中选出，是烟台果树研究所选出的6个优系红富士(烟富1~6号)中综合性状最好的品种。

该品种果实大，平均单果重245~314g；果实圆至长圆形，果形端正；树冠上下、内外着色均好，片红，全红果比例78%~80%，色泽浓红艳丽，光泽美观；果肉淡黄色，肉质细脆，汁液多，风味香甜；可溶性固形物含量 14.8%~15.4%，果实硬度 8.7~9.7kg/cm^2。10 月下旬成熟。

结果早，丰产稳产，适应性强。套纸袋的果实摘袋后 5~7d 即达满红。在秋季高温、昼夜温差小时，比其他富士品种有明显的着色优势。适宜砧木为平邑甜茶、怀来海棠、山丁子等，适宜矮化中间砧为 M26、M9、CG80 等。

(8)2001 富士

2001 富士是富士枝变的优良品种。

果实圆形或近圆形，果形指数 0.88~0.90，平均单果重 300~350g；底色黄绿，着密集鲜红色条纹，果面光滑，蜡质多，果梗细长，果皮较薄；果肉黄白色，肉质较脆，汁液多，可溶性固形物含量 14%~17%，果实硬度 12~13kg/cm^2。10 月下旬成熟。

结果早，丰产性好，适应性强。适宜砧木(矮化中间砧树称基砧)为平邑甜茶、怀来海棠、山丁子等，适宜矮化砧木为 M26、M9、CG80 等。

(9)新红将军

果实色泽艳丽，条红，全面鲜红或被鲜红色彩霞；平均单果重 260~350g，果形指数 0.86，果形端正；可溶性固形物含量 15.9%，汁液丰富，香味浓郁，酸甜可口，品质上等。9 月上中旬成熟，比普通红富士早熟 40d 以上。挂果时间长，可延迟采收 45~50d，无采前落果现象。正常采收自然条件下可贮藏至春节前后。栽后第 2 年结果，第 3 年 667m^2 产量可达 1 000kg 左右，第 4 年进入丰产期。

(10)太平洋嘎拉

该品种果实较大，平均单果重 212g，果实圆至椭圆形，高桩；果面光洁，全红果比例 65% 以上，条红，着色整齐，浓红艳丽；果肉乳黄色，细脆爽口，汁多味甜，微香，品质上等。

8 月上中旬成熟，比普通嘎拉提前 10d 左右；不裂果，无采前落果现象；丰产稳产；采后 1 个月不发绵，耐贮性明显好于其他嘎拉品种。

(11)K-12

果实近圆形，平均单果重 225g，果形指数 0.88；底色绿黄，全面鲜红色，果面光洁，果肉乳白色，肉质细，松脆，汁多，酸甜适度，风味浓，有香气，可溶性固形物 13.0%，去皮硬度 8.7kg/cm^2，品质上等。果实 6 月底成熟，室温下可贮藏 10~15d。

该品种贮藏性较好，采前落果现象不明显，是目前早熟品种中综合性状较好的新品系，比藤牧一号早 1 周成熟，果个、颜色明显优于藤牧一号。

(12)K-10

果实圆锥形，平均单果重 200g 以上，果形指数 0.85，底色绿黄，全面淡红色，有条纹，果面光洁，有光泽，外观美；果肉淡黄色，质细多汁，稍韧，酸甜适度，风味浓，有香气，可溶性固形物 13.1%，去皮硬度 11.21kg/cm^2，品质上等。7 月下旬成熟，室温下贮藏一个月肉质仍脆，货架寿命长。

该品种是早熟品种中风味最浓、最耐贮藏的新品系，风味酸甜，采前落果不明显。

(13)华美

华美是用嘎拉和华帅杂交培育而成。

果实圆锥形，平均单果重 265g，果面平滑光洁、无果锈，果点较明显，果实底色黄绿，果面鲜红色，艳丽美观。果肉白色，肉质松脆，汁液中等，可溶性固形物含量13.6%，酸甜，风味浓，有香味，品质上等。果实8月初成熟，室温下可贮藏10d左右。该品种丰产性强，无大小年结果现象，采前落果很轻。果实外观近似美国八号，但品质、贮运性均优于美国八号。

(14)华玉

华玉为藤牧一号与嘎拉杂交后代。

果实近圆形、整齐端正；果实较大，平均单果重196g。果实底色黄绿，果面着鲜红色条纹，着色面积60%以上，果面平滑，蜡质多，有光泽，果肉黄白色，肉质细脆，果实硬度9.8kg/cm^2，汁液多，可溶性固形物含量13.4%，可滴定酸含量0.29%，风味酸甜适口，风味浓郁，有轻微芳香，果实肉质细、风味浓，品质极佳。果实7月下旬成熟，发育期110~120d，果实在普通室温下可贮藏10~15d。该品种成熟期比嘎拉早2周左右，风味与嘎拉相似，但果个、颜色均优于嘎拉。

3.2.2 栽培地选择

苹果园应选在交通便利，灌水排水条件良好的地方，以土质肥沃、排水良好的砂壤土最好。

3.2.3 栽植技术

3.2.3.1 品种选择及授粉树的配置

建园时应根据立地条件、气候条件等具体情况选择适于本地生长且优质丰产、耐贮藏、经济价值高的品种。

由于多数苹果品种自花结实率很低，所以需要配置授粉树。主栽品种与授粉品种的比例应为(4~8):1。每4~5行主栽品种栽1行授粉品种，或隔4~5株主栽品种栽1株授粉树。

3.2.3.2 栽植方法

栽植方式以长方形为主。中冠果园株行距(3~4)m×(5~6)m，小冠密植园株行距(1.5~3)m×(3~5)m，短枝型品种或矮化砧、矮化中间砧苗木可适当密植。栽植时期因气候而异，河北平原中南部适宜秋栽，东北部寒冷地区适宜春栽。秋栽苗木应注意埋土越冬防寒，防止冬季抽干或受冻。

3.2.4 整形修剪技术

整形修剪是苹果栽培管理中的一项重要技术措施，它直接影响结果始期、产量和果实品质、寿命长短和经济效益。

3.2.4.1 整形技术

苹果良好的树体结构是：低干矮冠，树冠开张，大枝少，小枝多，内外透光，枝量充足，分布合理。不同品种及栽培模式适宜的树形不同。

(1)基部三主枝半圆形

呈疏层形的压缩形，全树共有5个主枝，6个侧枝，1个中心干，第一层3个主枝，每个主枝上配置两个外侧枝，第二层2个主枝，直接着生枝组。全树共分2层，第一层和第二层之间的距离在1.2m左右，树高3~3.5m，冠径3m左右。适于中冠型树。

(2)自由纺锤形

干高50cm，树高2.5~3m，中心干较直立，达到一定高度后，逐步落头，使树冠呈纺锤形。在主干上均匀分布10~15个小主枝并向四周单轴伸展，枝间距20~30cm，无明显层次，主枝角度70°~90°，下层主枝长1~2m，在小枝上配置中小枝组。此树形树冠丰满紧凑，通风透光良好，有利于早产丰产，适于矮化密植栽培园。

3.2.4.2　修剪技术

苹果的具体修剪措施因树龄、树形而不同。

(1)初果期树修剪

这个时期苹果树营养生长旺盛，树冠迅速扩大，结果枝数量增多，修剪上应继续培养各级骨干枝，调整改造抚养枝和结果枝组。骨干枝数量不足时，按树形要求继续选留培养骨干枝，还应注意调整骨干枝的方位和角度；对已达预期树体高度的，可先缓放中心主枝的延长头，待结果两年后逐年回缩落头；充分利用骨干枝上各类枝条，培养大、中、小型结果枝组，骨干枝上两侧20cm左右留一个小型结果枝组，30~40cm留一个中型结果枝组，空间较大处适当培养大型结果枝组。

(2)盛果期树修剪

此期若管理不当，容易发生大小年结果现象，要注意保持骨干枝间的生长结果平衡，保持中庸树势，使树冠外围新梢平均长度30~50cm，短枝占总枝量的70%~80%，中长枝占20%~30%，而且花芽量大的树，修剪时宜采用“重花轻枝”的方法；维持和更新枝组，约1/3枝结果，1/3枝缓放促花，1/3的枝为营养枝，进行短截；改善树冠内光照条件，清理层间抚养枝，逐渐落头打开天窗，解决上层光照不足，延长结果年限。

(3)衰老期树的修剪

本期主要任务是加强综合管理，更新复壮树势，培养新的结果枝组，延长结果年限。对已衰弱的主、侧枝，可采取重回缩，抬高枝头的方式更新复壮，也可利用强大的枝组重新培养骨干枝；对结果枝组的修剪要本着“去平留直，去弱留强，去上留下”的原则，也可利用徒长枝改造培养枝组。

3.2.5　田间管理技术

3.2.5.1　土壤管理

(1)深翻熟化改良土壤

深翻可以改良土壤结构和土壤的物理性状，增加土壤的孔隙度，提高土壤的透水性和保肥保水能力。根据苹果根系生长的物候期，春季、夏季和秋季均可进行土壤深翻熟化，但以秋季最好。

(2)耕作管理

幼树可采用行内清耕，行间间作的方法。既可以充分利用土地，还可以增加土壤有机质含量，减少风蚀、冲刷和盐碱地的土壤返碱，并可以抑制杂草生长。成年果园宜采用行内清耕，行间种植绿肥的方法。

(3)覆盖

覆盖，也称为覆膜，主要是为了提高地温，保水。一般在3月上中旬整出树盘，浇1

次水，追施适量化肥(依树体地下而定)，然后盖上地膜(黑地膜也可)，四周用土压实封严。覆膜后一般不再浇水和耕锄，膜下长草后，可在地膜上覆1~2cm厚的土。地膜覆盖在早春的保水增温作用已是众所周知，夏季膜下凝聚的水滴反光，温度也不会太高，而且覆膜后养分释放快，使表层土壤的水分和温度适宜稳定，保护表层根系，干旱地区的果园效果更加显著。此外，还有树皮锯末覆膜、花生壳覆膜、有机腐熟物覆膜等方法。

(4)行间生草

行间生草可以保留的自然生草有狗尾草、虎尾草、牛筋草、地锦草等浅根性草。而刺儿菜、反枝苋和灰菜等深根性或植株高大的草种应及时去掉。在草旺盛生长季节也要刈割2~3次，割后保留10cm高，割下的草覆于树盘下。

3.2.5.2　施肥

苹果园理想的有机质含量5%~7%，而河北省果园有机质含量平均0.2%~0.7%，合理施肥对实现早果、优质、丰产具有重要的作用。

施肥量因果园土壤肥力、品种、树龄、树势、结果量而有所不同。1~3年生幼龄树，每年每公顷可秋施基肥15 000kg，追施尿素150kg、磷酸二铵75kg、氯化钾112.5kg；4~6年生初结果树，每年每公顷可秋施基肥37 500kg，追施尿素300kg、磷酸二铵150kg、氯化钾225kg；7~8年生盛果期树，每年每公顷秋施基肥75 000kg，追施尿素600kg、磷酸二铵375kg、氯化钾600kg。施用氮磷钾适宜比例大约为1∶0.5∶(0.7~1.0)。

施肥方式主要包括基肥和追肥。基肥于果实采收后尽早施入，越早越好，以有机肥为主。追肥于生长期进行，萌芽前后以速效氮、磷为主，果实迅速膨大期以钾肥为主。

3.2.5.3　灌水与排水

(1)灌水

苹果是需水较多的果树，尤其是春季萌芽、抽条、开花、坐果等生长关键期，需要充分的水分，应及时灌水。根据河北省春旱、夏涝、秋旱的气候特点，为了保证树体的正常生长和结果，于萌芽前、花后半个月、果实膨大期及封冻前各灌水1次。

(2)排水

河北省降水量主要集中在7~9月，降水量过于集中，所以要注意排水防涝，以保证苹果正常生长结果。

3.2.6　花果管理技术

(1)疏花疏果

合理的疏花疏果是苹果获得丰产、稳产、优质、高效的一项重要技术措施。冬季修剪时注意调节花芽量。大年树剪除部分过多果枝；花前复剪时再剪除部分花芽；开花后再进行人工疏花。小年树应进行人工授粉，提高坐果率，幼果期进行疏果。

疏花时间宜在盛花初期至盛花末期进行。疏花量应根据植株花量多少，按照适宜的果实负载量和果实的合理分布进行。疏花的方法既可疏除整个花序，也可疏除一个花序的部分花朵。

疏果时间多在花后1周开始，疏果时首先疏除小果、畸形果及病虫果，保留大果、端正果和萼片闭合(或直立)的果。疏果的标准和方法有以下几种：

①按叶果比疏果　一个果实需要多少叶片或叶面积，因品种而异，小型果适宜叶果比

为30∶1；大型果适宜叶果比为40∶1；矮化砧苹果适宜叶果比为20∶1。

②按梢果比疏果　结一个果实需多少个新梢，如乔化砧小型果的梢果比为(4~5)∶1；壮树可按3∶1留果；大型果按(5~6)∶1留果。

③按冬态枝果比留果　所谓冬态枝果比是指冬季修剪后，树体的总枝量(1年生枝)与当年留果数之比。这种方法简便易行，效果较好，生产上已被广泛采用苹果小型果品种3~4个枝留1个果；大型果品种4~5个枝留1个果。

④按干周疏果　干周增长是比较稳定的因素。它与苹果的产量有一定的相关性，根据主干干周确定植株的适宜负载量，作为疏果的依据。

(2)果实套袋

疏果后及时套果袋。套袋前应该彻底喷布1次杀菌杀虫剂，然后再套袋。务必在喷药7d内套完。如果确实套不完或中间遇雨，应重新喷药后再套袋。

3.2.7　病虫害防治技术

苹果幼树阶段食叶害虫较多，如金龟子、叶螨、卷叶虫等，进入结果期后，果实病虫逐渐上升，成为主要防治对象，如桃小食心虫、腐烂病、轮纹病等，苹果树衰老期，一些危害衰弱树的病虫害日趋猖獗，甚至把果园毁掉，如腐烂病、根腐病等。

3.2.7.1　病害防治

(1)苹果腐烂病

腐烂病主要危害主干、主枝，也可危害侧枝，严重时还可侵害果实。主要症状表现为皮层腐烂，有酒糟味，后期病斑表面产生小黑点，潮湿环境下小黑点上长出黄色丝状物。腐烂病菌是弱寄生菌，特点是易寄生，潜伏，难发生，只有当负载量过大，树体衰弱，冻害大发生时，腐烂病则会大发生，苹果大年时，产量过高的果园，腐烂病发病较重。

3~4月和8~9月为腐烂病的两个发病高峰。防治应以提高树势为中心，及时铲除病斑、病菌。化学防治主要是，春季萌芽期喷4°~5°Be石硫合剂或5%菌毒清100倍或4%农抗120水剂200倍。8~9月当树体表面溃疡开始出现时，及时喷50倍的上述农药或者用10°Be石硫合剂涂刷主干、枝杈和大枝的基部，及时杀灭病菌。

(2)苹果轮纹病

轮纹病又称粗皮病，主要危害枝干和果实，7~9月为高发期。防治方法是从5月下旬开始，喷施80%代森锰锌可湿性粉剂600~800倍，发病初期喷施50%多菌灵悬浮剂500~600倍。对于已经侵染树体，冬春季节及时刮除病斑、病菌，并用5%菌毒清水剂100倍液涂抹。

(3)苹果白粉病

白粉病主要危害嫩梢及叶片，也可危害花、幼果和芽，主要症状是在受害部位表面产生一层白粉状物。春季芽萌动后进行初侵染，4~6月份是发病盛期，7~8月高温发病缓慢，8月底再度在秋梢上蔓延，9月后逐渐衰退。春季萌芽前喷3°~5°Be石硫合剂，对于发生严重的园子，现蕾期或者花后喷1次15%三唑酮可湿性粉剂1 500倍，就能有效控制其危害。

(4)苹果根腐病

苹果根腐病又称苹果紫纹羽病，主要危害根系。7~9月为发病盛期，初期表现根部外表颜色变暗、变褐，病部菌丝体形似羽毛，逐渐包被整个病根，后期在病根上产生紫红色半球状菌核。低洼积水的果园易发病。防治方法是，找出发病部位，清除病根，然后用50%代森铵水剂400~500倍液或1%硫酸铜进行伤口消毒，然后涂保护剂波尔多浆。

3.2.7.2 虫害防治

(1)桃小食心虫

桃小食心虫简称“桃小”，以幼虫蛀果危害。1年发生1代，以老熟幼虫在3~13cm土层做茧越冬。6月上旬后果园下透雨或浇灌后是地面防治关键期，可地面喷洒安民乐300~500倍液；也可在初孵幼虫蛀果前，树上喷施安民乐1 000~1 200倍液；采用桃小食心虫性引诱剂诱捕器，可以诱杀雄蛾；果实套袋可以基本避免桃小食心虫的危害。

(2)叶螨

成螨危害花芽、叶片及幼果，造成叶片脱落，果实生长发育受阻。每年3月下旬开始出蛰，5~7d发生1代，特别是干旱高温季节繁殖更快，危害更大。防治措施除清理消灭螨类越冬场所外，可在苹果芽萌动后发芽前，全园喷施1次20%螨死净可湿性粉剂3 000~5 000倍液，现蕾期喷5%噻螨酮2 000倍，落花后喷20%阿维．哒螨灵水悬浮剂3 000倍液，麦收前喷20%哒螨灵乳油4 000倍加2.5%高效氯氟氰菊酯乳油3 000倍液。

(3)金龟子类

主要以成虫危害幼芽、嫩叶和花蕾，致使花器和叶片残缺不全，影响坐果率。1年发生1代，以成虫入土越冬，发芽开花期陆续出蛰。可在果园内设置黑光灯或频振式诱虫灯，诱杀成虫。也可采用糖醋液诱杀，常用糖醋液配置比例为红糖5份、醋20份、水80份，混合后盛在碗或小盆内，悬挂在树冠内，每公顷75~120个。

(4)金纹细蛾

幼虫潜食叶肉危害，叶面呈现黄绿色、椭圆形、筛网状虫斑，严重时造成早期落叶。1年发生4~5代，5月上中旬危害盛期，10月中下旬以蛹在受害叶片内越冬。可在果园内悬挂金纹细蛾性引诱剂诱捕器，诱杀成虫，每公顷悬挂45~75个，一次悬挂持效期可达40~60d。药剂防治一般在落花后及落花后40d左右，各喷施1次25%灭幼脲悬浮剂1 500~2 000倍液。

(5)苹果绵蚜

苹果绵蚜的典型危害症状是在树干、剪锯口、枝条和根部受害处逐渐形成瘤状突起，表面犹如覆盖一层白色棉絮，剥开后内部为红褐色虫体，根部受害后不再生长须根而逐渐腐烂。1年发生12~18代，5月下旬至7月、9月中旬至10月中旬为两个危害高峰期。防治重点是结合根部施药，重点抓好冬季、花前和花后的防治。苹果绵蚜发生较重的果园，春季发芽前将树干周围1m范围内的土壤扒开，每株树撒施5%辛硫磷颗粒剂2~2.5kg，再覆盖原土，杀灭根部棉蚜。11月份苹果树落叶后和3月中下旬至4月初苹果树发芽开花前以及6月中旬至7月中下旬为苹果绵蚜树上防治的最适期，可用40%安民乐乳油1 000~1 500倍液全园喷雾防治。

3.3 桃丰产栽培技术

桃原产于我国，河北省是桃的主要产区，栽培面积与产量在全国位居第二。河北省各市均有桃的分布，全省有130个县种植桃，尤其平原县种植更为广泛，主栽品种112个，主要存在果品质量差，品种老化等问题，优新品种栽培面积较少。

3.3.1 优良品种

(1)美硕

美硕是从京玉实生苗中选育而出的新品种。平均单果重237g，最大果重387g。果实近圆形，果顶凹。果皮鲜红色。果肉白色，果顶近果皮处有红色，近核处无红色。风味甜，可溶性固形物12.6%。有微香，汁液中等，果实硬度较大，较耐贮运，无裂果，黏核。6月底成熟，果实发育期75d。

树姿半开张，树势中庸。萌芽力中等，成枝力强，花芽形成良好，复花芽多。自花结实率较高，长、中、短果枝均可结果，丰产性强。适应性较强。

(2)美锦

美锦由京玉自交选育而成。果形近圆，平均单果重240g，最大310g，两半部对称，果顶圆平。缝合线浅，梗洼中。果皮底色黄，果面60%以上着鲜红晕。果肉金黄，硬溶质，风味甜，无酸味，香气浓，可溶性固形物12.7%，离核。7月下旬果实成熟，果实发育期100d。

树姿半开张，树势强健，长、中、短果枝均可结果。果枝较细，不易分枝。花为复花芽居多，花粉量大，自花坐果能力强，丰产性好。适应性较强。

(3)美帅

美帅由大久保和90-1(八月脆×京玉)杂交选育而成。果实圆形，平均单果重275g，最大果重410g。果顶平或有微凸。果实底色白，80%以上着鲜艳红色。果肉白色，近核处微红。果实硬度大，风味浓甜，香味浓郁，品质优。可溶性固形物12.6%~13.2%。离核，核较小。果实8月中、下旬成熟，发育期127d。

树姿开张，树势较强，长、中、短果枝均可结果，幼树以长、中果枝结果为主，盛果期以健壮的中、短果枝结果更好。复花芽多，坐果率高，丰产性能好。适应性较强。

(4)红岗山

平均单果重330g，最大果重420g。果实近圆形，果顶圆平，缝合线中，硬度大，两半部对称。果皮底色乳白色，果面60%以上粉红色。果肉成熟初期为白色，随着成熟度的加大，果肉内红色素不断增加。不溶质，风味酸甜适口，可溶性固形物12.5%。果实硬度大，黏核，耐贮运。果实成熟期为8月上、中旬。果实发育期110~120d。

树姿半开张，树势较强。长果枝复花芽多，进入盛果期后中、短果枝较多，坐果率较高。适应性较强。

(5)秋红晚蜜

秋红晚蜜是从唐山市丰润区地方桃秋蜜中选出的品种。果实圆形，平均单果重280g，最大果重498g。果皮底色淡黄，果面深红。套袋果底色淡黄，表面粉红，着色面积50%以上。果肉白色，硬溶质，风味浓甜，有香气。果实较硬，可溶性固形物含量13.9%，黏核，耐贮运。成熟期10月中下旬，果实发育期180d左右。

树姿半开张，树势强。长、中、短果枝均可结果，易形成花芽，坐果率高，丰产稳产。适应性较强。

(6)涞阳红

涞阳红是大久保桃园中发现的一优良单株。果实近圆形，果顶平，平均单果重258g，最大果重675g。果皮底色为白色，全面鲜红色。果肉乳白色，经贮放后，果肉由近皮处向内变为浅红色。肉质致密，可溶性固形物11.8%。风味酸甜，核小，离核。耐贮运性强。7月中下旬果实成熟，果实发育期100d。

树姿半开张，树势中庸。复花芽较多，雌蕊比雄蕊高，无花粉，需进行人工授粉。以中、短果枝和花束状果枝结果为主。适应性较强，可在河北省桃主产区栽培。

(7)21世纪

以(昌黎冬桃×陕西黄甘桃)×雪桃的后代进行自交选育而成。果形圆正，果顶平或微凸。平均单果重350g，最大果重500g以上。果面80%以上着红色。果肉白色，汁液中等，不溶质，黏核，风味甜，可溶性固形物含量13.0%~16.0%。8月下旬果实成熟，果实发育期125~130d，在室温下可贮藏10d以上。果实六、七成熟即可制罐，耐煮，成品块形完整，肉质致密，切削良好，有光泽，汁液清，加工的罐藏白桃品质上等。

树姿半直立，生长势较强。以中、短果枝和花束状果枝结果为主。自花结实率高，生理落果较轻，采前不易落果，丰产性好。该品种抗寒性较差，适宜在河北省南部栽培。

(8)久脆

久脆由大久保实生苗选育。平均单果重250g，最大单果重350g以上；果实圆形，两侧对称，果顶平，果实各部位成熟度一致；色泽鲜艳，着色度70%；果肉白色，肉质脆，红色素少，黏核；不溶质。果肉甜酸适度，可溶性固形物含量12.0%，果实适于制罐兼鲜食。8月下旬成熟，成熟期比大久保桃晚26d。果实耐贮运，在常温下可贮藏10~15d，在低温下可贮藏30~40d。

自花结实。丰产性强，667m^2产2 500kg。采前落果轻，挂果期长；无裂果现象，好果率93%以上。

(9)久硕

久硕系重阳红×大久保选育而成。平均单果重328g，最大单果重475g以上；果实圆形，两侧对称，果顶平，果实各部位成熟度一致；色泽鲜艳，着色度80%以上；果肉白色，肉质脆，果汁中等，红色素少，离核；硬溶质。果肉甜酸适度，可溶性固形物含量12.6%。8月上旬成熟，成熟期比大久保桃晚7d左右。果实较耐贮运，在常温下可贮藏6~10d。

无花粉，需配置授粉品种或进行人工授粉。667m^2产2 100kg左右。采前落果轻；无裂果现象，好果率90%以上。

(10)久红

由大久保桃实生选出。平均单果重244g，最大单果重300g以上；果实圆形，两侧对称，果顶平，果实各部位成熟度一致；色泽鲜艳，着色度80%以上；果肉白色，具红色素，离核；硬溶质。果肉甜酸适度，可溶性固形物含量12.1%。果实7月中下旬成熟，成熟期比大久保早7d左右。果实较耐贮运，在常温下可贮藏5~7d。

自花结实，丰产性强，667m^2产2 400kg左右。采前落果轻；无裂果现象，好果率90%以上。

(11)久艳

大久保桃实生选育。平均单果重237g，最大单果重300g以上；果实圆形，两侧对称，果顶平，果实各部位成熟度一致；色泽鲜艳，着色度80%以上；果肉白色，具红色素，离核；硬溶质。果肉甜酸适度，可溶性固形物含量13.0%。果实7月中旬成熟，成熟期比大久保桃早14d左右。果实较耐贮运，在常温下可贮藏5~7d。

自花结实，丰产性强，平均667m^{2}产2 400kg左右。采前落果轻；无裂果现象，好果率92%以上。

(12)久玉

由大久保桃实生选育。平均单果重260g，最大单果重350g以上；果实长圆形，两侧对称，果顶凸，果实各部位成熟一致；色泽鲜艳，着色度80%以上；果肉白色，离核；硬溶质，甘甜，可溶性固形物含量12.5%。果实8月下旬成熟，成熟期比大久保桃晚21d左右。果实较耐贮运，常温下可贮藏7~10d。

自花结实，丰产性强，平均667m^{2}产2 300kg左右。采前落果轻；无裂果现象，好果率92%以上。

3.3.2 桃露地丰产栽培技术

3.3.2.1 建园技术

(1)园地选择

桃树应选土质疏松、排水良好、前茬非核果类园的沙质壤土建园，土壤质地黏重或过于肥沃的土地，桃树易徒长和发生流胶现象等。应避开低洼及易发生霜冻的风口地带。土层厚度宜在80cm以上，不足者应在建园前改良土壤。

(2)栽植

桃树结果早，干性弱，成形快，可适当密植。但应根据品种特性、树形、栽培方式以及土质条件确定栽植密度。大田栽培株距宜3~4m，行距4~5m。栽植品种应根据市场需求搭配好适销品种和授粉树。春栽秋栽均可。也可选用芽苗(即半成苗)定植。

3.3.2.2 田间管理

(1)土壤管理

桃园土壤管理主要是深翻改土、果园耕翻和中耕除草。桃园间作物宜选花生、薯类、豆类等矮秆作物，不宜种植高秆作物。间作物不可距树干太近，一般新植树要留出1m^{2}的树盘。树盘逐年扩大，3~4年后停止间作。

(2)施肥

基肥9~10月施入，以有机肥为主。施肥量视树势、土壤条件等而定，一般圈肥施用量为产量的2~3倍，土壤条件较好或施用过优质鸡粪、羊粪等，可适当减少用量。采用沟施法，沟深30~50cm。施肥后立即覆土、灌水。

追肥应在桃树需肥关键期前施入，每年进行2~3次。第一次在桃树萌芽期，以氮肥为主，盛果期树追肥量为每株0.3~0.5kg尿素；第二次在硬核期，以复合肥为主，株施0.5~0.6kg或尿素0.5kg、过磷酸钙0.75kg；第三次在果实采收后，施肥种类及用量与第二次相同，中晚熟品种也可结合基肥进行，在农家肥中混入适量化肥。追肥方法以梅花式小穴施或放射状沟施为好。施肥后立即浇水。

(3)灌水与排水

结合施肥进行灌水，土壤干旱时也要及时灌水，临近采收时应停止浇水，以免引起裂果和降低质量。桃树对积水反应敏感，短期积水会造成黄叶、落叶甚至死亡。因此，雨季必须注意排水，秋季多雨时，应提前耕翻晾墒。

3.3.2.3　整形修剪技术

(1)整形

桃树常用树形有自然开心形和二主枝开心形。此外，还有多主枝自然杯状形、自由纺锤形等。

自然开心形干高30~50cm，在主干上不同方位，错落排列3个主枝，各主枝按40°~45°开张角延伸。每主枝上配备2~3个侧枝，开张角度为60°~80°，主侧枝上按空间大小配备大中小结果枝组。

二主枝开心形主干高30~50cm，有分别伸向两侧行间的两个大主枝，侧枝插空选留。这种树形成形快，骨干枝少，易平衡，两大主枝伸向行间，以40°左右斜上延伸，故又称“丫”字形，适合密植。

(2)修剪

①冬季修剪　桃树不同年龄不同时期生长状况与修剪目的不同，所采用的修剪方法不同。

a. 幼树和初果期树整形修剪。幼树及初果期树生长旺盛，萌芽力和成枝力强，壮枝能抽生多次副梢，易成花。应边整形边结果，以冬季轻剪为主，冬剪和夏剪相结合，迅速扩大树冠，及早成形，为早果丰产打好基础。

b. 盛果期树修剪。定植3~5年后进入盛果期，盛果年限可维持10~15年，土肥水条件及管理要求较高，盛果期年限还可延长。此期的特点是，树势缓和，树冠成形而基本稳定，各类枝组搭配比较合理，产量逐年上升。随树龄增大，中短果枝比例增加，内膛及背下小枝逐渐枯死，结果部位外移。修剪的任务是不断培养更新枝组，保证树势健壮，维持高产、稳产、优质。

c. 衰老期桃树的修剪。此期的特点是树体生长衰弱，新梢生长量很小，中小枝组大批死亡，内膛光秃，结果部位严重外移，产量逐年下降。修剪的原则是通过重截达到更新复壮。修剪时可回缩部分骨干枝和大、中型枝组，充分利用徒长枝更新树冠，维持一定的树势，保持一定的产量。

②夏季修剪　根据桃树的生长结果规律，合理运用夏季修剪，可以利用副梢加速整形，控制竞争，变徒长枝为结果枝组，减少营养消耗，改善通风透光条件，促进果实发育，提高果实品质，达到早成形、早结果、早丰产的目的。通过夏剪，还可控制部分枝条的旺长，培养充实健壮的结果枝。夏季修剪主要有抹芽、疏梢和摘心等措施。

a. 抹芽。新梢长到5cm左右时进行抹芽，留下适宜部位的新梢，其余全部抹除，可节省营养。

b. 疏梢。当新梢长到20cm左右时进行疏梢，通过对延长新梢的选留，可调整骨干枝的角度、方向，平衡树势；去掉过密、过旺、过弱和竞争新梢，疏去内膛无空间的徒长新梢。一般幼树及初果期树，为了培养枝组，背上及两侧可每隔20cm左右留一个新梢，其余过密新梢疏除。

c. 摘心。新梢摘心是桃树夏剪的主要措施，幼树每年进行3~4次，成龄树2~3次。

3.3.2.4　花果管理

(1)提高结实率

绝大多数桃品种坐果率高，易丰产。但有些品种花器发育不完全，授粉受精不良，或花期遇低温、雨雪、霜冻，或树体营养不良等，都会引起落花落果。因此，遇上述情况，要采取措施提高坐果率。

①提高花芽质量　采果后加强病虫害防治，保护好叶片。同时加强夏季修剪，适时摘心、疏枝，以改善光照条件，使花芽充实饱满。此外，初果至盛果期旺树，可于5月中旬喷施800mg/L多效唑(PP_{333})或每株土施10~15g多效唑，均可减少枝条生长量，提高花芽质量，降低花芽节位，减少夏季修剪用工。

②人工辅助授粉　有的品种没有花粉或自然坐果率低。为提高坐果率，应人工辅助授粉，还可以花期放蜂授粉。

(2)疏花疏果

桃坐果率高，易超负载结果，导致产生大量小果，从而降低品质，削弱树势。因此，桃树适量留果是提高品质、保持树势、稳产高产、延长经济寿命必不可少的管理措施。

①疏花　人工疏花可从蕾期至开花期进行。主要针对坐果率高的品种进行疏花。先疏结果枝基部的花，中、上部只将一个节位双花留成单花，预备枝上不留花。

②疏果　疏果通常在第二次落果后、坐果相对稳定时进行，至硬核前完成。坐果过多的桃园可进行两次疏果，第一次在花后1周，疏去总疏果量的1/2，第二次在硬核前完成定果。先疏掉萎黄果、小果、畸形果、并生果、病虫果及果枝基部的果。疏果顺序由上而下、由内而外，以防漏疏或碰掉。

确定留果量应根据历年产量、当年长势、坐果多少、果实大小、树冠大小，确定单株产量，计算留果数。另外，还应增加5%作为熟前损伤率。留果方法可掌握大型果每长果枝留2果，中果枝留1果，短果枝平均留0.5果；小型果每长果枝留3果，中果枝留2果，短果枝留1果。一般大型果品种的枝果比为2:1，中型果为1:1，小型果为1:1.5。

(3)果实套袋与解袋

①袋种的选择　桃果套袋能促进果实着色。但由于桃的品种繁多，成熟期差异大，各品种果实着色难易程度有所差别，各类型品种使用的果袋不同。易于着色的品种，可选用白色、黄色单层袋；难着色的品种，应选用外白内黑的复合单层袋，或用外层为外白内黑色纸、内层为白色半透明的双层袋。

②套袋　套袋应在疏果和生理落果结束时为宜。果袋的袋口中间有一"V"形缺口，套袋时将果实套于袋内，缺口放入果枝，然后将果实袋用捆扎丝固定在果枝上，并扎紧袋口，应注意勿将叶片套入袋内。

③解袋　能够在袋内着色的品种，使用半透明白色或黄色袋，可于采收时解袋；不易着色的品种，使用黄、白单层袋，于采收前10~15d解袋。若解袋时日照强、气温高，果实易发生日灼，需先将袋体撕开，使其在果实上方呈"伞形"以遮挡直射光，使果实在散射光中过渡5~7d，再将袋全部解除，可防止日灼，促进着色。若使用双层袋，可先去掉外层遮光层，5~7d后，再去掉半透明层。解袋后需将遮挡果实阳光的叶片摘掉，以使果实全面着光，着色均匀。

3.3.3 桃设施栽培技术

3.3.3.1 保护设施

目前桃设施栽培主要有日光温室栽培和塑料大棚两种形式，其结构与蔬菜及其他果树保护地栽培近似，但桃树喜光，要求冠顶与棚顶保持50~100cm的距离。

3.3.3.2 品种选择

选择需冷量低、花粉量大、自花结实率高、耐贮运且果个大、色泽好、品质优的早中熟品种，如美硕、美锦、久红、久艳等。

3.3.3.3 整地施肥

整平地面，均匀撒施充分腐熟的有机肥37.5t/hm^2，过磷酸钙750~1 500kg/hm^2。深翻土壤20~40cm，耙平地面。

3.3.3.4 定植

桃树为喜光植物，栽植采用南北向，一般可在秋季和春季栽培，以春季为好。定植行距为2~3m，株距0.8~1.0m，定植密度4 500~6 000株/hm^2，具体可根据大棚的宽度决定。

栽植时挖宽度和深度为80cm的定植沟，施足有机肥后回填，回填的高度距地面约20cm，然后浇透水沉实。定植时先对根系进行修整，剪去过长、受伤的根系。栽植后及时浇透水。芽苗定植后及时剪砧，剪砧高度为嫁接口上留10cm，当新梢长至5~10cm时，只保留1个饱满芽，其他芽及时抹除。

3.3.3.5 整形修剪

保护地栽培的树形尚不规范，如杯状形、自然开心形、二主开心形、丛状形等均可。

由于保护设施延长了桃树生长期，果实提早成熟，树体“空载”时间变长，多数表现生长旺盛。由于生长空间有限，必须采取控冠措施，主要是加强夏季修剪，施用多效唑等，使树冠紧凑、丰满，防止徒长。

3.3.3.6 温湿度调控

桃通过自然休眠期需7.2℃以下800~1 000h，从落叶开始约需35~45d。于12月下旬至翌年1月上旬扣棚膜增温。萌芽至开花期温度需要从3~4℃开始，每周升高1℃左右，至开花时达到8~10℃。此期温度过高花芽发育不良，易引起畸形果，导致落花落果量增加。一天中最高温度以不超过20~22℃为宜。花期还应保持较低的空气湿度。

3.3.3.7 花果管理

保护设施内花期昆虫很少，尤其有些品种不能自花授粉，即使有授粉树或自花结实品种，为了提高坐果率，也须进行人工授粉。

疏花疏果是获得优质果和提高保护地栽培经济效益的必要措施。具体方法和原则与露地栽培相同，但更应仔细、周到。

3.3.4 病虫害防治技术

桃树病虫害种类较多，主要病害有流胶病、缩叶病、穿孔病、褐腐病、炭疽病等，主要害虫有蚜虫、叶螨、桃柱螟、潜叶蛾、桃小食心虫、梨小食心虫等。

3.3.4.1 病害防治

(1)桃流胶病

桃树流胶病表现为桃树的主干、主枝的树皮或树皮裂口处流出柔软透明的树脂，树脂凝结后变成红褐色，皮层和木质部变褐腐朽，易遭腐生菌侵害。同时因流胶消耗大量养分，常使树势衰弱。诱发此病的因素很多，病虫侵害、霜、冰雹害、水分过多或不足、修剪过重、土壤黏重板结等都能引起流胶病。一般5~6月为第一次发病期，8~9月为第二次发病期。防治方法主要是刮除流胶，涂抹5°~10°Be的石硫合剂。

(2)桃穿孔病

主要危害叶片、枝梢，也危害果实。叶片染病，初时为水渍状小点，以后变成圆形或不规则形病斑，紫褐色至黑褐色，边缘角质化，最终病斑干枯脱落，叶片形成穿孔；果实发病表现为果面上褐色水渍状小圆斑，中央稍凹陷，边缘水渍状，变为暗紫色。病菌在被害枝条组织内越冬，以皮孔、叶痕附近部位为多。桃树开花前后，病菌从病组织中溢出，借风雨、水滴、气流或昆虫传播，栽培密度过大，通风透光不好，利于该病的发生。空气湿度大是细菌性穿孔病发生的重要条件。药物防治主要是春季喷布5°Be石硫合剂或45%石硫合剂结晶粉100~150倍液。落花后至幼果期，喷施枯草芽孢杆菌可湿性粉剂400~600倍液、10%小檗碱可湿性粉剂3 000~4 000倍液。

(3)桃炭疽病

主要侵染果实。幼果直径达到1~2mm时呈现病斑，果面暗褐色，发育停滞，逐渐萎缩硬化。果实膨大期染病，果面初呈淡褐色水渍状病斑，随果实膨大病斑也随之扩大，变为红褐色圆形或椭圆形斑，稍凹陷，有明显的同心环纹状皱纹，多数病果软腐脱落，有的形成僵果残留枝上。发芽前清除枯枝落叶及树上树下僵果、病果。幼果期和成熟期，喷施枯草芽孢杆菌可湿性粉剂400~600倍液、10%小檗碱可湿性粉剂3 000~4 000倍液。

(4)桃褐腐病

桃褐腐病危害桃树的花、叶、枝梢及果实，以果实受害最重。开花期及幼果期低温高湿，果实成熟期温暖高湿发病严重。树势衰弱、管理不良和土壤积水或枝叶过于茂密，通风透光差的果园发病较重。发芽前喷3°~5°Be石硫合剂，生长季节喷施枯草芽孢杆菌可湿性粉剂400~600倍液、10%小檗碱可湿性粉剂3 000~4 000倍液或0.5%大黄素甲醚500倍液可有效防治桃褐腐病。

3.3.4.2 虫害防治

(1)梨小食心虫

以幼虫危害桃树新梢、蛀食果实。1年发生3~4代，以老熟幼虫在树干基部土缝中、树干翘皮缝隙等处结茧越冬。园内挂糖醋液瓶、性诱剂或利用黑光灯来诱杀成虫可有效减少害虫基数。化学防治可喷施5%除虫菊素乳油1 000倍液、0.5%藜芦碱可溶液剂500倍液。

(2)蚜虫

群集于叶片、嫩茎、花蕾、顶芽等部位，刺吸汁液，使叶片皱缩、卷曲、畸形，影响花芽形成，消弱树势。1年发生20~30代，以卵在桃树的芽旁、裂缝、小枝叉等处越冬。桃树萌芽时越冬卵孵化、花蕾待放时为孵化盛期，群集芽上危害，展叶后迁移到叶背及嫩梢危害、繁殖，4~6月危害较重。防治方法是喷施0.5%藜芦碱可溶液剂300~500倍液或

0.3% 苦参碱乳油 300~500 倍液。悬挂黄色黏虫板也可有效降低虫口密度。

(3) 叶螨

以成螨、若螨、幼螨刺吸危害叶片，初期出现许多失绿略显苍白的小斑点，以后斑点变危灰黄色，并扩大连片，受害叶变硬、变脆，最终呈红褐色焦枯状。危害严重时，叶螨群体在叶丛中吐丝拉网。1 年发生 5~9 代，以受精的雌成螨在枝干老翘皮下、剪锯口及树干基部的土缝中聚集成团越冬，还可在落叶、枯草中越冬，桃花芽膨大时开始出蛰上树危害。防治措施除清理消灭螨类越冬场所外，可在苹果芽萌动后发芽前，全园喷施 1 次 20% 螨死净可湿性粉剂 3 000~5 000 倍液，现蕾期喷 5% 噻螨酮 2 000 倍，落花后喷 20% 阿维 . 哒螨灵水悬浮剂 3 000 倍液，麦收前喷 20% 哒螨灵乳油 4 000 倍加 2.5% 高效氯氟氰菊酯乳油 3 000 倍液。

(4) 桃潜叶蛾

以幼虫潜入叶肉内危害，取食栅栏组织，导致叶片未枯即落。1 年发生 5~8 代，以成虫在树皮缝内或落叶、杂草中越冬，展叶期成虫开始活动，6~9 月危害严重。秋冬季消灭越冬成虫和蛹，化学防治重点抓住前三代，在幼虫发生期可用 25% 灭幼脲三号 1 500 倍液喷施。

3.4 葡萄丰产栽培技术

葡萄在我国栽培历史悠久，河北省又是我国最古老的栽培产区之一。河北省葡萄种植面积约 $5.8\times10^4hm^2$，位列全国第 9 位。但目前葡萄栽培生产上存在一些问题：一是品种混乱，乱引乱种，盲目引种，种苗繁殖体系不健全，常给生产造成巨大损失；二是品种结构不合理，没有形成区域化栽培，早中晚熟品种搭配不当，上市过于集中，淡季无果，旺季过剩，优良品种少；三是栽培管理技术不到位，葡萄质量较差，果农长期靠经验种植，片面追求产量，新品种、新产品没有得到很好的应用，新技术得不到有效推广；四是机械化程度低，生产成本较高。

3.4.1 优良品种

(1) 玫瑰香

别名紫玫瑰香、紫葡萄、麝香葡萄、红玫瑰，为河北省冀东主栽品种。果穗圆锥形，中等大，平均穗重 369g，最大可达 730g。果粒椭圆形，紫黑色，平均粒重 5.2g，最大 7.6g，果粉厚，果粒大小不齐。果肉肥厚多汁，味甜，有浓郁的玫瑰香味，可溶性固形物含量 17%~20%，可滴定酸含量 0.50%~0.97%，出汁率 75%。

该品种长势中等，结果枝率可达 70%~85%，平均每果枝着生 1.6~1.7 个果穗，丰产性强，生长期 140~145d，为品质极优的中晚熟品种。

该品种抗寒力和抗病性较弱，棚架、篱架栽培均可，宜中短梢修剪，喜肥水，营养不良时出现落花落果和大小粒现象。

(2) 巨峰

果穗圆锥形带副穗，中等大或大，平均穗重 400g，最大穗重 500g，果粒椭圆形，紫黑色，粒大，平均粒重 8.3g，最大粒重 20.0g。果粉厚，果皮较厚而韧，有涩味。果肉软，有肉囊，汁多，绿黄色，味酸甜，有草莓香味，可溶性固形物含量16%以上，可滴定酸含量0.66%~0.71%。

植株生长势强，结果枝占芽眼总数的44.5%。每果枝平均着生果穗数1.37个，早果性强。生长期134~141d，品质极优，是我国栽培面积最大、范围最广的鲜食葡萄品种。

(3)巨玫瑰

果穗圆锥形带副穗，大，平均穗重675g，最大穗重1150g以上。果穗大小整齐，果粒椭圆形，紫红色，粒大，平均粒重10.1g，最大粒重17.0g。果粉中多，果皮中等厚。果肉较软，汁液中多，白色，味酸甜，有浓郁玫瑰香味。可溶性固形物含量19%~25%，总糖含量17.2%，可滴定酸含量0.43%。

植株生长势强。结果枝占芽眼总数的70.5%。每果枝平均着生果穗2.06个，从萌芽至浆果成熟需142d。为晚熟鲜食品种。

(4)龙眼

别名秋紫、紫葡萄、红葡萄、老虎眼。果穗歧肩圆锥形，大或极大，平均穗重694g，最大穗重3 000g。果粒近圆形，宝石红或紫红色，平均粒重6.1g，最大12.0g，果粉厚，灰白色。果肉致密，较柔软，白绿色，果汁多，味甜酸，有冰糖味，可溶性固形物含量20%，最高达22%，可滴定酸含量0.9%，出汁率75%，鲜食品质优良，加工品质上等。该品种为晚熟鲜食、酿酒兼用品种，是酿制干白、桃红和白兰地的优质原料，穗大，粒大，宝石红色，外观美丽，甜酸爽口，耐贮运，结实力强。

植株生长势强，隐芽、副芽萌发力强，芽眼萌发率92.4%，成枝率49%，每果枝平均着生果穗1.27个，早果、丰产性好，生长期150~160d。

抗病力较弱或中等，适于棚架栽培，短梢修剪为主。对土壤要求不严，适宜在凉爽、干燥、积温高、昼夜温差大、有灌水条件的地区栽培。

(5)红地球

别名红提、美国红提、晚红、大红球。果穗短圆锥形，极大，平均穗重880g，最大2 035g。果粒近圆形或卵圆形，红色或紫红色，特大。平均粒重12g，最大16.7g以上。果肉硬脆，可切片，汁多，味甜，爽口，无香味，外形美丽，总糖含量16.3%，可滴定酸含量0.5%~0.6%，果柄与果肉连接紧密，不易脱落，果皮薄而韧，肉质紧，耐压耐贮藏，可贮藏至翌年3~4月，是品质优良的晚熟鲜食品种。

该品种生长势强，结果枝率达55%~70%，每果枝着生果穗1.2~1.3个，丰产性强，生长期150~160d。

该品种具有穗大、粒大、形色美丽、品味佳、不落粒、耐贮运等特点。对黑痘病、霜霉病等真菌性病害抗性较弱，枝条成熟差，适宜棚架栽培，长、中、短梢混合修剪，适于在生长期长的干旱、半干旱地区栽培。

(6)京秀

果穗圆锥形，有副穗，平均穗重512.6g，最大穗重1 250g。果粒椭圆形，玫瑰红或鲜紫红色，平均粒重6.3g，最大粒重12g。可溶性固形物含量14.0%~17.6%，可滴定酸含量0.39%~0.47%，鲜食品质上等。

植株生长势中等偏强。隐芽和副芽萌发力均强，芽眼萌发率为63.8%，结果枝占芽眼总数的37.5%，每果枝平均着生果穗1.21个，早果性好，生长期110d。

该品种为极早熟鲜食品种。耐贮运，丰产性好。抗旱和抗寒力均较强，为盆栽、设施栽培的首选品种。棚架、篱架栽培均可，长梢与中梢修剪相结合。

(7)阳光玫瑰

阳光玫瑰又名夏音玛斯卡特，亲本是安芸津21号和白南。平均穗重500g，最大穗重1 000g。果粒重10~12g，绿黄色，肉质硬脆，有玫瑰香味，可溶性固形物20%左右，品质极好。属于中熟品种。

坐果率高，容易栽培，不裂果，耐贮运，没有脱粒现象。抗病，可短梢修剪。

(8)美人指

别名红指。果穗圆锥形，大，平均穗重600g，最大穗重1 750g。果粒尖卵形，平均粒重12.0g，最大粒重20.0g。果粉中多，果皮薄而韧，果肉硬脆，汁多，味甜。可溶性固形物含量17%~19%，鲜食品质上等。

植株生长势极强。芽眼萌发率为95%，成枝率为98%，枝条成熟度中等，结果枝占芽眼总数的85%，每果枝平均着生果穗1.1~1.2个，结实力强。生长期139~155d。

该品种为晚熟鲜食品种。果粒外观奇特艳丽，果肉硬脆，可切片。枝条成熟迟，对气候及栽培条件要求严格。抗病力弱，易感白腐病和炭疽病，稍有裂果。适合在干旱、半干旱地区种植。棚架或高、宽、垂架式栽培均可。中梢修剪与长梢修剪相结合。

(9)金田美指

金田美指为牛奶×美人指杂交选育而成的晚熟葡萄新品种。果穗圆锥形，无歧肩，无副穗。果实鲜红色，平均粒重9~11g，平均穗重500g，果粒长椭圆形，果肉硬脆，可溶性固形物含量18%~20%。8月底可上市，陈架时间长，可延迟至10月中旬采收。色泽呈鸡血红色。

外观美，品质好，抗日灼，抗性极强，枝蔓的成熟度优于美人指。可连年丰产。

(10)绯红

别名乍娜。果穗圆锥形，大，平均穗重850g，最大穗重1 100g。果粒椭圆形，大，平均单粒重9.6g，最大粒重17.0g，果皮薄，果肉较脆，汁液中多，味甜，微有玫瑰香味。可溶性固形物含量15.2%~16.8%，含酸量0.45%。鲜食品质上等。

植株生长势较强。芽眼萌发率68.6%，结果枝占芽眼总数的36.6%，每果枝平均着生果穗1.59个，早果性好，生长期118d。

该品种为优良早熟鲜食品种。穗形整齐美观，着色一致，外观好，耐运输。抗霜霉病能力较差，易裂果。适合在干旱、半干旱地区种植或保护地栽培。棚架、篱架栽培均可。宜长、中、短梢混合修剪。

(11)牛奶

别名沙营葡萄、宣化白牛奶、马奶葡萄等。果穗圆锥形，带副穗，大，平均穗重535g，最大穗重2 350g。果粒长圆柱形，平均粒重8.3g。果肉脆，汁多，味甜，有清香味。可溶性固形物含量15.5%，最高含量21.3%，可滴定酸含量0.37%，出汁率84.7%，鲜食品质极佳。

植株生长势极强。芽眼萌发率87%，成枝率70.5%，结果枝占芽眼总数的40.7%~50%，每果枝平均着生果穗1.46个。早果性好，生长期149d。

此品种为晚熟优良鲜食品种。外形美观，肉脆爽口，品质优良，晚采不脱粒。对土壤气候条件要求较严，适宜在凉爽、干燥、昼夜温差大的地区栽培，选择壤土和砂壤土。适合大棚架栽培，宜中、长梢混合修剪。

(12)无核早红(8611)

果穗圆锥形，小，平均穗重190g。果粒近圆形，鲜红或紫红色，中等大，平均粒重4.5g，果肉较脆，甜酸适口，可溶性固形物含量14.5%。

树势生长旺盛，结实力强，每果枝平均着生果穗2.23个，易二次结果，早果性好，丰产，生长期101d。

为无核早熟品种，适应性强，抗旱，耐盐碱，抗病力强，对白腐病、霜霉病、黑痘病的抗性与巨峰相似，宜棚架栽培，是保护地栽培的优质品种。

(13)A09无核葡萄

又名黑美人，由牛奶×皇家秋天杂交育成，属欧亚无核品种。外观漂亮、品质极好的高档品种，穗重700g，最大1 500g，果粒长椭圆形，果粒着生中等紧密，单粒重7.5g，果皮紫黑至蓝黑色，含糖量21%~26.5%，果肉硬脆多汁，可切片，出汁率91%。果刷长、耐贮运，不裂果、不落果，具牛奶香味。中熟品种，8月底至9月初成熟，可在袋内着全色，适合观光采摘。

(14)A17(又名东方星)

平均穗重500g，最大穗重1 200g，果粒鸡心形，单粒重5.6g，紫黑色至蓝黑色，含糖量21%~26.4%，果肉硬脆，有牛奶香味。8月中旬成熟，采收期可延长至霜降，属中熟品种。

3.4.2　葡萄露地丰产栽培技术

3.4.2.1　建园技术

(1)园地选择及土壤改良

葡萄寿命长，根系深，且喜光、喜温，建园地点应选择光照充足、排水良好、土质肥沃的壤土或砂壤土。如土壤条件较差应进行改良，黏重、板结，排水不良的土壤，可施用有机肥、混入炉灰渣或掺沙改良；对土质瘠薄的沙荒地，可增施有机肥或用黏土覆盖，提高肥力和保肥、保水能力。葡萄在微酸至轻碱性土壤上均生长良好。对盐碱含量较高的土壤，应采取台田、条田等方式，用淡水灌溉排盐洗碱，以及增施有机肥改良土壤。

(2)葡萄园的规划设计

行向及株行距的确定：棚架宜东西行向，枝蔓向北爬架，架面光照均匀，受光时间较长，篱架以南北行向有利于采光。

株行距的大小主要决定于品种特性、架式和冬季埋土防寒。冬季需埋土防寒地区，要保证根系在1m深度内不发生冻害。生长旺盛的品种，可采用棚架栽培，行距不能少于5m，抗寒砧木苗不能少于3m，随着防寒埋土厚度行距可相应增减。生长势中等的品种可采用篱架栽培，行距2~2.5m。株距与架式、整形方式和修剪方法密切相关，一般以主、侧蔓在架面上的分布距离为0.5~0.6m作依据，以使新梢合理布满架面为原则来确定合理的株行距。

(3)栽植技术

①整地施基肥　篱架式葡萄株距较小，多采用沟状整地。按设计的行距和行向，挖深

1m、宽1m的沟，表土和底土分开放置，表土混入有机肥填于沟底，每公顷施入37 500~45 000kg有机肥，底土撒于上面，然后浇水沉实。

②苗木准备　栽植前将苗木根系蘸黏土和有机肥混合的泥浆。苗木枝干用5°Be石硫合剂或0.2%~0.5%五氯酚钠消毒。

③定植　秋植，于秋季起苗后蘸泥浆和消毒后立即定植，随后浇水，埋土防寒。春植，于土壤解冻后至葡萄萌芽前进行。

3.4.2.2　整形修剪

葡萄的架式、整形、修剪三者之间密切相关。架式要与树形、修剪方式相统一。

我国北方常用篱架和棚架两种栽培模式。整枝方式主要为扇形整枝和龙干形整枝。修剪方法主要分为短梢修剪(结果母枝剪留1~4节)；中梢修剪(留5~7节)；长梢修剪(8~12节)和混合修剪。具体选择运用时，必须考虑品种特性、气候条件、管理水平、机械化程度、产品用途以及经济条件等。

(1)架式及特点

①篱架　又称立架。架面与地面垂直或稍倾斜，分单篱架和双篱架。

a. 单篱架。每行为1个架面，架高依行距而定。行距2m时，架高1.2~1.5m；行距2.5m时，架高1.5~1.8m；行距3m时架高2m左右。行内每隔4~6m设1个立柱，在立柱上每隔50cm拉1道8~12号铅丝。单篱架有利于通风透光，田间管理方便，适于密植和机械化作业，易早期丰产。其缺点是受极性影响，易上强下弱，结果位上移，下部果穗距地面较近，易受污染、感病。这种架式适合于抗病力较强或生长势较弱的品种。

b. 双篱架。架高1.5~2.2m，双篱基部间距50~80cm，顶部间距100~120cm，立柱和铅丝设置与单篱架大体相同，只是双篱各向外稍微倾斜，架面较单篱架增加近1倍。该方式产量较高，缺点是架材用量较多，修剪、喷药、采收等田间作业不便，光照和果实品质稍差，应用较少。

c. 篱棚架。篱架和棚架的结合形式。架面宽与行距一致，3~4m。架高2.2~2.5m，后部高1.5m左右，由篱架略呈拱形向棚架过度。篱架面拉2~3道铅丝。棚架面拉4~6道铅丝。其优点是既可充分利用空间，又解决了极性生长的矛盾，单位面积产量较高。缺点是机械作业不便，可每隔2~4行留一条作业路，两侧只设篱架，不设棚架。

d. "T"字形架。每隔4m设一根"T"形柱。架高1.5~2m，在篱架面上拉2~3道铅丝，间距40~50cm。顶宽1~1.5m，拉2~4道铅丝。这种架式通风透光良好，病害较轻，适于无风害地区，便于机械喷药及其他作业。

②棚架　在立柱顶端设横杆，在横杆上每隔50cm拉一道铅丝，共拉5~9道，形似凉棚，故称棚架。棚架在我国葡萄老产区的庭院及大田应用历史悠久，构造和大小形式多样。

a. 小棚架。架面长4~6m，后部高1.2~1.5m，梢部高1.8~2m。因其架面短，枝蔓上下架方便，我国防寒栽培区应用较多。其优点是：适于多数品种，有利于早期丰产；主蔓较短，容易调节树势，产量和质量较高，便于更新，架材来源容易。

b. 大棚架。架面长7m以上。近根端高1.5~1.8m，架梢高2.0~2.5m。在我国葡萄老产区广泛应用。春季出土后，每排柱顶上绑一道横梁将老蔓放在横梁上，或用绳吊在横梁下，后者上、下架容易，不伤老蔓。大棚架前期光能利用率低，早期产量不高。

(2)整形

①多主蔓自然扇形　每株留4~6个或更多的主蔓，主蔓上分生侧蔓，主、侧蔓上按一定距离着生结果枝组，主、侧蔓在架面上呈均匀扇形分布。

篱架和棚架均可应用。在冬季埋土防寒区内多采用无干扇形，便于下架埋土越冬。整形技术比较容易，主蔓和枝组在架面上分布合理，能充分发挥植株的结果潜力，获得较高的产量和质量。其缺点是：架面枝蔓较零乱，不便确定留芽量、留枝量、枝组安排和修剪的轻重程度；直立引缚易上强下弱，结果部位上移，下部衰弱或光秃。因此，采用多主蔓自然扇形时，必须根据品种特性、株行距大小及架面高度，确定明确的树相指标。

②龙干形

a. 独龙干整枝。每株只有1条主蔓，无侧蔓，长度3~5m，在主蔓上每隔20~30cm留一短梢结果枝组，多采用极短梢修剪和单体小棚架，结果母枝呈龙爪状，故称主蔓为龙干。架材只用2~3根树叉即可。

b. 双龙干整枝。可用于棚架栽培。植株从地面或主干上分出两条主蔓(龙干)，主蔓长5~15m，间距60cm左右，采用短梢修剪。在我国北方老产区应用较广。

c. 篱架单臂水平整枝。在防寒地区可采用具倾斜主干的单臂水平整枝。龙干引缚在距地面0.5m的第一道铅丝上，新梢向上引缚在第2~3道铅丝上。

防寒地区采用龙干形整枝时，主干基部必须有一定的倾斜度，以利于冬季压倒防寒。龙干形整枝的优点是：通过短梢修剪，结果部位紧凑，架面均匀，光照较好，果实质量高；修剪简单，采收容易。缺点是：树形固定，枝芽留量伸缩性较小，主蔓和枝组损伤后不易弥补，在新梢未木质化以前，遇大风易折断。

(3)修剪

葡萄修剪分冬季修剪和夏季修剪。

①冬剪

a. 修剪时间。葡萄春季树液开始流动后至展叶前修剪易产生伤流，伤流中除大量水分外，还含有各种有机和无机营养及内源激素，应尽量避免在伤流期修剪。在冬季防寒栽培区，宜在正常落叶后至土壤封冻前，结合防寒进行修剪。

b. 修剪方法。中长梢修剪时，为了控制结果部位外移，保证每年获得质量较好的结果母枝，多采用双枝更新修剪法，即在中长梢的下位留1个2芽的预备枝，当中长梢结果后，冬剪时可在预备枝的上方剪除，预备枝上发出的两个枝仍按上述方法，一长一短修剪。单枝更新是既结果又形成结果母枝的修剪方式，即对一般品种生长势较强的枝条可剪留3~5节时，既能当年结果，又能形成较强的结果母枝，翌年继续结果，可不必对应的留预备枝。

c. 注意事项。不同品种其结果特性不同，因此修剪方法要根据修剪特性而定；在土肥水条件好，生长势旺的情况下，优质花芽多数靠近上部，故结果母枝应适当长留；土质较差或土壤干旱，树势弱，结果母枝宜适当短留。

②夏剪　葡萄萌芽力和成枝力均强，有萌发多次副梢的习性，如不及时进行夏季修剪，易造成新梢过多过长、枝条紊乱，影响架内通风透光及产量、质量。常用的夏季修剪方法有以下几种：

a. 抹芽定梢。对1个芽眼长出2个以上的新梢时，留1个健壮或有果穗的新梢，其余抹除。植株基部及多年生蔓上由隐芽萌发的新梢，在不缺枝的情况下全部抹除。新梢长到15~20cm时，再进行一次调整疏枝，称为“定梢”。当架面上新梢平均距离10~15cm左右后，根据果穗大小、新梢强弱，去劣存优。

b. 结果枝摘心。多在花前1周至盛花期进行，能明显提高坐果率。巨峰、玫瑰香等坐果率较低的品种，实行花前摘心是提高坐果率、穗形紧凑的必要措施。最佳摘心时间为花前4~6d，摘心程度为果穗以上留4~6片叶。无果穗新梢可留8~10片叶摘心，以充实枝芽。

c. 新梢引缚和去卷须。新梢长至30~40cm时，应及时引缚，使其在架面上分布均匀。单梢引缚，忌将多个新梢绑在一起。为了提高新梢负载量，在篱架上可将部分新梢向外呈弓形引缚。在棚架上可引缚30%左右的强旺新梢，使其接近水平，以缓和生长势，其余较弱新梢任其直立生长。

d. 疏花序和整理果穗。根据不同品种按预定产量，将多余的花序疏除，是稳定产量、提高质量的重要措施。多在花前进行，越早越有利于节省营养。长势中等的结果枝可留1穗，少数壮枝留2穗，弱枝不留，平均每新梢1个果穗即可。在疏穗的同时，还将保留花序去掉1~2个副穗，并掐去穗轴长度的1/5~1/4的穗尖，以提高坐果率，使穗形紧凑、美观。生长期至采收期间，应随时去掉裂果、病果和小青粒，提高果品品质。

e. 副梢处理。在结果枝摘心的同时，抹去大部分副梢，果穗以下的副梢全部疏除，只保留顶端1~2个，以免冬芽萌发。保留的副梢只留3~5个叶片摘心。以后发出的2次、3次副梢照此处理。架面枝蔓密挤时，可疏掉部分副梢，但以不造成果实日灼和引起冬芽萌发为度。

3.4.2.3 埋土防寒和出土上架

(1)埋土防寒

①地上埋土防寒法　在北京以南地区，只需将枝蔓埋土10~20cm，不使根系外露，不被大风吹干，即可安全越冬。埋土前先行修剪下架，清除枯枝落叶，将枝蔓绑缚一起顺行(指篱架)压倒放于防寒沟内。然后埋土、拍实。取土要距植株基部1m远以外，尽量少伤根系。防寒沟内不需加盖秸秆及其他有机物。

②地下埋土防寒法　北部较寒冷地区以及棚架栽培的葡萄多用此法。可沿主蔓倾斜方向，挖深30~50cm、宽50cm的沟，将枝蔓捆好放在沟内，然后覆土，厚度应与当地冬季冻层厚度相当。高寒地区需要先加盖5~10cm厚的秸秆或树叶，然后覆土。

(2)出土上架

春季树液开始流动前分2~3次去除防寒土，芽膨大时将防寒土去净。出土时间各地不同。出土过早易造成抽条或延迟萌芽；出土过晚容易碰伤嫩芽，影响产量。如近期有寒流侵袭应适当推迟出土期。出土后立即上架，使各级枝蔓在架面上分布均匀并绑牢。注意勿碰伤枝蔓，以免引起伤流。

3.4.2.4 果穗套袋与解袋

套袋可减少果面药物污染和农药残留，果实着色均匀、鲜艳、洁净；套袋还能提高浆果可溶性固形物含量，同时对减少病虫害、防止日灼和某些生理病害也有显著效果。

套袋葡萄在开花前应先行疏穗，达到果粒稀密适宜；同时去副穗、掐穗尖，使穗形发育紧凑。套袋时间以生理落果之后，果粒如黄豆大小时为宜。套袋前必须喷1~2遍杀菌剂。采收前7~10d解除果袋，促果粒着色。某些中早熟品种除袋后易发生果实日灼，可分两次除袋，第一次先撕开袋底，3~5d后再全部解除。

3.4.2.5　土肥水管理技术

(1)土壤管理

①秋翻　通常在中熟品种采收后和晚熟品种采收前进行。深度可根据树龄、土质而定，一般为40~50cm，如结合施入基肥，效果可维持3年左右，深翻施肥后的葡萄2~3年内产量和品质均有明显提高。

②中耕除草　灌水后和雨后应进行中耕，可保持土壤疏松和含水率，改善通气条件，提高地温。盐碱地勤中耕，可防止土壤返盐。结合中耕除掉杂草。

(2)施肥

根据国内葡萄生产园分析，每生产100kg浆果，植株从土壤中吸收氮0.75kg、磷0.42kg、钾0.83kg左右。葡萄不但需要大量元素，还需要硼、锌、铁、镁等微量元素。当这些元素缺乏时，不但影响果实产量和品质，还可引起生理病害。葡萄是需钾较多的植物，特别是浆果迅速膨大期，应及时补充。

葡萄园施肥应以有机肥为主，不但可以全面补充营养，还可改良土壤，降低盐碱危害程度和提高肥效。1∶(0.5~1)∶1施用。偏施氮肥，易引起植株新梢徒长，抗病性降低，延迟成熟，降低含糖量。

①基肥　以农家肥为主，可混入适量的化肥，施入距根颈80~100cm的土壤中。施基肥时期以采收后至封冻前施入，越早越好，以利于根系伤口愈合及养分分解吸收。可每隔1~2a结合深翻施1次基肥，施肥沟深50cm、宽30~40cm，每年隔行或两侧轮换施肥，每公顷施入圈肥37 500~75 000kg，鸡粪、羊粪等高质量有机肥可适当减少。

②土壤追肥和叶面喷肥　速效氮肥在砂土中移动性较强，可先撒于地面，随即浅翻入土中，然后浇水；碳酸氢铵等易分解挥发，不但损失肥效，还易毒害叶片，故应开沟埋土施入；磷钾肥及黏性土，肥料移动性差，应适当深施；腐熟的人粪尿可结合灌水施入。叶面喷肥可在生长期或有缺素症的情况下施用，方法是将化肥、微肥、专用叶肥等按一定浓度溶解于水中进行喷施。施肥时间、数量及元素配比应根据土壤情况、品种、树势及当年负载量等确定。

成龄葡萄园分3个时期追肥：萌芽前后追肥，以氮肥为主，可促进芽萌发整齐，花序继续分化和加快枝叶生长。花前1周至花期可喷0.3%硼砂，以提高坐果率。花后10~15d，果实黄豆大小时，追施磷钾肥；花后每隔10~15d结合喷药喷施0.3%磷酸二氢钾，或加入0.2%尿素，促进果粒增大。为促进果实成熟、着色、枝条充实，成熟前30d可土施或喷施磷钾复合肥。

3.4.3　保护地栽培技术

葡萄保护地栽培可延长生育期，提高有效积温，从而提早上市和扩大优良品种的栽培北界。保护地栽培设施形式灵活多样，日光温室及塑料大棚均可，可大可小，既可成片经营，也可利用庭院空地，还可间作草莓、蔬菜、秧苗等，提高经济效益。

3.4.3.1　保护设施

根据不同地区、栽培条件及栽培目的，普通保护设施可分为加温温室、日光温室和塑料大棚等形式，目前应用最多的是日光温室和塑料大棚。这两种保护方式造价成本较低。葡萄栽培和蔬菜栽培所用的温室和大棚相似，只是在栽培空间上葡萄比蔬菜要适当高一些。

(1)日光温室

由于具有一面坡式的倾斜度较大的(30°左右)塑料室面，白天阳光充分射入室内，冬季可直射北墙，增加室内反射光及热能；夜间北墙可阻挡寒风侵袭，有利于保温。如加盖草帘或棉被，更可增加保温效果，延长有效生育期。

(2)塑料大棚

目前多用工厂生产的装配式大棚钢架、镀锌薄壁钢管装配式大棚架。竹木结构大棚因其造价低廉，取材方便很受农户欢迎。塑料大棚的光照好于日光温室，全天棚内各部分均可接受光照，而且增温迅速，即使早春和晚秋白天增温也很快。缺点是保温性能较差。

3.4.3.2 建园技术

(1)定植前准备

定植前全面深翻土壤或客土 60~80cm 深，每公顷施优质有机肥 75 000kg，使土壤有机质含量达到2%以上。

(2)品种选择

河北保护地栽培多以提早成熟、提早上市以达到提高经济效益为主要目的。因此，应选择早熟或中熟优良品种。因受棚(室)设施内空间限制，宜选用生长势较弱、着色较好的品种，以发挥其早熟、优质、丰产的潜力。

(3)定植

选用优良品种 1~2 年生壮苗。定植株行距 0.5~1m×1.5~2m。采用单篱架或双篱架整枝形式。结果 1~2 年后，随植株生长适当间伐。

3.4.3.3 盖膜与揭膜

日光温室和塑料大棚均以塑料薄膜为主要覆盖材料。盖膜和揭膜因地区而有不同。葡萄植株度过自然休眠期，多数品种在 0~7℃低温下需要 500~800h，当低温量不能满足时，表现为延迟萌芽或生长发育不正常，因此在低温满足时才能盖膜。揭膜时期因地区及保护设施种类而不同。通常，当露地气温白天达到 25~30℃，夜间达到 18~20℃即可揭膜。

3.4.3.4 温湿度调控

一般各生育阶段棚内温湿度掌握在：催芽期 25~30℃，相对湿度 90%~100%；萌芽至开花期温度 25~27℃，相对湿度 60%~70%；开花期温度 26~30℃，相对湿度 50%~60%；坐果期至采收期温度 28~34℃，相对湿度 60%~70%。

3.4.4 病虫害防治技术

葡萄病害主要有灰霉病、黑痘病、穗轴褐枯病、白腐病、霜霉病、房枯病、白粉病等，虫害主要有叶螨、绿盲蝽、叶蝉、白粉虱、瘿螨等。

3.4.4.1 农业综合防治

秋冬季全面清理园内和周边落叶、落果及杂草等，深翻土壤，降低越冬虫口基数；细致修剪，剪除病虫枝、竞争枝、干枯枝、重叠枝等。春季藤蔓出土后全园喷 1 次 5°Be 石硫合剂以防治多种病虫害。生长季采用黏虫环、黏虫板、杀虫灯、挂糖醋罐、树干绑草把等措施诱杀害虫；同时加强枝蔓管理和合理负载，适时除萌、绑蔓、摘心和摘副梢，保持架面通风透光，并增施磷钾肥。设施栽培时更应注意调节温度和湿度。在园内适当增添捕食性、寄生性等天敌的食料和越冬场所，以利天敌数量增加。同时，应注意果实成熟期尽量不用药，以减轻农药残留。

3.4.4.2 病害防治

(1)白腐病

主要危害果穗(穗轴、果粒)和枝蔓。多在果实中后期(转色期)发病，高温、高湿发病重，遇冰雹或暴风雨后多发生严重；管理粗放、病虫及机械损伤较多、结果部位低的果园发病较重。采用地面覆膜、高架栽培、提高结果部位等措施可降低发病程度。发生时采用80%代森锰锌800倍液、50%福美双500倍液、25%戊唑醇2 500倍液、25%吡唑醚菌酯3 000倍液或60%吡唑醚菌酯·森联1 500倍液等药剂交叉喷雾防治。

(2)炭疽病

主要危害果穗和枝蔓。果实发育初期侵染，潜育期长达20d以上，近成熟期开始发病，果实成熟期进入病害盛发期，高温、高湿时发病严重。葡萄开花前后结合防治白腐病、霜霉病等，每间隔15d左右喷1次杀菌剂，重点保护果穗，所用药剂与白腐病相近。

(3)霜霉病

防治霜霉病的有效方法是采取避雨栽培措施。发生时可采用80%代森锰锌600倍液、50%福美双500倍液、250g/L嘧菌酯1 000倍液、50%烯酰吗啉2 500倍液或66.8%丙·缬霉威700~1 000倍液等进行喷雾防治。

(4)黑痘病

主要危害葡萄的绿色幼嫩部分，发病盛期在6月中旬至7月上旬。氮肥施用量过高，土质黏重、地势低洼积水的园地易发病。从展叶开始，花前和花后7d各喷1次保护性杀菌剂，可采用80%代森锰锌800倍液、50%多菌灵1 000倍液、40%氟硅唑8 000倍液或25%戊唑醇2 500倍液、波尔多液等。

(5)白粉病

主要危害叶片、新梢及果实等幼嫩器官，受害叶两面均可见白色粉状物，高温高湿季节扩展快。河北平原的7月中旬至8月上旬为发病盛期。发芽前喷洒1次5°Be石硫合剂，清除越冬病原菌，发生时喷施10%多抗霉素1 200倍液、2%抗霉菌素水剂200倍液或戊唑醇、苯醚甲环唑等三唑类杀菌剂。

(6)灰霉病

主要危害果实和花序。受害果实病斑凹陷，最后长出灰褐色霉层；染病花序初呈淡褐色水浸状，后变暗褐软腐，最后萎缩、干枯、脱落。多雨潮湿和较凉的天气条件适宜灰霉病发生，花期和果实成熟期是该病的发生高峰期。细致修剪，剪除带病枝蔓、病果穗及病卷须，彻底清除、烧毁或深埋，以清除越冬病原。发病初期喷施力克(霉止)300倍液或速克灵、嘧霉胺、乙霉威等药剂，一般7~10d喷施1次。果穗套袋，可防止病菌危害果穗。

设施栽培发病时可采用烟剂熏蒸，第1次在新梢长10~15cm时进行，间隔30d再进行1次，使用15%腐霉利烟剂；每667m^2土地用量200g(1盒4袋，每袋50g)，均匀布点，密封大棚。

3.4.4.3 虫害防治

(1)葡萄瘿螨

蜘蛛纲甲螨目瘿螨科，又名葡萄潜叶壁虱、葡萄锈壁虱、葡萄毛毡病，主要危害葡萄叶背面害。雌成螨体长0.1~0.3mm，白色，圆锥形似胡萝卜，密生条环纹。雄虫体形略小。初期叶背出现不规则白色斑块，逐渐扩大呈现一层很厚的毛毡状白色绒毛，后变茶褐至深褐色。受害部位叶背凹陷，正面凸起。发现受害叶片立即摘除烧毁，以免继续蔓延。葡萄生长季节，发现有瘿螨危害时，可喷0.2°~0.3°Be石硫合剂，50%溴螨酸乳油2 000~2 500倍液，或乐斯本等药剂，喷药时注意叶片正反两面均要喷均。

(2)绿盲蝽

受害幼叶初期有细小黑褐色坏死斑点出现，后叶缘开裂，严重时叶片扭曲皱缩；新梢生长点被害呈黑褐色坏死斑，但一般生长点不会脱落；幼花穗被害后便萎缩脱落。于展叶期、花前、花后3次喷雾防治，可采用40%灭多威3 000倍液、1.8%阿维菌素2 500倍液以及菊酯类药剂等。

(3)白粉虱

1年繁殖多次，主要聚集在葡萄叶背吸汁危害，使叶片逐渐变为黄白色，严重时枯萎死掉；成虫分泌的蜜露，不仅污染叶片和果实，还会引起霜霉病发生，设施栽培时白粉虱更易危害。采用25%扑虱灵粉剂2 000倍药液、10%大功臣粉剂2 500倍液以及灭多威等药剂，每隔10d交替喷雾使用。设施栽培时可在棚内放置人工饲养繁殖的丽蚜小蜂，并采用黄色黏虫板防治。

3.5 杏树丰产栽培技术

杏是我国原产果树之一，在河北的分布最为广泛。河北省是一个产杏大省，鲜食杏面积、产量一直名列全国前三位，除坝上高原气候寒冷不适其发展外，其他各地均有栽培。鲜食杏在冀中平原的宁晋、深县，冀南平原的大名、邢台、巨鹿等县形成集中产区。河北平原杏的栽培生产中主要存在以下问题：一是同名异物和同物异名现象严重，给生产应用带来了一定的干扰。二是种植结构不合理，生产上优良的鲜食品种多，专用的加工品种少；加工能力有限或效益低下，常造成丰年杏成灾现象，丰产不丰收；缺乏耐贮运、货架期长的优质品种。三是冻害严重，大部分产区尤其是北部产区，易发生晚霜危害，造成大幅度减产甚至绝收。冻害是限制杏发展的重要因子。

3.5.1 优良品种

(1)串枝红

原产河北巨鹿，属于晚熟品种。平均单果重52.5g，果实卵圆形，果顶微凹，色泽艳丽，鲜食品质中上。离核，耐贮运。极丰产，稳产，是鲜食加工兼用品种。

树冠半圆形，树姿开张，树势中庸。完全花率51%，自然坐果率32.4%，萌芽率44%，成枝率6%。2年生开始结果，成龄大树株产可达150kg左右。以短果枝和花束状果枝结果为主。适应性强，各类土壤均可种植，以砂壤土最好。抗寒、抗旱、抗病性较强，较耐盐碱。可在河北省杏树适生区推广种植。

(2)香白杏

别名真核香白杏、银香白杏，原产河北丰润、遵化一带，属于早熟品种。平均单果重63.6g，果实扁圆形，果顶平或微凹，果皮黄白色，外观鲜亮洁净，内部品质优，离核，甜仁，不太耐贮运。

树冠圆头形，树姿半开张。树势中庸。完全花率18%，坐果率22.5%。萌芽率30%，成枝率5%。3年生开始结果，8年生左右进入盛果期，成龄大树株产150kg。以短果枝和花束状枝结果为主。果实近成熟时遇37℃左右高温，时间较长时果实内部易褐变(烧心)，有裂果现象。适应性强，各种类型的土壤均可栽培，但以砂壤土最好。可在河北省杏适生区发展，但果实成熟季节气温持续过高的区域不适宜栽培。

(3)金太阳

原产欧洲，是极早熟品种。平均单果重66.9g，果实近圆形，果顶平，果皮底色为金黄色，阳面着红晕。外观美，风味甜，离核，较耐贮运。

树姿开张，树势中庸，完全花率高，萌芽力中等，成枝力强，自花授粉不结实。结果早，极丰产，稳产，抗裂果，经济效益高。抗寒、抗旱，对褐腐病和穿孔病的抗性较强，较耐瘠薄和盐碱。

(4)凯特杏

原名Katy，原产美国，属于中熟品种。平均单果重105.0g，果实椭圆形，果顶较平圆，果皮橙黄色，外观品质和内部品质中等，离核，较耐贮运。

自花结实，极丰产，经济效益较好。对土壤要求不严格，较抗旱，耐瘠薄，抗盐碱，抗病性较强。适应性强，适合露地和保护地栽培。

(5)冀光

由石家庄果树研究所选育而成，晚熟品种，比串枝红早熟9d左右。果实圆形，平均单果重58.3g；果肉橙黄色，组织致密，有韧性，纤维少，汁液中，味酸甜，有香气，可溶性固形物含量12.9%。离核性好，核与果肉之间有空隙，近核处果肉新鲜一致。耐贮藏，加工性好，果实分瓣后徒手可取出杏核，果肉耐煮，废品率较串枝红低。

定植后2~3年见果，4~5年进入盛果初期，宜在河北省中南部杏树适生区种植。

(6)早红

沧州市农林科学院选育，在沧州地区，5月25日左右果实成熟，果实发育期55d左右。果实圆形，平均单果重60.0g，最大果重80.0g。果顶平或凹；缝合线明显，果皮底色橙黄，果顶、缝合线、向阳面均可着鲜红色晕，着色面积占70%以上；果面光洁无斑点，外观美丽。果肉橙黄色；肉质松软，汁液多，纤维中等，风味酸甜；可溶性固形物含量13.6%，可食率高达96.9%，黏核，甜仁。常温下可储存5~7d。

树冠自然圆头形，树姿半开张，树势中庸。定植后2~3年即可见果，第4年有经济产量，盛果期株产50~75kg。花期抗-5~-3℃低温；病害较轻；抗旱。适宜在河北省中南部杏树栽培区栽培。

(7)早甜

沧州市农林科学院选育，在沧州地区，5月23日左右果实成熟，果实发育期48~50d。果实卵圆形，平均单果重55.0g，最大果重75.0g。果顶尖。果皮底色黄白色，向阳面着红晕；果面光洁、无斑点，外观美丽。果肉橙黄色；肉质松软，汁液多，纤维中等，风味酸甜；可溶性固形物含量15.5%，离核，可食率高达96.9%。常温下可贮藏5~7d。

树冠自然圆头形，树势中庸，树姿半开张。定植后2~3年即可见果，第4年有经济产量，6~7年生树株产40kg。花期抗－5~－3℃低温；病害较轻；抗旱。可在河北省中南部杏树适宜栽培区种植。

(8)晚香玉

河北农业大学选育，果实7月底成熟，成熟期一致。果实广椭圆形，平均单果重62.4g。果顶微尖；果皮底色浅黄色，阳面深粉色，着色面积70%以上，果点较小；果面茸毛细短，光滑，外观美丽。果皮中厚，耐贮运。果肉黄白色；肉质细嫩，纤维少，汁液较多，风味甜，具香气；可溶性固形物含量21.9%，离核。果梗短粗，着生牢固，采前不落果，抗裂果。

幼树生长势强，萌芽力、成枝力强。结果后形成大量中短枝和花束状果枝，树势趋向中庸。早果性强，定植第3年开花株率和结果株率均为100%。完全花比例高，丰产稳产。以短果枝结果为主，成龄树短果枝占果枝总量的85%以上，中长果枝和花束状果枝占15%左右。耐旱，耐瘠薄，花期耐低温，可在河北省张家口及其他气候条件相近的地区栽植。

(9)宝石红

河北农业大学选育，果实7月底成熟，成熟期一致。果实近圆形，平均单果重47.8g。果顶微尖；果皮底色黄色，阳面70%着红晕，有红色果点；果面茸毛细短，较光滑，外观美丽。果皮中厚，耐贮运，果肉黄色；肉质细嫩，纤维少，汁液较多，风味甜，具香气；可溶性固形物含量19.4%。离核，果梗短粗，着生牢固，采前不落果，抗裂果。

幼树生长势强，萌芽力、成枝力强。结果后形成大量中短枝和花束状果枝，树势趋向中庸。早果性强，定植第3年开花株率和结果株率均为100%。完全花比例高，丰产稳产。以短果枝结果为主，成龄树短果枝占果枝总量的85%以上，中长果枝和花束状果枝占15%左右。耐旱，耐瘠薄，可在河北省张家口及其他气候条件相近的地区栽植。

(10)红丰

山东农业大学选育，亲本为二花槽×红荷包，极早熟品种。平均单果重56.0g，果实近圆形，果顶平，果皮底色黄，65%果面鲜红色，外观鲜艳，内部品质优。用于鲜食，黏核，不耐贮运。

完全花率较低，坐果率23%。萌芽率87%，成枝率7%。定植第2~3年开始结果，较丰产。成龄树以短果枝和花束状结果枝结果为主。花期较晚，较抗旱和抗病，抗冻性和适应性强。可在河北省杏适生区栽培。

3.5.2 栽培地选择

杏树的适应性强，对园地要求不严，但土壤的理化性质及土层厚度影响着杏树的生长，黏重的土壤，通气条件不良，杏树的根系生长受到一定限制，会对生长结实产生不利的影响。因此，杏树园宜选择土质疏松、肥沃，土层较厚的地块。

3.5.3 栽植技术

(1)品种选择

杏树开花早，容易遇到倒春寒而减产，所以首先应注意选择抗冻和开花晚的品种；其次，杏耐贮性较差，要综合考虑当地条件及市场需求、耐贮运等方面，选择当地百姓认可或者耐贮性较好的品种。

(2)栽植

杏树栽植密度的确定应考虑品种生长特性，砧木类型，当地的地势、土壤、气候条件等多方面。在土层深厚，土壤肥沃、气候温暖、条件较好的地区可适当稀植，株行距(3~5)m×(5~6)m。

栽植可于春秋两季进行。秋栽在落叶后至地表结冻前进行，其优点是当年伤口可愈合，翌年春天萌动早，成活率高，生长好，但在冬季风大、干燥地区越冬期易抽干。春栽在土壤解冻后至萌芽前进行，适宜有灌溉条件及寒冷干旱地区。

3.5.4　整形修剪技术

3.5.4.1　整形

杏树如任其自然生长，易形成自然圆头形树冠。在栽培条件下，以自然开心多主枝树形较好。生产上有采用杯状形者，因其修剪重，对植株抑制较大导致结果迟、寿命短，故不宜采用；矮化密植栽培宜采用纺锤树形。

定干高度依品种生长势而定，生长势强和树姿直立的品种定干应较低(约40cm)；树势弱，树姿开张的品种则树干可适当加高，以不超过50~80cm为宜。

3.5.4.2　修剪

杏树修剪因品种、树龄、树势及栽培技术而不同。幼树期间树势较旺，对主枝延长及较强的发育枝，应剪去原长的1/3或2/5。对于过密的枝条和徒长枝可进行疏剪。但应避免修剪过重，多保留小枝，以加速成形，提早结果。随树龄增长，结果渐多，发枝力减弱，一般树冠不会过于密闭，可实行短剪和疏剪结合剪法，长果枝可依生长势强弱留15~30cm短剪。衰弱结果枝应注意不同程度的更新。过密的花束状枝，可适当疏剪。盛果后期，应加强更新修剪，以使之不断形成新果枝，延迟衰老。衰老树应进行有计划地更新主枝，并加强肥水管理，以促进树势恢复，延长经济年限。晚霜危害严重的地区和品种，可以采用冬季重剪加夏季摘心的措施培养大量副梢果枝，使开花期延迟以避免霜害。

3.5.5　花果管理技术

杏开花较早，易遭受霜冻。解决冻花问题，重点应放在选育不同花期品种方面，因为花期不同可以减少霜害几率。除注意选择园地和晚开花品种外，较好的办法是延迟开花。据报道，用青鲜素(MH)500~2 000mg/kg在芽膨大期喷布，可以推迟开花期4~6d，并使20%以上的花芽免受霜冻而获得良好的收成。因此，可以结合当地条件，配合多种措施，以确保杏果收成。

3.5.6　土肥水管理技术

杏树在肥水充足的条件下，可以减少退化花的数量，产量高，品质好。

杏树施肥时期与桃相似，施肥量依品种、树龄、树势及栽培条件等而不同。有条件的地区应提倡树下压绿肥(行间、株间种植绿肥，或收集野生绿肥)，并结合压绿肥搞好土壤深耕熟化。基肥一般结合秋耕进行，是一年中的主要肥料，以富含有机质丰富的厩肥、堆肥、人粪尿等缓释性肥料为主，用量一般为每隔3年每公顷施30~40t，同时还可以混施部分速效氮肥；追肥应于萌芽前和幼果生长期进行，萌芽前以速效性氮肥为主，幼果生长期以速效性钾肥为主。叶面追肥可结合病虫防治进行，可以用磷酸二氢钾或者复合肥，浓度以0.2%~0.5%为宜。

灌水可结合施肥进行。有条件的地区应于落叶后灌冻水，有利于越冬及次春生长和开花坐果。若无灌溉条件，用地膜覆盖树盘，可以增温保湿，促进杏树生长。

3.5.7 病虫害防治技术

杏树病害主要有流胶病、杏疔病、褐腐病、细菌性穿孔病、根癌病、炭疽病、轮纹病等，虫害主要有球坚介壳虫、桑白蚧、杏仁蜂、食心虫、桃蛀螟、杏象甲、叶螨、蚜虫、红颈天牛等。

3.5.7.1 农业综合防治

杏树病虫害防治应采取综合的农业防治措施，如全面清耕，剪除病虫枝，清除枯枝落叶和落果落核，刮除树干翘、裂皮，翻树盘等，综合采取黏虫胶、黏虫板、黑光灯诱杀等措施，以抑制病虫害的发生。同时，生产上应加强土肥水和树体管理，增强树势，合理负载，以减轻病虫害的危害程度。春季萌芽前，全树喷5°Be石硫合剂，综合防治各种病虫害。杏树果实生长期较短，只要管理到位、用药适时合理，基本可以做到果期不用药。

3.5.7.2 病害防治

(1)流胶病

流胶病多发病于主干、主枝桠杈及果实，初期病部肿胀，随后陆续流出透明、柔软的树胶，逐渐由黄白色变成变成红褐色的硬块。病部皮层和木质部变褐腐朽，引起树势衰弱，叶片发黄，严重时整枝或全株枯死。果实流胶多由虫伤和雹伤等伤口发生，分泌出黄色胶质糊在果面上，病部硬化，生长停滞，品质降低。

本病既有真菌感染，也有细菌侵害，主要由树体机械伤害所引起如雹伤、虫伤、冻伤和机械伤等。病树应在早春萌芽前刮除病斑，伤口涂刷石硫合剂原液。

(2)杏疔病

俗称杏疔。以危害杏树的新梢、叶片为主，也侵染花和果实。杏疔病是真菌性病害，1年发生1代，以子囊在病叶中越冬。春季子囊孢子随风雨传播到幼芽上，随着新叶生长，一般5月出现症状，10月病叶变黑。清除园内枯落叶是防治的关键措施，5~6月及时摘除刚发病的病叶，连续2年即可控制杏疔的发生。杏树展叶期开始，每隔15d左右喷1次70%甲基托布津可湿性粉剂700倍液或50%多菌灵可湿性粉剂600倍液、70%代森锰锌可湿性粉剂700倍液、30%绿得保胶悬剂400~500倍液等药剂，1~2次防治即可取得理想效果。

(3)细菌性穿孔病

细菌性穿孔病是核果类果树共有的病害，以平原和空气湿度较大的地区危害较重，发生严重时造成叶落枝枯，严重削弱树势，影响翌年产量。

该病在叶片上的特征最为明显，染病叶片初期在叶脉处出现水浸状不规则圆斑，圆斑扩大并变成红褐色，斑点最后干枯脱落，形成穿孔。若干病斑相连形成大的孔洞，轻者使叶片千疮百孔，重者引起早期落叶。病菌在病枝上越冬，翌年落花后随风雨传播到叶、果和新梢上，5 月开始出现症状，7、8 月进入盛发期，遇连续高温阴雨天气最易发病。

5 月中下旬和采果后，喷 2~3 次 2 000 倍农用链霉素和 400 倍百菌通的复配药液，或采用多氧霉素、疫霜灵等药剂，用药间隔 10~15d。

(4) 褐腐病

褐腐病可危害花、叶及果实，能引起大量烂果、落果。病果最初发生褐色圆形病斑，如条件适宜，病斑扩至全果，果肉变褐软腐，病果腐烂后易脱落，也可失水干缩变成褐色或黑色僵果，悬挂在树上经久不落。落花后 15d 后喷 1 次 65% 代森锌可湿性粉剂，果实成熟前 30d 再喷 1 次 0.3°~0.5°Be 的石硫合剂。

3.5.7.3　虫害防治

(1) 球坚介壳虫

又称杏虱子，1 年发生 1 代，以二龄若虫在枝条翘皮裂缝处越冬。越冬若虫出蛰后喷 4°~5°Be 石硫合剂。初孵若虫出壳期，喷 0.3°~0.5°Be 石硫合剂或阿维菌素 4 000~6 000 倍液，消灭初孵若虫。危害严重的杏园可在杏开花前后人工刮治，杀死雌虫。桑白蚧 1 年发生 2 代，可参照防治。

(2) 杏仁蜂

杏仁蜂幼虫在杏核内蛀食，将杏仁吃光，造成落果或果实干缩后挂在树上。该虫 1 年发生 1 代，以幼虫在园内落杏、杏核内越冬越夏，在河北平原中南部地区 4 月下旬化蛹，落花后开始羽化，咬破杏核爬出；在核皮与核仁之间产卵，卵期 10d 左右，幼虫孵化后在核内取食杏仁。彻底清除园内落杏、杏核，可基本上消除翌年杏仁蜂的越冬虫源。秋季结合杏园深翻，将落地杏核深埋在土中，可有效防止成虫羽化出土。成虫羽化期喷洒 45% 丙溴·辛硫磷乳油 1 000 倍液、40% 啶虫·毒乳油 500~2 000 倍液、20% 氰戊菊酯乳油 1 500 倍液和 5.7% 甲维盐水分散粒剂 2 000 倍的复配液进行防治。

(3) 叶螨

又称山楂叶螨，1 年约发生 6~9 代，以受精雌成虫在树皮缝内、杂草丛中或土块下越冬，从 4~10 月均有发生，一般 7~8 月危害严重，尤其是高温干旱时期，可用扫螨净、克螨特、吡虫啉等药物防治。

3.6　李丰产栽培技术

李果实是优良的鲜食和加工用果品，果实鲜艳美观，酸甜适口，成熟期早，较耐贮运，且营养丰富；早、中、晚熟品种的成熟期可延续 3 个月以上，鲜果供应期长，果实还可制糖水罐头、李干、果酱、果脯、果酒等加工品。李树的叶簇、花朵和果实均有观赏价值，可做庭园绿化树种，还是优良的蜜源植物。李树木材坚韧，红色有花纹，有光泽，适于雕刻或做烟斗、家具。

李在我国分布很广，也是河北省的古老经济林树种，资源丰富，但目前并未得到充分开发利用，资源不清，品种混杂。从事李树栽培和育种科研人员很少，生产经营管理不善，缺乏良好的贮运和加工条件，致使产区李园出现弃管放任状况。随着农村经济体制改革和市场经济调节，近年各地对李树栽培技术和新品种需求日益迫切，栽培面积不断增多，应从改进栽培技术入手，建立李商品生产基地，以获取高产、优质、高效益。

3.6.1 优良品种

(1)大石早生李

原产日本，1993年引入我国。果实发育期65~70d，果实6月10日左右成熟。果实常温下可贮藏7d左右。果实卵圆形，平均单果重49.5g，最大果重106g，果实纵径4.5cm，横径4.2cm，果顶尖；缝合线较深，片肉对称；果皮底色黄绿，着鲜红色；果皮中厚，易剥离；果粉中厚，灰白色。果肉黄绿色，肉质细，松软，果汁多，纤维细、多，味酸甜，微香。可溶性固形物含量15.0%，总糖含量7.49%，维生素C含量8.16mg/100g，总酸含量1.07%。黏核，核较小，可食率98%以上，鲜食品质上。

树势强，萌芽率85.1%，成枝率35.7%。以短果枝和花束状果枝结果为主。3a开始结果，4~5年进入盛果期，5年生树最高株产84.1kg，自花不结实，栽培时需配置授粉树，适宜的授粉品种有美丽李、香蕉李、小核李等。

该品种抗旱、抗寒能力强。幼树生长旺盛，初果期坐果率较低，生产上应注意采用控制措施，促进树体枝类组成的转化。适宜的砧木为毛桃、小黄李。栽培时应选有灌溉条件和排水良好的地块。

(2)玉皇李

昌黎一带栽培较多。在昌黎地区7月下旬至8月上旬果实成熟，果实耐贮运，常温可存放1周左右。果实长圆形，平均单果重61.3g，最大果重70g。果面黄绿色，果肉黄色，肉质硬脆，纤维少，果汁多，风味甜酸，香味浓，品质上等。玉皇李不仅是鲜食良种，也是加工罐头的优良品种。

(3)黄杏李

宣化、涿鹿、沙城栽培较多。7月中旬果实成熟。果实球形，平均单果重61.1g，最大果重104.75g。果皮橙黄色，阳面有红晕，果面光滑，果粉薄，果皮厚而韧，不易剥离，果肉橙黄色，香味浓郁，酸甜多汁，无涩味，可溶性固形物含量16.5%，品质上等。

该品种适应性强，丰产稳产，适于加工和鲜食。

(4)美丽李

又名盖县大李，原产美国。果实发育期85d左右，果实6月底至7月初成熟。果实近圆形或心形，平均单果重87.5g，最大果重156g；果顶尖或平，缝合线浅，梗洼处较深，片肉不对称；果皮底色黄绿，着鲜红或紫红色，皮薄，充分成熟时可剥离；果粉较厚，灰白色；果肉黄色，质硬脆，充分成熟时变软，纤维细而多，汁极多，味酸甜，具浓香；可溶性固形物含量12.5%，总糖7.03%。黏核或半黏核，核小，种仁小而干瘪，可食率98.7%。鲜食品质上。在常温下果实可贮藏5d左右。

树势中庸，萌芽率74.6%，成枝率19.5%。栽后2~3年开始结果，4~5年可进入盛果期，自花不结实，需配置授粉树，适宜的授粉品种有大石早生李、跃进李、绥李3号等。该品种抗旱、抗寒能力较强，一般年份在冬季-28.3℃的情况下，无冻害。与李、杏、毛樱桃均可嫁接。缺点是抗病能力弱，极不抗细菌性穿孔病，易遭蚜虫、红蜘蛛及蛀干害虫的危害。

(5)黑宝石(Fraiar)

原产美国，商品名布朗李。8月底成熟，是优良的晚熟大果品种，货架期13d，耐贮运，在0~5℃条件下能贮藏3~4个月。果实扁圆形，个大，平均单果重72.2g，最大127g；果皮紫黑色，无果点，果粉少，果肉黄色，质硬而脆，果汁极少，微香酸甜，可溶性固形物含量13.5%，总酸1.0%。离核，核小，可食率98.8%，鲜食品质极佳。

树冠为纺锤形，树姿半开张，树势强，直立。萌芽率82.7%，成枝力15%。以长果枝和短果枝结果为主。2年生开始结果，4~5年生进入盛果期，4年生树平均株产22.3kg。自花结实。该品种与中国李、毛桃、毛樱桃嫁接亲和力良好。该品种早果性强，极丰产，果个大，耐贮运，货架寿命长；缺点是抗病力弱。可在河北平原中南部地区及太行山、燕山干旱少雨区推广。

(6)安哥诺李(Angeleno)

原产美国，是美国加利福尼亚州十大李子主栽品种之一。成熟期晚，9月中下旬成熟，为最晚熟的品种。果实扁圆形，平均单果重102g，最大178g，果皮底色黄绿，皮厚，着紫黑色，果肉淡黄色，质致密，汁多，味甜，可溶性固形物含量13.7%，总酸含量0.69%。半离核，可食率98.8%。果实耐贮运，货架期30d，冷库可贮藏至翌年3~4月。早期丰产性好。

树势强壮，萌芽率82.3%，成枝率16.7%，以短果枝和花束状果枝结果为主，3年生开始结果，4~5年生进入初果期，6年生进入盛果期。盛果期平均株产21.5kg，最高株产31.2kg。需配置授粉树，适宜的授粉品种为凯尔斯、黑宝石、索瑞斯。该品种适应性强，抗霜冻、抗病。可在河北省中南部地区及燕山地区推广。

3.6.2　栽培地选择

李树吸收根分布较浅，有些品种对空气湿度和土壤湿度要求较高，以保水保肥力强的土壤为宜。李树的花期较早，易受晚霜危害，在早春霜冻严重的地区，应尽量选择地势较高处栽植，免受霜害。

3.6.3　栽培技术

3.6.3.1　品种选择

选择品种时应注意以下原则：一是抗逆性强。根据当地气候和土壤条件，选择抗寒、抗旱、抗病虫力强的品种。二是符合种植目的。鲜食品种要求果型大、成熟期早、品质好，颜色美观；加工品种要求果实大小均匀，缝合线对称，果肉厚、脆，果肉浅黄或黄色，果核小；制干品种应易离核。三是成熟期相对一致，便于采收管理。四是落果少，易丰产品种，以保证高产稳产。

3.6.3.2　栽培模式

李树树体较小可以适当密植。栽植方式以宽行密株的长方形栽植模式为好，便于机械化作业和行间间作。李树多数品种自花不结实，必须配置授粉树；具有自花结实能力的品种，配置授粉树后也能显著提高坐果率。授粉树和主栽品种的比例通常为1∶(4~5)，配植方式可采用隔行栽植或相间栽植。

3.6.4 整形修剪技术

3.6.4.1 整形

李树常用树形有以下3种。

(1)自然开心形

主枝开张，通风透光良好，内膛和下部的枝组结实率高，寿命长，便于管理，适合于干性弱的中国李品种，管理上基本同桃树。

(2)两层疏散开心形

又称延迟开心形。树体结构是第一层培养3个主枝，第二层2个主枝，层间距80cm左右，以上落头开心。这种树形可以提高树冠，增多枝叶数量，有利于提高单产。生长势强，树姿比较直立的品种及土地肥沃和管理条件较好的李园多采用，但必须保持内膛光照良好，否则容易空膛。

(3)细长纺锤形

全树永久性结果枝组5~6个，同一方向的永久性结果枝组的间距离不低于50cm，树体高度控制在3~3.5m。这种树形符合矮化密植的要求，有利于提早结果，提高单位面积产量。适合生长势强，树姿直立的品种。应用此树形时应注意保持中央领导干的优势，一年中选留的永久性结果枝组数量不能多于3个。

3.6.4.2 修剪

(1)冬季修剪

不同树龄李树的修剪目的不同，修剪方法也不同。

①幼龄李树的修剪　按树形选留主侧枝，注意平衡树势，维持好各级骨干枝的从属关系。从属关系不明时，可压缩强枝，加大角度，少留小枝，轻剪延长枝。弱枝需抬高枝头角度，多留小枝，适当重剪延长枝，使树势平衡。李树的萌芽率和成枝力较强，多以短果枝和花束状果枝结果为主，应注意疏除旺长发育枝和过密的中、长果枝，以调节树体营养，促进花芽充实和果枝健壮，提高成花和结果能力。有些品种进入结果期后，当年萌发的新梢多为果枝，如不疏剪常因枝多花密使树势转弱，降低坐果率，影响产量。李树的顶端优势较为明显，幼树期间先端易抽生发育枝和长果枝，中、下部则易抽生长势衰弱的结果不良的短果枝，故应注意培养结果枝组。也可在同一主枝上，使短果枝或花束状果枝轮流交替结果，以维持短果枝的健壮长势。当主枝逐年伸长，长势衰弱不利结果时，可更新或疏除。李树的枝条节间较短，新梢易密挤丛生。为保持树冠内部良好的通风透光条件，可于早春萌芽后掰除过多的嫩芽，也可于夏季疏除过密新梢。长度30cm以上的1年生强枝，可剪去枝长的1/4；15~20cm的中等枝条，可剪去枝长的1/3左右；延长枝宜长留，侧生枝宜短留。在延长枝的先端分生出3~4个新梢时，可选留1个作延长枝，其余枝条由基部剪除。树冠内部的细弱枝，要剪除或短截。

②成龄李树的修剪　李树进入盛果期后，修剪力求使结果和生长保持平衡。若主、侧枝上的花束状果枝和短果枝过多而影响树势时，应以疏枝为主；衰老的结果枝组应该及时回缩更新，保持其健壮生长，延长盛果期年限。有些成年树因修剪过重而造成生长过旺，产量很低，应减轻修剪程度，仅疏密生枝，不短截。有些植株由于结果过多，新梢生长衰弱，果实变小，大小年结果现象严重，必须在增施肥水基础上，加强修剪，促进营养生

长，恢复树势。一般情况下，中国李的新梢适宜平均长度为30～35cm，多数品种容易结果，产量高，修剪程度相对较重稍重。

(2)夏季修剪

夏季修剪的主要目的是抑制新梢旺长，促进花芽形成，改善通风透光条件，增进果实品质和提高产量。通常，每年要进行2～3次夏剪。

第一次夏剪在4月中旬至4月下旬进行，主要包括通过摘心调整冬剪剪口芽的方向，疏除过密枝，短截过长枝。

第二次夏剪在5月中旬至5月下旬进行，主要内容包括把膛内直立壮枝留7～10cm重短截，促使其萌生副梢并形成花芽，过密枝条适当疏除，以利于通风透光。

第三次夏剪在7月中旬至7月下旬进行，在第一次摘心后副梢长到60cm左右摘心进行。发育枝长到80～100m时摘心或留到副梢处，疏去部分过密枝。

3.6.5　花果管理技术

(1)提高坐果率

李多数品种虽能自花结实，但配置授粉树，放蜂及人工授粉，均可提高坐果率。河北平原李树的开花期多在3月下旬至4月上旬，气温较低，影响授粉和坐果，适当延迟开花期，是提高坐果率的重要途径之一。延迟李树开花期的措施有春季灌溉与枝干涂白，可降低土壤和树体温度。

(2)疏花

李树花量大、坐果多，果实拥挤和超过负载能力，易形成果实大小不整齐，果品质量差和大小年结果。为了防止和克服上述问题应对花量大的李树进行疏花，而且在疏掉花蕾的花束状枝，秋季还能形成花芽，能够取得以花换花的效果。

(3)疏果

未经疏花或疏花后坐果多的李树，需进行疏果。保留具有品种特征的发育正常的果实，疏去病虫果、伤果、畸形果。第一次疏果在果实如黄豆粒大小时(花后20～30d)进行。第二次在花后50～60d进行，生产中多以每16片叶留1个果作为疏果标准。小果品种一短果枝留1～2个果；中型果品种，每短果枝留1个果；强壮枝可留2个果；大果品种，每短枝上留1个果。

(4)套袋

套袋可消除大果系品种的裂果、着色不良果，而且肉质和风味也有明显差异，因而越来越被人们所重视。尤其容易遭受夜蛾和鸟害的品种或成熟期因降雨而裂果的品种，果实套袋效果很好。套袋于疏果后进行。

3.6.6　田间管理技术

(1)土壤管理

幼龄李园土壤管理工作主要是树盘清耕和行间间作。合理种植间经济作物，可以充分利用土地面积，提高光能利用率；改良土壤理化性状，增加土壤有机质含量。间作物可对地表起到覆盖作用，可防止土壤侵蚀，减少杂草危害。常用的间作物有豆科类、薯类、药用植物、草莓和绿肥植物等。成龄李园土壤管理工作主要包括果园深翻施肥和中耕除草。

(2)施肥

一些李园管理粗放，不施肥或少施肥，造成落花落果严重，果品产量和品质均不能满足要求。施肥量可根据品种、树龄、树势及栽培条件等而有所不同，也可在行间、株间种植绿肥或树下压绿肥，并结合压绿肥搞好土壤深耕熟化。李园施用基肥可结合秋翻进行，多采用沟施，用量因树龄、树体大小而异，幼树、小树少施，一般每株施50~200kg。追肥应于花后和幼果生长期进行，花后可适当施氮肥和磷酸二氢钾复合肥料，幼果生长期应追施氮磷钾复合肥；叶面追肥可结合喷药进行，可采用0.4%~0.5%的氮肥。

(3)灌溉与排水

春夏干旱地区，在萌芽前和幼果膨大、新梢旺长期，应进行灌溉。李果成熟前的迅速膨大期，正值高温少雨季节，更应注意灌水。冬季应灌封冻水，满足休眠期对水分的需要。

桃砧的李树忌涝，雨季注意及时排水，以免遭受涝害。

3.6.7 病虫害防治技术

李树的病害主要有细菌性穿孔病、红点病、褐色穿孔病、流胶病、根癌病、李褐腐病等，虫害主要有李小食心虫、金龟子、枯叶蛾、刺蛾、舟形毛虫、蚜虫、红蜘蛛、叶螨、叶蝉、蟮象以及天牛、吉丁虫等。李树病虫害的防治需采取综合的农业物理防治措施，发生严重时应及时采取化学防治措施。

3.6.7.1 病害防治

(1)细菌性穿孔病

又称细菌性溃疡病，是李树的重要病害，主要危害枝干、叶片和果实。叶片染病初期在背面产生淡褐色水渍状小斑点，扩大为圆形至不规则形深褐色病斑，周围有黄绿色晕圈，后形成边缘不整齐的穿孔。果实发病初期果面产生褐色小圆斑，稍凹陷，后扩大呈暗紫色，病斑边缘呈水渍状，干燥情况下常出现裂纹，天气潮湿时分泌出黄白色黏物。一般5月开始发病，7~8月为发病盛期，多雨潮湿天气发病严重，易危害晚熟品种。

冬季剪除病枝，清除越冬病源，早春刮除枝干的病斑并用石硫合剂涂抹。发芽前喷洒5°Be的石硫合剂或1:1:100倍波尔多液，发芽后喷72%农用链霉素可溶性粉剂3 000倍液或硫酸链霉素300倍液，15d喷1次，连喷2~3次。也可交叉使用代森铵、新植霉素、福美双等药剂。

(2)李红点病

该病是李树的重要病害之一，主要危害叶片和果实，常引起李树早期落叶，对产量影响较大。叶片发病初期，出现橙红色、稍隆起、近圆形的病斑，病斑扩大后颜色加深，病部叶肉变厚隆起，产生许多深红色小点；发病严重时叶片密布病斑，叶色变黄，常造成早期落叶。果实病斑近圆形，微隆起，橙红色至红褐色，病果多畸形，易脱落。该病从展叶期至9月中旬均可发病，7月为发病高峰期，多雨年份或雨季发病重，低温多雨年份或植株和枝叶过密的李园发病较重。

萌芽前喷5°Be石硫合剂，展叶后喷0.3°~0.5°Be石硫合剂。开花期及叶芽萌发期，全株喷洒0.5:1:100式波尔多液、琥珀酸铜0.5%溶液、70%代森锰锌800倍液等药剂。

(3)流胶病

流胶病主要危害李树1~2年生枝条。受害枝条皮层呈疱状隆起，流出柔软透明的树胶，树胶干燥硬化成红褐色至茶褐色块状硬斑，病部皮层和木质部褐变坏死，重者干枯乃至全株枯死。枝干受冻、虫伤、机械伤害或真菌危害均可造成流胶，且雨后流胶较重，黏壤土和肥沃土李园易发生，高温多雨季节多见。

减少枝条机械外伤。发芽前将流胶部位病斑刮除，涂5°Be石硫合剂或45%晶体石硫合剂30倍液。5~6月为防治适期，采用12.5%烯唑醇(特谱唑)可湿性粉剂2 000~2 500倍液、25%澳菌清(炭特灵)可湿性粉剂500倍液、50%多菌灵或50%甲基托布津800倍液等喷雾防治。每隔15d喷1次，连喷3~4次，施药时，药液要全面覆盖枝、干、叶片和果实，直至湿透。

3.6.7.2　虫害防治

(1)李小食心虫

鳞翅目小卷叶蛾科害虫，是危害李果实最严重的害虫，受害果常在虫孔处流出泪珠状果胶，生长停滞，渐渐呈紫红色而脱落。因其虫道内积满红色虫粪，故又称之为“豆沙馅”。李小食心虫防治的关键时期是各代成虫盛期和产卵盛期及第1代老熟幼虫入土期，喷施90%敌百虫0.8%液、50%马拉硫磷1%液。在落花末期(95%落花)果实呈麦粒大小时，喷第1次药，使用速灭杀丁、来福灵等药物，每隔7~10d喷1次。花期全园土壤施入白僵菌也有较好防治效果。冬秋季全面清园，减少翌年虫源。

(2)李实蜂

膜翅目叶蜂科，是危害李果的重要害虫。以幼虫蛀食幼果，受害果核全部被食尽，果肉亦多被食空，且堆积着虫粪，果实很小便停止生长。该虫发生分布广泛，各产区普遍发生。

果园地表覆膜，可有效的防治李实蜂，且有利于土壤保温保湿。幼虫脱果期，采用25%辛硫磷微胶囊剂、48%乐斯本乳油200~300倍液等进行地表喷雾，施药前先清除地表杂草，施药后轻耙土壤，使药、土混匀。花前3~4d，花蕾由青转白时、末开花或极少量开花时，是杀灭羽化的成虫以及防止成虫产卵的关键时期。花基本落完时，是杀灭李实蜂幼虫及防止幼虫蛀果的最佳时期。这两个时期各喷1次药，药剂使用2.5%功夫菊酯乳油3 000倍液或20%速灭杀丁乳油3 000倍液等。

3.6.8　果实采收

采收时的成熟度对上市的质量很重要，直接影响果实品质、存储期以及储后品质。一般未成熟的果易发生皱缩，内部腐坏，后熟之后多形成次果；过熟的果实采收后容易变软、变绵，风味变淡。因此，采收时，应根据品种特性、采后运输时间长短、运输条件及可能贮藏的时间长短等灵活掌握所采果的成熟度。贮存和长距离运输的适宜硬熟期至固熟期采收，短期或中期贮藏可于坚熟期及变色期采收，而成熟的果实果肉松、质软，不适于运输和贮藏，应立即消费。

3.7 甜樱桃丰产栽培技术

甜樱桃，又称大樱桃、欧洲樱桃，蔷薇科樱属乔木，是落叶果树中成熟期较短的果树之一。甜樱桃果实营养丰富，口感酸甜可口，除鲜食外，还可加工成樱桃酱、樱桃酒、樱桃汁等多种食品。甜樱桃早实性好，管理简单，果品售价高，市场认可度高，经济效益十分可观。甜樱桃虽是一种小水果，但它是落叶果树中经济价值最高的树种之一，有“黄金种植业”之称（崔建潮，2017）。河北平原甜樱桃种植面积虽小，但种植范围从南到北均有，冀南的大名、永年等县均有种植，北部沿海的昌黎、乐亭等县是河北省樱桃的主产区，果品供不应求，多数种植园还开发有观光、采摘等休闲旅游项目，是当前林果业中最有前途的种植项目之一。

3.7.1 生物生态学特性

甜樱桃喜光、喜温、喜湿、喜肥，株高2~6m，浅根系，果实发育期30~50d，适合年平均气温10~12℃，冬季极端最低气温不低于-20℃，年均降水量600~700mm，年日照时数2 600~2 800h以上的气候条件生长。河北冀中南平原虽然降水量较少，但从种植实践看，通过加强水肥管理，长势、产量和收益均较好；而冀东沿海的秦皇岛市、唐山市气候条件相对较好，更适宜樱桃的种植。

甜樱桃栽植后3年即可结果，7~8年左右进入丰产期，30年开始衰老。

3.7.2 优良品种

3.7.2.1 砧木种类

适宜甜樱桃的砧木种类较多，有中国樱桃、大叶草樱桃、考特、ZY-1、马哈利、吉塞拉5~6号等。中国樱桃做砧木的苗木，易出现“小脚”现象，主干上粗下细，影响产量。大叶草樱桃、考特嫁接苗木，树势较旺，对土壤适应性强，但树体高大。ZY-1、马哈利、吉塞拉属半矮化苗，树体较小，结果早，易丰产，但对土壤有一定选择性（魏养利，2017）。

目前河北省主要使用本溪山樱作砧木，树体高大，根系发达，对土壤适应能力强，耐瘠薄，抗寒耐旱性强，但嫁接口稍高即出现小脚现象，不抗涝，根癌病较重，管理技术跟不上时，结果晚，有些果园需要6~7年进入结果期，果实采摘也费时费力。今后河北平原在砧木选择上，肥水条件好的露地及温室栽培可选用半矮化砧木吉塞拉6号，露地栽培时土壤中等肥力或偏盐碱可选半矮化砧木ZY-1，土壤肥力较差宜选本溪山樱或马哈利（赵艳华，2016）。

3.7.2.2 优良品种

市场上甜樱桃品种很多，主要有红灯、红蜜、红艳、早红、先锋、大紫拉宾斯、黄蜜、美早、龙冠、早大果、拉宾斯、那翁、梅早、早红珠、布鲁克斯等。甜樱桃根据果色可以分为黑色品种、红色品种和黄色品种，黑色品种有美国黑樱桃、黑珍珠等。红色品种有红灯、先锋、美早、拉宾斯、萨米脱等，当前市场红色品种最受欢迎，其中红灯和先锋是最常见的品种，也是两个优质品种。红灯樱桃颜色浅红，果柄短小，熟透的果实口感甜中略有酸味；先锋樱桃颜色深红，果柄较长，熟透的果实口感纯甜。黄色品种有红蜜、佐藤锦、雷尼等。按成熟期又可分为早、中、晚熟品种。早熟品种如早红宝石等，果个偏小；中熟的红灯、美早、岱红等品种，丰产性好，果个大，花粉少，需配置花粉量大的授粉品种；晚熟的有萨米脱、先锋、拉宾斯、雷洁娜、短枝斯特拉等，稳产高产（贾炳峰，2015）。

根据河北省甜樱桃产区生态环境特点，选择适应性强、优质丰产、果柄短粗、红或深红颜色、酸甜适口、抗裂果、自交可孕、抗寒、耐贮运等特点的优良品种。温室促早熟栽培及早熟栽培，主栽品种宜选择早熟、优质、丰产的品种。晚熟栽培以中晚熟品种为主，如早大果、布鲁克斯、美早、萨米脱、砂蜜豆、桑提娜、甜心、早红珠、晚红株、明珠、佳红、雷尼尔、拉宾斯、短枝斯特拉等，并选择与主栽品种花期相遇的品种作授粉品种（赵艳华，2016）。

3.7.3　栽培地选择

甜樱桃主根不发达，根系分布浅，根系主要分布在土壤表层，不抗旱，不耐涝，易受风害。栽培地以不受风害，土质肥沃，土壤深厚，水分适宜，透气性良好的砂壤土和壤土为宜。樱桃生长期对水分需求较多，遇干旱天气易发生黄叶、落果现象，园地须有良好灌溉条件，且不易积水、涝洼。樱桃开花早，易发生霜冻，选址时应避开晚霜易于危害的地块。为避免风害，樱桃园周围可设置防风林。另外，为减少土传病害如根癌病等发生，不宜选择多年老果园或苗圃地。

3.7.4　栽植技术

甜樱桃一般自花结实率低，栽培时需配置授粉树。露天栽培授粉树占总株数的20%~30%，保护地栽培时授粉树比例应提高到50%。另外，樱桃园授粉树控制距离一般不超过12m。

3.7.4.1　栽植方式

平原地区栽培甜樱桃采取行状栽植，在生产上应用最为普遍的株行距为3m×(4~5)m，密植栽培时，株距可缩小为2m。行距较大，优点是通风透光良好，便于管理和操作，也利于前期间作农作物。

3.7.4.2　栽植时期

春、秋两季均是栽植甜樱桃的适宜季节。秋冬栽植缓苗期短，树木萌芽早，发育好，但应注意埋干以防抽条。冀中南地区春季回温快，以秋栽为宜；而北部各县由于冬季寒冷和春季回温慢，春栽相对较好。春栽时一定要做好苗木假植，且栽种不宜过晚。

3.7.4.3　栽植方法

甜樱桃以高垄栽培为宜，可避免雨季积水危害，按行做高15cm、宽80~100cm的高垄。栽前在垄上挖80cm×80cm×60cm的定植穴，瘠薄土地定植穴规格应扩大到80cm×80cm×(80~100)cm。挖好穴后，先将表土回填20cm，每穴再填入有机肥15~20kg和适量氮磷复合肥，然后加入回填土混合均匀、踩实。选择2年生良种嫁接壮苗，栽时根系舒展，嫁接口朝迎风方向，以防风折。栽植深度以根颈部与地面稍深1cm为宜。栽植完毕后，在苗木周围培土作树盘，立即灌水。待水渗后覆土，根茎与地面平。栽后及时采取松土保墒或覆盖地膜等措施。

3.7.5 整形修剪技术

3.7.5.1 整形技术

甜樱桃常用的整形方式有自然开心形、主干疏层形和自由纺锤形等。

(1) 自然开心形

无中央领导干。主干高 20~40cm，全树有主枝 3~4 个，开张角度 40°~45°。每主枝上培育 3~5 个侧枝，均匀排列，单轴延伸，其上培养结果枝组。

(2) 主干疏层形

具有中央领导干。干高 50cm 左右，全树有 6~8 个主枝，分为 3~4 层。第 1 层主枝 3~4 个，开张角度 60°左右；第 2 层主枝 2~3 个，开张角度 45°；第 3 层主枝 1~2 个，第 4 层主枝 1 个。第 1、2 层主枝间距 70~80cm，第 2、3 层主枝间距 60~70cm。第 1 层主枝上培养 3~4 个侧枝，第 1 侧枝距主枝基部约 50~60cm，第 2 侧枝在第 1 侧枝的对面，距第 1 侧枝 15~30cm，第 1、2 侧枝开张角度 60°~70°；第 3 侧枝在第 1 侧枝同侧，与第 2 侧枝相距 20~25cm。第 2~4 层主枝，每主枝上培育侧枝 2~4 个，侧枝上可根据情况适当培养副侧枝，在各级骨干枝上培养结果枝组(贾炳峰，2015)。

(3) 自由纺锤形

有中央领导干。干高 50~60cm，其上培养 15~20 个单轴延伸的主枝，开张角度近于水平，主枝上直接培育结果枝组。树高达 3m 左右时落头开心。

主干疏层形树体寿命较长，丰产稳产，但管理水平要求较高，株行距较大时多采用。开心形和自由纺锤形多适用于密植丰产园，尤其是自由纺锤形生产上应用最广泛。

3.7.5.2 修剪技术

甜樱桃具有树姿直立、长势旺盛、成枝力较低、萌芽率较高、但成花困难的特点，生产中应根据不同品种的特性采用合适的修剪措施，应做到休眠期和生长期修剪并重。

(1) 休眠期修剪

休眠期修剪从 11 月中旬落叶开始至翌年 3 月底(4 月初)萌芽前均可进行，一般以 3 月中下旬接近萌芽时修剪最佳。修剪过早，剪口容易失水干枯，也易发生流胶现象。主要修剪措施有短截、缓放和缩剪等。修剪时短截过多，造成枝条密集，光照不良，坐果率低，结果部位外移等现象；疏枝过多，会造成流胶过多，导致树体衰弱。另外，樱桃修剪口不易愈合，应避免出现大的修剪伤口。

(2) 生长期修剪

生长期修剪主要在新梢生长期和采果后这两个时间段。新梢生长期可采取摘心、拉枝或环剥等措施抑制新梢旺长，促生分枝，增加枝量，促进花芽分化。采果后修剪多采用疏枝手段，疏除过密、重叠、并生、过强、过弱及紊乱树冠的多年生大枝。生长期修剪时，特别是早春，对树姿较为直立、长势较旺的树体，多采取撑枝和拉枝等措施，开张枝条角度，以缓和树势，促早成花结果。

3.7.6 花果管理技术

甜樱桃由于花期早、坐果期短，因此要格外重视花期、果期管理。

3.7.6.1　防冻

甜樱桃花期早，易遭晚霜危害。花期抗低温的临界温度是 -1.7℃，果期临界温度是1.1℃。花果期应注意天气预报。霜冻天气出现前，果园应灌水或喷水，以提高园内温度，减轻冻害。另外，花蕾膨大期、幼果期喷防护剂如复硝酸钠（爱多收）、果树花芽防冻剂等，对抵御霜冻也有一定作用。

3.7.6.2　辅助授粉

甜樱桃花期应采取必要的辅助授粉措施。采集与主栽品种亲和力强品种的花粉，时间以花蕾开放初期为宜。自主栽品种盛花初期开始，人工授粉2~3次，可采用人工点授和授粉器授粉，以上午露水干时进行。另外，也可采用访花昆虫辅助授粉，主要有蜜蜂、壁蜂等，在初花期人工放养授粉。开花量25%左右时，叶面喷施0.2%尿素+0.3%硼砂溶液可显著提高坐果率。

3.7.6.3　疏花疏果

（1）疏花

一般在花蕾期进行，主要任务是疏除小花、畸形花、双子房花和晚开的弱花，每个花束状果枝上，适当回缩细弱枝以及连续多年结果的花束状结果枝，保留2~3个饱满壮花芽即可。甜樱桃开花早，花期易受晚霜危害，疏花强度不宜过大。

（2）疏果

一般在4月中下旬生理落果后进行疏果。每花序留2~3个果实，疏除小果、畸形果和着色不良的下垂果。

3.7.6.4　防裂果

裂果多发生在果实成熟前，尤其是晚熟品种易发生裂果，建园时应选择不易裂果的品种。同时，应加强果实后期的水分管理，保持土壤湿度稳定，做到小水勤浇，避免忽干忽湿。果实生长期喷0.5%硝酸钙溶液2~3次，可减少裂果发生率。另外，果期可用避雨棚防止裂果。

3.7.7　田间管理技术

3.7.7.1　深翻扩穴

秋季9月中旬至10月下旬落叶前结合施肥进行深翻扩穴，有利于改善土壤结构和增强透气性。深翻扩穴从幼树期开始，坚持年年进行，此期地温较高，有利于肥料熟化和断根愈合，可提高根系吸收能力，增加树体内养分。深翻扩穴可采用环状沟、“井”字沟等方法，回填时将粉碎的秸秆、杂草和腐熟的厩肥、堆肥及氮磷钾复合肥等一并施入。

3.7.7.2　中耕松土

雨后、灌溉后及杂草生长旺盛时均应及时中耕松土，特别是雨季根系向表层生长，说明土壤通气性差、土壤过湿，应及时中耕。中耕一般掌握深度不超过10cm。同时注意对树垄培土加高，防止大雨积涝。

3.7.7.3　树盘覆草

覆草以夏季为好。甜樱桃根系较浅，覆草可降低高温对表层根系的伤害，起到保温作用，但土质黏重的平地及涝洼地不宜覆草。

3.7.7.4　合理施肥

3年生以下幼树，处于生长发育期，营养生长旺盛，对氮、磷需求较多，施肥应以氮为主，辅以适量磷肥，促进树冠生长及早成形。4~7年生初果期，除继续扩大树冠外，开始向生殖生长转化，施肥主要任务是促进花芽分化，应注意控氮、增磷和补钾。7~8年生以后进入盛果期，主要任务是为开花结果和果实生长提供充足营养，此期应加大基肥施用量。由于樱桃果实生长需钾较多，应增施钾肥或多施含氮、磷、钾的三元复合肥。

甜樱桃栽培应重视秋施基肥，基肥约占全年施肥量的70%左右。追肥主要在花果期和采果后。樱桃花期追肥，可提高坐果率，增大果个，提高品质，促进枝叶生长，以速效性的氮磷复合肥为主。盛果期大树一般株施复合肥1.5~2.5kg。樱桃采果后追肥，可促进花芽分化，有利于补充前期的营养消耗，一般在6月中下旬至7月上旬进行，每株施入有机肥50~100kg或氮磷复合肥1.5~2.0kg。

同时，樱桃生长期应适量进行叶面喷肥，萌芽后到果实着色前可喷2~3次0.3%~0.5%磷酸二氢钾，花期可喷0.3%硼砂1~2次。

3.7.7.5　灌溉与排水

应浇足花前水、硬核水、采前水、采后水和封冻水。在硬核期(5月初至5月中旬)果实生长发育旺盛，需水量大，水分不足易引起干核脱落，此期灌水要充足。采前10~15d，是果实快速膨大期，需水量大，缺水易引起果实发育不良，产量低、品质差。但若此期干旱，突然灌水易引起裂果，应本着少量多次的原则。

樱桃怕涝，轻者黄化，树势衰弱，重者死树，雨季遇大雨、暴雨应注意及时排水。

3.7.7.6　果园间作

幼树期间，可间作经济作物，一般以花生、豆类等矮秆作物为主，不宜间作小麦、甘薯、玉米等作物。间作时每株保留1m^{2}以上树盘，3年生以上樱桃开始结果，不宜再进行间作，但可适当种植牧草或绿肥植物。

3.7.8　病虫害防治技术

3.7.8.1　鸟害预防

河北平原灰喜鹊等鸟类在成熟期喜啄食樱桃果，可采用防鸟网防护或是人工驱鸟。

3.7.8.2　病虫害防治

甜樱桃生长周期短，发生病虫害较少。病害主要有叶斑病、流胶病、根颈腐烂病等，虫害主要有介壳虫类、金龟子类和蟑象类害虫。

(1)农业综合防治

病虫害防治应采取综合的农业防治措施，如剪除病虫枝，清除枯枝、落叶，刮除树干翘、裂皮，翻树盘，地面秸秆覆盖和生草措施，以抑制病虫害发生。同时，加强土肥水和树体管理，增强树势，以减缓病虫害的危害程度。春季萌芽前，全树喷5°Be石硫合剂，综合防治各种病虫害。

(2)病害防治

流胶病和根茎腐烂病是对甜樱桃危害最严重的两种病害。

防治流胶病应选抗性较强的砧木(马哈利、山樱)及樱桃品种(红艳最强，红灯、美早、雷尼尔次之)；另外，还要注意减少各种伤口、虫口，避免冻害及早期落叶。采果后结合防治叶斑病，喷3~4次40%氟硅唑4 000倍液。喷药时把主干、主枝喷湿。树体发病后，及时刮去胶斑，涂抹21%过氧乙酸5倍液。

根颈腐烂病近年来发生较为严重，甚至有“死树毁园”的情况发生。发病初期不易察觉，2~3年后，根颈部皮层腐烂，树叶发黄，卷曲，感病树开花坐果后树体进一步衰弱，雨季后，易发生整株死亡。防治根茎腐烂病应做好果园防涝，发现病树后，彻底刮除腐烂部位，用50%多菌灵200倍液涂治，处理后暴露不绑缚。同时采用50%多菌灵500倍液灌根处理2~3次。

5~6月喷2次70%代森锰锌可湿性粉剂500倍液或50%多菌灵乳油600倍液可防治叶斑病。

(3)虫害防治

介壳虫危害严重时可用25%蚧死净乳油800倍液防治。樱桃采果后，全园喷一次200倍半量式波尔多液。

樱桃果实成熟早，施药应以生物源农药、矿物源农药和低毒有机合成农药为主，慎重选择使用中毒农药，禁止使用剧毒、高毒、高残留农药。最后一次用药时间距采收期不低于20d。

3.7.9 采收

露地栽培樱桃市场价格一般10~50元/kg，属于高档果品。由于上市时间对价格影响很大，果农普遍存在早采现象，对果实品质影响很大。采时轻拿轻放，采后分级包装贮藏。分级标准为：一等果，单果重≥12g；二等果：10≤单果重<12g；三等果：8≤单果重<10g；四等果：单果重<8g。樱桃多采用泡沫箱包装，每箱1.0~2.5kg，箱内衬塑料膜、保鲜纸等以保湿和防碰撞，贮藏运输过程中以冷藏保鲜为宜。

3.8 果桑丰产栽培技术

果桑，桑科桑属落叶乔木，是河北平原广布的乡土树种，也是优良的生态经济树种。果桑栽培历史悠久，桑果俗称桑葚，甘甜多汁，风味可口，营养丰富，是优良的药食同源水果，富含大量多酚类抗氧化活性物质，具有清除超氧自由基、提高免疫力、延缓衰老的功效，为第三代水果的“浆果之首”，是城市郊区正在兴起的新型栽培产业。桑果可鲜食或制干，也可深加工成饮料如桑葚果汁、桑葚酒等，保健和药用价值高；桑叶可用于养蚕或饲料，鲜嫩桑叶可制作桑叶茶，用途广泛。果桑适应性强，根系发达，耐寒，耐干旱瘠薄，耐轻度盐碱，抗风能力强，固土护坡性能好，是河北平原沙荒地极具发展前景的生态经济树种。同时，果桑结实早，产量高，由于其采摘用人工多，市场售价较高，适宜发展观光采摘园或设施栽培，近年来富硒桑果也相继问世，其发展空间十分广阔。

3.8.1 生物生态学特性

桑树大部分是雌雄异株，主根深达1.5m以上，水平根极发达，分布面积广，约为树冠直径的2~3倍。树冠高大，自然状态下多呈圆头形，萌芽率高达90%，成枝力强，树冠更新较容易，结果寿命长达二、三百年。果桑花芽为混合芽，发育良好的1年生枝顶芽、侧芽多为混合芽，容易形成花芽。果桑丰产性极强，连续生长结果能力强，基本无大小年现象(李志欣，2003)。

果桑为喜光树种，强光下生长良好，枝条健壮，根系发达，光照不足时生长势明显衰弱。果桑对土质要求不严，耐瘠薄，耐旱不耐涝，在土层深厚的砂壤土或壤土生长最好；对土壤酸碱度适应性强，以 pH 6.0~7.0 的微酸性土生长最佳。

3.8.2 优良品种

果桑按果实颜色一般分为白椹、红椹(紫椹)两大类。果桑品种具有较大地域特性，一般南方品种抗寒性较差，北方产区露地栽培宜选择抗寒性强的品种，设施栽培以南方早熟品种为宜。我国选育和引进的果桑品种很多，北方生产上的主栽品种有三倍体大 10、塘 10、北 1、沙 2、红果系列、陕桑 404、陕桑 408、东方大白和白玉王等，栽培时应根据环境条件和品种特点筛选适宜品种。如大 10、太空果桑、四季果桑等品种要求冬季最低气温不低于 -15℃，适合我国南部和中部地区露天种植或北方设施栽培。8632、富士红、龙桑 1 号、红果系列、北方红、珍珠白、831A、中桑 5801 等品种的抗旱耐寒性较强，适合我国北方地区露天种植。另外，如龙桑 1 号、蜜果桑 09-1、大果桑 09-2 等品种适合寒冷地区栽培(李坤峰，2016)。

红果 1 号成熟桑果呈紫黑色，果形长筒形，果长 2.5~3.0cm，果径 1.3cm，平均单果重 2.8g，每公顷产量 22 500~27 000kg，适合在黄河以北地区栽培，每公顷栽植 4 500~5 250株。

红果 2 号果实呈紫黑色，果长 3.0~3.5cm，果径 1.3cm，长筒形，单果重 2.8~3.5g，每公顷产 22 500~30 000kg，适宜在北京及以南地区栽培，每公顷栽植 4 500~5 700 株。

北方红成熟果实呈紫黑色，长筒形，果长 3.5~4.2cm，果径 1.8~2.0cm，单果重 3.5~4.0g，每公顷产 22 500~33 000kg，适宜在北方寒冷地区栽培，每公顷栽植 4 200~4 950 株。

白玉王成熟果实呈乳白色带紫色，长筒形，果长 2.5~3.0cm，果径 1.5cm，单果重 2.5~3.0g，每公顷产 15 000~18 000kg，适应性强，抗旱抗寒，每公顷栽植 4 500~4 950 株。

8632 为杂交品种，树姿开张，枝条粗壮直立，下垂枝少，叶片较大，花芽率极高，单芽果数 4~5 个。果实紫黑色，长筒形，果长 4.5~5.0cm，果径 1.8~2.2cm，单果重 6~8g，最大果重 15g，果味酸甜爽口，清香怡人。5 月中下旬成熟，成熟期 20d 左右，产桑果 7 500~37 500kg/hm^2、桑叶 24 000kg/hm^2。该品种抗旱、耐寒、抗病、抗逆性强、产量高、品质优，是较理想的果叶两用品种。

格鲁诱 2 号种源为格鲁桑系，经引进诱变选育而成，可作果叶兼用桑，树形直立，可作矮化密植栽培。果实重 3g 左右，长筒形，紫黑色，果色鲜艳，果味酸甜；5 月中旬开始成熟，成熟期约 1 个月左右。产桑果 15 000~22 500kg/hm^2、桑叶 22 500kg/hm^2 左右。该品种适应性强，抗病性较好，耐寒耐旱，适宜寒冷干旱地区栽培(殷志祥，2010；胡在进，2013)。

果桑园应根据市场定位、成熟期等合理进行品种的搭配。此外，还需配置一定比例授粉树，应选用雄性优势强的授粉品种如中桑、鲁桑的系列品种。

3.8.3 栽培地选择

果桑适应性强，栽培地宜选择土质疏松、肥沃，排水良好的砂壤土和壤土，避开低洼积水地。果桑栽培土壤略偏酸性，适宜 pH 6.0~7.0 栽培地。土壤过于沙化瘠薄，可增施有机肥以改良土质。

3.8.4 栽植技术

桑树是大乔木树种，为了提高产量和方便管理以密植园为主，而以防风固沙为主的桑园则宜稀植。生产上一般根据品种的生长特性，确定合理的栽植密度。枝条直立、开强度小的品种适宜密植，反之则稀植。同时应根据土壤质地、土地和肥沃情况确定栽植密度。肥沃的壤土、砂壤土宜稀植，沙地、薄地宜适度密植。果桑结果早，树体易矮化，适宜密植，生产上常用株行距有 0.6m×1.5m、0.8m×1.5m、0.5m×2m、0.8m×2m、0.6m×2m 等。

建园应根据地形、地貌和春季主风向确定栽植行向。为提高苗木成活率，栽植时间在早春土壤解冻初期，河北平原南部以 3 月上中旬为宜，北部应延长到 4 月上旬。栽前深翻土壤，施足底肥，耙平，按照规划的行距开 40cm 深的沟，在沟内按株距定植苗木。也可加大沟深，在沟内施入有机肥，按表土在下、心土在上的原则回填土壤，再定植苗木。定植时选择冬芽饱满、根系健全、无机械损伤、无病虫害、株高在 80cm 以上、基径 0.8cm 以上的优质壮苗，按照 30cm 高度定干。栽植时要保持根系舒展，不窝根。栽后及时灌溉，如发现植株倾斜，结合覆土扶正。适时进行松土、封树盘等保墒措施以促进苗木成活和生长。

3.8.5 整形修剪技术

密植果桑园多采用自然开心形，即定干高度 30~50cm，主干上培养 3 个一级侧枝，每个一级侧枝再培养 2~3 个二级侧枝，二级侧枝上培养结果枝组。稀植园宜采用直立纺锤形，即保留中央主干，在中央干上培养 6~9 个侧枝，在侧枝上直接培养结果枝组，树高控制在 2.5~3m 左右，以方便桑园作业。稀植园也可采用小冠疏层形。

当年生枝条长到 10cm 时进行摘心，以促进侧芽萌发，增加枝条数。6 月中下旬进行整枝，疏除过密枝、细弱枝、交叉枝、重叠枝等，使枝条分布均匀，保证通风透光，以促进花芽形成。冬剪以疏除病虫枝、细弱下垂枝、交叉枝等为主，同时回缩和疏除生长过旺的竞争枝和徒长枝，以培养中小结果枝组。

3.8.6 田间管理技术

为了促进果桑生长，及时中耕锄草，以保障水肥供应。秋冬季落叶后，每公顷可施入腐熟有机肥 30 000kg，施肥可采取穴施或沟施，也可全面翻耕。早春果桑萌芽后，按照氮、磷、钾 5:3:4 的比例施入复合肥，每公顷施肥量 450kg。桑果采收后，按氮、磷、钾 4:3:2的比例施入复合肥 300kg/hm^2。

生长期为促进果实发育，可进行叶面喷肥，花前、坐果期、果实发育期喷 0.5% 尿素或 0.3% 磷酸二氢钾溶液 2~3 次。为了控制桑树旺长和促进花芽分化，春季 3 月中下旬可土施 20% 多效唑，一般按树龄计算，每年 0.6g/株，7 月可喷施 2~3 次多效唑 500~600mL/株或乙烯利 300mL/株(王佰彦，2013)。

果桑耐旱，桑果发育期短，在花期、果实发育期遇干旱天气需及时灌溉，入冬前浇防冻水。其他季节自然降水基本可满足其生长需求。

3.8.7 病虫害防治技术

危害果桑的病害主要有桑葚菌核病和白粉病，虫害主要有黑绒金龟子、野桑蚕、红蜘蛛、桑尺蠖、桑天牛、桑蓟马等。

果桑病虫害防治宜采用农业措施、物理措施和化学防治相结合的综合措施。首先清除果园及周边的荒草灌木，消灭害虫滋生场所；其次落叶后清除枯枝落叶，深耕土壤，减少越冬病虫源；再次，合理修剪，通风透光，加强树体管理，增强树势，提高树体对病虫害的抗性。

3.8.7.1 病害防治

桑椹菌核病的防治首先清除病椹，异地深埋，杜绝蔓延。在盛花至青椹初期，对染病的雌花和青椹穗采下集中深理，以减少侵染源。花期用70%甲基托布津可湿性粉剂1 000~1 200倍液或50%多菌灵可湿性粉剂500~800倍液喷雾防治，1~2次即可。采果后全面清园，将落果和病果全部清出园外，彻底消除病原菌源。

3.8.7.2 虫害防治

黑绒金龟子是危害桑树嫩芽、嫩叶的主要害虫，可利用其喜食榆树及菊科杂草嫩叶的习性，将这些植物的嫩叶浸泡在300~500倍乐果药液中2h，然后晾干撒在果园及周边进行诱杀，也可用黑光灯进行诱杀；成虫出土高峰期，可用50%久效磷或磷胺1 000倍液喷洒地面防治；幼虫可用蛴螬专用型白僵菌杀虫剂1.5~2kg用10倍细砂土混匀，结合浅锄施入土壤以降低虫口密度。

桑蓟马是桑园较为常见的害虫，1年发生多代，危害严重时可用1 500倍吡蚜酮防治。

天牛等蛀干性害虫，发现虫洞及时用蘸有敌敌畏、乐果、敌百虫等药物的棉签塞入洞中薰杀，用黄泥等封住洞口。成虫危害严重时，可用杀螟松、吡虫啉及菊酯类药物防治。

桑椹果实成熟期短，结果期间应严禁喷药，以免污染果实。

3.8.8 采收

桑椹成熟度达到八成以上，果实接近其成熟的固有颜色时即可采摘。桑椹采收期可持续30~40d，始熟期和末期每2d摘1次；盛果期可维持10d左右，应每日采摘。采果时选择适熟果，轻采轻放，不采未熟果、病虫果。鲜果应及时上市或加工处理，禁止挤压、堆沤。过熟果采后可进行制干或加工。采摘时最好选用木质或竹质容器，桑椹上市一般用泡沫箱盛装和贮藏，运输和贮藏过程中有条件时应采取冷藏。

3.9 枣丰产栽培技术

枣，又称大枣、红枣，鼠李科枣属落叶乔木，是我国特有的果树资源，我国枣果产量约占全球的99%。枣树是我国第一大干果树种，已有2 000多年的栽培历史，形成了山东、河北、陕西、山西、河南五大传统产区，近年来新疆已成为枣树发展最为迅速的地区，栽培面积和产量均居首位。枣果为著名干果，也是营养佳品，富含糖、蛋白质、维生素等多种营养成分，具有调节机体免疫功能、抗氧化、抗衰老等保健功能。枣果可鲜食，又可以加工成枣干、蜜饯、枣汁、醉枣、枣糕等多种特色产品，还可用于制药。此外，枣树是优良的蜜源植物，花期长，品质优，枣花蜜是我国最主要的蜜种之一。枣树适应性强，较抗寒，抗旱、抗盐碱能力强，在我国各地广泛种植，已成为山区、沙地、盐碱地和干旱地区群众增收致富的首选生态经济树种之一。近年来枣树栽培发展迅猛，栽培面积仅次于苹果和柑橘，成为我国第三大果树，产量排在苹果、柑橘、梨、桃、葡萄和香蕉之后，是我国的第七大果树，对我国农业产业结构和林业生态建设有着显著影响。

3.9.1　生物生态学特性

枣树的适应性和抗逆性强，耐瘠薄，抗盐碱，耐干旱，根系发达，早果丰产，管理简便。枣树喜光，喜温，较耐寒，河北平原各地均可栽植。春季13~15℃时发芽、展叶，20~22℃时开花，果实成熟期适温18℃，气温下降到15℃时开始落叶。冬眠期抗低温，-35℃能安全越冬。枣树对土壤适应性强，耐弱酸性和轻度盐碱，喜深厚肥沃砂壤质土，忌黏土和涝洼地。枣树根系发达，萌蘖力强，用嫁接和根蘖方法繁殖。

目前我国根据年平均气温15℃等温线和600mm降雨划分为南、北2个枣树栽培区。北方栽培区一般年平均气温在15℃以下，枣品种极其丰富，该区枣果一般用于制干枣，其产量占我国总产量的90%~95%。南方栽培区一般用来鲜食和制作蜜枣。

3.9.2　优良品种

我国枣树品种资源丰富，栽培历史悠久，在长期自然演化和人为选择下，形成了多种多样的变异类型，组成了丰富的地方种质资源库，在不同地域产生了多种性状各异的优良地方品种。目前，我国约收录有枣品种700个，大多数是从地方品种中选育而来。河北省共有枣品种265个，其中引进品种161个，主要以鲜食、干制品种为主，现将河北省5个主栽品种介绍如下。

(1)金丝小枣

金丝小枣，原产河北、山东交界地带，栽培历史悠久，优良制干品种。该品种果实晒至半干时，掰开果肉，黏稠的果汁可拉成6~7cm长缕缕金色细丝，故名“金丝小枣”。果实9月下旬完全成熟，发育期约100d。平均单果重5g，果形因株系而异，形状多样，有圆形、椭圆形、长椭圆形，柱形，鸡心形等。果皮薄，果肉质地致密细脆，可溶性固形物含量34%~38%，维生素C含量560mg/100g·FW，可食率95%~97%，制干率55%~58%。红枣果形饱满，肉质细，富弹性，皱纹细浅，耐贮运，品质极上。果核小，核内多不含有种子。树体和树势中等，盛果期产量高而稳定，但果实成熟期不抗裂果，且结果期较晚。适宜花期温热，果实成熟期少雨的地区发展。

(2)婆枣

婆枣，别名串干、阜平大枣、新乐大枣等，优良制干品种。河北西部的主栽品种，太行山中段的阜平、唐县、新乐、行唐等浅山丘陵区为主要产区，衡水、沧州等地也有小片集中栽培。果实9月下旬成熟，发育期约105d。果实长圆形或卵圆形，侧面稍扁，大小较整齐。枣果纵径3.4~3.8cm，横径2.7~3.2cm，平均单果重11.5g，最大单果重24.0g。果皮较薄，棕红色，韧性差。着色前阳面有褐色晕块，遇雨易裂果。晒干后质脆，受压易褶裂。果肉可溶性固形物含量约26%，可食率95.4%，制干率53.1%。干制红枣总糖含量73.2%，含酸量1.44%，肉质松软，品质中上。果核纺锤形，多数不含种子。该品种树势强健，干性强，发枝力弱，适应性很强，耐干旱贫瘠，花期能适应较低的气温和空气湿度，产量高而稳定。果形整齐，果肉厚，制干率较高，适宜制作红枣和蜜枣，品质中上，适于成熟期少雨的地区栽植。

(3)冬枣

冬枣，又名冻枣、雁过红、冰糖枣，优良鲜食品种，主要分布于沧州地区。果实9月下旬(白熟期)至10月中旬(完熟期)陆续采收，发育期125~130d。果实近圆形，纵径2.7~2.9cm，横径2.6~2.9cm，平均单果重10.7g，最大单果重23.2g。果皮薄而脆，赭红色，不裂果。果肉细嫩多汁，甜味浓，略酸，白熟期可溶性固形物含量27%，着色后34%~38%，完熟期40%~42%，含水量70%，可食率96.9%，品质极上，为优良的鲜食晚熟品种，但应注意采用合理的花期管理技术，以提高坐果率。

(4)赞皇大枣

制干品种，品质优良，可与金丝小枣媲美，故有“金丝大枣”之称，是我国发现的少数自然三倍体品种。赞皇大枣原产河北赞皇及周边地区，品种来源不详，20世纪70年代引入新疆后，表现甚佳。果实9月下旬成熟，生长期约110d，果实长圆形或倒卵形，纵径4.1cm，横径3.1cm，平均单果重17.3g，最大单果重29g，大小整齐。果皮深红色，稍厚。果肉近白色，致密质细，汁液中等，味甜略酸，可溶性固形物含量30.5%，可食率96%，制干率47.8%。鲜食风味中上，干制红枣果形饱满，有弹性，耐贮运，品质上等，耐干旱贫瘠，坐果稳定，产量较高。

(5)圆铃枣

圆铃枣，别名圆红、紫枣、圆果、圆铃，优良制干品种，分布范围很广，盛产于河北西南部。果实9月上中旬成熟采收，发育期95d左右，果形近圆形或平顶锥形，侧面略扁，大小整齐。大果平顶锥形，纵径4~4.2cm，横径2.7~3.3cm，侧径2.5~3.1cm，最大单果重30g。中小果近圆形，纵径2.8~3.5cm，横径2.7~3.3cm，侧径2.5~3.1cm，平均单果重12.5g。果面略有凸凹起伏，果皮紫红色，有紫黑色点，富光泽，较厚，韧性强，不裂果。果肉厚，质地紧密，较粗，汁少，味甜，可溶性固形物含量31%~35.6%，可食率97%，干制率60%~62%，鲜食质粗硬，风味不佳。干制红枣含糖量74%~76%，含酸量0.8%~1.4%。树势强健，对土壤、气候适应性强，耐盐碱和瘠薄，在黏壤土、沙质土、砾砂土均能较好生长，抗裂果，产量高而稳定。

(6)临猗梨枣

临猗梨枣，由河北农业大学从山西引进并在河北省进行了品种审定。果实长圆形，果实纵径4.2cm，横径4cm，平均单果重30g，最大单果重40g。果面不平，果柄细长，果皮薄，赭红色，果肉白色，肉质松脆，汁多味甜，适宜鲜食。鲜果含糖24.3%，维生素C含量292mg/100g·FW。核小，可食率96%，品质上等。9月下旬至10月上旬成熟，果实发育期105~110d，采前落果较重。梨枣为广温型品种，生态适应性广，宜鲜食。

除以上优良品种(群系)外，各地栽培时应根据栽培目的、土壤、气候等选择适合的地方优良品种或引进良种。

3.9.3 栽培地选择

枣树耐盐碱、抗旱、耐涝，对环境适应性很强，对栽培地选择不甚严格，在平原、河滩、盐碱地均可种植，但以土层深厚、质地疏松、排水良好、肥沃的壤土种植最佳。枣树是河北平原最耐盐碱的果树种类之一，含盐碱量不高于0.3%时均可种植。生产上为保证枣树丰产，对土质较差的沙滩地、盐碱地、土壤板结黏重的栽培地应在建园前进行深翻改土、扩穴改土及增施有机肥等措施以提高地力。

3.9.4 栽植技术

3.9.4.1 整地

平原地区一般土层深厚，建园前平整土地，深耕并施足底肥，对土质较差的沙滩地、盐碱地、土壤板结黏重的地块进行土壤改良。按设计的株行距挖定植穴，一般规格为60cm×60cm×80cm，密植园可按行距进行机械开沟，沟深40~50cm，沟内再挖定植穴。

3.9.4.2 苗木选择与品种配置

建园时优选1级健壮苗木，剔除病虫苗、细弱苗及有机械损伤的苗木。购买的商品苗木，栽前应用清水浸泡24h，充分吸水后再定植。栽植时应根据建园目的进行品种配置，选择品质优良的鲜食、制干或兼用品种。对于鲜食品种，要注意早、中、晚熟品种的合理搭配。采摘观光园要做到品种的多样化。对于一些自花授粉发育不良或自花不实的品种(如赞皇大枣等)应配置授粉树，授粉树要求花粉量多、花期与主栽品种相遇，以提高结实能力。授粉树的配置形式，可采用顺行配置，一般可按主栽品种与授粉品种(4~8):1的比例配置。

3.9.4.3 定植

(1)栽植时期

枣树栽植一般分为秋栽和春栽。河北平原冬季寒冷干燥，秋栽易引起抽条、冻害，提倡春栽。春栽以萌芽期栽植成活率最高。

(2)栽植密度

枣树的栽植密度，因栽培目的、管理水平、气候、土壤状况和品种生长特性等而不同。一般采用(3~4)m×(4~6)m。间作时，以枣为主，株行距(3~4)m×(7~10)m，枣粮并重时，株行距(3~4)m×(10~15)m。以粮为主的，株行距(3~4)m×(15~20)m。密植枣园一般采用(2~4)m×(4~6)m，集约化经营的枣园可加密到(1~2)m×(3~4)m(郗荣庭，2001)。过于密植的枣园由于郁闭过早，生产管理尤其是修剪技术要求较高，因此不建议栽植密度过高；同时，为了方便机械化作业，枣园的行距也不宜过小，低于4m时机械作业困难。

(3)栽植技术

定植前按规划的株行距挖好定植穴。挖穴时先将表土和底土各放一侧，表土与20~40kg腐熟有机肥混匀，先将一半填入坑内，使穴底中心呈丘状，把枣苗放在丘顶，使根系在丘面上分散开，再填入剩余土。当填土近一半时，将苗木稍向上提，使根系舒展并与土壤密接，使原根茎与地表相平。苗木栽后踏实，充分灌水，待水渗后覆土保墒。

干旱地区栽后覆盖地膜可大大提高成活率，覆盖方法有单株覆盖和成行覆盖。盐碱地栽植枣树，栽前应进行土壤改良，栽植时使树盘低于地面10cm左右，并覆盖地膜，可提高成活率。

枣树栽植当年有假死现象发生，即当年不发芽但苗木未死亡，主要由苗木质量差、根系不良或栽后管理不及时等原因所致。为促进假死苗发芽，可在晚春大部分苗木已萌芽抽枝时，在苗基部和嫁接苗接口反方向，向外挖深 15cm 的浅沟，沟内灌 0.3% 尿素溶液，水渗后将苗干基部轻轻弯倒于沟内，固定后培 15cm 厚的湿土，顶端外露 3~5cm。这样根外补肥水，一般 20d 左右苗木即可发芽。当顶端展叶时除去部分培土，选择阴天将苗扒出扶正，浇水覆膜。

3.9.5 整形修剪技术

3.9.5.1 整形技术

枣树的丰产树形应是骨干枝健壮牢固，主枝分布合理，层次分明，开张角度较大，通风透光，结果枝适量。主要树形结构有主干疏层形、多主枝自然半圆形，开心形、纺锤形、“Y”字形等，此外，密植丰产园也可采用篱壁整形的新模式。

(1) 主干疏层形

全树有主枝 7~9 个，分为 3~4 层分布于中央领导干延长枝上。第 1 层 3~4 个主枝，开张 60°~70°，每主枝上着生 2~3 个侧枝，侧枝间距 70~100cm；第 2 层及以上主枝2~3 个，每主枝培育侧枝 1~2 个。第 1 层与第 2 层间距 120~150cm，第 2 层以上间距 120cm 左右。这种树形树体高大健壮，骨架结构牢固，主枝分层着生，内膛光照良好，结果面积大，负载量高，适合于各品种枣树，宜稀植，且丰产期持续时间长。

(2) 开心形

开心形无中心干延长枝，主干截干后直接培养 3~4 个主枝，主枝基角 40°~50°，每主枝的外侧培育侧枝 3~4 个，结果枝组均匀分布在主、侧枝周围，形成中心较空的空杯状树冠，这种树形树体较小，结构简单，通风透光，整形方便，适于早实丰产或生长势较弱的品种，密植园多采用。

(3) 纺锤形

中央领导干上均匀培育 10~12 个单独延伸的主枝，主枝间距 20~40cm，交错分布，不分层，主枝上直接培育结果枝组。此树形冠小，圆满紧凑，是枣树密植、集约化经营的理想树形。

(4)“Y”字形

主干高 40cm，顺行向留 2 个大主枝，开张角度 45°，呈“Y”字形。每主枝留 2~4 个侧枝，其上培育结果枝组。此树形光照条件好，丰产，修剪简单，适于密植，今后应在生产上加大推广力度。

(5) 多主枝自然半圆形

这种树形是根据枣树在自然状态下形成的树形逐渐发展而来，树体高大，没有层次，全树有主枝 6~8 个，在主干上错落排列，每主枝着生 2~3 个侧枝，树冠顶部开展。此树形具有成形快，通风透光良好，产量高，果实品质好的优点，生产管理也相对简单。此树形适宜管理相对粗放时采用，对于生长势和发枝力均强的品种如婆枣、铃枣等较为适宜(郗荣庭，2001)。

(6) 篱壁整形

篱壁整形适用于架式栽培，多采用高密栽植，一般定植株行距(1~1.5)m×4.0m。嫁接枣苗定植后第 1 年冬或第 2 年春，每隔 15~20m 顺行埋 1 根立柱，立柱高 3.5m(地下埋深0.5m、地上出露3m)，在立柱上每隔50cm水平拉一道铁丝，共6道，形成枣树生长的支架。春季枣树发芽前，所有的枣苗顺行绑缚在第一道铁丝上，在所绑缚的植株上离地40cm处选1个背上二次枝，将其从基部疏除或留1~2节短截，并在其前1cm处刻伤，深达木质部，促使刻口下的主芽萌发，抽生壮旺枣头枝。加大肥水管理，及时叶面施肥，此抽生枝当年可长至1m以上。拉倒的部分，保留全部二次枝，通过对二次枝摘心和花期喷赤霉素、硼砂等措施促其当年结果。翌年按同样的方法将新生枣头枝反方向进行拉枝、刻伤等处理。以后每年照此方法处理，6年后可完成整形任务。拉倒的枣枝作为永久结果枝组，可多年不用更新。架式栽培有别于传统的栽培模式，整形修剪技术简单，枣园早果性和丰产性好，据山东聊城栽培经验可增加产量20%，用工量可减少30%，今后应在生产中加大试验推广(郑雨明，2017)。

3.9.5.2　修剪

(1)修剪时期

枣树修剪分为冬剪和夏剪。冬剪在落叶后至翌年萌芽前进行，但在冬季寒冷和风大的地区，修剪过早，剪口易抽梢，应推迟至翌年2~3月修剪为宜。冬剪主要有疏枝、短截、回缩、刻伤、缓放等方法。夏剪一般在5~7月，枣头生长高峰过后进行，主要采取摘心、疏枝、开甲、拉枝等措施，以培养结果枝组和提高坐果率。

(2)修剪方法

①疏枝　对交叉枝、病虫枝、细弱枝等从基部疏除，以改善通风透光条件，集中营养，增强树势。生长季对枣股上萌发的新枣头或徒长枝及树冠内萌发的新枣头，在枝条尚未木质化时及时疏除以减少养分消耗。

②回缩　对多年生的细弱枝、冗长枝、下垂枝回缩修剪，使局部枝条更新复壮，抬高角度，增强树势。

③短截　主要针对枣头延长枝短截，刺激主芽萌发形成新的枣头，促进主侧枝延长枝的生长。对枣头进行短截时，剪口下的第一个二次枝必须疏去，否则主枝不萌发，即所谓“一剪子堵，两剪子出”。如果短截不为促进延长枝的生长，可不疏除二次枝，主芽一般不会萌发形成新枣头，使保留的二次枝粗壮，提高其上枣股的结果能力。

④刻伤　为促使主芽萌发，可在芽上约1cm处横切一刀，深达木质部。

⑤拉枝　生长季用铁丝或绳子改变枝条的角度和方向，主要用于开张骨干枝角度。

⑥抹芽　在生长季将无利用价值的壮芽或新梢抹去，以减少养分消耗。

⑦摘心　在生长季对新生枣头一次枝或二次枝进行摘心，可控制枣头的生长和减少营养消耗，并可培育新的结果枝组。根据剪留长度可分为轻摘心和重摘心。

(3)不同树龄期的修剪

①幼树期修剪　幼树修剪的主要任务是定干，整形和培养结果枝组。

枣树定干高度因品种、种植方式和土壤条件等因素而异。长势强、土壤肥沃和枣粮间作时，为方便耕作，定干高度1.5m；生长势弱、土壤瘠薄和纯枣园，定干高度80~100cm；矮化密植园定干高度60~80cm。定干时应将剪口下第一个二次枝疏除，其下选3~4个二次枝各留1~2节短截，以培养主枝。

定干后第2年，选1个生长直立、强壮的枣头做中心领导干，其下选留3~4个方位和角度分布均匀的侧枝做第一层主枝，其余疏除。第3年在中心领导干上距第1层主枝

120cm 处短截，以下选留第 2 层主枝。以后用同样方法继续培养上层主枝。主枝在 60cm 处短截，并剪去剪口下 1~2 个二次枝，以培养侧枝和延长枝。

采取枣头夏季摘心、冬季短截 1~2 年生枣头等措施培育结果枝组。一般主侧枝中下部，枣头生长空间大，长势强，可培养成 1.0m 以上的大型枝组；主侧枝中上部，枣头生长空间较小，宜培养成 0.6~1.0m 的中型枝组；生长弱的枣头，其上可培育小型枝组。枣头夏季摘心培养的枝组比较强壮，结果能力强，但多为中小型枝组。如果枣头生长空间较大，应促使枣头进一步生长，以培养成大中型结果枝组。

②生长结果期修剪　此期主要是调节生长和结果的关系，做到培育结果枝组和适量结果的双重任务。在树冠未达到最大生长空间前，通过对骨干枝短截，促发新枝，继续扩大树冠。当树冠形成后，应对骨干枝的延长枝进行摘心，以控制其延长生长，并适时开甲促进结果，以提高产量。

③盛果期修剪　盛果期树冠发育已完成，结果能力强，产量高，由营养生长转为繁殖生长。此期树姿开张，骨干枝先端逐渐弯曲下垂，交叉生长，中下部二次枝及内膛枝易枯死，结果部位易外移。修剪上应注意调节营养生长和生殖生长间的矛盾，维持合理和疏透的树体结构，注意结果枝组的培养和更新，稳定产量和延长丰产年限。主要修剪措施有疏除枯枝、病虫枝、重叠枝、交叉枝、过密枝、直立的徒长枝，以均衡树势，改善通风透光条件；对多年生骨干枝弯曲下垂的枝段，在壮芽处回缩，以利抽生强枝，抬高角度，增强树势；对骨干枝上萌生的枣头，应根据空间大小，培养成中小型结果枝组，及时更新衰老的结果枝组。

④衰老期修剪　此期枣树生长势明显减弱，老枝增多，结果枝组大量死亡，树冠缩小，而抽生新枣头能力明显下降，产量逐年下降。修剪的主要任务是更新复壮，更新结果枝组。通过对骨干枝、结果枝组进行回缩和短截，促发新枝，恢复树势，以维持产量。此期应重视对新枣头的利用，以更新老的结果枝组。

(4) 夏季修剪

夏剪是枣树生产管理的一个重要环节，主要包括抹芽、疏枝、摘心、开甲、拉枝等措施。夏剪有利于幼树整形和培养健壮的结果枝组，减少养分消耗，对营养物质进行重新分配，并改善树体光照条件，调节生长与结果的矛盾，从而提高坐果率。

将骨干枝上萌生的无利用价值的新梢抹去，以节约营养。根据生长空间选留二次枝，空间大的可留 5~6 个二次枝，空间小的留 2~4 个二次枝，并适时摘心，以培养结果枝组。对于回缩、短截的骨干枝剪口下萌生的新枝，选留有发展空间、长势旺的 1~2 个新枣头长放不动，以培养主枝延长枝和侧枝，继续扩大树冠。对内膛枝和徒长枝采用拉枝的方法调整树冠空间分布情况。

3.9.6　花果管理技术

枣树是花量大和落花落果严重的树种，因此提高坐果率是枣树丰产栽培的关键。主要通过加强土肥水管理，改善树体营养状况，同时采取一些必要措施如环剥、摘心、花期喷水、喷洒微量元素及植物生长调节剂等措施以提高坐果率。

3.9.6.1　环剥

环剥俗称开甲，人工将枣树主干的韧皮部切断，阻止光合产物向根部运输，以保障开花和果实发育的养分供应，从而提高坐果率。开甲一般能提高产量50%~70%。开甲时间为盛花期，初次开甲在主干距地面20cm高度处，以后开甲部位隔5~10cm逐年向上，直到树干分枝处，再从下重开。甲口宽度0.3~0.5cm，宽度一致，不出毛茬，甲口上缘与树干垂直，下缘切口向外倾斜，以防积水影响伤口愈合。开甲后用地膜绑扎并涂药以保护甲口，一般25~30d可愈合。

3.9.6.2　花期喷水

枣花粉萌发需要较高湿度。当空气湿度超过60%~70%时，花粉才能正常发芽。河北平原枣树花期正值干旱季节，易出现"焦花"现象而影响坐果率。一般花期喷水约可提高产量15%。喷水适期以花丝反卷、花粉散尽时效果最好，大量散粉时喷水会将花粉冲掉而影响授粉。喷水时间以傍晚为宜，夜间空气湿度大，维持时间较长。喷水次数依天气状况而定，普通年份2~3次，严重干旱时3~5次，每隔1~3d喷1次。

3.9.6.3　花期放蜂

枣树是虫媒花植物，异花授粉率高，结果品质高，且枣花蜜是非常优质的蜜源。放蜂时将蜂箱均匀置于枣树行间，蜂箱间距300~500m。花期放蜂可增加坐果率20%以上。

3.9.6.4　叶面喷肥

赤霉素、萘乙酸、吲哚丁酸等植物生长调节剂能提高枣树坐果率。盛花期喷浓度15mg/kg的赤霉素溶液2~3次，可提高坐果率45%以上。此外，花期喷浓度0.3%尿素和0.3%磷酸二氢钾混合液叶面追肥，或浓度0.2%~0.3%硼肥等，间隔10~15d喷1次，也可提高坐果率30%以上。

3.9.6.5　花期摘心

花期对枣头一次枝、二次枝摘心，可控制枝条生长，减少营养消耗，提高坐果率。摘心应根据树势、枝条健壮程度、生长空间等进行不同程度的摘心，枝条有较大生长空间可轻摘心，无空间时应重摘，有人力条件时也可对枣吊保留15~30cm进行摘心，以节约养分和提高坐果率。

3.9.7　田间管理技术

3.9.7.1　土壤管理

深翻扩穴，可改善深层土壤理化性状，增强土壤保肥保水能力。深翻由于加深了土壤耕作层，可促使根系向纵深发展，根量增加，对于枣树生长有明显促进作用。枣园深翻一般在秋季采果后结合秋施基肥进行，也可在春季土壤解冻后至萌芽前进行。

幼树定植初期，可结合秋施基肥深翻，从栽植穴的外缘开始，每年或隔年向外深翻，直至枣树植株间的土壤全部翻完为止。初果期的枣园可采用隔行或隔株深翻，直到枣树间的土壤全部翻完。

3.9.7.2　中耕除草

枣树根系分布浅，杂草常与其争夺土壤中的水分和养分，因此生长季应及时中耕除草，以节约养分，提高枣树抗旱能力。

3.9.7.3　施肥

合理施肥是保证枣树生长发育和高产、稳产的重要条件。通过施肥可提高土壤肥力，满足树体对氮、磷、钾等营养的需求，从而增强树势，促进花芽分化，减少落花落果，提高果实产量和品质，并可延长盛果期年限。施肥必须结合灌水，以充分发挥肥效。

(1)基肥

以有机肥为主，配施少量速效氮、磷、钾及铁、硼、锌等微肥。基肥施用以秋冬季为宜，最佳时间为枣果采摘前后；河北平原8月中旬即可施入，此期地温高，根系吸收能力强，有利于肥料的分解和吸收。基肥施用量依枣果产量而定。一般每生产1kg鲜枣需施2kg有机肥。结果树株施有机肥30~80kg，盛果期大树施用量可达100~150kg。基肥中应混施少量化肥，一般掌握株施尿素0.2~0.4kg、磷肥0.5~1.0kg；盛果期大树施用量可加大到尿素0.4~0.8kg、磷肥1.0~2.5kg。

常用施肥方法有环状沟施肥、放射状沟施肥、条沟施肥、全园或树盘内撒施。

(2)追肥

第1次追肥在萌芽前(4月上中旬)。秋季未施基肥的枣园，此次追肥尤为重要，有利于花芽分化和坐果。此次追肥以氮肥为主，适当增施磷肥，成龄大树每株施氮肥1~1.5kg、磷肥2~3kg。第2次追肥在花期(5月中下旬)，可促进开花坐果，提高坐果率，每株可施入磷酸二铵1~1.5kg、钾肥0.5~0.75kg；同时可进行叶面追肥，如0.3%尿素或微量元素。第3次追肥在幼果期(6月下旬至7月中旬)，此期追肥可减少因营养不良而形成的落果，以氮磷复合肥为宜，株施磷酸二铵0.5~1.0kg。第4次追肥在果实膨大期，一般在8月上中旬，此期追肥可增加树体养分积累，促进果实膨大和品质提高，株施磷酸二铵0.5~1.0kg、钾肥0.75~1.0kg。此外，年追肥量也可按每生产100kg鲜枣施氮肥1.5kg、磷肥1.0kg、钾肥1.3kg的标准掌握；丰产树多施，幼旺树少施；每年前期多施，后期少施。

3.9.7.4 灌水和排水

枣树抗旱性虽强，但欲获得高产，需在生长季适时灌水和排水，尤其是干旱期应及时灌溉以补充土壤水分，促进根系生长，减少落花落果。

根据枣树的生长规律，以下5个时期如遇干旱应注意灌溉。

①催芽水　于萌芽前结合第1次追肥浇水1次，以促进萌芽生长。河北平原冬季干旱少雪的年份，如未浇封冻水，催芽水尤为重要。

②花前水　一般在5月下旬至6月上旬枣花开放初期。枣树花期对水分相当敏感，枣花粉发芽需要较高湿度，水分不足可导致授粉不良，易出现"焦花"现象，降低坐果率。

③保果水　一般在7月上旬进行。此期幼果生长迅速，需水量较大，可结合追肥进行浇水。

④促果水　一般在7月下旬至8月上旬。此期如遇干旱应浇水，可促进果实膨大，提高产量和品质。

⑤封冻水　土壤封冻浇水能增强枣树抗寒能力，对枣树安全越冬及来年生长十分有利。

河北平原春季干旱，一般催芽水、花前水和封冻水多需灌溉，其他应视干旱情况而定。7~8月是河北平原的雨季，如遇大雨、暴雨应注意排水防止积涝成灾。

3.9.7.5 枣粮间作

枣树萌芽晚，落叶早，且枝叶相对稀疏，林内光照条件良好，非常适宜枣粮间作，也可种植其他低矮经济作物或牧草，以充分利用空间和减少人工除草强度。有的枣园还发展了林下养殖柴鸡等经营模式，可控制部分虫害的发生和培肥地力。

3.9.8　病虫害防治技术

河北平原枣树病虫害发生严重，主要病害有枣疯病、缩果病、裂果病、炭疽病、枣锈病等，主要虫害有枣尺蠖、枣黏虫、红蜘蛛、枣龟蜡蚧、食芽象甲、绿盲蝽、甲口虫、桃小食心虫等。病虫害防治应采用综合的农业和物理措施。落叶后及早清理枣园，结合冬剪，刮除老树皮和清除枯枝落叶、杂草等，全部烧掉或深埋。秋季刨树盘，捡拾虫蛹，可有效降低越冬虫口密度。春季萌芽前，全园喷施3°～5°Be石硫合剂可杀灭约80%的越冬病虫源。树干使用黏虫环，可阻挡害虫上树危害，夏季采用黑光灯诱杀害虫等措施均能显著降低枣园虫口密度。此外，加强枣园土肥水管理，科学修剪，保持树冠通风透光，增强树势，以提高对病虫害的抵抗能力。

3.9.8.1　病害防治

(1) 枣疯病

枣疯病是枣树毁灭性的侵染性病害。染病后，花器返祖，萼片、花瓣、雄蕊和雌蕊生长成浅绿色小叶。树势较强的病树，小叶叶腋间抽生细矮小枝，形成枝丛。发育枝主副芽和结果母枝多次萌发生长，抽生细小、黄绿的枝叶，形成稠密枝丛。全树枝干上休眠状态的隐芽大量萌发，抽生黄绿、细小的枝丛。染病树发育滞缓、枝叶萎缩，常导致整株或成片死亡。

枣疯病目前尚无有效防治方法，主要措施为选用抗病品种和砧木，加强枣树栽培管理，促进树体健壮生长。及时挖除病株和带病的根蘖，以防传染。及时防治传毒叶蝉，切除传播途径。

(2) 枣缩果病

枣果感病后，逐渐干缩凹陷，果皮皱缩，脱落。感病期若遇连阴雨或晴雨交替的高温高湿天气，该病易暴发成灾，半红及白熟期枣果落果严重，危害较严重。防治时期为6月下旬至7月初，喷施75%百菌清可湿性粉剂600倍液和72%硫酸链霉素1 000万单位的混合液。

(3) 枣裂果病

枣裂果病是一种生理性病害，多在白熟期遇雨后发生，表现为枣果开裂，果肉外露，随后腐烂变质，失去食用价值。防治方法是从果实膨大期开始每15d喷1次300×10^{-6}浓度的氯化钙水溶液或氨基酸钙800～1 000倍液，直至采收。此外，修建避雨设施，隔断雨水和枣果的接触，可起到防裂效果。

(4) 炭疽病

枣炭疽病主要侵害果实，也可侵染枣吊、枣叶、枣头及枣股。果实染病后，初期在果肩或果腰处出现淡黄色水渍状斑点，逐渐扩大形成不规则黄褐色斑块，斑块中间产生圆形凹陷病斑，病斑扩大成连片，呈红褐色，引起落果。炭疽病在8月中旬以后，用50%多菌灵800倍液与波尔多液交替使用，连喷3～4次防治。

(5) 枣锈病

枣锈病发病初期，叶被散生淡绿色小点，以后在主脉两侧、叶片尖端和基部逐渐凸起暗黄色斑点，斑点表层破裂，散出黄色粉状物。7月上旬喷施200～300倍波尔多液，或喷施25%粉锈宁1 000~1 500倍液、50%多菌灵可湿性粉剂800~1 000倍液、12.5%戊唑醇2 000倍液，每隔15d喷1次，连喷2次。

3.9.8.2 虫害防治

(1)食芽象甲

食芽象甲又名象鼻虫、枣飞象。以成虫危害枣树嫩芽及幼叶，严重时吃光全树嫩芽，造成枣树二次发芽，推迟生长和结果，削弱树势，降低产量和枣果质量。成虫羽化取食期，喷施1%苦参碱1 500倍液防治。

(2)绿盲蝽

绿盲蝽1年发生3~5代，以成虫和若虫刺吸枣树嫩芽、嫩叶和花蕾危害。被害叶、芽先出现枯死小点，随后变黄枯萎、顶芽皱缩，抑制生长。可利用绿盲蝽性诱剂诱杀雄成虫；利用绿盲蝽昼间潜伏树下杂草或作物上、夜晚或清晨上树危害的特点，在清晨和傍晚，采用1%苦参碱和10%吡虫啉混合喷施。

(3)枣黏虫

枣黏虫，又名枣镰翅小卷蛾，幼虫危害幼芽、花、叶，并蛀食果实，幼虫还可吐丝黏合叶、果，啃食果皮，蛀入果内绕核取食，将粪便排出果外，受害果常变红脱落。3月上、中旬越冬成虫羽化前期，利用枣黏虫性诱剂诱杀雄成虫；9月上旬，在树干枝杈处绑草把诱集幼虫集中化蛹后消灭；幼虫期喷洒Bt(100亿活芽孢/g)乳剂500倍液、白僵菌普通粉剂(100亿活孢子/g)500~600倍液防治。

(4)枣步曲

枣步曲，又称枣尺蠖，幼虫危害枣树的嫩芽、嫩叶及花蕾，发生严重时可将枣芽、枣叶及花蕾吃光，不但当年绝产，而且影响翌年产量。幼虫发生期，喷施Bt乳剂500~1 000倍液、或25%灭幼脲3号、1.8%阿维菌素8 000倍液以及20%速灭杀丁3 000倍液、40%枣虫净等防治。

(5)桃小食心虫

桃小食心虫，俗称枣蛆，每年可发生1~2代，以老熟幼虫作茧在土壤中越冬。6月出土，7月成虫羽化产卵，7月中旬幼虫开始孵化蛀果，幼虫在枣果内生活约25d，脱果后结茧化蛹，继续发生第2代。越冬幼虫出土前，地面喷洒40%乐斯本乳油300~500倍液。成虫羽化盛期和幼虫出现期，可采用4.5%高效氯氰菊酯1 000倍液、3%高渗苯氧威3 000倍液、25%灭幼脲3号1 500倍液、苦·烟乳油800倍液等喷药防治。第1代成虫盛发期喷1次，隔10d再喷1次。第2代成虫盛发期连喷2次，7~10d后再喷1次(张玉芳，2017；路芳，2016)。

3.9.9 采收与贮藏

3.9.9.1 采收时期

枣果的成熟过程按果皮颜色和肉质变化可分为白熟期、脆熟期和完熟期。

白熟期果实由绿色变白色，呈绿白色或乳白色，大小、形状基本固定；果肉比较松软，汁少、含糖量低，果皮薄而柔软，煮熟后不易与果肉分离。加工蜜枣宜在此期采收。

脆熟期果皮自梗洼、果肩开始逐渐变红至全红。果肉淀粉逐渐转变为糖，质地变脆，汁液增多，果肉呈绿白至乳白色；果皮稍厚或稍硬，煮熟后易与果肉分离。鲜食和加工乌枣、南枣、醉枣以脆熟期采收为佳。

完熟期果皮色泽紫红，出现皱纹，含糖量继续增加，近果柄端开始变黄；果肉颜色由绿白转为乳白，近核处转为黄褐色；质地从近核处开始向外变软，含水量下降，果皮微皱，味甘甜。干制红枣以完熟期采收最佳。

3.9.9.2　采收方法

目前采收枣果多用手摘或杆打的方法。成熟期不一致的早熟品种和特殊加工用品种，可分期手工挑选采收。手摘适于密植园，枣果质量高，但工效低。生产上杆打法最普遍，在树下铺好接果布上或直接落地捡拾。此法易损坏枝叶，削弱树势，并使枣果形成机械损伤。近年来，部分枣区开始采用乙烯利催落采收，采前5～7d全树喷施浓度200～300mg/L乙烯利，一周内可落枣90%以上，工效提高10倍左右，且对树体无伤害。

3.9.9.3　加工贮藏

(1)鲜食枣加工贮藏

鲜食枣宜在枣果半红的脆熟期采收。采后对枣果进行挑选，剔除碰伤、虫伤、无果柄的枣果。鲜枣贮藏以冷藏法，采用塑料薄膜小包装低温贮藏。选好的枣果在入冷库前用喷水或浸水等方法降温预冷。预冷后的枣果用2%氯化钙溶液浸果0.5h，可延长贮藏期。钙处理后的果实应及时装入有孔塑料袋或保鲜袋中，分层入库，避免堆码过厚压伤果实。库温控制在0℃±1℃或略高于品种的冰点温度，袋内相对湿度90%～95%，二氧化碳浓度在5%以下，并经常检查枣果变化情况。

(2)干制枣加工贮藏

大枣自然晾干需15～20d。人工烘干18～24h即可，能显著降低浆烂果率，提高贮藏性能，生产效率、产品等级和质量明显提高。烘干工艺流程为：分级→清洗→装盘→加热→排湿→均湿→出房→晾晒→包装。

采收后，根据枣果大小、成熟度进行分级，清除浆烂果、伤果、枝、落叶等杂质。分级后的枣果放入清水池内清洗，清洗后的枣果装入枣篦子，厚度以两个枣为宜，然后装入烤房，关严通风口，点火升温。在4～6h内温度升高到50～55℃(用手摸感觉微微发热时为35～40℃；枣上有微皱纹时，微微发烫时，枣温为45～50℃)，枣温到50℃时水分才大量蒸发。果面凝露消失后进入下一个阶段。在升温程中要意经常抖动枣篦子，以利于枣受热均匀。当枣果出现皱纹时可移出烤房，在阴凉处阴干，不能被太阳直晒，以保证自然色泽。烘干红枣存放10～15d后，至果肉里外硬度一致、稍有弹性时可装箱上市(张玉芳，2017)。

干制的红枣较耐贮藏，长期贮藏要求干燥、冷凉和蔽光的环境条件。贮藏方法有缸藏、窖藏和气调贮藏等。贮藏过程中注意防虫、防鼠，并避免环境温度太高；如有虫蛀、回潮现象，应及时晾晒或烘干处理。

3.10　核桃丰产栽培技术

核桃，胡桃科核桃属落叶乔木，是我国重要的木本粮油树种，分布广泛，适应性强，山地丘陵、平原均可栽培。核桃坚果营养丰富，管理简便，市场售价高。近年来随着早实、丰产和薄壳核桃优良品种的选育与推广，一些深加工产品也相继问世，栽培面积逐年扩大，成为河北平原极具发展空间的优良经济树种。传统核桃栽培，多采用稀植大树的生产模式，近年来新建良种核桃园以密植经营为主。由于平原地区水肥条件优越，更适宜集约化经营模式，具有土地利用率高、早果、丰产和管理方便、收益率高等优点。

3.10.1 生物生态学特性

核桃喜光，耐寒，抗旱，抗病能力强，喜水喜肥，不耐盐碱。核桃耐干冷不耐湿热，年平均气温 8～14℃，7 月平均气温不低于 20℃，年降水量 400～1 200mm 均是适生区域。极端最低气温 -20℃易受冻害，极端最高气温超过 40℃度易受日灼。核桃是深根性树种，主根发达，寿命长。核桃为雌雄同株异花植物，同一株树上雌花与雄花的开花和散粉时间一般不能相遇，所以栽培时应有两个以上品种搭配，即雌先品种和雄先品种相互搭配。常见雌先型品种有香铃、辽核 5 号、中林 1 号等，雄先型品种有辽核 1 号、鲁光、丰辉等。核桃是风媒花，一般情况下，授粉距离在 200m 以内。

3.10.2 优良品种

核桃优良品种很多，主要分为早实品种和晚实品种两大类。核桃矮化密植应优选品质好、丰产性强的早实品种为宜，如辽核 1 号、辽核 7 号、绿岭、香玲、绿早、丰辉、鲁光、元丰、早丰等。近年来，随着栽培技术的提高，晚实核桃也可实现 3 年生结果，5 年生以后进入丰产期，其集约化经营发展前途很广。

(1)辽核 1 号

由辽宁省经济林研究所培育，母本为新疆纸皮核桃，父本为河北昌黎大薄皮核桃，早实品种。该品种树势较旺，分枝力强，枝条粗壮，髓心大，节间短，果枝短。雄花较多，雄先型。侧生混合芽比例在 90% 以上，每雌花序多着生 2～3 朵雌花，坐果率 60% 以上。该品种丰产性强，抗病、抗寒能力强，成熟期中等或偏晚。坚果重平均 10g 左右，圆形，壳面较光滑，不易开裂，壳厚约 0.9mm，核仁充实饱满，内隔壁退化，可取整仁，出仁率约 58%。该品种适宜在立地条件较好时进行密植丰产栽培。

(2)辽核 7 号

由辽宁省经济林研究所培育，早实品种。该品种树势中庸，树姿开张或半开张，分枝力强，二次枝多，雄先型。果枝率 91.0%，坐果率 60% 以上，多为双果，丰产性强，4 年生单株产 4.7kg。该品种连续丰产性强，抗病，抗寒。坚果品质优良，圆形，壳面较光滑，有龟斑纹；缝线窄而平，平均单果重约 12.5g，壳厚约 1.0mm，可取整仁，平均出仁率 53.8%。核仁充实饱满，黄白色，风味佳。该品种果个较大，种仁饱满，壳略厚，一般年份"露仁"较少，但果面易受日灼危害，生长势较弱，适宜在高水肥条件下密植栽培。

(3)辽核 5 号

由辽宁省经济林研究所培育，父本为新疆薄壳 3 号的实生株系，母本为新疆露仁 1 号的实生株系，早实品种。该品种树体矮化，树势中等，树姿开张，分枝力强，二次枝较少，果枝极短，平均 5cm 左右，属短枝类型，抗病性强。侧生混合芽比例在 95% 以上，每雌花序多着生 3 朵雌花，坐果率 55%，雌先型。青皮果稍小，青皮很薄，果柄极短，叶片和青皮深绿。坚果扁圆形，果顶稍凹，平均单果重 10.9g，壳面光滑色浅，缝合线窄而平，壳厚约 1.0mm，可取整仁或 1/2 仁。核仁充实，种仁黄白色，充实饱满，纹理不明显，风味佳，出仁率54.4%，坚果品质优良。生产上主要作为其他辽系品种的授粉树，可按10∶1的比例配置。由于丰产性强，树势易衰弱，生产上应加强管理。

(4)香玲

由山东省果树研究所选育，以新疆早实品种阿9为父本、上宋5号为母本，早实品种。树势中等，树姿直立，树冠圆柱形，分枝力强，有2次生长，雄先型。侧生混合芽比例约81.7%，雌花多双生，坐果率60%。该品种较抗旱，较抗黑斑病。果实黄绿色，茸毛多稀少，皮孔多，青皮薄。坚果长椭圆形，平均坚果重10.9g，壳面光滑色浅，缝合线窄而平，壳厚1.0mm，取仁极易，可取整仁。内种皮淡黄色，无涩味，种仁饱满，具香味。出仁率65.4%，坚果美观，品质上等。

香玲果实外形漂亮和极易取整仁，深受市场青睐。该品种与辽核1号相比，生长势弱，修剪管理技术难度大，产量略低，但价格较高，技术和立地条件较好时可适当发展。

(5)绿岭

绿岭是从香玲芽变中选出的早实薄皮核桃新品种，果个大，果皮薄，果面光滑，美观，手捏即开。核仁淡黄色、漂亮、风味香甜、不苦不涩，出仁率达67%以上。结果早，生长快，适应性强，以中短果枝结果为主，栽植第2年结果，第3年有产量，第5年进入盛果期，每667m^2产量250kg以上。

(6)鲁光

由山东省果树研究所杂交育成，早实品种。可取全仁，出仁率56.2%~62%，品质优。嫁接苗第2年即可结果，果枝率81.5%，以中长果枝结果为主，丰产稳产。

(7)清香

清香原产日本，由晚实核桃实生种群中选出，1980年由河北农业大学引入。该品种结果前长势较旺，大量结果后树势稳定，树姿开张，雄先型。以中短果枝结果为主，连续结果能力强，双果率高，进入盛果期后丰产性强。坚果椭圆形，平均单果重14.67g，壳厚1.4mm，缝合线紧密，壳面较光滑。内隔壁退化，可取整仁，出仁率约53%，仁饱满，色浅黄，风味香，无涩味。开花稍晚，稍抗晚霜，晚熟品种。清香核桃果型大而美观，种仁品质好，丰产性强。

(8)晋龙1号

由山西省林业科学研究所从实生群体中选育的晚实品种。幼树生长势较旺，结果后逐渐开张，分枝力中等，雄先型。定植后第3年有少量结果，一般进入第7年树冠基本成形，枝条生长势减弱，产量迅速提高。该品种果型较大，适应性强，抗寒，耐旱，抗病性强。坚果近圆形，平均单果重14g，壳厚1.1mm，内隔壁膜质，易取整仁，出仁率58%，种仁黄白色，品质上等。

(9)礼品1号

由辽宁省经济林研究所从新疆纸皮核桃的实生后代中选出，晚实品种。树势中庸，树姿开张，分枝力中等。雄先型，中熟品种。坚果长圆形，壳面极光滑，缝合线平且紧密，果形美观，平均单果重9.7g，壳厚0.6mm。内隔壁退化，可取整仁，种仁饱满，种皮黄白色，出仁率70%，品质极佳。该品种品质好，是生产高档礼品核桃的理想品种，且抗病、耐寒、适应性强；但结果晚，产量低，由于壳过薄，部分年份易出现“露仁”现象（崔怀仙，2014；张秀花，2017）。

3.10.3 栽培地选择

核桃适应性强，可稀植、孤植，对立地条件要求不甚严格。但矮化密植园对立地条件有较高要求，宜选择土层深厚疏松，保水肥能力较强，有灌溉条件，排水良好的砂壤土和壤土。土壤 pH 5.5～8.0，最适 pH 6.5～7.5。核桃不耐盐碱和水淹，栽培地应避开涝洼地、盐碱地。

3.10.4 栽植技术

3.10.4.1 整地

栽前平整土地，施足底肥，全园深耕，按规划的株行距挖定植穴，密植穴可机械开沟后再挖穴。定植穴规格一般不低于60cm×60cm×60cm，也可加大挖穴规格到100cm，每穴施入有机肥50～100kg。

3.10.4.2 苗木选择与品种配置

根据栽培目的和立地条件，选择合适的主栽品种。密植园宜选早实、长势中庸、丰产性强的优良品种如辽1、香玲等，稀植园选择晚实品种或长势较强的优良品种如清香、晋龙1号等，立地条件较差时宜选长势强的品种，水肥条件好时宜选长势弱的品种。合理选择授粉品种，一般辽系品种多选择辽5，主栽品种和授粉品种按10:1掌握。

3.10.4.3 栽植方法

(1)栽植时期

核桃春栽或秋栽均可。秋栽封土丘加聚乙烯醇涂干，翌年春季幼树萌芽早，且发育快。春栽以萌芽前为宜。核桃是粗根系树种，主根粗大，耐干旱，栽植成活率高。

(2)定植密度

一般说来，每公顷栽植180株以下为散生栽植，每公顷180～270株为果粮间作园，每公顷270～330株为稀植园，每公顷330～840株为中密度栽培园，每公顷840株以上为高密度栽培园(赵俊喜，2013)。核桃树体高大，生长健壮，树姿开张，生产上不建议栽植密度过高，土壤肥沃的地块早实品种株行距3m×5m，晚实品种4m×6m为宜。立地条件差的地块，以不超过3m×4m为佳。稀植时选择晚实品种较好，株距4～6m。为了便于机械化作业，同等密度条件下，优先采用大行距，小株距的经营模式。

(3)定植

栽植时优选2年生根砧，接口愈合良好，接芽当年抽条基径在1cm以上，无病虫害和机械损伤，须根较多的壮苗。栽前用清水浸苗12h，然后修根，去掉劈裂和损伤部分，定干高度一般为80～120cm。将定植穴回填至30cm深，苗木放入中间位置，填入适量土，提苗至根颈位置与地面略高，踩实后填土至地面平，再踩实，浇透水。栽后采取封土、松土、覆膜等保墒措施。

3.10.5 整形修剪技术

核桃常用树形有开心形和疏层形2大类。开心形可分为自然开心形、多主枝开心形及单层高位开心形；疏层形又可分为自然疏层形、双层高位开心形、纺锤形、自然圆头形等。开心形多适用于早实品种或密植丰产园，疏层形多用于晚实品种或稀植园。

3.10.5.1 开心形整形

主干高度0.6~1.0m，仅有一层主枝，无中央领导干，在主干上着生3~4个主枝，每主枝上培育一定量的侧枝，主枝和侧枝上均可培育结果枝组。主枝开张角度45°~60°，侧枝角度60°以上。幼树定植后，在距顶端20~30cm的整形带内选择3~4个方位分布均匀的壮芽作主枝，其余芽全部抹除。第2年开始拉枝调整主枝角度，并短截主枝促生新枝，保留方向合适的枝培育为侧枝，侧枝应在主枝上分布均匀。每主枝、侧枝通过修剪调整强、弱均衡长势，一般第3年可培育成形。

开心形内膛光照充足，极易在主枝基部抽生徒长枝，背上枝组也易旺长，破坏树形结构，应注意做好徒长枝和背上枝的控制，幼树期可通过拉枝、摘心等措施培育结果枝组，盛果期应及时疏除，衰老期可以利用其更新结果枝组。

3.10.5.2 疏层形整形

主干高度0.6~1.0m，主枝分为2~3层。每一层三大主枝均衡分布，层内间距约0.3m。主枝上着生侧枝，侧枝上培育结果枝组，第二层与第一层层间距1.2m，2~3个主枝，主枝上直接着生结果枝组，二层以上为中心干延长头。

定植当年定干，干高0.8~1.2m，剪口下通过抹芽保留分布均匀的4个壮芽，逐年培养为第一层的三大主枝，最上端一个枝培养成中央领导干。一般3年后以同样方式在中心干合适位置短截促生分枝，培养第二层主枝，并留出中心干延长枝。一般需要5年时间才能完成整形工作。根据行距大小确定树体高度，当树高超过行距时，及时落头开心。采用的修剪方法主要有短截促分枝、拉枝调角度等。

3.10.5.3 修剪技术

核桃采收后至春季萌芽前修剪容易产生伤流现象，适宜的修剪时期是春季萌芽前20d或夏季生长期。

(1)幼树期修剪

幼树期修剪以整形为主，主要目标是形成合理的树体骨架。先定干，多短截促分枝，勤拉枝，放长枝。以夏季整形为主，去枝量极少，调整枝条角度是关键。修剪的重点是春季短截、夏季拉枝。

(2)初果期修剪

初果期是整形和结果并重的阶段，主要任务是扩大树冠，培育结果枝组。控促结合，控制强枝向缓势发展，均衡树冠，抑强扶弱，疏密留稀，多培育结果枝组。修剪的重点是疏除内膛徒长枝、背上竞争枝，短截主、侧枝以延长枝头，扩大树冠。多留辅养枝，尽量少疏枝，增加枝量，促进结果。

(3)盛果期修剪

此阶段主要目标是保持丰产稳产，修剪目的是调整生长与结果的关系，防止树势衰退和大小年现象发生。修剪重点是结果枝组的调整，疏除病枝、细弱枝、过密枝、回缩枝组、抬高结果枝角度，主侧枝头不再短截，适当控制树冠的扩大。

核桃园进入盛果期后，不可避免地出现郁闭现象。一定程度的郁闭是高产的保障，但过度郁闭会影响光照和通风条件，反而对结果形成不利影响，需要采取控制树冠扩张的措施。首先降低树冠高度，其次对过长的延长枝进行短截，疏除过密的枝组，密度过高时可适当伐去生长不良的植株或临时株。同时加强夏剪管理，以提高通风透光性。一般丰产园郁闭度保持0.8左右，叶幕指数4~5，盛果期年限可维持50年以上。

盛果期修剪应注意及时更新结果枝组。早实核桃结果母枝的连续结果能力多为3~5年，时间过长失去结果能力而干枯，应注意及时更新。方法是在衰老枝基部保留10cm左右短截，发出新枝后拉平培养以替代原枝组。

(4)衰老期修剪

此阶段主要目标延长结果年限。修剪的主要目的是结果枝组更新复壮，利用强壮枝更新主侧枝。修剪重点是去除弱枝、过密枝，重回缩，拉平徒长枝，以复壮树势。集约化经营的果园衰老期应及时更新种植其他树种。

3.10.5.4 修剪注意事项

(1)修剪去枝量

修剪去枝主要在休眠期进行，生长期去枝量越小越好。休眠期去枝量应根据树体情况确定，一般不主张大砍大锯。去枝量过大量时应分年度进行，一次去枝量不超过总枝量的40%；已完成整形的树一般一次去枝量占总枝量的20%左右，弱树可达30%。掌握的原则是不能因为去枝量过多而影响当年产量，也不能因去枝少而使养分过度分散，导致树势衰弱。最好根据树体大小、强弱先确定结果量，再确定需要留多少结果母枝，然后均衡分布结果母枝。

(2)不同品种修剪的区别

修剪方法应根据不同品种的生长特性掌握。晚实品种成花难，应少短截多拉枝长放，幼树阶段用于结果的枝条角度要拉平，以缓势修剪为主，重点是培养中庸结果枝，内膛徒长枝多年难以成花，一般难以利用，总体上留枝量应比早实品种多。早实品种多以促势修剪为主，培养壮芽、壮枝以利结果，修剪量大，枝组更新快。

3.10.6 花果管理技术

核桃落花落果现象发生普遍，正常情况下落果率30%~50%。核桃一年中集中落花落果有3次。第1次在开花后，子房未膨大，花即脱落，对树体营养损失较小，主要原因是花芽质量差、发育不良所致。第2次在花后2周，幼果脱落，主要原因是授粉不良，果实发育停止而脱落。第3次在第2次落果后2~4周，正值果实膨大期，落果也最为严重，称为生理落果，主要原因是受精不良，病虫危害及干旱。因此，生产上应及时根据具体情况，采取合理措施提高坐果率。

3.10.6.1 人工辅助授粉

一般自然授粉可满足生产需求，但在花期遇低温、阴雨等不利天气条件时需进行人工辅助授粉。采集成熟但未散粉的雄花序，放在室内阴干1~2d，将散出的花粉收集在干燥玻璃瓶中，在3℃条件下保存备用，最长保存不超过10d。授粉前1d取出花粉，加入10倍滑石粉或淀粉，装入细纱布袋内绑在长杆上，在授粉适宜期雌花盛开期，即柱头在雌花柱头开裂呈“倒八”字形、柱头分泌大量黏液时，于上午9:00~10:00在树冠上方晃荡进行人工辅助授粉；也可将花粉溶于500倍水中，适量加入蔗糖喷洒授粉。人工辅助授粉可提高核桃坐果率10%~30%。在雌花盛花期喷0.3%硼砂和0.3%尿素水溶液，也可提高核桃坐果率。

3.10.6.2　疏除雄花

同一株核桃树上有两种芽，一种是混合芽，先长枝，顶端结果。另一种是雄花芽，萌发后很短一段时间即自动脱落。核桃雄花产生的花粉量极大，树体越弱雄花量越大，1%~2%的雄花量即可满足正常授粉。疏除过多的雄花可减少树体养分和水分的消耗，盛花期疏去95%以上的雄花，可提高产量15%~30%。休眠期修剪疏除细弱雄花枝。当雄花芽萌动后，生长至玉米粒大小时人工疏雄最佳。疏雄强度要求掌握树冠中下全部疏除，上部留3%~5%。对于混合芽较多、雄花芽较少或很少的植株，则应少疏或不疏雄花。

3.10.6.3　疏果

疏果在生理落果后进行，根据树势状况确定留果量。一般每平方米树冠投影面积留果60~80个，树势强时留80~100个。疏果时，先疏伤残果、小果和畸形果，再根据均衡分布的原则决定取舍。同时，尽可能留双果，去单果和三果，保证每个果实有4片以上健壮复叶。

3.10.7　田间管理技术

3.10.7.1　土壤管理

当前推广的良种核桃，由于结果早、产量高，极喜水喜肥，尤其是对于密植丰产园，生产上应加强田间管理，以增强树势，防止早衰。核桃是深根性树种，但吸收根主要分布在20~40cm土层中，及时中耕锄草，以减缓杂草同树体间的水肥竞争强度。也可将农作物秸秆或杂草铡碎后，均匀铺在果树行间和树盘下，厚度10~15cm，上面适当覆土，连铺3~4年后浅翻1次，可有效增加土壤肥力和减少杂草。

成龄果园，每年深秋，结合施基肥在树冠外围挖宽50cm、深60cm的环状沟，将表土及有机肥混匀后分层施入沟内。根据树冠生长，挖沟位置逐年向外扩展，促进根系向深处和远处发展，以扩展树体根系生长空间。

3.10.7.2　施肥

核桃是喜肥树种，每生产100kg果实需从土壤中吸收纯氮1.5kg、纯磷0.2kg、纯钾0.5kg，相较其他果树需肥量较高。盛果期单位面积核桃园从土壤中吸收的营养物质相当可观，单纯依靠土壤原有营养含量难以满足其树体发育。

(1)基肥

幼树期以树体生长为主，主要吸收氮肥；进入结果期，磷、钾肥的吸收量逐步增大，生产上应随产量增加而加大施肥量。一年中前期需氮肥较多，中后期应配合施入一定的磷钾肥。另外，核桃园也应施入少量微肥，常见有硼肥、铁肥、锌肥和锰肥等，每公顷用量一般750~1 500g。

核桃园每年应施1次基肥，施用最佳时间是采果后至叶黄前，以9~10月为宜。这一时期有利于伤根愈合及后期营养积累。多采用有机肥混施磷肥，施用量可参考如下，每平方米树冠施有机肥5kg，过磷酸钙0.2kg。施肥方法可采用放射沟施、环状沟施、穴施，也可全园翻耕，但全年翻耕易造成根系向表层分布，应隔年采用。

(2)追肥

一般每年需追肥3次。发芽前追入速效性氮肥以促进开花坐果和新梢生长，花后追施氮肥可减少落果，促进花芽分化。6月下旬硬核期，追施磷钾肥促进果仁发育、花芽分化。追肥总量一般以有效成分计算为"一斤果二两肥"，按干果计算。发芽前追肥量占全年施用量的40%，花后、硬核期施肥各占30%，氮磷钾比例一般为3:1:1。

幼树以施氮肥为主，根据树冠大小株施0.5～1kg，在萌芽期和新梢旺长期分2次施入。

花期喷硼可提高坐果率，5～6月喷铁可使叶片肥厚促进光合作用。7～8月喷磷酸二氢钾可提高果仁品质。如发生涝灾等可适量叶面喷氮肥。

3.10.7.3 灌溉

核桃是深根性树种，抗旱性强，年降水量达到600mm时即可完全满足生长需要。河北平原多数地区难以达到上述降水量，且降水分布不均，在核桃树生长的关键时期应适时浇水灌溉。

核桃丰产园每年至少保证浇2次透水，第1次为萌芽前后(3月下旬至4月初)，以促进生长和开花、坐果。第2次在5月中下旬，此期是核桃新梢生长、果实膨大、花芽分化的需水关键期，也是河北平原主要干旱期，应浇透水。进入雨季，自然降雨增多，一般不需要浇水，但大雨过后涝洼地应注意排水，防止积水超过24h。其他生长季节如遇严重干旱，也应适量补水。

3.10.7.4 林下间作

核桃发芽晚，落叶早，且果实采收早，林下可间作多种经济作物。如射干、桔梗、知母等中药材，经济收益较好。幼树期间作深根性中药材种类如丹参、牛膝等，还可起到深翻改土的作用。间作时尽量选择矮秆、浅根的作物，并保留充足的树盘，同时加大水肥施用量。郁闭度0.7的果园或树龄10年以上的丰产园不宜再进行间作。

3.10.8 病虫害防治技术

核桃是果树中抗逆性强的树种，病虫害发生较少，在河北平原一般很少成灾。核桃发生的病害主要有白粉病、褐斑病、黑斑病、日灼病、腐烂病等，虫害主要有草履蚧、桑白蚧、尺蠖、云斑天牛、核桃举肢蛾、黄刺蛾、红蜘蛛、金龟子等。病虫害防治应采用综合的农业、物理防治措施，如落叶后清理果园、涂黏虫胶、加强管理和增加树势等，以控制虫口密度，减轻病虫害发生强度。此外，早春全园喷施石硫合剂，萌芽后喷洒1次无毒、无污染的300倍果富康药液，以及生长后期喷施波尔多液等措施，对控制全年病虫害的发生均有显著效果。

3.10.8.1 病害防治

(1)核桃白粉病

白粉病主要危害叶片幼芽和新梢，造成早期落叶，7～8月发病，发病初期叶片退绿或造成黄斑，严重时叶片扭曲皱缩，幼芽不能展叶，在叶片的正反面出现圆片状白粉层，后期产生褐色或黑色粒点。发病初期可采用粉锈宁、甲基托布津、石硫合剂等药剂交替防治。

(2)腐烂病

腐烂病，又称溃疡病、湿串病，主要危害枝干的皮层，造成枝枯或整株枯死。发病初期不易发现，隐藏在韧皮部，病斑呈小岛状相互串联；皮层向外溢出黑色液体时，皮下已发展成为大病斑，病皮变黑褐色，有酒糟气味，树势衰弱时易感染。早春及树木生长期刮除病斑，刮时应重刮，刮下的病皮集中烧毁。刮后涂抹1~2次杀菌剂如腐酸·硫酸铜、石硫合剂或甲基硫菌灵等保护伤口和防止病疤复发，也可使用果富康2~3倍液涂抹至不起泡沫为止。可不用刮皮，在病斑上间隔1cm纵划数刀，深达木质部，然后涂药，半月后再涂1次，连用2~3次即可。

(3)炭疽病

核桃炭疽病发生较多，新疆核桃品种易染病，主要危害果实，引起早期落叶或核桃仁干瘪，降低产量。果实病斑初期为褐色，后变为黑色，近圆形，中央下陷，病斑上有很多褐色至黑色小点突起，有时呈同心轮状排列，湿度大时，病斑上小黑点呈粉红色突起。一个病果有一至十几个病斑，逐渐扩大成片，可导致全果发黑腐烂。但该病成灾较少。发病期喷1~3次波尔多液或50%甲基托布津1 000倍液防治。雌花开花前、开花后和幼果期各喷1次50mg/L链霉素。

(4)核桃褐斑病

主要危害叶片、果实和嫩梢，可造成落叶枯梢。一年多次侵染，5~6月发病，7~8月为发病盛期。防治方法：开花前后和6月中旬各喷1次1:2:200波尔多液或50%甲基托布津可湿性粉剂500~800倍液。

(5)日灼病

高温季节容易发生。果实轻度灼伤，在果皮上出现圆形黄褐色病斑，严重时斑块变黑、干枯下陷，引起果实发育不良或脱落。枝条受日灼后，表皮干枯或整枝枯死。防治方法：合理修剪，适度多留枝叶，冬季树干涂白。干旱季节注意灌水，降低温度，提高湿度，改善园内小气候。出现高温天气前果面喷50倍石灰乳，以降低果面温度，减轻危害。

3.10.8.2 虫害防治

(1)核桃举肢蛾

主要危害果实。幼虫蛀入危害，被害处青皮变黑或皱缩，危害早者种仁干缩、落果；危害晚者变黑，俗称“核桃黑”；幼虫若钻入果壳内蛀食，则核仁干枯。春秋季全园深翻，将越冬虫茧深埋使其不能出土羽化而死。6~7月及时摘除虫果，集中深埋，可减少翌年虫源。成虫羽化期采用性诱剂诱捕雄成虫。6月上旬至7月上旬的产卵盛期和幼虫孵化期每隔10~15d用25%西维因可湿性粉剂400~500倍液、2.5%溴氰菊酯1 500~2 000倍液或1.2%烟碱·苦参碱乳油1 000倍液喷雾防治。

(2)木橑尺蠖

暴食性、杂食性害虫。幼虫取食叶片，严重时吃光叶片，仅留叶柄，严重影响树势。虫蛹密度大的地区，在早秋或早春，结合整地进行人工刨蛹。5~8月成虫羽化期用黑光灯诱杀。7月下旬至8月初，卵孵化期和低龄幼虫期，喷施25%灭幼脲悬浮剂5 000倍液或5%氟铃脲乳油1 500~2 000倍液、1.2%烟碱·苦参碱乳油1 000倍液防治。

(3)黄刺蛾

小幼虫仅食叶肉，残留叶脉，稍大食叶呈缺刻或孔洞状，严重时叶片千疮百孔。注意剪除越冬茧，并将被青蜂寄生的茧挑出，加以保护利用。危害严重时，在幼虫发生期喷Bt乳剂或菊酯类农药。初龄幼虫盛发期，可用杀螟杆菌和松毛虫杆菌等生物农药防治。

(4)草履介壳虫

若虫上树吸食树液，致使树势衰弱，甚至造成枝条枯死。2月中上旬在树干基部刮除老皮，涂宽6~10cm的黏胶层，阻止若虫上树。若虫期喷3°~5°Be石硫合剂。

(5)核桃小吉丁虫

核桃小吉丁虫以幼虫危害枝干皮层，受害严重的枝条，叶片枯黄早落，翌春枝条大部分枯死。在成虫羽化产卵期，及时设立一些饵木，诱集成虫，产卵后及时烧毁。结合采收核桃，把叶片枯黄的受害枝条彻底剪除。

3.10.9 收获与加工

核桃果皮由绿变黄、有少量果实开始自然落果时进入采收期。用长竹竿横向轻敲小枝，将果实打落于地。敲时注意保护枝梢，不能打断小枝花芽。矮化密植园可精细采收，用剪子单果采收。

传统方法是将采收的青果堆置于阴凉通风上，堆积厚度50cm左右，并用湿麻袋盖住，一般5d左右才能去掉青皮。在堆积时均匀喷洒300倍乙烯利溶液，2d内离皮率可达90%以上，再用去皮机脱去青皮，每小时可加工青果500kg，比人工脱皮效率提高30倍。去皮后使用核桃专用清洗机将坚果清洗，10min可洗150kg，不需要漂白处理和填加任何化学药剂。

清洗后的湿核桃不宜立即在阳光下曝晒，先在阴凉通风处摊开，待大部分果实表面干燥无水时，再移到阳光下曝晒。带水曝晒果壳易开裂。晾晒中多次翻动，使其干燥均匀，含水量降到8%以下时，核桃相互碰撞有清脆响声时即可，即达到贮藏标准。建议采用专用烘干房烘干。

3.11 板栗丰产栽培技术

板栗，壳斗科栗属落叶乔木，是高品质的坚果。板栗果仁富含淀粉、蛋白质、氨基酸，还含有丰富的胡萝卜素(V_A)、硫胺素(V_{B1})、核黄素(V_{B2})、烟酸(V_{B3})、泛酸(V_{B5})、生物素(V_{B6}、V_{B7})、生育酚(V_E)等多种维生素。此外，还含有钙、铁、磷、钾、镁、锌等矿质元素，营养丰富。栗仁具有养胃健脾、补肾强筋、活血止血的功能，并有益于高血压、冠心病的防治(高海生，2016)。板栗果实除传统直接食用外，还可加工成多种保健食品。近年来，随着板栗果实机械脱壳技术的发展，为板栗加工产品提供了广阔的发展空间。冀东平原的唐山市为板栗主产区，其中以遵化市、迁安市及迁西县最为著名，素有“京东板栗”之称，产品享誉海内外。板栗多在山地丘陵区栽植，是优良的生态经济树种，由于其经济价值高，该区平原地区近年来栽培日渐增多。

3.11.1 生物生态学特性

板栗较耐寒，适生性强，适生气候条件为年平均气温10~15℃，生长期平均气温16~22℃，冬季绝对最低气温不低于-25℃。年平均气温低于10℃和冬季最低温低于-25℃时，不宜经济栽培。板栗喜湿，年降水量700~800mm时较丰产。板栗喜微酸性土壤，pH值5.5~6.5为宜，超过7.5易死亡。板栗为深根性树种，侧根细根均发达，垂直分布可达120~150cm，但以20~60cm土壤层最多。栗树为喜锰植物，pH值高于6.74时，锰处于难溶或不溶状态，不能吸收利用，含镁、磷量也相应减少，从而导致叶片黄化，生长不良。板栗是强喜光树种，花期光照不足会引起生理落果。板栗为雌雄同株异花，自花授粉率低，应配置授粉树。

3.11.2 优良品种

板栗过去以实生繁殖为主，经过多年品种选育，目前冀东地区主要有燕山早丰、紫铂、燕山短枝、遵达栗、遵玉、遵化短刺、东陵明珠、塔丰、燕红、大板红、燕魁等优良品种。

3.11.3 栽培地选择

栽培地选择土层深厚的褐土、潮土等，以结构疏松，通气透水性好，有机质含量高，pH 5.6~6.5 的中性和微酸性土壤为宜。板栗忌选择土壤盐碱、低湿易涝和风大的地块栽植。

3.11.4 栽植技术

栽前平整土地，深耕细耙，按设计行距采用机械开出深度约 50cm 的定植沟，沟内施足底肥，建议有机肥和磷肥混施，为栗树生长创造良好的营养条件。

本区栗园习惯用本砧苗定植，成活后再嫁接，也可直接选用优良品种的嫁接苗。建园使用 2 年生壮苗，要求基径粗度不低于 1.0cm，苗高 1.0m 以上，侧根发达，根系完整，无病虫害。嫁接苗应选择品种纯正、芽体饱满、嫁接部位愈合良好的壮苗。苗木定植后及时浇水和松土、封土，以减少水分蒸发。

平原地区栽植板栗建议采用密植，株行距多为 2m×3m、3m×3m、2m×4m，基本可做到 4 年丰产。通过修剪控制果园郁闭度，郁闭后再间伐，当两树冠逐渐靠近时进行间伐，最终达到 4m×6m 的株行距。不建议初植密度过高，间伐期过短，不利于栗树生长和冠形发育。

板栗主要靠风传播花粉，传粉范围约 50m。栗园一定要对品种进行合理搭配设计，一般主栽品种与授粉品种比例掌握(5~10):1。同一板栗园，要求主栽品种与授粉品种间花期相近、授粉亲合力强。小型栗园栽植品种不少于 2 个，大型栗园需配置优良品种 4 个以上(高月红，2014)。

3.11.5 整形修剪技术

3.11.5.1 整形技术

板栗为强喜光树种，当枝叶所接受的光照低于全光照的 30% 以下时，便不能结果，因此板栗树形一般多采用自然开心形和主干延迟开心形。

自然开心形适用于土层较薄、立地条件差、干性较弱的品种(品系)，定干高度 30~40cm，培育 3~4 个大的结果主枝组。这种树形光照条件好，受光面积较大，适于密植丰产栽培。

主干延迟开心形，也称为主干形，主枝 5~6 个，分为 2 层。第 1 层在 50cm 范围内培育 3~4 个主枝，各主枝间均匀分布；第 2 层培育 2~3 个小主枝，间距 30~50cm，然后去掉中心干。2 层间距一般为 80~100cm(鲁德滨，2014)。

3.11.5.2　修剪技术

板栗修剪一般分为冬剪和夏剪，采果后也可进行秋剪。冬剪从落叶后至翌年春季萌动前均可进行；夏剪是在生长季节的4~8月采取抹芽、摘心、除雄和疏枝等措施；秋剪多在9月进行。

(1)冬剪

冬剪能促进栗树的长势和雌花形成，主要方法有短截、疏枝、回缩、缓放等。冬剪时对中心干及各级骨干延长枝中截饱满芽以扩大树冠，其他枝以轻剪缓放为主，疏除密生枝、交叉枝、细弱枝、病虫枝等，以利通风透光。一般认为强、中、弱树的每平方米树冠投影面积结果母枝适宜留量分别为12条、8~10条和6条。对于盛果期大树应采用"接班枝"轮替更新骨干枝。即在骨干枝需要更新部位，选择适宜的幼枝作接班枝，待骨干枝衰老外移后去掉枝头，由幼枝代替原骨干枝。利用幼枝充实内膛结果，培育成永久性结果枝组，或重短截健壮结果枝，促进分枝，培养新结果枝组。对于郁闭程度高的栗园，采取"缩放结合"的方法，控制结果部位外移和冠幅扩大。即在同一方向选两个骨干枝，一个枝用于结果，另一个重截以促枝控冠，结果枝外移后，再回缩促枝，换另一个大枝结果(彭方仁，1999)。

(2)夏剪

夏剪有利于促进分枝，增加花量，提高结实率和单粒重。主要措施是对抽生的1年生旺长枝条剪梢摘心，同时配合拉枝开张角度和缓和树势，促生新枝，增加枝量和培养结果枝组。

(3)秋剪

果实采收后及时进行修剪，主要目的是改善通风透光条件，提高光合效率，增加有机营养物质的积累，为翌年开花结果奠定基础。秋剪以疏剪为主，疏除过密枝，缩剪长枝，轻截较长的发育枝，做到"株间不抄手，行间不接头，树高不超标，园内风光透"的良好园相。生产实践表明，秋季修剪对防止栗园郁闭、促进连续结果具有较好效果(牛雅琼，2016)。

3.11.6　花果管理技术

3.11.6.1　疏花

板栗是雄花量极大的树种，尤其是中庸偏弱树，雄花量更大，消耗养分极多。板栗雌雄花序比例一般为1∶(1.7~12)，而花朵比例则可达1∶(2 400~4 400)，疏雄90%~95%不影响正常授粉。疏雄方法：除冬季重截或疏除纤弱枝外，春季当雄花序伸出不足2cm时，仅保留新梢最上端的4~5个花序，其余雄花序全部掰除(彭方仁，1999)。也可采用化学疏雄的方法，当雄花长到3~5cm时，喷施1 000~1 300倍液的疏雄醇，疏除过多雄花。

3.11.6.2　人工辅助授粉

板栗多数品种是雌雄异熟的异花授粉品种，授粉不良时，易出现空苞现象。花期连续进行2~3次人工授粉，可明显提高结实率。因板栗花粉量大，花粉粒细小，可采用喷粉器或喷雾器进行喷洒。

3.11.6.3　叶面喷硼肥

板栗对硼非常敏感，出现缺硼，将会严重影响板栗的授粉及受精结实，增加空苞率和瘪粒率，从而降低板栗果实品质，所以花期施硼十分必要。板栗花期采用0.3%~0.5%硼肥溶液进行叶面追肥2~3次，作业时应注意雌花和叶片正反两面均应喷到，遇雨应及时补喷。

3.11.7 田间管理技术

3.11.7.1 深翻改土

土壤深厚、肥沃、疏松是板栗丰产的基本条件。早秋全园深翻，并结合深翻施入有机肥和氮磷复合肥，以培肥地力和增强树势。

3.11.7.2 施肥

(1)基肥

板栗采果后及早施入基肥，以有机肥为主。采用环状沟或条状沟施肥，密植园以条状沟为宜，挖深30~40cm的沟，将表土与有机肥混匀后施入沟底层。盛果期大树施有机肥30~45t/hm^2，并需混施氮磷复合肥300~450kg/hm^{2}及微量硼肥。一般每平方米树冠投影面积加施5g硼肥，3~4年施1次。

(2)追肥

根据板栗生长和结果特性，栗园追肥有2个关键时期。一是春季发芽后的雌花发育期，这一时期主要追施速效氮肥，可以促进雌花花芽分化，增加雌花数量，并且使枝叶生长旺盛，追肥量150~300kg/hm^{2}尿素。二是幼果旺盛生长期，此阶段是板栗果实发育以及果肉内干物质积累、果实增重的关键阶段，以追施速效氮和磷、钾肥为主，可施入氮磷复合肥或板栗专用肥并辅施硼肥等，施用量200~300kg/hm^2。

3.11.7.3 灌溉

为促进板栗的生长发育，生长期如遇干旱应及时浇水，特别是在花期和栗蓬迅速膨大期。

3.11.8 病虫害防治技术

板栗病害发生较少，主要有胴枯病、白粉病、芽枯病，虫害有桃蛀螟、板栗透翅蛾、栗实象鼻虫、栗实蛾、栗大蚜、红蜘蛛、栗瘤蛾、栗瘿蜂等。

3.11.8.1 病害防治

胴枯病，也称栗疫病、栗树腐烂病，主要危害枝干树皮。发病初期在主干或枝条上出现圆形或不规则的水渍状病斑，呈淡褐色或褐色，微隆起，病斑扩展后可包围整个枝干并向上下蔓延，有酒糟味，可造成枝干或全株死亡。加强田间管理，增强树势可减少胴枯病的发生。早春全园喷施3°~5°Be的石硫合剂，秋末树干涂白防止冻害对胴枯病有一定的防治效果；病斑用利刃刮除，涂401抗菌剂、多菌灵、843康复剂等药物。

3.11.8.2 虫害防治

板栗透翅蛾以幼虫在树干或枝干韧皮部取食危害，危害主干嫁接口最为严重，严重时可导致主枝枯死，受害树干易断裂。4月中旬和8月中旬发生期刮除粗糙老树皮，及时查找虫源，刮下的树皮集中烧毁。刮皮后及时用煤油兑5%敌敌畏涂抹已刮伤口；经常检查树体，发现枝干上有隆肿鼓疤时，用利刃挖除受害组织，杀死幼虫，掏出木屑与虫粪，并涂上保护剂。9~10月在树干及主枝上喷施2.5%敌杀死2 500倍液防治。

桃柱螟为杂食性害虫，以幼虫危害果实，果实贮藏期间还会转果危害。在栗园或周围适时种植玉米、油葵等转寄主植物；7月下旬投放性诱剂以诱杀成虫，平均每公顷挂诱捕器30个；8月中下旬至9月初喷50%杀螟松乳剂1 000倍液或25%灭幼脲3号800倍液2次进行药剂防治。

栗实象鼻虫、栗实蛾等害虫主要在栗苞采收后堆沤阶段发生和危害。栗苞收获后，用磷化铝加草酸或二硫化碳、溴甲烷等密封蒸熏48h，待散气24h后脱粒，对栗实害虫杀死率可达98%以上；也可用50~55℃温水浸果15~30min或90℃热水浸10~30s，杀虫率可达90%以上(王晓勤，2010)。

3.11.9 收获与加工

8月下旬开始进入采收期，当有1/3的栗苞顶端开裂，栗苞黄褐色时为适时采收期。此期果实皮色鲜艳，有光泽，品质优良，耐贮耐运。前期以捡拾落栗为主，当栗蓬开裂40%以上人工打栗苞，用长杆将栗蓬振落。将栗蓬堆于通风荫凉处，喷洒少量清水，蓬堆厚度不超过60cm，5~7d蓬苞开裂后将栗果拣出。注意不要硬性敲打蓬苞，以免降低板栗品质。将干净栗果摊放于荫凉处3~5d，并进行防虫等处理后可贮藏或销售。

3.12 杜仲丰产栽培技术

杜仲，杜仲科杜仲属高大乔木。杜仲是我国特有的多用途经济树种，树皮是传统的中药材，叶、种子和花均有商品价值，开发有杜仲胶、杜仲油、杜仲雄花茶等产品，而且树干通直，木材坚韧洁白，树形优美，根系发达，生长迅速，抗逆性强，病虫害少，是平原、丘陵山地优良的农田防护、水土保持和城乡绿化树种。杜仲在我国主要分布于陕西、山西以南至长江流域，在河北平原各地尤其是冀中南部适宜栽培。

3.12.1 生物生态学特性

杜仲雌雄异株，喜光，但幼苗期不耐日晒，喜温暖湿润气候，不耐严寒。年平均气温11.7~17.1℃、1月平均气温0.2~5.5℃、7月平均气温19.9~28.9℃、绝对最高气温33.5~43.6℃、绝对最低气温-19.1℃以上地区均能正常生长发育。杜仲对土壤适应性强，栽培地土壤酸性、中性、钙质或轻度盐碱均能生长，以深厚疏松、肥沃湿润、排水良好，pH 5~7.5的壤土最佳。

杜仲为风媒花植物。一般定植10年左右才能开花，在植株性未成熟前，不能从苗木和幼树的外部形态来判别性别。杜仲生长较迅速，主干性强，萌芽力特强；以种子繁殖为主，亦可用扦插、压条和萌芽更新等形式繁殖。杜仲主根发达，侧根须根繁多，抗旱力强(赵国斌，2012)。

3.12.2 优良品种

杜仲长期以来依靠种子异花授粉，实生繁殖，天然类型和种类很多。近年来，洛阳市林业科学研究所、中国林业科学研究院经济林开发研究中心等单位在杜仲良种选育方面作了大量工作，针对杜仲皮用、叶用、果用等方向，相继选育了多个优良品种。如洛阳林科所选育了华仲1~5号，西北农林科技大学选育了秦仲1~4号，北京林业大学选育了三倍体杜仲等。河北平原应根据其生长特性选择合适的品种栽培。

(1)华仲1号

雄株，树皮浅纵裂型，母树生长在河南商丘豫东平原沙区。该品种树势强，树冠紧凑，呈宽圆锥形。主干通直，接干能力强，叶片较密集，伐桩萌芽力强。该品种抗逆性强，无病虫害，耐干旱、盐碱，速生，4年生胸径7.2cm、树高6.5m，单株产皮量560~1 040g、产叶量1 270~1 640g，适宜干旱地区和微碱性土壤区种植。

(2)华仲2号

雌株，树皮深纵裂型。母树生长在河南省洛阳市黄土丘陵区坡脚。该品种树冠开张，呈圆头形，主干较通直。抗病虫害能力强，径生长快，4年生胸径达7.7cm、皮厚5mm。采成熟母树接穗，嫁接苗栽植2年即可开花结果，4年单株产种量0.8kg，5年平均株产1.4kg，最高株产1.8kg，无大小年及隔年结果现象。该品种种子产量高，适宜建立良种种子园。

(3)华仲3号

雌株，树皮浅纵裂型。母树生长于江苏省南京市丘陵区粗砂砾土上。该品种树冠开张，主干通直，接干能力强。叶片小，稀疏。该品种耐水湿，无病虫害，速生，4年生胸径达7.2cm、树高6.7m。嫁接苗3年开花结果，5年平均产种量0.7kg，最高株产1.2kg。该品种适宜大冠稀植及建立良种种子园。

(4)华仲4号

雌株，树皮光皮型。母树生长于湖北省郧阳地区黄棕壤山地坡脚。该品种冠形优美、紧凑、呈宽卵形，主干通直，苗期靠顶端侧芽易萌发分叉，侧芽生长旺盛，树冠易成形，叶片稠密。该品种耐水湿，抗病虫害。皮色光滑，药材利用率高，与同类型相比较速生，4年生胸径6.3cm、树高6.5m、皮厚4mm。嫁接苗3年开花结果，5年平均单株产种量0.9kg，最高株产1.4kg。该品种适宜密植栽培。

(5)华仲5号

雄株，深纵裂型。母树生长在湖南省武陵山区海拔270m的山地。该品种接干能力极强，主干通直，树冠呈卵圆形，叶片较大。该品种无病虫害，耐水湿。主干不易弯曲，高生长快，4年生胸径6.4cm、树高6.5m、皮厚4mm，单株产皮量740~910g、产叶1 330~1 420g(杜红岩，1994)。

(6)秦仲1号

高胶、高药型优良品种。幼龄树皮光滑，成龄树皮浅纵裂，属粗皮类型。冠形紧凑，呈圆锥形，叶小。树干通直，生长较快，根萌苗3年生树高4.47m、胸径3.80cm。该品种药用成分和杜仲胶含量都很高，为药、胶两用型优良品种。抗旱性强，抗寒性较强，速生。适宜于营造丰产园。

(7)秦仲2号

高胶、高药型优良品种。幼龄树和成龄树树皮均光滑，暗灰白色，属光皮类型。冠形紧凑，呈窄圆锥形，叶小而密集。树干通直，生长较快，3年生根萌苗树高4.70m、胸径4.04cm。该品种杜仲胶和药用成分含量都很高，为胶、药两用型优良品种。抗寒性强，抗旱性较强，速生，适于雨量充沛或有灌溉条件的地区营造丰产园。

(8)秦仲3号

高药型优良品种。幼龄树皮光滑，成龄树皮较光滑，灰色，属光皮类型。树冠紧凑，阔锥形，叶较大。树干通直，生长较快，根萌苗3年生树高4.44m、胸径3.53cm。该品种药用成分含量高，抗旱性较强，抗寒性较弱，较速生。适于雨量充沛的地区营造丰产园。

(9)秦仲4号

高药、园林绿化型优良品种。幼龄树和成龄树皮均光滑，属光皮类型。冠形紧凑，叶较大。树干通直，接干能力强，根萌苗3年生树高5.09m、胸径3.52cm。该品种药用有效成分含量很高，是优良药用型品种。该品种抗寒性较强，抗旱性中等，速生，适宜于雨量充沛地区或有灌溉条件时营造丰产园。同时，由于其树干通直，树皮光滑，灰白色，冠形优美，貌似白杨树，可用于道路、城市和风景点园林绿化(张博勇，2004)。

(10)华仲6号

雌株，树皮浅纵裂型，成枝力强。结果早，含胶率高，高产稳产。嫁接苗或高接换种后2~3年开花，5年进入盛果期，盛果期年产果量达3.5~5.9t/hm^2，适于建立良种果园。该品种适应性强，嫁接成活率高，抗干旱，在豫东平原沙区、豫西黄土丘陵区、豫南大别山区等生长良好(杜红岩，2010)。

(11)华仲7号

雌株，树皮浅纵裂型。成枝力中等。结果早，高产稳产，种仁亚麻酸含量高。嫁接苗或高接换种后2~3年开花，5~6年进入盛果期，盛果期年产果量2.8~4.5t/hm^2。该品种适应性强，抗干旱、耐水湿，适于建立高产亚麻酸良种果园(杜红岩，2010)。

(12)华仲8号

雌株，树皮浅纵裂型，成枝力中等。早实高产，结果稳定性好，果皮含胶率和种仁亚麻酸含量均高。嫁接苗或高接换种后2~3年开花，5~6年进入盛果期，年产果量达2.8~4.3t/hm^2，适于建立高产杜仲胶和亚麻酸良种果园。该良种适应性强，抗干旱，黄河中下游杜仲适生区可推广(杜红岩，2010)。

(13)华仲9号

雌株，树皮浅纵裂型。果皮含胶率和种仁亚麻酸含量均高。嫁接苗或高接换种后2~3年开花，5~6年进入盛果期，极丰产，盛果期年产果量3.2~5.5t/hm^2，适于建立高产亚麻酸和杜仲胶良种果园。该品种适应性强，抗干旱，黄河中下游杜仲适生区可栽植(杜红岩，2011)。

河北平原栽培杜仲时，应根据建园目标和降水条件，选择相应的优良品种，同时一定要考虑品种的抗旱性和抗寒性，并采取适宜的经营模式。产种园应选择产量高、果粒大、外果皮含胶量高的良种雌株；同时选用花粉量大、适应强、速生的良种雄株作授粉树。良种雄花茶园应选择节间短、树冠紧凑、产花量高、雄花有效成分含量高的优良种类。药用园应选择出皮率高、药用成分含量高的良种。

3.12.3 育苗技术

3.12.3.1 沙藏催芽

采集饱满、成熟的种子晾干。种子需冬季沙藏催芽处理，播前45~50d进行沙藏。沙藏前1d用清水将种子冲洗干净，用40~45℃温水浸种24h，除去漂浮种实，捞出沥去水分。将种子与含水率60%~70%的湿沙按种、沙体积比1:3的比例混匀。室外沙藏，挖80cm深储藏坑，坑底先铺入10cm厚粗砂，将混匀的种沙倒入坑内，种沙厚度40~50cm，上覆20cm厚粗砂，并覆盖秸草(张改香，2014)。

3.12.3.2　播种

播种在3月上中旬，播前1周浇透水。播种多采用宽幅条播法，行距30~40cm，播幅宽10cm，开沟深3.0cm，均匀撒入种子，掌握每20cm距离播5~7粒，每平方米用种量约6~8g。播后覆土2~3cm，耙平。为减少土壤蒸发，可覆盖地膜。

3.12.3.3　苗期管理

幼苗出土时，应经常检查土壤湿度，如遇干旱，适当浇水。幼苗长至5cm高时进行间苗，苗间距8~10cm。苗高10cm时，每公顷追施尿素150~200kg。苗高30cm时摘心，促使幼苗茎加粗，并用铁锹在垄一侧断主根，促进侧根发育。

3.12.3.4　嫁接

杜仲嫁接同常规树种。杜仲实生园可采用高接换优的方法改造为叶用园、种子园等。选择树龄10年生以下或胸径15cm以下的实生幼树，在休眠期将砧木树主干80~100cm处截干，萌芽后保留生长旺盛、分布均匀的萌条3~4个，培养成嫁接枝。选择生长健壮、芽体饱满、品种纯正的优良母树树冠中上部外围的当年生枝条作为接穗。种子园按10:1雌雄比例将授粉树均匀分布于园内。嫁接可采用夏季带木质部芽接方法，也可于春季采用枝接的方法。由于杜仲生长迅速，河北平原当年生枝条冬季易抽梢，建议以春季枝接较为适宜。高接换优嫁接成活率高，嫁接后植株生长快，开花结实早，对现有杜仲林进行高接换优是实现杜仲高效栽培的主要途径。

3.12.4　栽培地选择

杜仲喜光，喜温暖湿润气候，不耐严寒，对土壤要求不严。杜仲生长迅速，对土壤肥力相对要求较高，平原地区栽培宜选光照良好，土层深厚疏松、肥沃湿润，有灌溉条件，排水良好，pH 5~7.5的砂壤土或壤土。立地条件较差时，应增施有机肥进行土壤改良。

3.12.5　栽植技术

杜仲栽植密度应根据经营目的、作业方式及立地条件来确定。杜仲采叶林宜采用株行距1m×(1~2)m的矮林经营模式；也可采用宽窄行三角定植的方法，宽行1.5~3m，窄行0.5m，株距1.0m，三角形定植。以产雄花、高产胶果园，栽植株行距以(3~4)m×4m为主；以产种子果园宜采用稀植栽培，栽植株行距(3~4)m×(5~6)m为主。

杜仲栽植时间一般分为秋栽和春栽，最佳栽植时间以春季杜仲树萌芽前，随起苗随移栽。按照设计的株行距，栽前挖好定植穴，施足底肥，选择良种壮苗，将苗木适当修剪，栽后及时浇水和松土保墒。种子园授粉品种与主栽品种的授粉亲和力要强，花期应与主栽品种一致。一般掌握雌雄配置比例10:1。对于树干低矮、弯曲、生长不良的1~2年生幼树。在春季萌芽前从树干基部截去，依靠萌蘖苗培育优良主干，可明显促进长势。

3.12.6　整形修剪技术

以生产雄花和种子为主要经营目标的栽培园应采用果园化经营模式，树体应进行整形修剪，多采用疏散分层形，通过整形修剪改变树木长势，提高花量和结实量。叶用园多采用篱状经营模式，整形修剪技术相对简单。

3.12.6.1　种子园的修剪技术

对于1~5年生幼树及初果树修剪的主要任务是培养合理树形结构，促进树冠成形和提早结果，主要任务是定干、培养树形、夏剪及培养结果枝组等。杜仲定干高0.8~1.0m。幼树定干后一般在主干顶端可萌发新梢4~8个，夏季选择3~4个分布均匀的健壮枝条逐步向下拉枝，使之与主干呈70°~90°，春季萌芽前对分布均匀的3~4个分枝短截20cm左右促发新萌条，其余枝条疏除；另外选择1个生长健壮的枝条作中央领导干，继续培育第二层主枝。第2年冬季对培养的主枝拉开角度70°~90°，除弱枝外，一般不短截。夏季主枝背上萌发的直立旺长枝，可采用拿枝、疏除、摘心的方法进行修剪，疏除量不超过新梢数量的30%。第3年冬季主枝骨架已基本形成，主枝5~8个，树体高度控制3m左右。杜仲幼树整形以疏枝、摘心、拿枝为主，由于杜仲树势旺，萌芽抽枝力强，应少短截，多拉枝、疏枝。

对5年以上进入盛果期的树体，修剪的主要任务是改善树冠透光条件，培养和更新枝组，克服大小年现象，力争优质、高产、稳产。修剪措施主要是拉枝或疏枝，特别应注意疏除过密枝、重叠枝和严重影响光照的背上枝，除较弱枝组外尽量少短截。为了克服大小年，大年时应适当减少坐果量，节约树体营养；并在大年的6月对主干和主枝进行环割以促进花芽形成；同时应加强土、肥、水的综合管理。

3.12.6.2　雄花茶园的整形修剪技术

杜仲雄花茶园，定干高度以0.6~0.8m为宜。定植或嫁接后，每株留3~4个萌条。生长季节对所有枝条进行拉枝，使枝条与主干呈40°~50°。冬季将当年生健壮萌条短截1/3~1/2，培养成主枝。第2年春季，主枝上萌芽抽梢长度达30cm以上时，逐步将新枝向主枝两侧拿枝。第3年后植株开始开花，每年春季杜仲雄花盛花期，在开花枝条基部以上第4~6个芽处将枝条短截，疏除过密枝和衰弱枝等。修剪后的树形可根据栽植密度等情况，修剪成疏散分层或开心形(张改香，2014)。

3.12.6.3　叶用园整形修剪技术

叶用园多借鉴茶园经营方式，以生产、利用杜仲叶为主，多将植株修剪成篱状。栽植后定干高度0.8~1.0m，为保障树体的旺盛生长，每年春季萌芽前重剪1次。在生长期内，采叶时间不受季节限制，可根据需要连续采摘嫩芽或嫩叶生产杜仲茶及杜仲饮料等，也可集中采集用于药用或胶用。

3.12.7　田间管理技术

3.12.7.1　施肥

新植杜仲园，及时中耕除草。冬前结合土壤翻耕，施入有机肥。方法是在树冠投影区外两侧挖平行沟，宽、深各40cm，每株成龄树施入腐熟有机肥3~5kg，翌年在树干另外两侧挖沟施肥，隔年轮换。也可全园翻耕施肥。

生长期追肥以萌芽期、坐果期为主，一般每年需追肥2次，每株施入氮磷复合肥1~2kg。

3.12.7.2　浇水

杜仲以萌芽期、花期和果实膨大期为重要需水阶段，应及时浇水，但其他生长期如遇土壤干旱、叶片萎蔫时也应及时灌溉。浇水后及时中耕除草，疏松土壤。

3.12.8　病虫害防治技术

杜仲病虫害发生较少，病害主要有根腐病、立枯病、叶枯病、角斑病、褐斑病等，其中根腐病和立枯病主要发生在苗期和幼树期；虫害主要有地老虎、蝼蛄、蛴螬、豹纹木蠹蛾、刺蛾、咖啡豹蠹蛾、夜蛾、袋蛾、茶翅蝽象等，但多难以形成较大危害。近年发现有杜仲笠圆盾蚧危害剥皮后的再生新皮。杜仲与豆类作物间作时，鳞翅目害虫危害增多，生产上应注意。

3.12.8.1　病害防治

根腐病，多发生在苗期和5年生以下幼树，严重时造成苗木成片死亡。病树根皮腐烂萎缩，地上部出现叶片萎蔫，苗茎干缩，乃至整株死亡。育苗宜选择土壤疏松、肥沃、灌溉及排水条件良好的地块，尽量避开多年老苗圃或果园。发病初期及时用50%甲基托布津400~800倍液、退菌特500倍液、25%多菌灵800倍液灌根处理，死亡幼苗应立即挖除，并用五氯硝基苯等土壤消毒处理。

叶枯病，为真菌引起的病害，多危害成年植株。发病初期，叶片出现褐色圆形病斑，以后病斑逐渐扩大，密布全叶。病斑边缘褐色，中间白色，有时使叶片破裂穿孔，严重时叶片枯死。发病初期，及时摘除病叶，挖坑深埋，避免病菌传播。发病后每隔7~10d采用1:1:100波尔多液、50%甲基托布津800倍液、65%代森锰锌500倍液等药物交叉使用，连喷2~3次(林绮，2004)。

3.12.8.2　虫害防治

豹纹木蠹蛾，蛀干性害虫。幼虫孵化后蛀食树皮，以后蛀入韧皮部及形成层，直至木质部，受害树(枝)易倒折。冬季清除被害树木，并进行剥皮处理，消灭越冬幼虫；成虫羽化初期至产卵前，树干涂白，可防产卵或产卵后使其干燥，而不能孵化；幼虫期蛀入木质部后，可根据外排虫粪找出虫道，用废布、废棉花等蘸取90%敌百虫原液或敌敌畏等药剂塞入虫道内，并以黄泥封口熏杀(曾令祥，2004)。

3.12.9　收获与加工

杜仲定植10年左右时，在5~6月选取晴天剥取树皮，在主干上纵剥2~3条，每条宽3~5cm。剥皮时注意不要将树皮内的韧皮部薄膜剥下。剥前浇水，剥后用地膜包扎创面。将剥下的树皮展开，内皮两两相对叠放在一起，压平、压实，上盖麻袋或草袋等，使其发汗。1周后内皮变成紫褐色，取出晾干。

药用叶采叶时间宜在8~9月，一般可采叶2次，每次采叶量建议为50%，采后立即烘干或晒干。胶用叶以11月落叶后采收较好。茶用叶在整个生长期均可，随采随加工。杜仲籽采收在霜降后，成熟种子果皮呈黄褐、栗褐或棕褐色，外表呈金黄色光泽，种粒饱满，采时用竹竿轻敲脱落。杜仲花期，选择饱满的雄花蕾，要求花蕊整齐，无杂物，无花粉泄漏，采后24h内加工成雄花茶。

3.13 文冠果丰产栽培技术

文冠果，又名文官果、文灯果、文冠花等，无患子科文冠果属落叶灌木或小乔木。文冠果是我国北方地区特有的优良木本油料树种，种子含油率30%~60%，含粗蛋白26.7%，素有“北方油茶”之称。文冠果油为半干性油，透明、气味芳香，是优质的食用油和生物质柴油原料，还可用于制造高级润滑油以及增塑剂、油漆、肥皂等。文冠果的叶、果实和枝均是药材，叶可加工成保健茶。此外，文冠果株形优美，花叶俱佳，花序大，花期长，是我国北方优良的园林景观树种。文冠果的食用、药用、观赏和生态等综合经济效益颇高，开发利用前景广阔。

3.13.1 生物生态学特性

文冠果生态适应性强，抗寒、抗旱、耐瘠薄，在我国北方绝对最低气温-42℃，年降水量500mm以上地区均可栽植。文冠果为落叶小乔木或灌木，树高可达10m，深根性树种，根系发达，根萌蘖能力强，植株生长势强，分枝力强。一般栽后3年开始结果，5年生幼树平均单株产量超过0.5kg，40年生单株最高产量达23.75kg(孙志刚，2011)。文冠果的花属杂性花，除少数无性花之外，多数为两性花和单性花。两性花又称为可孕花或雌能花，单性花又称为不孕花或雄花。文冠果两性花占11%~26%，单性花占74%~89%，无性花占1%~8%，因此自然状态下文冠果结实率很低，落花落果严重，异花授粉或选用优良品种可提高结实率(张燕，2012)。此外，文冠果是喜光树种，在庇荫条件下虽能生长但难以开花结实。

3.13.2 优良品种

文冠果的人工栽培历史很短，长期处于野生状态，导致个体的遗传类型多样，树势和产量相差悬殊。从20世纪70年代中期开始，我国相继开展了文冠果的良种选育工作。徐东翔选出了内林2号优良单株，内蒙古林学院选出了内林53号优良单株，杨凌金山农业科技有限责任公司近年成功选育出文冠果1~4号良种。

文冠果早实性良好，当年即可开花，第3年可结果。以生产种子为目的的文冠果园，为及早结果和获取产量，应选择高产高油的优良品种。文冠1号早果，丰产性强。文冠2号属短枝型品种，果个大，稳产。文冠3号是个丰产、观赏兼具的品种。文冠4号以腋花芽结果为主、丰产性好(王中林，2016)。

3.13.3 育苗技术

文冠果苗木培育以播种为主，也可通过插根、分株等方法繁殖。育苗地选择富含有机质的壤质农耕地，每公顷施入农家肥30 000~40 000kg，深耕细耙，平整作畦。播种育苗一般冬前将种子播入土壤中；也可用湿沙贮藏越冬，翌年春季播种，发芽率可达80%~90%。文冠果种皮厚，富含油质，冬季沙藏是简便、可靠的处理种子方法。春季播种时采用条播法，开沟深6cm，行距30cm，覆土厚度3cm。每公顷用种量约750kg。

插根育苗是从健壮母树上挖出部分大头直径5mm以上的根，截成长度15cm的根段，插入育苗基质中，顶端低于地表2～3cm，灌水沉实。分株育苗则是将母株根部的萌蘖苗挖出，分株移栽，成活率较高。

文冠果优良品种可采用实生苗嫁接的方法繁育，早春树木萌动期采用带木质芽接成活率可达85%，嫁接方法基本同其他常规果树。

3.13.4 栽培地选择

文冠果对土壤适应性很强，撂荒地、沙滩地、丘陵、山地均能生长，以土层深厚、湿润肥沃，通气良好，pH 7.5～8.0的微碱性壤质土生长最好。文冠果喜光、不耐涝，建园时应优选土壤深厚肥沃，通气良好，排水和灌溉条件良好的砂壤土和壤土，避开涝洼积水严重的地块。对于土壤沙化或贫瘠严重的地块，可增施有机肥以改善土壤条件。

3.13.5 栽植技术

文冠果植株矮小，多采用密植栽培，株行距2m×(2～3)m。为便于机械化作业，行距可适当扩大到4～6m。文冠果秋冬季、春季均可栽植，一般以秋冬季为宜。栽植时，先用机械按行距开挖40cm深的定植沟，沟内施入腐熟的有机肥和氮磷复合肥作底肥。在沟内按设计株距挖出定植穴，选择苗高70cm以上，地径粗度0.8cm以上的良种壮苗进行定植。文冠果根系受损后愈伤能力较差，极易造成烂根，移栽时应注意保护根系以提高成活率。栽植时应适当深栽1～2cm，浇水后使原根茎处与地面持平。栽后及时灌足定根水，并采取覆土、松土或覆地膜等保墒措施(孙志刚，2012)。

3.13.6 整形修剪技术

文冠果栽后应及时定干，定干高度50～60cm，树冠高度一般控制在250cm以内，以开心形为主。一般选留顶部生长健壮、分布均匀的3～4个主枝，多余枝条摘心或剪除。在主枝上培育侧枝，主枝和侧枝均可培育结果枝组。文冠果为强喜光树种，长势健旺，疏层形或自然圆头形枝量大，叶幕厚，树冠易形成伞状，造成内膛光秃，不易结实，修剪技术要求高，生产上不建议采用。

冬季修剪主要是修剪骨干枝和各类结果枝，重点疏除细弱枝、病虫枝及重叠、密集的枝条等，以培育树形结构，改善通风透光条件，促进开花结果，提高文冠果的产量和质量。文冠果长势强，萌生枝条多，修剪时多疏枝和缓放，少短截。对于长势健旺、萌生枝条过多的树体可疏除新梢总数的1/3～2/3。文冠果是顶花芽开花树种，修剪中不能见头就剪，要留足花芽(冯占亭，2011)。

夏季修剪措施主要采用抹芽、除萌、摘心等措施，疏除交叉枝、过密枝、直立旺长枝，使树冠通风透光，并协调生长和结果的关系，以提高结果量。对生长健旺且有发育空间的直立枝进行扭枝或拉枝，以缓和生长势和培育结果枝组。

3.13.7 花果管理技术

文冠果花量大，自然结实率低，素有“千花一果”之说，自然坐果率约2.2%～6.3%，为了提高坐果率，对于花量过大的树可适量疏花。文冠果顶生花序的可孕花比例高，坐果率也较高，应多保留；侧生花序适当疏除，可按每20cm左右间距留1花序的标准疏花。

有报道表明，疏除95%可孕花和100%的不孕花，可使文冠果单株坐果率提高4倍多；每侧生花序保留5朵可孕花，可使坐果率达到97%。

盛花期喷50mL/kg的萘乙酸钠溶液，以保花和促进授粉受精。花期喷施一定量的微量元素，有利于营养物质的运输与转化。如喷施硫酸亚铁后，其落花、落果比对照树减少5.85%；喷施硼酸、硫酸锰、硫酸镁和硫酸锌等均能提高文冠果的坐果率(张燕，2012)。

此外，对于结果量大的树，当果实直径达到1cm时应及时疏果，留果量与复叶数之比约为1∶(40~50)。

3.13.8 田间管理技术

文冠果栽后应及时中耕除草，以促进苗木生长发育。秋季采果后至落叶前结合全园深翻施入有机肥，并混施氮磷钾复合肥等。开花坐果期和果实膨大期是果实生长发育的关键阶段，应适当浇水追肥，开花期追肥以速效氮肥为主，每公顷可施入尿素150~225kg；果实膨大期可按氮、磷、钾20∶5∶1的比例施入复合性肥料150~225kg/hm^2。生长期若发现果穗周围叶片变黄或脱落，呈窝状发展扩散，说明树体已脱肥水或叶果比失衡，应及时浇水追肥，同时叶面喷施浓度0.2%~0.3%的尿素或磷酸二氢钾溶液。

文冠果耐旱性强，河北平原自然降水一般可满足其生长需求。一般春季萌芽前浇萌芽水，花期、坐果期、新梢生长期和果实膨大期如遇干旱应及时浇水，但浇水量不宜过大。雨季应注意排水，以免发生根茎腐烂病。

3.13.9 病虫害防治技术

文冠果抗病虫能力强，病虫害发生较少，主要病害有黄化病、煤污病、立枯病等，虫害主要有刺蛾、金龟子、木虱、咖啡木蠹蛾等。

3.13.9.1 病害防治

黄化病，又称根结线虫病，是由土壤线虫寄生根颈部位引起，苗期和幼树易染病。秋冬季全园翻耕后晾晒土壤可减轻病害的发生，每公顷可用0.5%阿维菌素颗粒剂270~300g拌细土撒施，防治效果良好；对于病树也可土施克线磷或克线丹颗粒剂，用药量4.5~7.5g/m^2，或用毒丝本乳油800倍液喷洒处理根际土壤杀灭根结线虫，也可用根结线虫生物特效药线无影对水稀释后通过滴灌、冲施、灌根加以防治。此外，防治黄化病应注意区分生理性缺铁症状，发生时可叶面或土壤追施硫酸亚铁防治。

煤污病是由木虱危害文冠果幼嫩组织而诱发，一般早春喷20%螨克乳油1 000倍液，控制木虱发生可减少煤污病的发生。

立枯病多发生于苗期，通常与出苗后圃地湿度过大有关，表现为生长点枯死，地表根茎染病腐烂，幼苗枯死但不倒。生产上及时中耕除草可减少病害发生。播前土壤施入70%五氯硝基苯粉剂，每公顷用药量23~45kg，或播前用赛力散拌种进行预防，用药量为种子质量的0.2%。此外，苗期喷施38%恶霜嘧铜菌酯1 000倍液、30%甲霜·恶霉灵800倍液500倍液等药剂均有一定防治效果(楚景月，2015)。

3.13.9.2 虫害防治

木虱盛发生期可用溴氰菊酯、吡虫啉或啶虫脒等药剂喷雾防治，也可用上述药剂与柴油1∶1混合进行超低容量喷雾。

金龟子喜食文冠果嫩芽，危害严重，可用50%辛硫磷乳油，用药量3.75kg/hm^2；制成土颗粒剂或毒水，毒杀幼虫；早春越冬成虫出土前，可在树冠下撒毒土进行毒杀。成虫期可用50%杀螟松乳油1 000倍液喷雾防治(张红文，2009)。

3.13.10　收获与加工

文冠果种子主要用于油料加工，当果皮变黄褐色、种皮变黑、种子完全成熟时可采收，一般在7月下旬至9月上旬，采时用剪枝剪人工剪断果柄采摘。采收时间不宜过晚，否则果皮会自行开裂，造成种子脱落。采后及时晾晒，果皮开裂分离出干净种子，待水分晾晒至13%以下时贮藏待用。注意留种用种子不易在强光下曝晒。文冠果叶可用于加工成“茶”饮料，采果后可选择生长健壮、叶片浓绿的叶片采摘加工成“茶”，但采叶量不宜过大以免影响翌年生长，采后注意加强树体管理。

3.14　金银花丰产栽培技术

金银花，又称忍冬、双花，忍冬科忍冬属多年生常绿藤本植物。花初开时为白色，后变为金黄色，故称金银花。金银花是我国的传统大宗药材种类，是国家中医药管理局确定的38种名贵中药材之一。金银花主要以干燥花蕾入药，另外其藤蔓也可入药，具有清热解毒、凉散风热的功效，用于治疗外感风热或温病初起、热毒下痢、肺热咳嗽等症状(亓希武，2016)。近年来随着金银花系列产品的开发，金银花已成为药食两用的中药材，市场需求量极大。金银花在河北平原从南到北均可种植，目前邢台市巨鹿县发展规模最大，是当地的主要种植产业之一，已成为我国三大主产区之一。

3.14.1　生物生态学特性

金银花喜光照，喜温暖湿润，生长迅速，同时也具有很强的耐寒能力，耐旱、耐涝、耐盐碱，对气候和土壤适应性强，在河北平原各地均可种植，是优良的水土保持植物。金银花适宜生长温度20~30℃。一般气温5℃以上即可发芽，16℃以上生长较快；15℃时适宜花芽分化，20℃花蕾快速生长，但气温达到35℃以上时会对其生长造成一定影响(亓希武，2016)。

3.14.2　优良品种

金银花选育的品种很多，河北平原适宜栽培的优良品种主要有金丰1号、中花1号、巨花1号和九丰1号等。九丰1号由于抗寒性较差，不适宜在河北平原北部地区种植。

(1)金丰1号

金丰1号由河南省封丘县农村科技开发中心和新乡市林业种苗管理站共同选育。品种特征为枝条上扬且较粗壮。头茬花平均单株产干花208.61g；头茬花与2茬花产量比为4:3，分别占总产花量的40%与30%；3茬花占总产花量的15%；4茬、5茬花分别占总产花量的10%与5%。

(2)中花1号

中花1号由临沂市农业科学院从野生金银花中选育的优良四倍体品种，品种特征表现为，植株直立性强，茎枝粗壮，花枝节间短，有效花枝多，徒长枝少，开花量大。一年可开花5次，花蕾大，花针长，顶端结蕾，单株花蕾数2年生植株达7 624个，2年生平均干花产量可达1 045.5kg/hm^2，3年生平均干花产量1 792.5kg/hm^2。中花1号绿原酸含量3.5%，木犀草苷含量为0.089%。

(3)巨花1号

巨花1号由巨鹿县高级农艺师解凤岭先生培育，品种特征表现为，植株直立，徒长枝少，花枝粗壮；叶片大，叶毛多而长，色泽浓绿；花蕾紧凑，现蕾早且时间长，干花产量高，抗病力强，药用成分含量高。巨花1号耐盐碱，抗旱和抗病能力强，在河北平原南部的巨鹿县可年产4茬花，平均干花产量2 250kg/hm^2，最高可达3 750kg/hm^2。巨花1号绿原酸含量超过4.2%，木犀草苷含量达0.1%，

(4)九丰1号

九丰1号金银花是中国科学院植物研究所以"中国金银花之乡"平邑县主栽的传统品种二倍体金银花大毛花为亲本，采用多倍体育种技术培育的同源四倍体良种。九丰1号具有明显的多倍体植物器官巨型性特征，茎枝粗壮，叶片厚大，叶色浓绿，绒毛多，节间短，徒长枝少，结花枝多，花蕾肥大。九丰1号丰产性强，密植园丰产期干花产量可达2 250~3 000kg/hm^2。九丰1号木犀草苷含量达0.16%，绿原酸含量达3.9%，远超现行《中国药典》规定的绿原酸含量不得少于1.5%、木犀草苷含量不得少于0.05%的标准。

3.14.3 育苗技术

金银花可以采用种子、扦插、压条3种方法进行育苗，其中扦插育苗具有快速、经济成本低的优点，在生产中应用最为广泛。

(1)种子育苗技术

金银花种子育苗需提前选择优良植株，秋季果实成熟后，从预留植株上采摘成熟果实。将果实置于清水中反复搓洗，漂去果皮和果肉，得到纯净种子。种子以乌黑发亮、种仁饱满为佳，阴干后保存备用，种子贮藏期180~200d。秋季播种，可随采随播；翌年春季播种，采用沙藏法贮藏种子。春播前，将金银花种子置于40℃温水中浸种24h，然后与湿沙混合，在室温下进行催芽，待出现裂口的种子达到20%时，即可播种。金银花种子细小，播种育苗技术繁琐，播时宜浅不宜深，多用于培育新品种时使用。

(2)扦插育苗技术

扦插在整个生长季都可进行，其中以7月上中旬至8月上旬最佳。此期温度高，空气湿度大，切口易于愈合生根，成活率最高。但生产中为了提前栽植，可在5~6月上旬进行扦插。首先选取生长旺盛的1年生或2年生枝条，截成长30~40cm插条，每插条应有3个以上健壮芽眼，插条切口要平滑，上切口在顶端芽节以上1cm，下切口靠近下端芽节基部，剪成平滑斜面。扦插时，选择疏松肥沃的壤土作苗床，平整施肥后开沟，沟距25cm、株距5cm，将插条斜插入沟中，地上部分露出约1/3，培土踩紧压实，浇透水并保持苗床湿润，以促进植株根系的萌生。扦插前可用生根剂浸蘸，以提高生根率。本法也可直接在大田扦插，注意保持土壤湿润，成活率很高。

(3)压条育苗技术

压条育苗一般在6~8月进行。在植株周围堆好肥沃壤土，选取1年生健壮枝条，将枝

条芽节部位埋入土中，保持土壤湿润。2~3 个月后，芽节处可生出不定根。春季萌芽前将新生植株分离进行移栽。

3.14.4 栽培地选择

金银花耐寒、耐旱、耐贫瘠，对土壤要求不严，沙质、壤质土壤均可种植。为了达到丰产目的，栽培地应选择土层深厚、土质疏松肥沃、排水良好的沙质和壤质土壤。栽培地应有水源条件，以方便灌溉。对于河北平原立地条件差的沙化土地、河流故道等，金银花可作为水土保持树种栽植。

3.14.5 栽植技术

选好地后，可施入有机肥以提高土壤肥力，按每公顷施入农家肥 30 000kg 的量作基肥，并混施磷肥，深翻土壤，耙平，平整作畦。

金银花栽植以春秋两季为宜。栽前先挖定植穴，一般采用株行距(1~1.2)m×(1.5~1.8)m，植苗穴规格 30cm×30cm×30cm。移栽时将金银花苗木根系舒展开，扶正苗木，根部用表土填埋，然后回填余土踩实，浇透水。

3.14.6 整形修剪技术

整形修剪是保障金银花优质丰产的重要措施。通过修剪，能有效提高金银花的长势和产量，同时增强通风透光性，提高植株抵抗病虫害的能力。不同生长时期的金银花需采用不同的修剪方式。

3.14.6.1 幼树修剪

一般种植 1~4 年为金银花幼树期，此期修剪的主要目标是培育树形，主要采取重剪。首先是从春季萌发的新枝中选一粗壮直立枝作为中心主干培养，干高 20~30cm，干高 25cm 左右时摘心促生新侧枝，依次培育主枝、一级和二级分枝。每级主枝一般 3~4 个。修剪后的树形呈直立伞形，通风透光。

3.14.6.2 大树修剪

4 年以后金银花进入盛花期，此阶段应对弱枝重剪以回缩为主，密枝、交叉枝、重叠枝等以疏除为主，壮枝轻剪。每年可修剪 3~4 次，时间一般为每茬花采收后，其中第一茬花采收后以摘心为主，第二、三茬花采收后以轻剪为主。最后一茬花采收后，在越冬前进行重剪，疏除枯枝、病枝和细弱枝、内膛枝，将大枝、骨干枝、徒长枝进行回缩，老花枝剪去 1/2，以减少养分消耗，保证植株翌年树体结构和安全越冬。

3.14.6.3 老龄树修剪

树龄 20 年以上时，金银花进入衰老期。修剪时除留下足够的结花母枝外，重点进行骨干枝的更新复壮，促生新枝，达到稳定产量的目的。

3.14.7 田间管理技术

3.14.7.1 中耕除草

金银花定植后应定期中耕除草，以减少杂草对水肥的竞争，保证金银花生长营养的供应。除草深度掌握在 5cm 左右，以免伤害根系。

3.14.7.2 施肥

施肥可以有效提高植株长势，是提高产量的重要措施。施肥包括基肥和追肥。基肥一般在金银花采收后至落叶前进行，主要施入有机肥，并适量混施氮、磷、钾复合肥，每株约施入有机肥5kg、磷酸二铵150~200g。基肥可采用环状沟或条状沟施入，在金银花树盘外围或行间挖沟，将肥、土混匀后填回沟内，然后覆土。

追肥每年进行4~5次，一般在早春萌芽后和每茬花采收后进行，肥料以速效性氮肥或氮磷复合肥为主，并辅以少量有机肥如豆饼，每株可混合施入有机肥5kg、复合肥50~100g，追肥采用在植株周围挖浅沟进行，化肥可结合浇水施入。此外，在金银花生长发育的关键时期，如萌芽期、展叶期、花芽分化期等，进行叶面追肥可以有效促进植株和花蕾的生长发育。叶面追肥一般用浓度0.3%~0.5%尿素、0.3%磷酸二氢钾，同时配以微肥。叶面追肥时间宜在晴天的早晚进行。

3.14.7.3 灌溉排水

金银花花期若遇干旱天气应适当灌溉，防止其生长发育和开花受到影响。河北平原春季和初夏阶段干旱少雨，萌芽期和头茬花的花蕾期应注意浇水，此外注意浇封冻水。夏季若遇多雨天气，积水过多会导致落花或幼蕾破裂，应及时排水。

3.14.8 病虫害防治技术

金银花常见病害主要由真菌感染引起的，如白粉病、褐斑病、炭疽病、锈病、黑霉病等；常见虫害有蚜虫、尺蠖、咖啡虎天牛、柳干木蠹蛾、豹蠹蛾、银花叶蜂、红蜘蛛等。病虫害主要危害金银花叶片、枝条部位，导致金银花生长不良。

金银花病虫害防治应贯彻“预防为主，综合防治”的原则，优先采取农业、物理和生物防治措施，必要时再采取化学防治。生长期和越冬期清除枯枝落叶，以减少越冬病源和虫源；增施磷钾肥和有机肥、农家肥，以加强植株长势和抗病虫能力；适时修剪，提高通风透光性等。金银花萌芽前全树喷5°Be的石硫合剂，可综合防治多种病虫害。金银花生长势强，河北平原多数病虫害危害并不严重，生产上管理得当，可做到基本不用喷药防治。金银花花期应尽量减少用药，用药以低毒农药为主。

3.14.8.1 病害防治

白粉病主要危害叶片。发病初期，叶片上出现白色小点，逐步扩大为白色粉状斑，叶片发病严重时遍布白粉层，叶片发黄、变形、脱落。发病初期可用2%农抗120水剂200倍液或70%甲基硫菌灵可湿性粉1 000~1 500倍液防治。病害危害严重时采用粉锈宁、百菌清、甲基托布津、丙环唑和苯醚甲环唑等药物防治。

褐斑病主要危害叶片，发病初期叶片上出现黄褐色斑点，后期斑点扩大融合，形成病斑。防治褐斑病要及时摘除病叶、剪掉病枝，以防止病害蔓延；此外，发病期可喷施多菌灵、甲基硫菌灵、代森锰锌、扑海因、退菌特等2~3次防治。

炭疽病主要危害叶片，病斑表现为褐色近圆形病斑，可自行破裂，潮湿时病斑上着生橙红色点状分生孢子。可喷施波尔多液防治炭疽病。

锈病主要危害叶片，发病时首先表现为下部叶片背面出现锈褐色小疱斑，破裂后散发出铁锈色夏孢子，后期叶片上产生暗褐色的冬孢子堆，严重时可导致叶片枯死。常用防治方法为喷施粉锈宁、代森锰锌等药物。

黑霉病主要危害叶片，发病时叶片出现近圆形病斑，表面生有浅褐色霉层。常用防治方法为喷施甲基硫菌灵、代森锰锌、扑海因、退菌特等药物。

3.14.8.2 虫害防治

蚜虫是金银花常见虫害，主要危害叶片和花蕾，可导致叶片卷曲，花蕾畸形。蚜虫防治需结合两个时期，分别是早春金银花萌发前和蚜虫发生时期。早春可喷施柴油乳剂，杀死越冬虫。蚜虫发生初期可用0.3%苦参碱或1.5%天然除虫菊素1 000倍液、1%蛇床子素500倍液喷雾防治，发生严重时可用10%吡虫啉1 000倍液、50%吡蚜酮2 000倍液或50%抗蚜威1 500倍液等药物防治。

危害金银花的尺蠖主要有金银花尺蠖和双肩尺蠖2种，每年发生4代，一般在头茬花采收后危害最为严重，主要是咬食叶片，严重时可吃光叶片和花蕾。防治尺蠖可结合冬剪除去多余枝条，将枯枝落叶清理并焚烧，破坏其越冬环境；发生严重时可采用90%敌百虫800倍液、2.5%溴氰菊酯乳油4 000倍液或20%氯虫苯甲酰胺3 000倍液等喷雾防治。

咖啡虎天牛每年发生一代，7~8月发生最为严重，主要危害花枝的干，需进行综合防治。冬季可剪除枯病枝，剥掉主枝上的老皮，破坏成虫越冬及产卵环境；发病时可用含有敌百虫的糖醋液进行诱杀，产卵期可喷施辛硫磷乳油、磷胺乳油等，还可通过释放其天敌赤腹姬蜂和肿腿蜂进行生物防治。

柳干木蠹蛾每两年发生一代，主要危害金银花的茎干。防治柳干木蠹蛾可在冬季修剪时将枯死枝连根拔起，集中烧毁；发生时可喷施敌百虫、杀螟松等。

豹蠹蛾每年发生一代，主要危害金银花枝条，幼虫自叶腋处蛀入，蛀食内部，使枝条被咬成孔洞。豹蠹蛾防治可在采花后剪除受害枝条，发生时可喷施敌百虫、杀螟松等药物。

银花叶蜂主要危害金银花叶片，幼虫喜取食嫩叶，从叶片边缘向内吃成整齐的缺刻。银花叶蜂防治可在其发生时喷施敌百虫、速灭菊酯等，发生严重时可于冬春季节在树下挖虫茧，以减少越冬虫源。

红蜘蛛种类繁多，体积小，繁殖能力强，全年均可发生。红蜘蛛主要危害金银花叶片，使受害叶片出现黄白褐斑，严重时干枯脱落。红蜘蛛防治可在发生时喷施20%蜡克1 200倍液、5%尼索朗乳油2 000倍液、40%毒死蜱乳油1 000倍液或73%克蜡特乳油1 000倍液。

棉铃虫在河北平原产区发生较多，一般在6月中下旬开始防治。棉铃虫一年发生四代，危害金银花一般是2~4代，可用25%灭幼脲3号2 000倍液或2%甲氨基阿维菌素苯甲酸盐1 000倍液防治(谢晓亮，2017)。

3.14.9 收获与加工

3.14.9.1 采收

金银花开花时间因品种和气候变化而不同，一般5月中下旬采收第一茬花，第一茬花开花最集中，产量也最高。一个月后可陆续采摘二、三茬花。当花蕾由绿色转为白色，上部膨大时采摘最佳，一般先外后内、自下而上进行采摘。采收宜在清晨进行，一般在上午10:00之前结束。因这段时间内露水未干，采收的花蕾不易开放，且色泽气味好，有效成分含量高。采摘花蕾时应轻拿轻放，不损伤花蕾，只采达到采收标准的花蕾，采时注意减少叶子、枝茎等杂物。采收的花蕾轻放入容器中，盛放容器以通风透气的竹、枝条等篮子为宜。

3.14.9.2　加工

金银花采后需及时晾晒、烘干，否则会导致花蕾变质变色，质量下降。晴好天气下当天即可晒好，若因天气不佳而导致当天未能晒好，夜晚需将金银花覆盖，第2天继续晾晒。晾晒过程中花蕾未干燥时不可翻动，并尽量减少人手和花的接触，否则花蕾颜色变黑，从而导致质量下降。

采用烘干法加工，先对鲜花蕾进行杀青，杀青机内蒸汽温度应达300℃以上，这样有利于形成良好的花蕾香气。杀青后的花蕾放入自动烘干机中进行烘干，一般采取逐步升温的方法。在40~45℃下初烘1h，然后提高温度至50~60℃烘2~3h，之后升温至70℃烘20min，花蕾即可干燥为成品药材。

3.14.10　案例分析

位于河北平原中南部的巨鹿县是我国金银花主产区，素有"中国金银花之乡"的称号，金银花年种植面积近8 700hm^2，年可产干花1 300×10^4kg，年加工金银花1 000t，可实现产值3亿元。当地群众普遍栽植金银花，年采花3~4茬，667m^2平均产量100kg，市场收购价格约100~140元/kg，667m^2纯收入一般在8 000元以上。

3.15　双季槐丰产栽培技术

双季槐是槐树的一个优良变种，每年可生产两季槐米，故称"双季槐"。因其栽植后结槐米时间早(一般嫁接苗栽植当年见槐米，实生苗嫁接次年即可结槐米，3~4年可达结果盛期)，故又称之为"早生双季槐"(高文君，2014)。槐米是槐树的干燥花蕾，是我国传统的中药材种类，有凉血止血、清肝泻火的功效，用于便血、痔血、血痢、崩漏、肝热目赤等症状的治疗；槐米中富含芦丁，是医药行业提取芦丁的重要原材料。河北平原是槐树的主要分布区，多数地区适宜发展双季槐。同普通经济树种如苹果、梨等相比，双季槐适应性强，修剪和管理技术简单，对肥水要求不严格，而经济效益可观，发展前景广阔。

3.15.1　生物生态学特性

双季槐是槐树的优良变种，耐寒耐旱，耐盐碱，抗瘠薄，适应性强。同普通槐树相比，双季槐的叶片大且厚，生长速度快，穗大紧凑，粒大饱满，不掉粒，槐米颜色纯正，早实丰产性突出，且一年可结两季果。6年生双季槐较普通槐树产量约提高80%，槐米中芦丁含量约提高3%，药用品质较好。

3.15.2　育苗技术

3.15.2.1　嫁接

双季槐苗木繁育采用嫁接法，砧木选用3~4年生普通槐树实生苗，嫁接按时期可分为春季嫁接和夏季嫁接，嫁接方法同其他常规树种基本相同。春季嫁接以3月下旬至4月上中旬的萌动期为宜，主要采用枝接方法如劈接、切接、插皮接和带木质芽接等；夏季嫁接以7~8月为宜，但应避开高温多雨天气，主要采用芽接法。

春季嫁接所用接穗采集于5年生以上的健壮树，选择生长健壮、无病虫害、芽体饱满的1年生枝条作接穗，可结合冬春修剪采集，剪除枝条发育不充实的梢部和芽体不饱满的基部。将采好的接穗放入地窖或阴凉湿润处，用含水率60%~70%的湿沙储藏。嫁接前接穗蜡封处理。夏季嫁接所用接穗应选当年萌生发育充实的枝条，接穗应随采随接，采后立即剪除叶片但应保留叶柄，以减少水分蒸发。接穗运输时应用湿布、地膜等进行保湿处理。

(1)带木质芽接

带木质芽接具有嫁接速度快和节省接穗的优点。这种方法不受砧木、接穗离皮的限制，可在生长季随时嫁接。嫁接时，在接芽下方0.8cm处向下45°斜切一刀，深达木质部0.3cm左右，再从芽的上方1.5cm处带木质向下斜切与下端切口相交。以同样方法在砧木平滑处纵切，切口大小与芽片相当，然后去掉切块嵌入芽片，使两者形成层对准；若砧木切口过宽时，可只对准一侧形成层。最后用塑料条扎紧，露出接芽(朱锦红，2011)。

(2)插皮接

插皮接在砧木较粗且易离皮时采用。先在砧木基部光滑处将砧木剪断或锯断，削平断面。然后选有2~3个芽的接穗，将接穗下部削成4cm长大削面，在大削面的反面削0.5cm长小削面，并轻削两侧皮层，以利增大砧、穗的接触面。再从砧木断面皮层上纵切一刀，深达木质部，长3cm左右。同时，用力轻拨两边皮层，将接穗长削面朝里，顺裂口的皮层插入，使接穗削面外露0.5cm。最后绑紧包严，以免接穗失水进风影响成活(朱锦红，2011)。

(3)接后管理

春季嫁接15d后检查成活情况，如接穗未成活应及时补接，成活后及时剪砧。剪砧口不宜过低，上部应保留2~3cm的距离。夏季芽接在翌年春季萌芽前剪砧。剪砧后及时除萌，一般需要除萌2~3次，主要是抹除砧木上的萌蘖。

解绑宜晚不宜早，过早解绑由于砧木和接穗间接合生长不牢固，受风摇、碰撞及干旱等意外情况影响，易发生死亡。一般掌握在新生萌条长30~50cm时解绑。对生长过旺的枝条应采取绑缚固定措施，并适当摘心以控制旺长，以免风折。

3.15.2.2 高接换头

已定植的普通槐树，可采用高接换头方法改接双季槐。普通槐树树体高大，直接在树冠上部嫁接既影响产量和树势，又不方便采收。建议从主干60~80cm处短截，然后采用插皮接或在萌发的新枝上采用芽接、切接等方法进行高接换头，易于培育树形和提高产量。

3.15.3 栽培地选择

双季槐适应性强，壤土、砂土、黏土均可栽培，轻度的盐碱地也可栽培，一些缺少灌溉条件或肥力较差的坡岗地、次耕地和沙荒地等未利用土地均可种植。双季槐耐旱不耐涝，栽培地应避开低洼积水处。

3.15.4 栽植技术

双季槐秋冬季和春季栽植均可，秋冬季栽植以10月下旬至上冻前为宜，春季栽植在3

月上旬至萌芽初期。

选择主干发育良好，苗高1.5m以上的壮苗，定干高度0.6~1.0m为宜。一般株行距(2.0~3.0)m×(3.0~5.0)m，定干越高，株行距应适当加大。合理密植有利于早期丰产，但对修剪技术和水肥条件要求较高；稀植后期丰产性好，前期也适宜间作其他农作物。栽后及时浇水，可采用铺地膜的方法进行土壤保湿，用黑色地膜进行覆盖林木栽植带，既可减少水分蒸发，也可抑制杂草生长，尤其是定植初期还可提高地温。

3.15.5 整形修剪技术

3.15.5.1 树形结构

双季槐树形宜采用小冠疏层形。有中央领导干，定干高度60~70cm。中央领导干延长枝上着生6~9个主枝，分为2~3层，主枝开张70°左右。第一层3~4个主枝，每主枝上着生3~4个侧枝，层间距1.0m以上；第二层2~3个主枝，每主枝上培育2个侧枝，层间距80cm左右；第三层培育1~2个主枝，无明显侧枝。

3.15.5.2 整形技术

中央领导干延长枝，1~3年生树剪留长度50~60cm，3年后剪留长度40~50cm。主枝1~3年剪留长度约50cm，3年以后剪留长度30~40cm。第二层主枝与第一层主枝交错分布；各主枝上侧枝按顺序排列，空间上相互分开。注意控制竞争枝、把门枝的生长，处理好各级枝组的从属关系，中央领导干生长势强于主枝，主枝强于侧枝。

3.15.5.3 修剪方法

双季槐以当年生枝条结果，主要采用短截和疏枝的修剪措施。幼树多留枝，以短截为主，一般不缓放；多年生弱树加大短截量以促进健壮枝条萌发，注意疏除弱细枝、交叉枝、重叠枝、病枯枝等，以改善通风透光条件，避免结果部位外移。

3.15.6 田间管理技术

双季槐抗旱性强，河北平原降水一般能满足其生长要求。为了提高产量，生产上应注意施肥。春季、秋冬季以施基肥为主，穴施或沟施，如腐熟的农作物秸秆、农家肥等，可混施少量的氮磷复合肥等。雨季结合自然降水或人工浇水追施氮肥如尿素等，尤其是现蕾初期。花期如遇严重干旱应适当灌溉，并可适当追肥。

3.15.7 病虫害防治技术

3.15.7.1 病害防治

双季槐病害很少，个别种植区域零星有腐烂病发生。该病主要危害枝干皮层，病斑初期呈褐色水渍状圆形斑，后期下陷，皮层软腐。防治方法是用利刃刮除病斑，用甲基托布津、多菌灵等药剂溶液喷涂伤口，然后用干净塑料薄膜包严。

3.15.7.2 虫害防治

河北平原危害双季槐的害虫主要有蚜虫、槐尺蠖、红蜘蛛等。蚜虫危害嫩梢及果穗，一年发生多代，对槐米产量和质量影响严重，可采用吡虫啉、菊酯类药物进行防治。槐尺蠖幼虫蚕食叶片，甚至能吃光叶片，对树体影响严重。在低龄幼虫期喷800~1 000倍灭幼脲，3龄幼虫期喷1 000倍液Bt生物制剂杀虫剂，发生严重时可用菊酯类药物毒杀幼虫。

秋冬季及各代化蛹期，在树冠下方松土挖蛹，对控制槐尺蠖的虫口密度效果明显。另外，春季萌芽前全园喷5°Be的石硫合剂可防治多种病虫害（李建勋，2012）。

3.15.8　收获与加工

3.15.8.1　采收

当果穗有30%花蕾开放时即可采收，宜早不宜迟，否则影响下季槐米的生长发育。果穗有多长剪多长，剪时不宜带叶片。采收时选择晴好天气的清晨，一般上午10:00以后避免采收，采后及时晾晒，24h即干。即使当天不能晾干，也不易褐变影响质量。如在下午采，则装在透气的袋中不晾晒，次日再晾晒。

3.15.8.2　加工

将带穗的鲜槐米在蒸汽中蒸10min再晾晒，可防止槐米褐变，同时芦丁含量可提高2%~3%。

3.16　银杏丰产栽培技术

银杏，银杏科银杏属落叶乔木，雌雄异株，树体高大，树干通直，姿态优美，素有"活化石"之称。银杏是我国特有的多用途生态经济树种，材质优良，结构细，纹理直，为特种工艺和装饰用材，适宜培育大径材；种子富含营养，俗称"白果"，可食用、药用；银杏叶富含黄酮类和内酯类化合物，可用于治疗心血管病，现已成为药品、食品、化妆品和饮料等行业的重要原料。同时，银杏是我国园林绿化中应用最广泛的树种之一，南北各地皆宜栽培。目前，生产上有专门生产银杏叶为经营目的银杏园，称为叶用园，也有以生产银杏种子为主的果用园。另外，银杏观光园也是优良的林业经营模式。

3.16.1　生物生态学特性

银杏是我国特有植物，寿命长，雌雄异株，适应性强，年平均气温10~18℃，冬季最低气温-20℃以上，年降水量600~1 500mm，冬春温凉干燥或温凉湿润，夏秋温暖多雨的气候条件适宜生长。银杏喜光，深根性，不耐水涝和盐碱，以土层深厚、肥沃湿润、排水良好的砂壤土或壤土生长最佳。银杏抗污性强，对大气污染有一定抗性。银杏自然条件下一般20年实生树才开始结果，30~40年进入盛果期，但寿命长，数百年仍生长不衰，我国多地有上百年、千年的古树仍在枝繁叶茂的生长。银杏以种子或根蘖繁殖，苗期通过嫁接良种，在人工管理条件下3~5年可结果，5~7年可进入丰产期。

3.16.2　优良品种

银杏前期生长缓慢，结果晚，通常以种子繁殖，种子园和叶用园应选择专用品种，采用嫁接育苗为宜。目前叶用品种有南京林业大学选育的E4、E6品种，山东农业大学选育的黄酮F-1号和黄酮F-2号等品种。作为优良的果用品种，要求具有早果、高产、品质好（种核整齐、果型较大、出核率和出仁率较高）、抗逆性强等性状。全国各地在长期栽培实践中，选育出了一批地方优良品种，如泰兴的大佛指和七星果、邳州的大马铃、吴县的洞庭皇、诸暨的大梅核、郯城的大金坠、灵川的长柄佛手和海洋皇等；一些果用优良品种也通过了省级林木品种委员会的审定或认定，如大金果、佛香、南林果4、华口大白果、大佛手和大马铃等；一些果用品种还获得了植物新品种授权，如南林果1和南林果2等。此外，银杏材用品种或一些兼用品种近年也相继选育成功。营建叶(果)用园时，应根据实际情况选用优良品种。由于银杏雌雄异株，果用园栽培时应注意雌雄株的搭配，比例一般为20:1(曹福亮，2014)。

3.16.3 栽培地选择

银杏喜光，深根性，耐干旱，不耐水涝和盐碱，以肥厚湿润、排水良好的砂壤土或壤土为宜。银杏适应性强，河北平原从南到北均可种植；根据现有银杏栽培区划研究结果，河北平原中南部地区为亚丰产区，发展银杏果用林有较好自然条件(曹福亮，2014)。生产上应选择排水良好，土层深厚肥沃，土壤 pH 5.5~7.5，有灌溉条件的适生林地。立地条件较差时可增施有机肥进行土壤改良

3.16.4 栽植技术

栽植密度对银杏园产叶(果)量、质量及经营管理措施都有较大影响。栽植密度因立地条件及作业方式而异。银杏叶用园一般采用密植。土壤瘠薄、立地条件较差时，宜密植，肥沃土壤可稀植。一般株行距(30~50)cm×(50~100)cm，40cm×60cm的株行距在平原地区应用最为广泛；但为方便作业，生产上向大行距发展的趋势明显如80~100cm。果用园采用果园化经营模式，一般株行距(3~4)m×(4~6)m，果粮间作时应适当扩大行距。

栽前施足底肥，深耕土壤，整平耙细。根据苗木大小，采用开沟或定植穴的方法栽植，定植穴规格不低于60cm×60cm×60cm。为了促进银杏生长，定植穴底部适量施入腐熟的有机肥、氮磷复合肥。栽后及时浇水、松土保墒。

定植时选择生长健壮、嫁接愈合良好的优良品种，苗龄3~4年，要求植株基部粗度1.5cm以上，顶芽健壮、侧芽饱满充实，无病虫害，主根长30cm以上，侧根多，当年新梢长30cm。

3.16.5 整形修剪技术

3.16.5.1 叶用园整形修剪

银杏叶用园随树龄加大，密植条件下林地会很快郁闭，且高大的树体采收困难，因此生产上多采用截干萌芽的措施，采用矮林的经营模式，以减少生产用工，且能提高银杏叶产量和黄酮含量。一般当年栽植不截干，第2年即进行截干，主干高度50cm为宜，以后隔年截一次干。修剪时，注意剪去发育较差的细弱枝，保留4~5个粗壮枝。叶用银杏每年应修剪。

3.16.5.2 果用园整形修剪

(1)整形

银杏果用园多采用开心形和疏层形2种树形。

开心形主干高度30~40cm，无中央领导干，培育主枝3~4个，在主枝上培育结果枝组。修剪时多采用短截措施，以促发新枝条，对于细弱的结果枝组适当回缩。

主干疏层形树体高大，中央领导干高2.5m，培育主枝6~9个，交叉分层排列于中央

领导干上。主枝一般分为3~4层，也可分层不明显。第一层主枝3个，第二、三层主枝1~2个，第四层主枝1个，各层间距1.0~1.5m。每一主枝培育2~3个侧枝，其上培育结果枝组。

(2)修剪

银杏属短枝结果的树种，年生长量较小，枝组连续结果能长达10年以上，故修剪与其他果树不同。银杏修剪应本着主枝适量、侧枝有序、通风透光的基本要求原则，按照冬剪为主、夏剪为辅和疏剪为主、短截及回缩为辅的原则进行。

冬剪应疏除过密枝、细弱枝、交叉枝、衰老的下垂枝和病枝，以改善冠内通风透光条件。短截和回缩主要用于调整枝条方位和更新衰老枝组，短截应截去1年生枝条的1/3或破除短枝顶芽，以促发新枝萌发，回缩应剪除多年生枝条的1/2~1/3。夏剪常用方法有环剥、刻伤、摘心和除萌等，以调整生长势和促进二次生长。对于新栽银杏树，应及时除去嫁接口以下的萌蘖(王加朝，2016)。

环剥或称环割，主要目标是加强植株地上部分养分积累，提早结果。6月中下旬新梢停长后，对雌株主干、主枝或侧枝基部用环割刀环割1~2圈，深达木质部，环剥口宽度为干周的1/10，剥后用塑料薄膜严密缠绑，9月中、下旬解绑。3~7年生树对主干或主枝环剥，8年生以上对长势较旺的主枝和侧枝环剥(于淑娟，2012)。

3.16.6 花果管理技术

3.16.6.1 人工授粉

银杏为风媒传粉植物，种子园授粉不足时产量低，所以人工辅助授粉是增产的重要措施。晚春或初夏当雄花序由青绿色转为淡黄色，花序微微下垂并有个别花开始散粉时即可采集，采后摊放在白纸上，置于20~25℃室内1~2d，待花药开裂出粉后，用0.5mm细筛筛出花粉，室内阴干，然后放入干燥器内，储藏于冰箱备用，一般可贮藏4~5d。当雌花尖端珠孔出现传粉滴时为最佳授粉期，选择无雾、无露水的晴天采用喷液法进行授粉，水粉混合液配制比例为：花粉2g、白糖20g、水10kg，也可加入硼砂10~20g，以促进花粉萌发。水粉混合液应随配随喷，4h内喷完。晴天喷1次即可，阴雨天可加喷1~2次。人工授粉可提高结实率116%~195%，成果率提高30%~48%。

3.16.6.2 疏果

银杏进入盛果期后，结果增多，为确保丰产稳产，应进行合理疏果。对结果过多的枝条，当幼果果径0.2~0.3cm(绿豆大小)时，按每丛短枝留果1~2个的标准进行人工疏果(王中林，2015)。

3.16.7 田间管理技术

银杏属喜肥树种，肥料的多少和种类对叶和果的产量影响很大。每年需施基肥1次，追肥3次，施肥应结合灌溉进行。

3.16.7.1 基肥

基肥是银杏施肥的关键，叶用园采叶后即施，果用园可在落叶初期施入。秋冬季未施肥可在翌年早春补施。基肥以有机肥为主，适当配合银杏专用肥或磷、钾肥。每公顷施入腐熟有机肥45 000kg和银杏专用肥750kg，可采用条沟施肥、穴状施肥及全园翻耕等方法，施肥结合灌溉可明显增加肥效。

3.16.7.2　追肥

(1)萌芽肥

一般在3月中下旬萌芽前追施，以速效氮肥为主。每公顷可施碳酸氢铵900kg或尿素300kg。

(2)枝叶肥

施肥时间为银杏速生期的前期，一般在5月中下旬，每公顷施入氮磷复合肥300~450kg或银杏专用肥400kg。

(3)壮叶肥

壮叶肥的目的是促进叶片发育，延迟叶片老化，提高光合效率及有效药用成分含量。一般在7月下旬至8月上旬，每公顷施入氮磷复合肥或银杏专用肥600~900kg。此外，叶面喷施微肥及生长调节剂等对银杏叶片的生长和产量影响显著。据研究，对叶片质量的影响由高到低依次为绿芬威、光合微肥、赤霉素、磷酸二氢钾，使用0.4%绿芬威、0.2%光合微肥、0.3g/L赤霉素和1.5%磷酸二氢钾的叶面追肥效果最佳(冷鹏，2015)。

3.16.7.3　灌溉与排水

银杏根系分布深，耐干旱，河北平原生长季自然降水一般能满足生长需求，但在春季、初夏、秋冬等如遇干旱天气应适当灌溉，年需浇水2~3次。银杏喜湿怕涝，生长季需水量大，特别是叶用银杏，叶片多，蒸腾量大，尤其5~7月生长高峰期，也是河北平原的干热期，气温高，蒸发量大，而降水量少，是灌溉的关键时期。应根据当地气候、土壤水分条件和银杏生长对水分的需求，适时灌溉，使土壤含水量达到田间持水量的80%左右。由于银杏为肉质根系，不耐积水，7~8月大雨过后要注意排除积水。

3.16.7.4　林地间作

银杏生长相对缓慢，结果较晚，且发芽迟，落叶早，树冠稀疏，适于间作多种农作物。间作可增加银杏园早期收入，且通过农作物的耕作可改善土壤肥力和水分条件，促进树体生长。叶用园由于定植密度高，间作期限仅2~3年，果用园间作可延长至5~7年甚至更长。

3.16.7.5　采叶(果)后管理

银杏采叶或采果后，应及时清除园内杂草，剪除病虫枝，追施有机肥和灌溉，改善土壤条件，促进树势恢复和花芽分化，以确保翌年丰产稳产。

3.16.8　病虫害防治技术

银杏主要病害有叶枯病、黄化病等，虫害主要有金龟子、超小卷叶蛾、黄刺蛾、木蛾、银杏大蚕蛾、星天牛、蓟马等。银杏抗逆性强，病虫害发生较少，河北平原一般不形成严重危害，生产上应科学修剪，加强土、水、肥的田间管理，增强树势，同时采取综合的农业、物理措施防治病虫害。

3.16.8.1　病害防治

叶枯病多危害银杏成年树或弱树，感病叶片出现褐色或红褐色病斑，由局部扩展到整个叶缘、叶基，使叶片变为褐色或灰褐色直至干枯。6~7月对受害树喷50%多菌灵500~800倍液，8月喷50%退菌特800~1 000倍液、70%甲基托布津800倍液或70%代森锰锌

600 倍液防治，9 月可喷波尔多液防治，每次喷药间隔 15d 左右，各种药剂交叉使用，连喷 2～3 次。

黄化病发病部位为叶片，受害树叶片先端部位黄化，叶片呈鲜黄色，叶片变薄，严重时会导致叶片干枯，幼树、弱树受害严重。对受害树增施有机肥和锌、铁等微量元素肥料以增强树势，加强松土除草和地下害虫的防治，做好雨季的开沟排水工作。同时，新栽园为避免黄化病的发生，选址应避开多年生老果园和苗圃等。

3.16.8.2　虫害防治

银杏超小卷叶蛾 4 月下旬至 6 月下旬发生，幼虫蛀入嫩枝危害，使植株枝梢枯死，幼果脱落。木蛾幼虫危害期为 6 月上旬至 7 月上旬。银杏大蚕蛾幼虫危害期 4 月下旬至 6 月中下旬，幼虫取食叶片，食叶量大。黄刺蛾幼虫在 6 月下旬至 7 月中旬危害，7 月下旬至 8 月上旬作茧化蛹，8 月中旬为成虫发生期。从 5 月上中旬幼虫危害期开始，采用 10% 吡虫啉 1 500～2 000 倍液或 25% 灭幼脲 3 号悬浮剂 1 500 倍液、2.5% 溴氰菊酯乳油 500 倍液、20% 速灭杀丁 3 000 倍液等药物交叉防治，7d 喷 1 次，连喷 2 次。

5～6 月金龟子危害期，在傍晚用 10% 吡虫啉 1 500～2 000 倍液喷杀，间隔 7d 喷 1 次，连喷 2～3 次。

星天牛 5～7 月成虫咬食嫩枝皮层和幼芽等，交尾后在树干或主侧枝下部产卵，并在树皮上咬成“T”或“A”形刻槽；幼虫从皮层逐渐蛀入木质部取食，11 月后在木质部中越冬。5～6 月成虫羽化盛期，人工捕杀成虫。成虫产卵前用生石灰 5kg 加硫黄粉 0.5kg、水 20kg 制成药浆涂刷树干下部，以预防成虫产卵。成虫盛发的中后期，刮除虫卵和用药浆毒杀初孵化的幼虫。发现虫洞后，用棉花蘸 80% 敌敌畏乳油 10～50 倍液塞入蛀孔，用泥封口，熏杀幼虫（王邦富，2013）。

3.16.9　收获与加工

叶用园的采叶时间对银杏生长、产量及质量有较大影响。过早采叶，产量低、质量差，且对银杏翌年生长有较大影响；采叶过晚，叶片产量低且有效药用成分含量也已下降。生产上采叶时间一般为 9～10 月，此期采叶对银杏树体伤害较小，而且叶产量和质量最高。采后及时晾晒加工，如采用机械烘干，生产效率和质量均可明显提高。

果用园，当外果皮由青绿色变为淡黄或橙黄色，果肉由硬变软，白粉由暗变明，并有少量自然落果时即可采收。一般用竹竿、木棍等敲打击落，采时避免对树枝和树叶形成大的伤害。采后及时脱皮、漂白处理。可将果实堆成 30～40cm 厚的堆，并用秸秆、麻袋、塑料膜等覆盖，2～3d 后外果皮腐烂，用手搓或用棍敲使外果皮脱落，然后在漂白液中浸泡 5～6min，捞出用清水冲洗干净。在通风良好的地方晾干，分级装袋后贮藏销售。银杏种子在温度 1～4℃、相对湿度 50%～60% 的冷藏条件下可贮藏 1 年，自然条件可贮藏 6 个月。

第4章　生态景观林营造技术

4.1　生态景观林概述

随着人类社会的发展，城市化在带来丰富物质生活的同时，因其人口、物质、生产和消费的高度聚集，使人们远离了大自然，给城市人口带来了新的内心冲突、心理困惑和更多的心理压力以及“城市病”等一系列人类健康方面的新问题。园林作为改善城市生态环境的手段，虽然与城镇的形成具有同样长的历史，但是传统园林大都以封闭形式创造园林景观，较少运用生态学原理配置植物，不能形成稳定的植物群落，在一定程度上限制了其生态功能的发挥。因此，20 世纪 20 年代，欧洲首先提出了建设生态园林的理念，与追求构图美感的西方传统园林和追求形意相随的东方古典园林有很大的区别。之后，美国的詹逊也提出了以自然生态学的方法来代替以往单纯以视觉景象出发的园林设计，美国世界观察研究所《为人类和地球彻底改造城市》的调查报告指出：无论是发达国家还是发展中国家，都必须将本国城市放在协调发展的战略地位，实现“人—社会—自然”的和谐发展。1986 年，中国园林学会召开城市绿地系统、植物造景与城市生态学术讨论会，提倡在我国建设生态园林。

与园林学家们探寻生态园林之路同时期，1962 年，美国政府在户外娱乐资源调查报告中，首次使用“城市森林”一词。我国自 20 世纪 90 年代引入“城市森林”的概念，一批学者对城市森林理论展开了具体研究并进行了深入的分析和探讨，北京、上海等一些城市相继开展了城市森林的实践研究。深圳市率先提出了“生态风景林”这一学术概念(秦飞等，2009)。随后，广东省于 2011 年提出了“生态景观林带”这一术语，并先后由广东省人民政府出台了《关于建设生态景观林带构建区域生态安全体系的意见》和《广东省生态景观林带建设管理办法》(肖智慧等，2011)。不少学者认为“生态风景林”也就是“生态景观林”。生态景观林作为城市林业的一个重要组成部分，是城市林业生态体系中一个重要的分支系统，也是林业和现代城市的共同标志，林业和社会相融合的集中体现。

4.1.1　生态景观林的概念

生态景观林又称生态风景林，是一个具有中国特色的森林类型。由于发展时间短，目前还没有公认的、统一的有关生态风景林的定义或概念。中国科学院院士蒋有绪(2 000)认为深圳市提出的生态风景林是我国对风景林这一概念的进一步发展，我国风景林仍然担负着十分重要的生态防护功能，所以生态风景林的概念应运而生，具有显著的中国特色。生态风景林是按照风景林要求设计的具有专门防护功能的林种，即兼有防护功能的风景林，是生态公益林的一种特殊成分。生态风景林不受空间大小、周边环境的限制，讲究紧凑、随意、镶嵌、多变，虽有人工设计而又不露其痕迹的自然美、和谐美，是最富有创造天地的林种。陈涛等提出，“生态风景林是在残缺不全的现有森林的基础上，通过树种合理搭配或者通过森林营建技术改造森林林相，使得森林中地带性顶级群落演替的现象重新开始，并具有明显景观效益和生态效益的人工干预混交林”。翁有恒提出，“生态风景林是有着独特内涵和外延，在生态公益林的基础上，发展起来的城市森林生态系统和城市绿化体系，它将城市作为中心，由内向外辐射，形成为城市服务的具有不同类型、不同层次、不同功能的森林整体，突出强调森林的生态景观建设，在达到生态林的绿化效果后，强化树种的选择和色彩、树形等搭配的合理性，注重人造森林景观的应用，形成经济与环境、森林与环境、人与自然和谐发展，现代林业与现代城市相融合的局势”(王会顶，2013)。2011 年，广东省提出的生态景观林带是指在连绵山体、主要江河沿江两岸、沿海海岸及交通主干线两侧一定范围内，营建的具有多层次、多树种、多色彩、多功能、多效益的森林绿化带。

生态景观林与风景林、游憩林、防护林、环境保护林等概念既有联系又有区别。风景林同样也是按照森林分类经营的需要划分出来的一种生态公益林，但一般认为风景林是具有较高美学价值并以满足人们审美需求为主要目标的森林的总称，是具有较高观赏价值的植物群落，是风景旅游区、森林公园等自然景观的重要组成部分。游憩林同风景林相比其内涵要大得多，它是指具有适合开展游憩的自然条件和相应的人为设施，以满足人们娱乐、健身、疗养、休息观赏等游憩需求为目标的森林。森林风景的美学价值是森林游憩功能的基础，包含在游憩价值之中，注重的是森林的可及性。防护林是以保护和改善人类生活环境、维持生态平衡、国土安全等需求为主要目标，包括农田防护林、水源涵养林、水土保持林、防风固沙林等，其功能是改善生态环境，一般不考虑游憩及景观的需求。环境保护林指以分布于城镇、村庄、医院、疗养院、工业区等，以净化空气、改善环境、防止污染、减低噪音为主要目的的森林。而生态景观林是在上述几种林分类型上的再发展，追求生态效益与审美价值的高度统一，是兼具生态功能和景观效果为一体的森林林种。

综上，生态景观林是指在城镇建成区、城镇周边、江河沿岸、沿海海岸、交通干线两侧视觉可及的范围内，按照生态学原理和景观美学原理设计与营建的以生态功能和景观效果为主的一种森林类型，强调与现代城市相融合，注重森林与环境、人与自然的和谐发展。它既不同于城市园林，也不同于生态公益林，它既有丰富区域景观、美化视觉空间的功能，又有涵养水源、保持水土、防风固沙等生态功能，对在有限的土地资源条件下构建区域自然稳定的生态系统具有重要作用。生态景观林建设，一方面要考虑植物配置的适地适树和群落组成、结构与功能的多样性和相对稳定性，使植被具有持续稳定的生态效益；另一方面利用树种的生物学特性进行色彩和层次上的群落配置，加上一些森林景观的营造，使林相展现出季相变化等丰富多彩的景观效果，达到生态效益和景观效益的高度统一。

4.1.2　生态景观林的功能

4.1.2.1　调节气候，净化空气

生态景观林具有蒸散作用，一株成年树一天可蒸散 400kg 的水，可以减少干热，抑制热岛效应。在气候干燥地区的城市营造生态景观林可有效减少干热。据测定，$1hm^2$ 树木增

加的空气湿度相当于相同水面的10倍。配置合理、结构和树种得当的生态景观林约可增加空气相对湿度45%。同时，生态景观林具有净化空气、防毒除尘、降低噪音等功能，还可以增加空气负离子，分泌杀菌素，使空气清新宜人。如1hm^{2}圆柏林，一昼夜能分泌30kg杀菌素，可杀死白喉、伤寒、痢疾等病原菌；桦树、栎树、椴树、松柏、冷杉等树种分泌的杀菌素能杀死白喉、结核、霍乱和痢疾等病原菌。据测定，北京市区空气负离子浓度平均为200~400个/cm^3，远郊有林地区空气负离子浓度700~1 200个/cm^3，是市区的2~5倍。树木具有吸附、吸收污染物或阻碍污染物扩散的作用，树木能吸收二氧化硫、氮氧化合物、氮氢化合物、氯气、氟化合物和汞、铬等重金属。如1hm^{2}加杨林平均每年可吸收46kg二氧化硫，1hm^{2}柳树在生长季每月可吸收10kg二氧化硫。生态景观林通过降低风速，使空气中的颗粒物下落，利用庞大的叶面积及其柔毛或分泌的黏液和油脂，吸附空气颗粒物，随雨水冲刷到地面，净化空气。1hm^{2}柳杉林每年可吸尘32t，松林为36t，栎槭混交林为68t。林带对防治噪声有一定作用，因为声能投射到枝叶上被反射到各个方向，造成树叶微振而使声能消耗减弱。据测定，40m宽的林带可以降低噪声10~15dB，30m宽的林带可以减低噪声6~8dB，4.4m宽的绿篱可减低噪声6dB，宽阔、高大、浓密的树丛可降低声音5~10dB(叶功富等，2006)。

4.1.2.2 保持水土，涵养水源

生态景观林在防灾、减灾和维持生态平衡方面作用巨大。生态景观林可以保持水土，增加降水量和涵养水源。生态景观林通过枝叶截留降水，林地的枯枝落叶层和土壤储存降水，可减少地表径流，有利于水分下渗，补充河水和地下水，对防止和减少水土流失，减少河道、湖泊、水库的泥沙淤积有明显效果。生态景观林蓄水作用明显。据测定，1hm^{2}树木可蓄水300t。生态景观林通过其林冠层对降水的净化，林下植被和地被物层的截留，土壤微生物对化合物的分解，土壤原粒的物理吸附作用，土壤对金属元素的吸附及沉淀，改善了水质，为城市提供清洁用水。生态景观林的根系能分泌黏液，固结土壤，有效地防止水蚀、风蚀。森林有较强的自肥能力，能增加土壤有机质，改善土壤的养分和水分状况，使土壤形成良好的结构和稳定的表土层。2 000年以来，我国西北东部、东北西南部、华北北部等地连续多次出现大范围扬沙及沙尘暴天气，使北方城市风沙遮天蔽日。我国黄河、长江等江河中泥沙含量高，容易造成泥沙淤积河道而发生水灾。因此，在城市及其附近地区建设以防护和水土保持为目的生态景观林，可有效缓解这些现象(杨赉丽，2016)。

4.1.2.3 美化环境，提供休闲空间

生态景观林在美化环境方面起着重要作用。根据地形地貌，选择适宜树种营造各种风格的生态景观林，由此构成一个整体美的城市景观。林中的各种植物都有自己独特的形态、色彩、芳香，并随着季节变化，鲜花、绿树、硕果能把城市环境装点得绚丽多彩。随着城市人口增多，休闲时间增多，城市居民对回归自然环境的要求越来越迫切，因此对生态景观林的需求迅速增加。城市周围的生态景观林内空气清新，幽静祥和，色彩悦目，市民在此进行休闲活动，会感到心旷神怡，得到美的享受，增进身心健康。如法国巴黎的枫丹白露森林，面积170km^2，离市中心60km，主要树种为橡树、欧洲赤松、山毛榉。每年的游憩人数达1 000万人次。种类繁多的森林植物构成了丰富多彩的景观，使游人从大自然中得到美的享受、知识的启迪和情操的陶冶。

4.1.2.4　丰富景观，提供视觉享受

生态景观林的景观功能首先取决于林木的自然姿态，其次是树种配置、结构形状等造型的设计美。根据不同的区位特征，选择不同景观和功能的植物来营造各具特色的景观林，不仅能塑造具有明显区域特征的景观林，而且能够提升城市品位。生态景观林通过林木的大小、色彩、形状、季相等变换，可以形成春季繁花似锦、夏季绿树成荫、秋季硕果累累、冬季枝干遒劲的森林景观。树种配置上，从整体到局部，从平面到立体，创造多姿多彩的森林景观，达到空气清新，环境幽静，风景宜人的效果。无论置身其中游览，还是匆匆路过观赏，都能感受到视觉上的冲击和享受。

4.1.2.5　环境增值，产生经济效益

生态景观林通过对环境的改善，促进环境效益增值，从而产生间接和直接的经济效益。间接效益以生态、休憩、观赏等价值为目标，为城市环境中受压抑的居民提供回归大自然的途径，提供优质的室外环境。进而带动城市建设、房地产开发、城市休闲旅游等相关产业发展，产生了巨大的增值效应。同时，生态景观林建设可以提升城市和乡村的环境品位，成为旅游发展的巨大动力和重要内容。另外，生态景观林调节气候带来的能源节约，生态功能发挥带来的多种服务价值都是间接经济效益的体现。生态景观林的直接经济效益主要体现在物质生产方面，如将生态景观林建设与用材林、经济林、苗木基地、农作物等有机结合，可以生产出木材、果品、苗木、花卉、蔬菜等产品，为其经营者带来直接的经济收入。

4.1.3　生态景观林建设的意义

随着工业化进程的加快，人类正在不自觉地破坏自己赖以生存的自然生态系统，污染程度加剧、人居环境欠佳、生物多样性降低等一系列生态环境问题严重制约了社会可持续发展。森林作为陆地生态系统的主体，是自然界功能最完善的资源库、基因库、蓄水库和能源库之一。森林对改善生态环境、维持生态平衡起着决定性的作用，森林也是人类赖以生存和发展的重要物质基础，是人与自然和谐发展的桥梁与纽带。它不仅能为社会提供木材和林副产品，而且还具有涵养水源、防止泥沙流失、保健游憩、保护野生动物、净化空气以及美化环境等多种功能。随着社会的进步、经济的发展和生活水平的提高，人们的生态保护意识也随之增强，崇尚自然、回归自然逐渐成为一种时尚；另一方面，人类对土地的大规模开发和利用，使得森林面积迅速减少，生活环境质量下降，森林作为陆地生态系统的主体和人类生存的重要资源已越来越受关注。

随着人们生活水平的提高、城市化进程的加快，人们生活的压力越来越大，在对物质生活的追求得到满足之后，对精神和文化生活的追求也日趋强烈。节假日外出观光旅游、参加各种休闲娱乐活动已经不能满足现代人对精神生活的需求。如何在有限的时间和空间，尽可能满足人们的精神需求显得越来越重要。追求低碳、环保、生态的生活方式，使当代社会对森林的主导功能也提出了新的要求。这一要求使森林在综合发挥生态、社会、经济三大效益方面表现得更为突出。生态景观林作为一种特殊的森林类型，既可保护生态又能美化环境，满足人们精神需求，越来越受到人们的青睐。

4.2 生态景观林的分类

标准不同、目的不同，生态景观林的分类也不尽相同。

按照不同功能区划分，可以分为：休闲区生态景观林、居住办公区生态景观林、路渠生态景观林、工矿厂区生态景观林、环城(村)生态景观林。

按照距离城、镇、村远近，可以分为：城(镇、村)内生态景观林、近郊生态景观林、远郊生态景观林。

按照所处的位置，可以分为：交通干线生态景观林、江河湖库生态景观林、可视山体生态景观林、环城(村)生态景观林。

按照是否产生直接经济效益，可以分为：以生态功能和景观效果为主的生态景观林、生态景观与经济效益兼顾的生态景观林。

4.3 生态景观林的设计原则

4.3.1 坚持生态优先原则

生态景观林建设不应单纯局限于视觉的欣赏，生态景观林作为城镇及周边自然生产力的主体，应成为城镇生态系统的核心。生态景观林通过构建多样性景观，对绿地整体空间进行合理配置，尽量增加自然生态要素，追求整体生产力，健全景观生态结构。与城镇综合减灾系统相结合，发挥森林调节水文循环系统的功能，提高森林对水分的吸收、储存和渗透功能，减少地表径流，补充地下水。在进行种植设计时，应充分掌握植物种的生态习性，因地制宜，依目的选择树种，如以防风功能为主，应选枝干韧性强、根系较发达、树冠较大的树种；而防污功能为主，就要求选择对大气污染抗性强，叶面积指数大的树种。在树种搭配、林相的构成上应充分考虑森林的发展和动态演替规律，通过营造乔、灌、草、藤的复合群落结构，提高叶面积指数；尽量选用叶面积大、叶片宽厚、光合效率高的植物，提高群落光合效率，创造适宜的小气候环境，促进城镇生态平衡。

4.3.2 遵循景观美学理论

生态景观林是保持和塑造城市风情、文脉和特色的重要方面，应以自然生态条件和地带性植被为基础，将民俗风情、传统文化、宗教、历史文物等融合在生态景观林中，使生态景观林具有地域性和文化性特征，产生可识别性和特色性；在传统文化和传统园林艺术中，园林植物往往具有丰富的寓意和象征，通过合理种植设计，可在局部地区将园林植物的寓意和韵律予以表达，促使植物形与神的结合，启迪居民的心智和陶冶人们的情操。生态景观林不仅为人们提供休闲游憩、强身健体等有益身心的休闲保健活动场所，还应兼有健身益智、自然教育、陶冶情趣、启发灵感等多种功能，从而提高生态景观林建设的品位。因此，应汲取和借鉴传统园林的文化传统，融合自然规律和人文传统，综合园林的生态、审美功能，创造意境，烘托环境氛围，提高品位和满足身心需求。

4.3.3　坚持生物多样性原则

在我国的生态景观林建设中，普遍存在树种单一、缺乏变化的问题。物种多样性不仅反映了群落或环境中物种的丰富度、变化程度或均匀度，也反映了群落的动态与稳定性，以及不同的自然环境条件与群落的相互关系。生态学家们认为，在一个稳定的群落中，不同种群对群落的条件、资源利用等方面均趋向于互相补充而不是直接竞争，系统愈复杂也就愈稳定。因此，生态景观林应借鉴地带性群落的种类组成、结构特点和演替规律，尽可能多地增加植物种类，以乡土植物种为主、外来植物种为辅，遵循自然规律进行种植设计，以形成不同的植物生态系统。生态景观林应尽量多造针阔混交林、阔阔混交林，少造纯林，合理选择耐阴植物，开发利用绿地空间资源，丰富林下植物，改变单一物种密植的做法，使自然更新种具有生存和繁衍空间；生态景观林应尽量保留城镇的自然遗留地和自然植被，修建绿色廊道和栖息地，形成森林生态网络，增加开敞空间和各生境斑块的连接度，给生物提供更多的栖息地和便利的生境空间；生态景观林应加强地带性植物和变种的筛选与驯化，构筑具有区域特色的绿色景观，同时应慎重而节制地引进外来特色物种。

4.3.4　坚持因地制宜原则

建造生态景观林的地方往往人类活动频繁、扰动大、系统脆弱、胁迫深刻，所以生态景观林应根据土壤、环境、位置和功能等综合因素，利用特殊小气候、土壤和地下环境，重视使用乡土树种和地带性植物，使之成为体现区域个性与特色的载体，并适度引进生态因子相似的外来树种，促进植物群落与环境的适应性和稳定性。同时，重视植物与建筑物的协调、遮挡、修饰和弥补功能，将建筑物空间和绿地景观融为有机整体；环城景观林带应四季有景、活泼明快，植物配置除基调树种外，应选用观赏花木、宿根花卉和草坪等，创造丰富的景观空间。针对植物生长发育规律，因时制宜，保持绿地景观的相对稳定和季相变化。不应过分强调奇花异草，不应盲目地照搬异地和他国绿化模式，否则常因气候突变而遭灭顶之灾，造成巨大的损失，而生态和景观也得不到保证。

4.3.5　坚持合理"生态位"原则

生态景观林植物的选择配置，实际上取决于生态位的配置，直接关系到景观审美价值的高低和综合功能的发挥。合理选配植物种类、避免种间直接竞争，形成结构合理、功能健全、种群稳定的复层群落结构，以利种间互相补充，既充分利用了环境资源，又能形成优美的景观。在特定的生态环境条件下，应将抗污吸污、抗旱耐寒、耐贫瘠、抗病虫害、耐粗放管理等作为植物选择的标准。在生态景观林建设中，应充分借鉴地带性演替群落的种类组成和结构规律，师法自然，考虑植物的相生相克性，选择适宜的耐阴性小乔木、灌木和地被植物，利用不同物种在空间、时间和营养生态位上的差异来配置植物，并通过密度或频度制约等方式调整群落种间关系；同时，凋落物能迅速分解的物种能提高土壤营养有效性，促进其他植物生长；另外，成株比幼苗的耐性强，错开种间更新时间，也有利于种间的共存，使群落种群趋向互相补充，充分利用太阳辐射、热量、水分和土肥等资源，提高绿地的生产力和稳定性。

4.3.6 形成“群落自我维持”机制

森林群落有一个有序而渐进的系统发育和功能完善的过程，生态景观林应改善种植结构，提高绿地自身的稳定性和抗逆性。应尽量选用与当地气候、土壤相适应的物种，能在当地降雨条件下生存和生长；利用绿地凋落物和绿肥等改善土壤，进行再循环和再利用，形成群落自肥的良性循环机制，减少施肥、除草和修剪等劳动量，降低绿地建设和维护费用。在生态景观林建设中，应强调绿地系统的结构和布局方式与自然地貌和河湖水系的协调以及考虑与城镇功能分区的关系，着眼于区域整体生态环境，合理布局；多样性和复杂性导致稳定性，通过构建复杂的种类组成和结构，为有益昆虫和动物提供适宜生境，使绿化植物—病虫害—天敌—周围环境相互作用和制约，形成病虫害生态调控机制（叶功富等，2006）。

4.4 生态景观优新树种

植物拥有形体、线条、色彩等自然美。优美的树形、丰富多变的枝叶、绚丽的花色以及奇美的果实，都会形成独具特色的风韵，并塑造出丰富、多样的植物景观。在植物景观设计中，既要注重科学性，又要注重艺术性；既要满足植物与环境在生态适应性上的统一，又要通过艺术构图原理体现出植物个体及群体的形式美及人们在欣赏时所产生的意境美。不同的植物表现出的自然美不同，有的树形美，有的花美，有的叶美，有的果美。

4.4.1 生态景观树种分类

4.4.1.1 观形树种

植物的姿态是指单株或群体植物的外形，是植物从整体形态与生长习性来考虑大致的外部轮廓。它是由一部分主干、主枝、侧枝及叶片所决定的，在植物的构图与布局上影响着统一性与多样性，作为背景以及在与其他设计因素配合中，也是一个关键的因素。不同姿态的植物具有不同的表现性质，给人以不同的心理感受。在乔木方面，凡具有尖塔状及圆锥状树形者，多有严肃端庄的效果；具有柱状狭窄树冠者，多有高耸静谧的效果；具有圆形、钟形树冠者，多有雄伟浑厚的效果；而一些垂枝类型者，常形成优雅、和平的气氛（黄莉群，2006）。植物通过空间表达与情感相融通，可将植物分为：垂直向上型、水平展开型、无方向型以及特殊型。垂直向上型有：雪松、白皮松、毛白杨、箭干杨、冲天柏、塔柏、杜松、钻天杨、新疆杨、圆柏等。水平展开型有：馒头柳、丁香、黄刺玫、玉兰、榆叶梅、板栗等。无方向型有：槐树、悬铃木、刺槐、五角枫、柳、柿等。特殊型有：金丝垂柳、垂柳、龙爪槐、大叶垂榆、葡萄、爬山虎、铺地柏、龙柳、龙桑等（李月华，2010）。

4.4.1.2 观花树种

植物花朵的形状、大小各式各样，色彩千变万化、层出不穷，形成了不同的观赏效果。花朵的观赏要素不仅表现在花序、花形上，色彩效果是最主要的。观花植物有：玉兰、紫玉兰、广玉兰、海棠、贴梗海棠、榆叶梅、桃、杏、梨、樱花、楸树、毛楝、苦楝、合欢、香花槐、蔷薇、玫瑰、夹竹桃、月季、石榴、红丁香、西府海棠、山桃、碧桃、迎春、连翘、棣棠、黄刺玫、黄蔷薇、紫丁香、紫藤、泡桐、刺槐、绣线菊、白丁香、白碧桃、珍珠梅等(臧德奎，2008)。

4.4.1.3 观叶树种

植物叶片形状极其丰富，叶色绚丽多彩，富有特色，所产生的景观给人以美的享受。叶片质地不同，也产生不同的质感，有的柔美，有的坚毅。植物叶片的颜色具有很高的观赏价值，叶色变化丰富，营造的景观效果千变万化。同为绿叶，也有嫩绿、浅绿、鲜绿、浓绿、黄绿、赤绿、褐绿、墨绿等差别，有的常绿阔叶树种在冬季则有较好的景观效果。观叶植物中彩叶树种或秋季彩叶树种在营造森林景观上作用非常大。观叶植物有：水杉、银杏、白蜡、红叶杨、五角枫、元宝枫、黄栌、美国红栌、柿、火炬树、金叶榆、金叶槐、金叶刺槐、金叶垂榆、金叶皂荚、红叶臭椿、白桦、鹅掌楸、杂种鹅掌楸、蒙古栎、紫叶李、红叶李、红叶桃、紫叶桃、紫叶稠李、鸡爪槭、茶条槭、紫叶小檗、金叶女贞、大叶女贞、爬山虎、五叶地锦等(李作文等，2013)。

4.4.1.4 观果树种

树木的果实具有很高的观赏价值，许多又有经济价值，同时有突出的美化作用。因此，在植物景观配置时，应发展观果类树木，为绿化和景观营造增添光彩，营造硕果累累的丰收气氛。观果植物有：海棠、柿、山楂、苹果、樱桃、梨、杏、李、石榴、花楸、毛株、苦楝、丝棉木、银杏、栾树、冬青、金银木、槭树、枣树、火炬树、花椒、卫矛、接骨木、忍冬、南蛇藤等。

4.4.1.5 芳香树种

一般艺术的审美感知强调视觉和听觉的感知，只有植物中的嗅觉感知具有独特的审美效应。人们通过感赏植物的芳香，得以绵绵柔情，引发种种回味，产生心旷神怡、情绪欢愉之感。熟悉和了解植物的芳香种类，编排好香花植物开花的物候期，充分发挥嗅觉的感赏美，配置成月月芬芳满园、处处浓郁香甜的香花园，是植物造景的一个重要手段。花香可以刺激人的嗅觉，从而给人带来一种无形的美感——嗅觉美。自然界中有大量植物具有芳香，且香味有浓有淡，给人不同的心理美感。如丁香、暴马丁香、玉兰、香花槐、刺槐、椴树、合欢、玫瑰、蔷薇、月季等(李作文等，2010)。

4.4.2 生态景观优新树种育苗技术

4.4.2.1 杂种鹅掌楸育苗技术

(1)生物学特性

杂种鹅掌楸又称杂种马褂木，为木兰科鹅掌楸属种间杂交种，是由中国鹅掌楸和北美鹅掌楸杂交而成。落叶乔木，高可达40m，胸径1m以上，树干耸立，树冠呈椭圆形，树皮灰褐色，枝条为紫褐色，表现为美国鹅掌楸的性状。叶形宽而大，两侧各有一裂，形如鹅掌，又似马褂，叶色由亲本的淡绿色变成深绿色，单叶面积增大1~1.5倍，入秋时叶呈金黄色。发叶早，落叶迟，枝繁叶茂。花单生于枝顶，花朵较大，杯状，形似郁金香，花色呈现从浅金黄色到深金黄色之间的一系列过渡类型。纺锤形的聚合果，由具翅的小坚果组成。杂种鹅掌楸具有明显的杂种优势，具备生长快，干形直，材质好，树叶奇特，花色艳丽，树姿优美，病虫危害少，抗逆性、适应性强等优良性状，由于其花型和花色和郁金香有相似之处，被誉为“中国郁金香木”之美名。

杂种鹅掌楸为强阳性树种，耐寒(能耐受-15℃的低温)，喜光，喜温暖，喜湿润。肉质根，忌积水，不耐贫瘠。花期5月，果期10月。适生于海拔800m以下，年平均气温10~15℃，年降水量500~1 400mm的气候条件。适宜生长在壤土、砂壤土，土壤呈中性或微酸性，pH 6.5~7.0，地下水位在1m以下的区域。河北平原中南部适宜种植。

(2)景观和经济特性

杂种鹅掌楸具有树形端正雄伟，叶形奇特美观，花朵大、数量多、开花早、花期长等优点，是极佳的园林绿化树种，可用作公园、城镇绿化中的珍贵观赏树种，亦可作庭荫树和行道树。无论丛植、列植或片植，均有独特的景观效果。杂种鹅掌楸对二氧化硫和氯气等有害气体有较强的抗性，是工矿厂区绿化的优良树种之一。

木材淡红褐色，轻软适中，纹理清晰，结构细致，轻而强韧，硬度适中，易加工，少变形，干燥后少开裂，无虫柱，是建筑、造船、家具、细木工的优良用材，也是胶合板的理想原料。

鹅掌楸是我国Ⅱ级濒危保护植物。应用杂种鹅掌楸，有利于保存基因资源，为鹅掌楸种质资源多样性保护创造良好条件。

(3)育苗技术

杂种鹅掌楸大多数采用嫁接育苗和扦插育苗法，也有少数采用播种育苗法。

①嫁接育苗

a. 苗圃地选择。选择背风向阳，土层深厚，pH为中性或微酸性，排水良好，距水源较近，地下水位1m以下，交通便利的肥沃壤土地作为苗圃用地。

b. 整地。秋末深翻，每667m^2施入充分腐熟厩肥2 500kg，复合肥50kg。定植前进行细致整地，消除杂草，使地面平坦，土粒粗细均匀。做成宽1~1.2m、长因地形而定的畦，并灌透水。

c. 砧木选择。用1~2年生的中国鹅掌楸，高度50cm以上，地径0.8cm以上。

d. 定值。每667m^2栽植砧木苗3500株左右，栽植后浇透水1次。

e. 嫁接。

接穗的采集与贮藏：接穗应在春季未萌动前采集。选择杂种优势强的母树，于树冠向阳面的中、上部剪取生长健壮、发育良好、充分木质化且无病虫害的1~2年生枝条作接穗，采集后做好接穗保鲜、保温，勿使其失水。可用含水量适当的河沙(用手捏成团，一松即散为准)贮藏起来备用。

嫁接时期：根据不同区域略有差异，河北平原中南部适宜嫁接时间为3月下旬~4月上旬，北部为4月上中旬。

嫁接方法：带木质部芽接，离地面高度2~3cm。

剪砧：接后从接口以上4~5cm处剪砧。

检查成活与补接：嫁接10~15d后，对嫁接苗进行检查，未成活的立即补接。

f. 嫁接后管理。

除萌蘖：及早抹除砧木上的萌蘖。

去绑带：嫁接成活后，为防止发生绞缢现象，当接芽新梢长20~30cm或有绞缢迹象时去掉绑带，用锋利小刀在接口背面竖划2~3道绑带。

立支柱：为防止大风从嫁接口处将新梢刮断，要在砧木旁边立支柱将新梢绑缚，注意不要绑的太紧，也可将新梢绑在接口上方的砧干上。经过50~60d，嫁接部位充分木质化时，解除绑缚物，并从接口上1cm处再次剪砧。

追肥：5~8月，每月追肥1次，以尿素为主，每次10~15kg。

中耕除草：生长季节，可结合追肥适时进行中耕除草。

灌溉和排水：结合天气情况进行灌溉，一年浇灌4~5次。苗木生长后期，少浇水或不浇水，入冬前浇灌“封冻水”。多雨季节注意排水防涝。

适度遮阴：由于砧木苗中国鹅掌楸抗干旱胁迫能力较差，在北方地区夏季表现为焦边、枯叶甚至死亡。由于“砧木效应”，对当年嫁接苗的生长也带来一定影响，嫁接苗当年宜适度遮阴。遮阴方法可采取大苗行间育苗，种植高秆作物等办法，但遮阴郁闭度以不超过0.7为宜。

②扦插育苗(嫩枝扦插)

a. 扦插设施。采用全光照喷雾扦插设施或大棚弥雾扦插设施。通过间歇式喷雾装置控制湿度，大棚弥雾扦插设施还要通过塑料薄膜放风控制温度和湿度。使插床空气相对湿度保持在90%左右，插穗生根前用70%透光率的遮阳网于强光时遮阴。

b. 插床。苗床用砖砌成宽1.2m，长度依据设施情况而定(一般10m)的长方形，两边留好可进行排灌的水沟和步道，床面应中间略高，四周稍低，便于排水。在苗床底部垫5cm的卵石，中层粗砂10cm，以增加苗床的透水性和透气性。

c. 扦插基质。15~20cm厚珍珠岩或细沙，并用500倍多菌灵喷洒消毒。

d. 插穗采集。从2~4年生杂种马褂木苗上剪取未木质化或半木质化1年生枝条作为插穗(母树年龄最好不超过5年生，若建立采穗圃，一般不超过7年生)。插穗长10~15cm，保证有3个以上芽，把下切口剪成45°的斜面，以获得较大的吸水面积。插穗留2~3个叶片，每个叶片只留一半，以减少蒸腾面积。

e. 扦插时间。一般为6月上旬至7月上中旬。

f. 插穗处理。剪好后的穗条用1 000倍多菌灵液消毒，然后用GGR生根粉6号200mg/L浸泡2h。

g. 扦插方法。扦插前整平床面，按照行距10cm，株距5cm的密度进行扦插，扦插完毕后立即喷雾1~2h，保证第1次要喷透，然后开始间歇喷雾。

h. 扦插后管理。扦插初期要充分保证基质湿润，不断补充水分，在高温天气，从7:30~18:00采用自动间歇喷雾，一般每隔0.5~1h喷雾1次，防止叶面失水，晚上和阴天采用定时间歇喷雾，使相对湿度保持在85%~95%；当插穗开始生根时则适当减少喷雾次数、延长喷雾间隔时间，以利插穗生根。每7~10d喷洒1次杀菌剂，用多菌灵、百菌清等交替使用，幼根形成后于叶面喷施1次0.1%的磷酸二氢钾营养液。同时及时清除插床的落叶和死去的插穗，保持清洁卫生。

i. 移植。一般于9月中下旬将扦插成活后的苗木移植到大田苗圃地，阴天进行移栽，移栽后及时浇透水。苗圃地移栽前每667m^{2}施入充分腐熟厩肥2 500kg、复合肥50kg。

j. 移植后管护。生长期追施4~5次，以尿素为主，每次10kg/667m^{2}左右。生长季节，可结合追肥适时进行中耕除草。结合天气情况进行灌溉，一年浇灌4~5次。苗木生长后期，少浇水或不浇水，入冬前要浇灌“封冻水”。多雨季节注意排水防涝。

③出圃　1年生嫁接苗或移植1年的扦插苗，起苗前7d左右将苗圃地浇透水。起苗时挖土要达到20cm的深度，保持根系完整。也可以根据培育目标，留一定密度的坐地苗进行培育。

④病虫害防治

a. 日灼病防治方法。与其他常绿树种混交，或采取遮阴棚遮阴。

b. 大袋蛾防治方法。对苗木加强检疫，不引进带虫苗木；人工摘除虫袋；6月中旬至7月上旬，喷洒90%敌百虫晶体水溶液或80%敌敌畏乳油1 000~1 500倍液，2.5%溴氰菊酯乳油5 000~10 000倍液防治大袋蛾低龄幼虫(赵治国等，2017)。

4.4.2.2　毛梾育苗技术

(1)生物学特性

毛梾属山茱萸科梾木属，也被称为椋子树、车梁木、油树，是高大落叶乔木，树高8~12m。树皮黑灰色，长方块状开裂。枝条绿色或红色。单叶对生，长椭圆形，全缘，顶端渐尖，基部楔形，上面具贴伏的柔毛，下面密生贴伏的短柔毛，淡绿色，侧脉弧形4~5对。顶生伞房状聚伞花序，长约5cm。花小，白色，雌雄同株，雄蕊4枚，稍长于花瓣，萼齿三角形，花瓣披针形，子房下位，密被灰色短柔毛，花柱棍棒形。核果幼时绿色或紫红色，熟后黑色，果肉含丰富的油脂，干后与果核紧密结合。花期5~6月，果实在秋分至白露成熟。

该树种适应性较强，对土壤要求不严，较喜光，在半阳坡或阳坡生长，在庇荫条件下结实少或只开花不结果，较耐瘠薄、干旱，在中性、酸碱性土壤上均能生长。深根性和萌芽性较强，根系发达。树龄可达300年。

毛梾原产我国，分布很广，东北起辽宁，南至湖南，西南到云南、贵州，东至江苏、浙江，西至甘肃、青海。以山东、山西、陕西、河南分布最多。印度、日本也有分布。垂直分布一般在600~800m，最高可达1 300m。河北省主要分布在秦皇岛、青龙、蔚县、易县、灵寿、井陉、赞皇等地。

(2)景观和经济特性

毛梾寿命较长，枝叶茂密、树冠圆整、树姿优美，叶形美观、叶色多变、花期较长，花色洁白鲜亮且成簇，花香浓郁持久，且耐贫瘠、耐干旱，抗病虫害能力强，可广泛种植于我国大部分地区，是优良的园林树种，可用作庭荫树、行道树，孤植或丛植均能自然成景，可作为城镇、村庄绿化树种。毛梾根系发达，萌芽力强，能固结土壤，可适应于石灰性褐土、酸性棕壤、中性潮土、黄土等多种类型土壤上生长，是水土保持的良好树种，也是荒山绿化、工矿区废弃地治理的先锋造林树种。

毛梾是我国传统的油料树种，果肉和种仁均含油脂，果实含油量31.8%~41.3%，含糖2.9%~5.88%，蛋白质1.33%~1.58%，出油率25%~33%，果肉出油率约15%。初榨出的油呈黄绿色，存放1~2年后呈黄色，透明。精炼后可供食用和药用，还可作机械和钟表的润滑油，也是油漆的好原料，油饼可作饲料和肥料；叶可作饲料，含鞣质约16.2%；木材细致均匀、纹理直、坚硬、易干燥、车旋性能好，可供建筑、家具、雕刻、农具及胶合板等用。

(3)育苗技术

①播种育苗

a. 种子采集与处理。采种应选择树龄在15年以上、生长健壮、无病虫害、结种量大的壮年孤立木或林缘木作为母树，于核果成熟时用高枝剪剪下果枝，集中堆沤，待果皮软烂后进行揉搓，除去果皮肉及杂质。再用草木灰或 5% 碱水混细沙反复搓擦，彻底除去种子表面的油脂杂质，洗净后进行阴干处理。

b. 种子催芽。生产上最实用、最有效的方法就是随采随播和低温混沙层积催芽，方法如下：处理种子多时，可在室外挖坑。选择地势高排水良好的地方，坑宽以 1m 为宜。深度一般应在地下水位以上、冻层以下。由于各地的气候条件不同，可根据当地的实际情况而定。坑底直接铺 10～20cm 的湿河沙，干种子要浸种、消毒，然后将种子与沙子按 1∶3 的比例混合放入坑内，或者一层种子，一层沙子放入坑内，沙子的湿度要合适，沙子与种子的混合物放至距坑沿 20cm 左右时为宜。然后盖上湿沙，最后用土培成屋脊形。坑的两侧各挖一条排水沟，在坑中央直通到种子底层放一小捆秸秆，或下部带通气孔的竹制或木制通气管，以流通空气。如果种子多，种坑很长，可隔一定距离放一个通气管，以便通气和检查种子坑的温度。

c. 圃地选择与整理。圃地应选择土质疏松肥沃、湿润、排水良好的微酸性到中性的砂壤地。结合施基肥，施堆肥 $30t/hm^2$、沤熟饼肥 $600kg/hm^2$、过磷酸钙 $225kg/hm^2$。耕前用 50% 辛硫磷乳油 1 000 倍液处理，及时消灭地下害虫。深翻 25～30cm，耕后捡去石块整平耙细，打成 1m 宽、畦埂高 15cm 的长畦，再用 50% 多菌灵 $7.5kg/hm^2$ 拌细土或用生石灰 $450kg/hm^2$ 均匀撒于苗床进行土壤消毒，待播种。

d. 播种。3 月中下旬播种，按行距 20cm、深 3cm 开沟，先浇少量底水，以 $210kg/hm^2$ 的播量进行条播。再用细土覆盖 2cm，后盖上稻草保湿。30～40d 种子陆续出土，此时应分次揭除覆盖的稻草。若种子处理不好，容易发生第 2 年才能出芽的现象。

e. 苗期管理。苗期做好松土、除草、间苗、定苗、灌水、追肥和防治病虫害等工作。在干旱地区从 5 月下旬至 6 月中旬，每隔 5～7d 灌水 1 次。苗高 5～7cm 时进行第一次间苗，过 10d 左右再间苗 1 次，保持苗距 8～10cm。结合间苗，还可进行幼苗带土移栽，栽后及时灌水，极易成活。苗高 30cm 左右时，开始生长侧枝，及时抹芽打杈，以促进幼苗生长，当年苗高可达 50cm 左右(王振章等，2016)。

②扦插育苗

a. 插条处理。在春季萌芽前，选用一年生健康、无病虫害萌生枝条，剪成长 10～15cm、粗 0.8cm 以上的插穗，按 30 根或 50 根捆成一把。沙藏至 3 月时进行扦插，扦插前把插穗下半部分浸泡在流水中一昼夜，之后用 200mg/kg 萘乙酸溶液浸泡 2h，利于提高成活率。

b. 苗床整理。整地方法同播种育苗。整好地后打成畦埂高 15cm、畦宽 1m 的苗床，待用。苗床处理好后，用多菌灵 1 000 倍液将苗床泼 1 遍，进行杀菌处理。后灌足水，稍等片刻即可扦插。

c. 扦插。按行距 5cm、株距 2cm 的规格进行插枝，插入深度为插穗的 1/2。完毕后，再架上塑料膜制成拱棚，以保温保湿。

d. 水肥管理。架膜前先将一条喷水胶带放入棚中间，每天 11:00～14:00 之间接上水管喷水。5 月后在拱棚上部搭一层透光率 60% 的遮阴网。阴天不用喷水；天气晴朗、温度过高时，可提前喷水，并延长喷水时间。春插由于温度较低，生根较慢，4 月中旬开始形成愈伤组织，这时要适当减少喷水量。在幼苗期内，应做到苗床无杂草。5～6 月，要适时追施高磷低氮肥料，及时松土，促进根系生长，防止烧苗。要少施多次，结合浇水进行。7月，苗木进入高速生长期，应以高效复合肥为主。8月下旬开始，以磷钾肥为主，叶面喷施0.2%磷酸二氢钾溶液，每隔15d喷1次，减少浇水次数，控制苗木生长，促进新梢木质化，以提高抗寒越冬的能力。这时要适当通风透光，由弱到强，逐步除去拱棚，适当遮阴。立冬前，将苗床浇足水，达到安全越冬的目的(陈立晴，2013)。

③病虫害防治　毛梾常见的病虫害有根茎腐烂病、叶黑斑病、介壳虫等。在高温多雨季节，用50%多菌灵1 200倍液喷雾或2%~3%硫酸亚铁溶液浇灌，每周1次，及时预防根茎腐烂病；叶黑斑病可用150倍的波尔多液或石硫合剂防治；介壳虫等可用25%噻嗪酮800~1 000倍液防治。

4.4.2.3　红叶杨育苗技术

(1)生物学特性

红叶杨又称中华红叶杨，是河南省林业科学研究院2 000年春发现的美洲黑杨无性系2025杨的芽变品种。中华红叶杨树干通直圆满，节间长3~5cm，叶面宽12~23cm、长12~25cm，树冠丰满，为高大乔木。其叶片颜色季相变化显著，从发芽到初夏整株叶片及新发嫩枝为靓丽的玫瑰红色，初夏以后到10月中旬新发嫩叶及嫩枝为鲜艳的紫红色，而中下部成熟叶片则变为红绿色，10月中旬以后整株叶片逐渐变为杏红色，叶柄和叶脉均为紫红色，叶缘粗钝齿，叶阔卵形，长大于宽，先端渐尖，叶基心形；枝的棱线明显，皮色深紫红色，皮孔较少但较明显；芽体紫黑色，芽尖里弯，离干，顶芽紫黑色粗壮饱满；雄性，无飞絮，与其亲本相比，发芽早，落叶晚，能延长中华红叶杨的美化、彩化时间；比2025杨更抗病虫害，如对天牛、叶锈斑病等具有较好的抗性；适应性强，抗涝。2025杨可以生长的地方，中华红叶杨也能良好生长。

(2)景观和经济特性

中华红叶杨叶片颜色多变，春天发芽早、秋天落叶缓慢，叶片大而稠密，整株色感表现好，亮丽别致。由于其侧枝多，夏季每个侧枝顶端呈现鲜花状，与丰富多变的叶色相搭配，效果突出，充满生机。一年之中，中华红叶杨在春、夏、秋、冬具有不同的亮点，观赏价值极高。中华红叶杨可规模化成片种植，营造特色鲜明的风景林。在城市郊野公园、外环绿地，以及旅游景点、名胜景区集中连片栽植，能打造出气势壮观的景观效果。把中华红叶杨与其他小乔木、花灌木搭配，能营造缤纷多姿的植物群落结构，极大地丰富了绿地植物景观。另外，中华红叶杨抗性强，耐寒，耐干旱，耐水渍，根系发达，适应区域广，是防风、固沙、防治水土流失的优良生态树种。

中华红叶杨生长快、易栽植，可营造速生丰产林。当年扦插苗生长高度3~4m，地径粗3.5cm左右；平茬苗高5~6m，地径粗4.5cm左右；6年生树高15m左右，胸径28~32cm。其木质较好，是木材加工，特别是造纸、胶合板的好原料。

(3)育苗技术

①扦插育苗

a. 育苗地选择。育苗地应选择地势平坦、排水良好、具备灌溉条件和土壤肥沃、疏松的地方。

b. 整地。一般耕地在春秋两季进行，以秋季较好，耕深一般以25~35cm为宜。结合耕地，施入经过充分腐熟的一定数量的农家肥。翌年3月份耙地前，每公顷再施入钾肥

300kg，氮肥 150～300kg，硫酸亚铁 225kg。

c. 做床。在春季苗木扦插前进行。扦插床多采用平床，宽 2m、长 10m 左右，埂高 20cm，多采用南北走向，要求做到埂直、床平。

d. 截制插穗。插穗粗度以 0.8～2cm 为宜，长度 10～15cm，上切口距芽 1～1.5cm，下切口距芽 0.5cm，切口平滑，避免劈裂，注意保护好芽体不被损坏。插穗按粗细分级，每 50 根为一捆。

e. 插穗贮藏。对于越冬的插穗，采用室外湿沙贮藏法贮藏。选择地势较高、排水良好的背阴处挖沟，沟宽 1m，深 0.6～0.8m，长度以接穗数量而定，底部先垫 3～5cm 洁净河沙。基本要求是：避免插穗直接接触土壤；插穗平放或直立，层间用湿沙隔离。湿沙含水率 60%，确定的方法是用手用力握之，流不出水来，松手后沙团能散开。注意每隔一定距离(1～1.5m)立秸秆束作为通气孔。早春在气温回升时，要注意做到勤检查，防止插穗发热失去生活力。

f. 扦插。插穗在扦插前最好用水浸泡，用流水或容器浸泡均可。浸泡时间一般为 10～36h。

扦插时间：硬枝扦插多在春季进行，也可以在秋季扦插。春插宜早，一般在腋芽萌动前进行；秋插在土壤冻结前进行。

扦插方法：扦插有直插和斜插两种，以直插为佳。扦插深度以地上部分露 1 个芽为宜。插时，可将插穗全部插入土中，上端与地面相平，周围踩实，浇水后插穗最上端的 1 个芽自然露出地面。秋季扦插时，插穗上端覆土或采用覆膜措施。

扦插密度：扦插密度一般每 667m^2 为 3 万～3.75 万株。

g. 扦插苗木的苗期管理。从扦插到展叶、生根一般需要 15～30d。此间，插穗靠自身养分和吸收土壤水分来维持生长发育，切不可缺水，但浇水次数也不宜多，以免降低地温，影响生长。疏松土壤很重要，它既能满足生根所需的氧气，又能提高地温，为幼苗生长提供良好的适生条件。5 月中旬，苗木开始进入速生期，在此阶段是苗木需要养分最多的时候，需追施化肥 2～3 次，每次追施的数量为每公顷 225kg 左右，追施后应及时浇透水和松土、锄草。每次追施间隔时间为 30d，施肥比例应以氮肥为主，磷肥和钾肥适量，最后施肥时间不应晚于 8 月上旬。在生长阶段，由于中华红叶杨侧枝繁多，影响主干生长，所以应及时将多余幼芽除去(李永顺等，2014)。

②嫁接育苗　为了加快育苗速度，迅速繁殖苗木，可采用嫁接育苗技术。为提高接穗利用率，可以适当采用芽接。

a. 育苗地选择。选择土壤疏松、肥力较高、有水浇条件的地块作为育苗地。

b. 整地。每 667m^2 施有机土杂肥 2 500kg，氮、磷、钾含量各 15% 的复合肥 40kg，均匀撒于土表，结合耕地深翻入土中(一般深翻 20～30cm)。整平，作好畦垅及水道，涝则排，旱能浇。

c. 育苗密度。为降低成本，采用栽砧嫁接方法。当年在 0.6～0.8m 处打顶，可发 3～6 个枝条，生长到 3～5m 长，不打顶则苗高达到 5～6m。如果育苗目的为采种条，每 667m^2 植 1 800 株(0.9m × 0.4m)，采取打顶法可多采种条；如果育苗，每 667m^2 可植 3 000 株(0.9m × 0.25m)。

d. 砧木选择与栽植。砧木品种以 1 年生 2025 杨和中林 46 杨为佳。

e. 接穗选择及沙藏。

接穗选择：中华红叶杨为速生杨类，应选择1年生生长充实的种条，芽饱满，无病虫害、无机械损伤，将上部发育不充实的芽，下部的瘪芽去掉。

沙藏：无论年前或年后的种条，为保证种条的新鲜度，不失水，都要沙藏一段时间，嫁接时随取随用。沙藏法：挖宽80cm，深60cm的土沟，长度视种条数量而定，先从一端整成斜坡，铺一层沙，沙层厚度2~3cm，摆一层种条，种条梢端向上，不能挤压，然后再覆一层沙，再放种条，最上部覆盖5~6cm的沙即可。如果是冬藏，每隔一段时间需检查一下种条贮藏情况。

f. 嫁接。一般春季嫁接成活率最高，每年3~4月，选取芽眼饱满的接穗，用带木质部的芽眼进行嵌芽嫁接。嫁接位置一般在离地面5~10cm的地方。嫁接20d以后，要认真检查接穗是否成活，如果没有成活，及时进行补接。

g. 接后管理。

解绑：一般在嫁接后10~15d嫁接芽萌动时人工破膜把芽放出来，然后在新生枝条生长到7~15cm时解绑将膜去掉。

防风折：因为杨树叶片较大，易招风，引起折断。所以在红叶杨长到20cm左右时，用绳或塑料条将萌发枝条与保留的砧木固定一下，以防风折。

抹芽：由于是嫁接，在红叶杨萌发的同时，砧木也会萌芽，为保证红叶杨的顺利生长，应将砧木萌发的芽全部抹去，一般需抹芽3~5次。

剪砧：如果是培养种条，原保留的35~40cm的砧木可不剪去，如果是培育苗木，红叶杨长到60~80cm时将原保留的砧木在嫁接口上2cm处剪掉。

追肥：根据红叶杨的生长特点，在5月中旬、6月中旬、7月上旬追肥为好，第一、二次追肥300kg/hm^{2}尿素，第三次追含氮、磷、钾各15%的复合肥300kg/hm^2。

浇水：中华红叶杨要求土壤湿润。所以视天气情况，旱则浇，涝则排。

中耕除草：为保持苗木良好生长，在苗木生长期间适时进行人工松土除草，保证苗木肥水供应。

③病虫害防治　中华红叶杨对天牛、叶斑锈病、螨虫都有一定的抗性，病虫害较少。杨树溃疡病防治：一般喷施1%波尔多液，每隔10~15d喷洒1次，连续3~4次即可；瘿螨类虫害防治：用1.8%阿维菌素乳油2 500~3 000倍液、10%吡虫啉可湿性粉剂5 000倍液或4.5%高效氯氢菊脂乳油1 500~2 000倍液喷施，可达到预防效果(许鹏，2010)。

4.4.2.4　丝棉木育苗技术

(1)生物学特性

丝棉木又名白杜，明开夜合，属卫矛科卫矛属。为落叶小乔木，高达8m，树冠圆形开张，树皮灰褐色，老树纵状沟裂，小枝细长，绿色光滑，近四棱形。叶对生，菱状椭圆形、卵状椭圆形或窄椭圆形，长4~8cm，宽2~4cm；先端长渐尖，基部楔形或近圆形，具细锯齿，两面无毛；叶柄细，长2~3cm。聚伞花序3至多花，花序梗略扁，长1~2cm；花4数，淡白绿色或黄绿色，直径约8mm；小花梗长2.5~4mm；雄蕊花药紫红色，花丝细长，长1~2mm。蒴果倒圆心状，4浅裂，长6~8mm，直径9~10mm，成熟后果皮粉红色；种子长椭圆状，长5~6mm，直径约4mm，种皮棕黄色，假种皮橙红色，全包种子，成熟后顶端常有小口。花期5~6月，果期8~9月。

丝棉木是阳性树种，喜光，幼树稍耐阴；发叶早，落叶晚。深根性树种，侧须根发达，萌蘖力强，耐修剪，生长较慢，直干性差。适应能力较强，高温、寒冷均能适应，干旱、水湿地区均能生长，对烟尘有较强的抗性。对土壤要求不严，能在棕壤、红壤、黄壤、褐色森林土等多种土壤上生长。但在土层深厚，质地疏松，肥沃湿润的砂壤土、壤土上生长良好。分布范围较广，北起辽宁，南至长江以南各地，西至甘肃、陕西、四川均有分布。河北省主要分布在石家庄、保定、邯郸、邢台、秦皇岛、唐山、承德等地。

(2) 景观和经济特性

丝棉木抗性强，适应性广，枝、叶、果俱美，是不可多得的景观树种。丝棉木耐水湿，用于水体岸边，美化湖畔、河岸，创建水岸立面景观，丰富水体空间。丝棉木以其独特的色彩变换反映季节的韵律美，给人以良好的观赏效果。春季幼芽嫩绿，充满朝气；夏季枝叶翠绿，能遮挡烈日；秋季果实橘红，叶色橙红，引人注目。丝棉木既可孤植，突出其个体美；亦可丛植构成群体美；还可成片种植构建人工林群体结构，发挥群体生态美（李大明等，2009）。

丝棉木材质轻而软，加工切削容易，切削面光滑。干燥容易，稍有翘曲。耐腐性弱。油漆后光亮性好，胶黏容易。木材浅黄白色，结构细致而均匀，适于雕刻和制作各类文具用品、玩具、绘图板、纺织器材、木梳、线轴、棋子等等。其根、茎皮、叶可入药。春秋采根，春采树皮，切段晒干；夏秋采叶鲜用。根，茎皮止痛，用于膝关节痛；枝叶解毒，外用治漆疮。

(3) 育苗技术

①播种育苗

a. 种子采集。丝棉木 10 月份果实成熟，最佳采种时间为 10 月中下旬至 11 月，采种时间不宜过晚，过晚种皮开裂，种子脱落，不易采收。采种应选择生长快、结果早、品质优良、无病虫害的健壮母树。采集的蒴果先在阳光下晾晒，待果皮开裂后置于阴处晾晒 3~6d，敲打蒴果，使种子与果皮完全分开，筛出带橙红色假种皮的种子。

b. 种子调制与贮藏。

带有假种皮种子贮藏：普通干藏法贮藏，将种子装入袋、箱、桶、缸等容器内，置于低温（0~5℃）、干燥（空气相对湿度 30%~50%）和通风的种子库或贮藏室内。为了防止虫蛀和霉菌感染，可在贮藏之前对贮藏场所进行消毒，每平米面积用二氧硝基甲烷 25g，消毒后密封 36 小时；还可在种子中掺入一定比例的石灰、草木灰和干沙。贮藏中每 10d 应检查一次，若发现种子发热、潮湿、霉变时，应立即采取干燥、通风、摊晾等措施。

去假种皮种子贮藏：种子筛选收集后，用水浸泡 3~5d，每天换水 1~2 次，待种皮软化后用手搓揉，去除假种皮，得纯净种子，晾晒 2~3d 至干爽。然后用干藏法或沙藏法贮藏。干藏法是将去掉假种皮的种子用麻袋、布袋或聚丙烯编织袋盛装，在室内干燥通风条件下贮藏。沙藏法是将去掉假种皮的种子与河沙按 1:3 比例混合均匀后置于花盆等容器之中，贮藏于室内。

c. 种子催芽。

带假种皮种子催芽：播种前 7d 用 80℃的温水加上小苏打粉，配成 5% 的苏打水溶液，将精选好的带有假种皮的种子浸泡 48h 以上，不断搅拌，使种皮溶解，将种子捞出摊开在水泥地上晾晒。待种子半干时，碾搓将假种皮与种子剥离后，用清水将假种皮与种子分离。将种子用0.5%高锰酸钾溶液浸种2h，捞出后用清水清洗2次，用70～80℃温水浸种24h后与河沙1:3混拌，沙子湿度以手握成团、松手即散为宜。在室外向阳背风处进行催芽，4～5d后或有1/3种子露白即可播种。

去假种皮种子催芽：去假种皮种子催芽依据贮藏方法的不同可分为干藏种子催芽法和沙藏种子催芽法。干藏种子催芽法又可以分为层积催芽和药剂催芽。层积催芽：翌年1月上旬，用1/1 000的高锰酸钾溶液浸泡种子2h后，再用30℃的温水浸泡24h，然后将种子与河沙按1:3比例混合均匀，沙子湿度以手捏成团，松手即散为宜，层积于背阴处或沙坑中，上盖草帘保湿，层积期间定期检查，以防种子发热霉烂。3月上中旬土壤解冻后，将种子放置背风向阳处，并适当补充水分进行增温催芽，待种子有1/3露白即可播种。药剂催芽：播种前40d用净水浸种24h，然后用干净的细沙3倍拌种，1～5℃条件下沙藏，经常洒水保持一定湿度。播种前1d筛出种子，用150mg/kg浓度的赤霉素浸泡24h，或者播种前6～7d. 用萘乙酸50mg/kg拌种，并在阳光下增温催芽，有1/3种子露白即可播种。对未经低温处理的干藏种子，播种前可用赤霉素3 000mg/kg浸泡24h。沙藏种子催芽法是在翌年2月中旬前后，将花盆等容器移至背风向阳处进行种子催芽，保持盆内河沙湿润，到3月中下旬，大部分种子裂口露白即可播种。

d. 圃地选择。适宜在沙土、壤土和砂壤土播种，对黏土适应性差。一般采用平床育苗，选择地势平坦、土壤疏松、排水良好、灌溉条件便利、富含有机质的砂壤土。

e. 整地施肥。选好育苗地，上一年秋末土壤深耕20～25cm，结合整地施入有机肥6 000～8 000kg/hm^2，从而改善土壤理化性质，同时施用3%呋喃丹颗粒195kg/hm^2，防苗期虫害。3月中旬平整作床，做宽1m的畦，浇透水后耙平耙细。

f. 播种。3月下旬至4月中上旬为最佳播种期，适时早播。丝棉木一般采用宽幅条播，用犁开出深3～5cm，宽6～7cm的浅沟，行距20～25cm。然后将种子均匀撒入沟内，覆土厚度约1cm。播种量通常为120～150kg/hm^2。

g. 苗期管理。播种后20d左右出苗。当苗高3～5cm时适当间苗定苗，保持苗间距为5～7cm，及时松土、除草。长出真叶至幼苗迅速生长前，适当控水，进行“蹲苗”。蹲苗后灌水2～3次，灌溉量视降雨情况而定，生长后期可减少灌水次数，防止苗木秋季贪青徒长，9月份停止浇水施肥。苗木生长前期追施氮肥，促进苗木生长；后期追施磷、钾肥，促进苗木木质化。一般当年生苗高达85～100cm(唐春慧等，2015)。

②硬枝扦插

a. 插条采集。于秋季落叶后至春季树液流动前的休眠期采集插条，选择1年生生长健壮、木质化充分、无病害的枝条。

b. 插条贮藏。将采集的插条剪成15cm左右，选择地势高、排水好的阴凉处，挖宽1m，深60～80cm的沟，在底层铺5cm厚的湿沙，将剪好的插条按一定数量捆好分层置于沟内，当穗条放置到距地面20cm时，用湿沙填平，覆土成屋脊状，中间插一草把以利通气。

c. 插穗处理。扦插前6～8d，用流水浸泡插条，直至切口处出现明显的不规则瘤状物时进行扦插，亦可用1%的蔗糖溶液浸泡24h，能显著提高插条成活率。

d. 扦插时间。一般在土壤解冻后、腋芽萌动前进行。以3月下旬至4月上旬进行为好，宜早不宜晚。

e. 扦插方法。扦插前细致整地，施足基肥，使土壤疏松、水分充足。扦插深度为插条长度的2/3，行距40cm，株距保持在20cm左右，插后浇透水。

f. 抚育管理。扦插后用塑料薄膜覆盖苗床，四周密封，上面架设遮阳网，避免阳光直射。一般3周左右开始生根，生根后，依次撤出覆盖物。幼苗期，可用小水浇灌，使水慢慢渗透苗床，一般3~5d灌水1次。扦插40d后，可适量追施一些速效性的肥料如尿素、硫铵、磷酸二氢钾等，每次施肥量控制在75kg/hm^{2}为宜，以促进苗木健壮成长。4~9月份，及时松土除草，松土小苗宜浅，大苗宜深。

③嫩枝扦插　多在夏季6月上中旬进行，应采用半木质化的枝条梢部做插穗，插穗长12cm，摘除基部1/3的叶片，保留上部叶片，并用吲哚丁酸400mg/L处理插穗。插穗随采随插。扦插后有条件的情况下采用全光照自动化微喷设备对扦插环境进行控制。苗木成活后的管理同硬枝扦插。

④当年生苗木管理及越冬　当年生播种苗和扦插苗在移栽分植前忌平茬，否则易形成丛枝状，难以分出单株苗，无法抹芽，形成的丛枝争夺养分，影响透光透风性。准备移栽的苗木在越冬前可挖出，捆成小捆，埋土假植越冬。不进行移栽的苗木入冬前灌足冬水，不做其他特殊防护(伊宏岩等，2014)。

⑤病虫害防治　丝棉木主要病虫害为丝棉木金星尺蠖，又名卫矛尺蠖。幼虫危害期喷施20%杀灭菊酯乳油50倍液(用柴油作稀释剂)，抓好1~2代幼虫的防治。在虫、螨并发时，可喷20%菊杀乳油2 000倍液防治。保护凹眼姬蜂、细黄胡蜂、赤眼蜂等天敌，进行生物防治。

4.4.2.5　楸树育苗技术

(1)生物学特性

楸树别名金丝楸、金楸，紫葳科楸树属落叶乔木，树高可达30m，胸径可达1m。树冠狭长倒卵形；树干通直，主枝开阔伸展；树皮灰褐色、浅纵裂，小枝灰绿色、无毛。单叶对生，叶三角状卵形或卵状长圆形，长6~15cm、宽8cm。总状花序伞房状，具3~12花，顶生，花冠钟形，初开淡红色，后呈白色，气味芳香。蒴果细长如荚，长20~30cm，9~10月成熟，结实稀少。花期在4~5月份，果期在9~10月份。

楸树喜光喜温暖湿润气候，适合生长于年平均气温10~15℃，降水量500~1 200mm的环境。对土、肥、水条件要求较为严格，不耐干旱，也不耐水湿，在低洼积水地和地下水位过高的地方不能生长。在深厚、湿润、肥沃、疏松的中性土、微酸性土和钙质土壤中，生长迅速。在干燥瘠薄的土壤中，侧根水平伸展范围较广，根蘖和萌芽能力都很强。病虫害少，寿命长。幼树生长慢，10年以后生长加快。楸树分布地域广阔，东起海滨、南始云南、西至甘肃、北到辽宁的区域，集中分布于河北、河南、山东、山西、陕西、甘肃、江苏、浙江、湖南等地，河北平原各地均可种植。

(2)景观和经济特性

楸树高大美观，寿命长，叶、花、枝、果、树皮、冠形方面独具风姿，适生性能好，抗性强，病虫害少，管理粗放，而且树形美观，具有较高的观赏价值和绿化效果，深得人们的喜爱，一直是吉祥富足的象征。作为园林观赏树种，可提高区域景观质量，美化环境，营造浓郁的自然和人文氛围。适宜于庭院绿化、高等级公路和交通干线的绿化美化。楸树为深根性树种，主根不明显，侧根发达，萌蘖力、抗风能力强，能固土护渠，涵养水源，是水土保持的理想树种。楸树枝叶浓密，对二氧化硫、氯气等有害气体有较强的抗性和较大吸收功能，能净化空气，是工矿厂区绿化的优良树种(路玉祥等，2014)。

楸树是我国珍贵的用材树种之一，其材质好、用途广、经济价值高，居百木之首。楸树为环孔材，早材窄，晚材宽，年轮清晰，芯材中含有浸填体。木材密度 0.617g/m^3，相当于楠木、苦楝，高于核桃楸、黄菠萝的木材。楸树木材具有许多构造上的特点和工艺上的优良特性。其树干通直、节少、材性好；木材纹理通直、花纹美观、质地坚韧致密、坚固耐用、绝缘性能好、耐水湿、耐腐、不易虫蛀；加工容易、切面光滑、油漆和胶黏力佳。楸树木材用途广泛，被国家列为重要材种，专门用来加工高档商品和特种产品。被广泛用于军工、造船、纺织配件、胶合板、高档家居、乐器、雕刻、模具等行业。

(3)育苗技术

①播种育苗

a. 采种。应在 15~30 年生的健壮母树和优选种树上采种。楸树花期 4~5 月，果熟9~10 月，果实由黄绿色变为灰褐色，顶端微裂时种子即成熟，采下果实摊晾晒干后脱粒即得种子。楸树的出种率较低，约 10%左右，纯度 75%~80%，发芽率 40%~50%，千粒重 4~5g，每千克种子 20 万粒。

b. 圃地选择。圃地宜选择在地势平坦，靠近水源，排水良好，土层深厚肥沃，疏松湿润，光照条件好的地方。

c. 整地做床。楸树种粒小，幼芽嫩弱，破土力差，要整碎土壤作成畦床。结合耕作施足基肥，每 667m^2 撒施生石灰 20kg 或者硫酸亚铁 5kg 进行土壤消毒。

d. 种子催芽处理。为使种子发芽齐、出苗快，播种前需进行催芽处理。用 35~40℃的温水浸种 24h，让种子吸足水分，然后捞出种子混 2 倍细湿沙，堆放于室内进行催芽，每天翻动和洒水保持一定湿度。大约 1 周后，当种子有 30%~40% 裂嘴或种胚露白时，即可进行播种。

e. 播种时间。一般以 4 月上旬为宜，采用覆膜增温保湿措施，可提前到 3 月下旬播种。

f. 播种方法。播前畦床灌足水，条沟撒播，行距 20~25cm，每 667m^2 播种量 1~2kg。播后用腐熟的牛粪、细湿沙和细土各 1/3 拌匀过筛后覆盖，厚 0.5cm 左右，以不见种子为宜。覆土后畦床面架设薄膜小拱棚，既增温又保湿，给幼苗出土和生长创造有利条件。出苗后加强水肥管理和松土除草，喷洒甲基托布津防治病害，并及时间苗。

g. 移植。6 月移植，移植时剪去过长的根，苗干 40cm 高处短截，留少部分叶片，可提高移植成活率，1 年生苗平均树高 80cm，平均地径 0.8cm(彭天忠等，2009)。

②嫁接育苗

a. 砧木的选择。利用梓树结实量大，种子多，繁殖容易，根系发达，生长快，抗逆性好，适应性强等特点，培养梓树实生苗作砧木。

b. 嫁接时间。采取芽接方法，从春季到晚秋均可进行。春季“清明”前后嫁接为好。在苗圃地随平茬，随嫁接，随封土，嫁接成活率较高。

c. 接穗的采集。接穗应以 1 年生枝条为好，粗度 0.5~1cm，最粗不超过 1.5cm。接穗长约 30cm，一般要有 4~6 轮芽。应注意选择无病虫害和芽饱满完整的枝条作接穗。采集好的接穗，以 50 根为捆，装入塑料袋，挂好标签，然后集中用麻袋或者纸箱(篓子)包装待运。接穗运到目的地后，应及时打开，用湿沙贮藏，以备嫁接用。

d. 嫁接方法。嫁接以嵌芽接为主。取芽方法：先从穗枝的芽下方1.5~2cm处呈45°向下斜切1刀，深达木质部0.3~0.5cm，再从芽上方1.5cm左右处入刀，带木质部向下缓斜直削，与下端横切口相交，取下芽片。随即在砧木上以同样的方法削切接口，接口大小要与芽片相当，勿小于芽片，然后嵌入芽片，对准形成层，绑缚保湿。

e. 嫁接苗管理。

检查成活：芽接一般15d左右即可检查成活情况。凡芽体和芽片呈新鲜状态，叶柄一触即落的，表示叶柄已离层，已嫁接成活；凡芽体变黑，叶柄不易掉落的，就是未接活。对未接活的，应立即补接，其余的全部剪除。

除萌蘖：为集中养分供给接口愈合和促进已接活新梢的健壮生长，要随时将砧木上的萌芽和萌蘖条剪除。

解除绑缚物：当确认嫁接已经成活，接口愈合已牢固时，应及时解除绑缚物，避免因植株增粗绑缚物缢入皮层，影响生长。芽接一般20d左右即可解除绑缚物，对秋季芽接的，不要过早解绑，有利于保护接芽过冬防止干萎。枝接的最好待新梢长到20cm以上时解除绑缚物。若解绑过早，接口仍有失水的危险而影响成活。对于套塑料袋保湿的，先开口通风降温后，再逐渐撤除。

剪砧：夏秋季芽接的，为防止接芽当年萌发，难以越冬，应在第二年春季萌芽前剪砧。春夏季早期芽接的可在嫁接时或在接芽成活后立即剪砧。剪口宜在接芽以上0.3~0.5cm，并稍向芽背面倾斜。剪口过高影响断面愈合，往往形成干桩；过低会伤害接芽，不利萌发和新梢生长。

立支柱：在春季多风害的时期，为防止接活的新梢遭风折，当新梢长到20~30cm时，立支柱并用绳拢缚新梢。也可以分两次剪砧，即在第一次剪砧时，在接口以上留一定长度的茎干，作活支柱拢缚新梢，待风害季节过后再进行第二次剪砧，从新梢以上剪断。在立支柱时，新梢绑缚不要过紧，稍稍拢住即可。

其他管理：及时做好嫁接苗的病虫害防治及施肥、灌水、排涝等田间管理工作。

③埋根育苗　楸树根部萌蘖力强，可采用大树的根和苗根进行埋根育苗。采挖粗1~2cm的根条，剪成长15~20cm的根段，上平下斜。挖根在春季解冻后未萌芽前进行，做到随挖、随剪截、随埋条。秋季采根需用湿沙层积贮藏到春季使用。3月下旬至4月上旬，埋条前15d选向阳处，将种根浸湿混沙催芽。粗细条分级埋，可保证出苗整齐。斜埋，大头向上，小头向下斜放40根，上端与地面平，埋后覆土1~1.5cm，压实。在干旱地区可培成土垄，高15~20cm，芽刚萌发时扒开土垄，不要伤芽。辨别不出上下头的根条用平埋法。将根条平放在埋条沟内，覆土1~1.5cm压实。苗高10cm时去除萌芽，只留一个发育好、长势旺的芽条。苗出齐后灌一次透水，按株行距20~30cm，每667m^{2}可产苗8 000株，移植培育大苗的株行距50cm×50cm，每667m^{2}产苗1 600~2 200株（孔林英等，2008）。

④扦插育苗　楸树落叶后，采集根蘖条和一年生枝干做种条，剪成长15~20cm。分级后每50或100根捆成一捆，竖立在露天沙坑中，一层插条一层湿沙埋至坑口处盖土。随着天冷加厚土层，坑中竖一草把以利透气。硬枝扦插以春季3~4月为好，为提高成活率可用ABT生根粉处理插条。扦插株行距20cm×30cm，插后加强管理，在插床上架设薄膜

小拱棚，促进生根发芽和生长。当年苗高可达1~1.5m。

⑤病虫害防治

a. 楸蠹野螟。危害楸树、梓树、黄金树。楸蠹野螟1年发生2代，以老熟幼虫在枝梢内越冬。5年生以下幼树危害重，大树危害极轻；上部枝条危害重，下部轻。防治方法：从基部剪除有虫瘿的枝条烧毁。幼虫出现时喷10%吡虫啉可湿性粉剂800倍溶液；成虫出现时喷敌百虫或敌敌畏、马拉松等1 000倍溶液，毒杀初孵化幼虫和成虫。

b. 根瘤线虫病。发生在苗木根部。通常危害苗木的主根、侧根和小根，病根腐烂，地上部分生长衰弱，叶片萎蔫。地下部分在主根、侧根和小根上形成大小不一的瘤状体。病根腐烂，导致植株逐渐枯死。以卵、幼虫在土壤中存活和越冬。在土壤温度20℃、湿度在40%以上时即可侵染主根、侧根和小根，刺激植物根部组织形成瘤状物。病株生理机能严重受阻，表现生长衰弱，5~8月发病严重。防治方法：培育无病苗木，不从病圃中采根或留根繁殖。实行轮作防治根线虫病。药物防治是在生长季用99.5%氯化苦原液300~450kg/hm^2，每隔30cm注入2~3mL(宁妍妍，2014)。

4.4.2.6 中华金叶榆育苗技术

(1)生物学特性

中华金叶榆，属榆科、榆属，系白榆变种，落叶乔木。树皮暗灰色，纵裂，粗糙；叶片呈金黄色，色泽艳丽，并且有自然光泽；叶呈卵圆形，长约3~5cm，宽约2~3cm，比普通白榆叶片稍短，边缘有锯齿，互生于枝条上，叶脉清晰，质感较好；翅果近圆形，种子位于翅果中部；花期3~4月，果期4~6月。金叶榆的枝条萌生力很强，一般当枝条上长出大约十几个叶片时，腋芽便萌发长出新枝，因此金叶榆的枝条比普通白榆更密集，树冠更丰满，造型更丰富。

中华金叶榆喜光，耐寒，耐旱，能适应干凉气候。喜肥沃、湿润而排湿良好的土壤，不耐水湿，但能耐干旱瘠薄和盐碱土。在零下20℃也可自然越冬，在我国华北、东北、西北地区生长良好，是我国目前彩叶树种中应用范围最广的一个品种。

(2)景观和经济特性

中华金叶榆萌芽力强，枝条密集，耐修剪，造型丰富，观赏性极佳。既可培育为黄色乔木，做为园林风景树，又可培育成黄色灌木及高桩金球，广泛用于行道树和高速公路护坡；灌丛型主要用做绿篱、模纹、色块；造型苗木主要用于主题公园、小区、单位、庭院绿化。中华金叶榆根系发达，耐贫瘠，抗风、保土能力强，除用于城市绿化外，还可应用于山体景观生态绿化，营造景观生态林和水土保持林。另外，中华金叶榆对烟尘及氟化氢等有毒气体抗性较强，是工矿厂区绿化的优良树种(黄印冉，2013)。

中华金叶榆的枝叶中植物蛋白质含量很高，适口度好，适用于动物青饲料和饲料加工；榆皮中植物胶含量高、品质好，可用于加工提取植物胶，枝皮纤维可制绳，做人造棉和造纸原料；嫩芽、榆钱口感好，营养丰富，可加工优质绿色食品；材质坚硬，可作木地板、家具。

(3)育苗技术

中华金叶榆目前常用的繁殖方法主要有嫁接和扦插两种，以嫁接为主。中华金叶榆是我国乡土树种白榆的变异品种，和白榆亲合力最好，因此在培育苗木时，常以白榆为砧木，进行嫁接繁殖。

①嫁接育苗

a. 枝接。

高接：以培育乔木状金叶榆为目的。嫁接时间在3月上中旬，以砧木苗尚未发芽前树液即将开始流动时最为适宜。选取胸径3cm以上的主干通直白榆苗作砧木。入冬后或刚开春后选用中华金叶榆当年生健壮枝条作接穗，剪取枝条中段长6～8cm左右，放进90～95℃的溶蜡中速蘸，使表皮蘸上一层薄蜡，并装进薄膜袋中冷藏或沙藏。嫁接方法主要是劈接和插皮接。

劈接：在砧木主干2m左右处锯断，削平茬口，在断面中心用嫁接刀由上至下垂直劈一刀，深度2.5cm左右，在接穗下端一个芽的两侧各削一刀长2.5cm左右的楔形斜面，使有芽的一边稍厚，另一边稍薄，削面要平。用嫁接刀把砧木劈口撬开，将接穗厚边向外慢慢插入劈口内，使砧木劈口外侧形成层与接穗外侧形成层准确对接，并让砧木紧紧夹住接穗，一般可同时插2根接穗，较粗的砧木可劈"+"形插4根接穗，然后用15～20cm长的薄膜条从下至上绑紧。

插皮接：在砧木主干2m左右处锯断，削平茬口，选树皮平滑的一侧，先用嫁接刀在断面斜削一刀，成一小斜面，再在斜面中央的部位切一深达木质部的竖口，切口长度稍短于接穗的大削面，在接穗下部削一长约2～3cm的斜面，削面要求薄而平，在其背面的两侧，浅削去表皮，然后将接穗大斜面向木质部，顺砧木切口插入，深度以大斜面在砧木切口上微露时为适。绑缚方法同劈接。

底部接：以培育灌木形金叶榆为目的，适用于以1～2年生白榆苗作砧木的嫁接，方法同上，一般1株砧木只插1根接穗，嫁接后绑好。

b. 芽接。芽接按嫁接时间分为夏季芽接和秋季芽接。夏季芽接以培育成品苗和接穗圃为目的，秋季芽接以培育半成品苗为目的。

夏季芽接：用白榆2年生苗木或1年生成熟苗木为砧木。6月初时，从中华金叶榆的充实枝条上选取饱满的小侧枝部位，从侧枝的上方1cm处用嫁接刀削下2～2.5cm的皮部，不带木质，然后在砧木距地面5cm左右处，选一光滑部位，自上而下削去与芽片大小相同的组织，将芽片与砧木对接重合，用塑料布条自上而下将芽片绑缚严实。操作关键是选择接穗的侧枝大小，侧枝太粗，削皮时侧枝削不动，而且侧枝容易从皮部脱出，取芽失败；侧枝太细时，接穗也太细，不易操作，即使削下，芽皮也太窄，很难成活。削下的芽片如果薄厚均匀，即使起皱，拉平后照样能用，不会降低成活率。夏季芽接一般一直可进行到7月初。此段时间，榆皮组织黏液丰富，接穗和砧木易黏合，最高成活率可达85%以上。

秋季芽接：时间为8月中下旬，采用夏季芽接的嫁接方法。此时接穗已不离皮，芽接时间不能过早或过晚，过早易萌芽，不能过冬；过晚则接穗不易愈合，降低成活率。

②扦插育苗

a. 硬枝扦插。扦插时间分为秋季和春季，河北地区秋季在11月中旬，可随采随插。春季在3月中旬，插穗可在上年入冬前剪取，选取粗度0.5cm以上的壮条，截成15～20cm，绑缚成捆，进行沙藏。扦插前取出插穗，用清水洗净沙土，用ABT浸泡下部2h。一般可直接进行大田扦插，行距50cm，株距15cm，随开沟随扦插，插穗微露出地面，将土踩实，覆盖地膜，浇透水。4月上旬开始出芽，此时应及时从芽眼处抠破地膜，便于幼芽长出地面。直至4月底新根才能长出。

b. 嫩枝扦插。扦插时间在7月上旬。以全光雾插较易管理：剪取当年生的近木质化的枝条，截成15~20cm，剪去中下部叶片，保留上部4~5片叶，绑缚成捆，用ABT浸泡下部2h后扦插至沙土中，密度以叶子完全覆盖沙面既可。扦插后立即喷雾，每天3~4次，气温过高时，中午加喷1次。沙盘上部和南、西半圈要用遮阴网封闭。20d左右可长出新根(陈慧敏，2009)。

③病虫害防治　中华金叶榆抗逆性和抗病性很强，但是抗虫性较差，虫害有蚜虫、天牛、榆毒蛾等，应注意防治。蚜虫用1.8%阿维菌素乳油2 500~3 000倍液或10%吡虫啉可湿性粉剂5 000倍液喷雾。天牛可通过加强苗木检验检疫、人工捕杀；成虫发生前，在树干和主枝上涂白，防止成虫产卵；成虫发生盛期喷5%西维因粉剂或90%敌百虫1 000倍液。榆毒蛾可通过加强检验检疫，销毁受害苗木；向虫孔注入80%敌敌畏，然后用湿泥封闭虫孔，以杀死幼虫；孵化期喷施80%敌敌畏乳油1 000~1 500倍液或50%杀螟松乳油1 000倍液(毛玉收，2011)。

4.5 生态景观林建设新模式

生态景观林按照是否产生直接经济效益，可以分为：以生态功能和景观效果为主的生态景观林、生态景观与经济效益兼顾的生态景观林。前者的建设主体大部分为政府部门，以追求景观效果和生态效益最大化为目标，几乎不考虑直接经济产出，这类生态景观林基本属于公益林范畴；后者的建设主体大部分为公司、合作社、造林大户、农户等，在追求生态效益、景观效果的同时，兼顾直接经济产出，这类森林类型属于对生态景观林的扩展和延伸，是生态景观林的外延，是广义上的生态景观林。河北平原地区人口密集，人均土地面积少，且大部分为耕地，宜林土地稀缺。在这种情况下作为政府行为发展完全公益林性质的生态景观林受到土地不足的制约，不现实也不可持续；而发展以政府引导，公司、合作社、造林大户、农户等为主体的生态景观与经济效益兼顾的生态景观林前景广阔。河北平原多地出现财政补贴的生态景观林建设与经营模式，如政府提供部分资金和土地等，由经营单位按要求营造和经营管理生态景观林，林地产出归经营者所有。

纯粹以生态功能和景观效果为主的公益林性质的生态景观林建设模式，已有不少学者进行了详细的论述，这里就不再赘述。本书主要针对河北平原区实际情况，介绍有经济产出的生态景观林的一些新模式。

4.5.1 生态景观+用材林模式

4.5.1.1　适宜立地条件

适宜于立地条件较好的区域，宜选择在地势平坦，土层深厚肥沃，疏松湿润，排水良好，光照条件好，有灌溉条件的宜林地。

4.5.1.2　树种选择

树种选择依据要营造的景观效果选择当地适生树种，如前文所述的观花、观叶等树种。有一些景观树种本身就是优良的用材树种，如毛白杨、新疆杨、红叶杨、鹅掌楸、毛楝、丝棉木、楸树等，在营造景观的同时，也可以作为用材林进行培育。

河北省平原区用材林传统树种为杨树。胶合板材良种有中林46杨、雄株毛白杨系列

(冀毛 1319 和 1316 等)、深州杨、鲁毛 50 等。纸浆材良种有巨霸杨、丹红杨、极尔杨、I-69 杨、I-72 杨、L323、L324、L35、中荷 1 号、中林 2025、I-107、欧美杨系列(107 和 108 等)、三倍体毛白杨系列。家具材良种有易县雌株、I-107、I-102、中林 23 杨、窄冠毛白杨系列、雄株毛白杨系列等。

4.5.1.3　造林技术

各树种具体造林技术可参照其速生丰产林营造技术进行，但应符合下列基本要求。

①生态景观树种和用材树种应采用大区块状或带状混交，便于用材树种的后期抚育管护，和生态景观林形成具有一定规模的景观效果，增强其视觉冲击力。

②用材林一般为深根性树种，且高大挺拔。与其混交的景观树种应选择浅根性树种，小乔木或灌木树种，充分考虑物种的生态位特征与林木空间的搭配，合理选配植物种类，避免种间直接竞争。

③在景观效果的营造上，用材林色彩单一，应配以色彩艳丽，花期统一的观花或观叶树种，少用观果和观形树种。

④生态景观林一般以中远景为主，在可视方向应避免用材林树种的阻挡，以与视觉平行的条块状种植为主，或将用材林的绿色作为景观背景种植在远离视点的位置。

⑤在生物多样性和景观效果间合理取舍，景观林要形成规模、花期统一，形成视觉冲击力，主体树种不宜过多；应在林地中下层及林缘空间拓展生物多样性，增加小乔木、灌木和草本种类。

⑥林下尽量引入免养护草本，如三叶草、紫花苜蓿等，做到林下覆草，不露黄土，充分发挥林地保持水土的功能。

⑦在规划设计上要合理预留作业通道，便于后期用材林抚育、管护、间伐和运输。

4.5.2　生态景观 + 经济林模式

4.5.2.1　适宜立地条件

适宜于立地条件较好，能种植经济林的区域，宜选择在土层深厚肥沃，疏松湿润，排水良好，光照条件好，有灌溉条件的宜林地。

4.5.2.2　树种选择

生态景观树种选择以经济林树种为主，如苹果、梨、杏、桃、柿子、樱桃、石榴、山楂等。以观叶和观形树种为辅，如红叶杨、金叶榆、金叶槐、鹅掌楸、紫叶李、新疆杨等。

4.5.2.3　造林技术

各树种具体造林技术可参照其纯林营造技术进行，但应符合下列基本要求。

①作为生态景观树种的经济林要形成一定规模，集中连片，花期统一，视觉上要有纵深，营造一望无际、一眼看不到边的视觉效果，增强其视觉震撼力。

②在景观效果的营造上，经济林多以观花、观果植物为主，夏季色彩单一，可配置部分色彩艳丽的观叶树种，和高大挺拔的观形树种作为辅助。

③观叶树种可种植在离视点较近的位置，增强夏季的视觉效果；观形树种可与视觉平行条带状种植，以增强空间上的美感。

④辅助树种也可结合防护功能配置，需要发挥防风功能则配置在上风侧；需要发挥水

土保持功能，可配置在上下坡位。

⑤重点拓展近地面空间生物多样性，增加地被灌草植物种类。

⑥经济型生态景观林可与休闲娱乐、近郊旅游、果品采摘、农家乐等形式结合，除了营造中远景外，也要营造近景。近景要摒弃行列规整的种植方式，而应组团式配置，高低起伏，曲径通幽。充分应用中国古典园林的造景手法营造近景，并辅以休闲娱乐设施。可将观果树种、芳香树种融入其中。

4.5.3 生态景观+苗木基地模式

4.5.3.1 适宜立地条件

适宜于立地条件较好，可做育苗基地的区域，宜选择在地势平坦，土层深厚肥沃，疏松湿润，排水良好，光照条件好，有灌溉条件的宜林地。

4.5.3.2 树种选择

苗林一体化模式，宜选择适合本地气候条件的生态景观林树种，特别是生态景观优新树种，如杂种鹅掌楸、毛梾、红叶杨、丝棉木、楸树、金叶榆、金叶槐等。

4.5.3.3 造林技术

各树种具体造林技术可参照其纯林营造技术进行，但应符合下列基本要求。

①苗林一体化模式生态景观林在景观效果的营造上限制较多，树种选择上应尽量选择彩叶树种或观花树种，同样要形成一定规模，集中连片，花期统一，视觉上要有纵深，营造一眼看不到边的视觉效果，增强其视觉震撼力。

②前期育苗应宽行密植，宽行以正常行距的3~5倍为主，给后几个年度留足育苗空间，避免因苗龄一致集中出售而导致的景观缺失和断带。前期行间可培育宿根花卉，填补景观缺失；随着时间推移，将宿根花卉逐步退出，营造出不同苗龄的育苗基地。

③苗木出售以株间间苗或隔行间苗为主，避免成块成片出售，出现景观上的“秃斑”。

④为营造后期景观效果应始终保留1/3的壮苗培育大规格苗木，并保留部分苗木培育成优良母树，为今后育苗提供种质资源。

⑤出售苗木后的空地，应抓紧种植，以便形成不同苗龄、不同规格的良性循环。

⑥在育苗地的规划上，要留出作业通道，便于以后抚育管护和苗木起挖运输。

4.5.4 生态景观林地间作模式

4.5.4.1 适宜立地条件

宜选择在地势平坦，土层深厚肥沃，疏松湿润，排水良好，光照条件好，有灌溉条件，可做农耕地的区域。

4.5.4.2 品种选择

(1)生态景观树种选择

生态景观林地间作模式可以选择的树种较多，前文所述的观形、观花、观叶、观果等阔叶乔木树种大部分可以选择使用，如新疆杨、红叶杨、金叶榆、金叶槐、金叶刺槐、红叶臭椿、鹅掌楸、毛梾等。

(2)农作物品种选择

宜选择色彩艳丽的农作物或经济作物进行间作，如红辣椒、黄辣椒、向日葵、油菜、紫茄子、油用牡丹、紫花苜蓿等农作物，或者菊花、射干、鸡冠花等花色艳丽的中药材等，以形成“花海”景观为最佳。

4.5.4.3 间作技术

各树种具体造林技术可参照其纯林营造技术进行，间作物可参照其种植技术进行，但应符合下列基本要求。

①生态景观林地间作模式，种植上要形成一定规模，集中连片，视觉上要有纵深，营造一眼看不到边的视觉效果，增强其视觉震撼力。

②生态景观树种采用大行距、低密度种植，可单行间作，也可多行间作，为避免景观树种与作物争肥，要留足营养带，一般要保持0.5~1m以上距离。

③生态景观树种与间作作物行垅走向要和视觉平行，避免生态景观树种遮挡间作作物景观效果。

④生态景观树种以观叶和观花树种为主，并合理考虑和间作作物景观间的季相变化。

⑤生态景观林地间作模式可与休闲娱乐、近郊旅游、采摘、农家乐等形式结合，除了营造中远景外，也要营造近景。可引入观果树种、芳香树种等，充分应用园林造景手法营造近景，并辅以休闲娱乐设施。

⑥为了预防病虫害，要避免生态景观树种与间作作物有相同病虫害的情况出现，在间作组合之间要慎重选择。

第5章　林地复合经营技术

林地复合经营，是指以林地资源为依托，充分利用林下土地，在促进林分健康发育的前提下，选择适宜林地生长的动植物种类进行合理种植或养殖的复合生产经营活动，以达到构建稳定生态系统和获取短期经济收益的目标。林地复合经营是一种新兴的林业产业发展模式。它可以充分利用林地资源和发挥林荫优势，进行立体复合种养，为多种经济动植物的生长创造良好的环境空间，发展林下经济产业。林地复合经营过程中，林木可实现以耕代抚，以禽畜粪便增加林地土壤肥力，可增加林地植被覆盖率，甚至消灭部分虫害，可实现林、农、牧等多种产业资源共享和优势互补，是发展循环经济的良好模式(胡振全，2016)。林地复合经营改变了单纯依靠木材(果品)生产的林业生产模式，做到了林产品的多元化，兼顾了林业的短期和长期经济收入，其生态、社会和经济效益非常可观。

近年来，随着集体林权制度的深化和不断推进，林地复合经营在林业生产中的地位受到了前所未有的关注，经营模式也不断创新。一般说来，林地复合经营主要包括林下种植和林下养殖两大类，主要有林粮、林菜、林草、林药、林牧、林禽、林虫、林菌等多种经营模式。各地在生产实践中，应结合当地生产现状、林分特点、市场环境、经济投入能力等，选择合理的复合经营模式，发展林下经济产业。

河北平原林业主要分为用材林、经济林和景观林。幼龄期的林分土地空闲率高，光照条件良好，适宜发展多种林下经济产业。随着林木生长，林分郁闭度逐渐提高，一些耐阴作物仍可在林下生长；同时，也可利用一些作物与林木生长的季节差如早春、晚秋等季节开展林下生产活动；另外，有些树种如枣树、核桃等，发芽晚、落叶早，适宜发展林下种植业。林间空闲的土地适宜饲养柴鸡、羊、鸵鸟等仅需简易设施的畜禽，造林时还可预留部分土地，专门用于建造牛棚、鸡舍、阳光棚等固定设施以发展养殖业或食用菌产业。通过林地复合经营，既提高了林地使用率，发展了林业生产，也促进了林、农、牧等多种产业的协调发展，促进了林业经济的多元发展，这对于林业用地十分紧张和林业产业经济落后的河北平原非常值得推广。

5.1　林粮复合经营技术

林粮复合经营即粮食与林木间作，指在空间或时间上将多年生树种与粮食相结合的复合种植方式，是我国平原农区用材林发展的一种主要方式，能较充分利用光热水肥等资源，改善农田的小气候环境，从而获得较高的生态、经济和社会效益。其优点表现在：①林粮复合经营模式可以起到以短养长、以耕代抚的作用，提高劳力、财力和肥力的利用率，见效快、增加收益。②林粮复合系统在空间和时间上提高林地的立体结构，既能更有效地提高光能和土地资源利用率，充分发挥土地生产潜力，又能增加植物种类、减少病虫害，实现生态系统的良性循环，同时提供更多产品种类满足社会多方面的要求。③林粮复合经营系统需要集约化经营管理。杨树是河北平原的当家树种和重要的速生丰产树种，以杨树为例分析其林粮复合经营的形式、特点及相关管理技术要求等，其他用材树种如泡桐、白蜡、刺槐、榆树等可参考进行。

5.1.1　林粮复合经营的主要形式

按空间布局可以划分为片林型、带状林型、农田林网型三种类型，林木既可生产木材，又可起到农田防护作用。

(1)片林型林粮复合经营

指以用材林为主，杨树以片状林模式种植的一种林粮复合经营方式。

片林型造林密度多为 4m×8m、5m×7m、6m×6m，林木最好呈“品”字形配置。幼林期实行农林间作，对间作作物增施肥料，既可保证间作作物的产量，又促进了幼林的生长；林下间种要选用良种，精耕细作；从第 2 年起，每年林木要适当修剪，既可以改善林间光照条件及提高后期木材质量，又有利于间作物的生长。修剪量控制在树高的 1/3～1/2，逐渐向上整修。

(2)带状林型林粮复合经营

指杨树以林带模式种植，农林兼顾的平原农区林粮复合经营的一种形式。该类型适用于人少地多、种粮劳动力和农业资金不足的地区，田块类型主要是中、低产农田和半荒地。选用速生的杨树无性系，旨在近期内(1 年～6 年)获得一定的农业收益，在短期内(10～12 年)生产大量木材。

带状林粮复合型造林密度一般有以下两种设计：单行式，株距 4m，行距 10m、20m、30m、40m 等；双行式，株距 4m，采用宽窄行，小行距 2～4m，大行距 10m、20m、30m、40m 等，小行距两行杨树栽植时呈“品”字形配置。

(3)农田林网型林粮复合经营

指以农为主，杨树作为林网种植的一种形式。

该类型适用于大面积的低产农田改造或大面积的滩地开发，在水利配套的前提下，发展杨树林网。道路林带及农田周围栽树种杨树 1～4 行，行距 6m，株距 4m；水边及护坡栽植柳树或紫穗槐等，株距 2m，行距 3～5m。

5.1.2　杨+粮(小麦、玉米、花生等)复合经营技术

5.1.2.1　品种选择

林粮复合经营要选择优良的杨树品种和间作物品种，适宜华北地区大面积推广的品种有中林 46、中林 2001、中林 2025、欧美杨 107、欧美杨 108、毛白杨良种(冀毛 1319、1316、8001)、窄冠毛白杨等速生品种。其中根幅小、根系深的品种(如窄冠毛白杨、窄冠黑杨等)更加适合进行间作。

农作物可选择小麦、玉米、花生、红薯(紫薯)、豆类、谷子等作物，幼林期尽量不间作高秆作物如玉米、高粱等。

5.1.2.2　造林技术

造林技术可参考第 2 章的“纯林造林技术”进行。

林粮复合经营与纯林造林的主要差别在于，前者需要综合考虑杨树和农作物的生物学特性及对光、热、水、肥等需求，尽可能做到杨树与间作物的和谐共生。栽培密度及模式的选择，一般采用小株距大行距、低密度种植，杨粮复合型造林可以采用单行式，即株距4m，行距10m、20m、30m、40m等；双行式，即株距4m，林木采用宽窄行，小行距2~4m，大行距10m、20m、30m、40m等；一般单行距4m×20m、宽窄行(2m×4m)×20m是较好的造林模式。

为避免杨树与间作物争肥、水而影响幼树生长，减轻病虫害，提高林地经济效益，要留足营养带，一般间作物与杨树应保持1m以上距离，根幅小、深根性的杨树品种(一般为前期速生品种)可适当减少间隔，但也应当大于50cm。

5.1.2.3　林木抚育管理

一般可以参考第2章中的“纯林管理技术”进行，但应注意以下几点：

①农田除草剂喷施操作时，喷头加装防护罩且贴近地面喷施，不在大风天气喷施，避免药液接触树木产生药害；灌施除草剂在树木周围培土防止除草剂接触树木基部。

②杨树修剪整形可以参考“2.1.5.5 修枝抚育”进行，大冠型品种第1、2年主要修剪竞争枝，以促进杨树快速发育出较好的冠型，3、4年后可以结合农田机械的作业高度适当修剪杨树中下部枝条，下部活枝保留高度以不影响农田机械操作为主。

③间作田地旋耕整地时注意与杨树保持适当距离(大冠型距1m、窄冠型距0.5m)，靠近树木位置时可以适当减低旋耕深度(不深于15cm)。

④杨树与小麦间作加强小麦红蜘蛛的防治。小麦红蜘蛛——麦蜘蛛，俗称火龙、火蜘蛛，主要有麦圆蜘蛛和麦长腿蜘蛛，两种麦蜘蛛均以孤雌生殖为主，以成、若虫刺吸麦苗汁液，被害麦叶先出现黄白色小点后变为黄色，严重时植株矮小叶片枯黄、生长不良、不能正常抽穗，甚至干枯而死。

麦长腿蜘蛛一年发生3、4代，以成虫和卵在土缝中越冬，翌年3月越冬成虫开始活动，卵也陆续孵化，4~5月进入繁殖及危害盛期。5月中下旬成虫大量产卵越夏。10月上中旬越夏卵陆续孵化危害麦苗，完成一个世代需24~26d。麦长腿蜘蛛喜干旱，生存适温为15~20℃，最适相对湿度在50%以下，白天活动，以下午15：00~16：00最盛，遇雨或露水大时潜伏于麦株丛及土缝中不动，旱地麦田发生重。

麦圆蜘蛛一年发生2、3代，以成、若虫和卵在麦株及杂草上越冬，3月中下旬至4月上旬虫量大、危害重，4月下旬虫口消退。越夏卵10月开始孵化危害秋苗。麦圆蜘蛛多在8：00~9：00以前和16：00~17：00以后活动，不耐干旱，生存适温为8~15℃，适宜湿度在80%以上，遇大风多隐藏在麦丛下部。春季成虫将卵产在小麦分蘖丛和土块上，秋季多产在须根及土块上。卵集聚成堆，每堆10余粒，水灌麦田低洼湿润或密植麦田发生较重。

防治措施：

①3月中下旬对杨树喷施石硫合剂，结合树干涂抹黏虫胶可有效防治麦蜘蛛。②在麦蜘蛛危害时可喷施10%吡虫啉可湿性粉剂5 000倍液或10%氯氰菊酯乳油3 000倍液或25%灭幼脲Ⅲ号悬浮剂1 500倍液喷施。

5.1.2.4 典型案例分析

(1)戴晓琴等对河北省景县龙华镇的107杨幼龄林林粮间作模式进行了研究

①立地条件 试验区位于河北省景县龙华镇(北纬37°36′，东经116°1′)，海拔20m，属于华北平原黑龙港流域，属暖温带半湿润半干旱大陆季风性气候，年太阳辐射总量121.042kJ/cm^2，年平均气温12.5℃，≥0℃积温4834.7℃，≥10℃积温4435.9℃，无霜期198d。多年平均降水量568.5mm，主要集中在6~8月，占全年总降水量的70%以上。

②栽培设计 林粮复合系统中林木为1~2年(株行距1.8m×5.1m)和3~4年(株行距2.0m×8.0m)生幼龄杨树，品种为欧美杨107；间作作物为小麦，冬小麦品种为邯5316，于2003年10月18日播种，播种量为285kg/hm^2。距树行45cm处种植作物。

③抚育管理 小麦播前施氮肥135kg/hm^2、磷肥112.5kg/hm^2、钾肥112.5kg/hm^2、灌溉750m^3/hm^2，拔节期施氮肥90kg/hm^2、灌溉750m^3/hm^2，开花期灌溉750m^3/hm^2。田间耕地、杂草及病虫害防治等管理依照当地传统技术。

④效果分析 杨树间作冬小麦产量与单作相比，1~2年树龄复合系统中冬小麦产量有所增加，树龄3~4年时冬小麦产量明显下降(戴晓琴、郭兴强等，2006)。

(2)魏县林业局刘振廷等对窄冠白杨的间作进行研究，找出合理的林农间作模式

①立地条件 试验地位于河北省魏县北皋镇西尚后村，年平均气温13.2℃，极端最高气温41℃，极端最低气温－19.9℃，年平均降水量为513.7mm，多集中在6~9月份，年平均蒸发量为1997.3mm，无霜期207.9d。干热风平均每年10d，最多可达17d。土壤为中壤质潮土，pH 7.5，土层深厚，地下水位21m。

②栽培设计 造林树种为窄冠白杨3号，面积6.67hm^2，3种株行距配置模式：(2m×4m)×14m、(2m×4m)×16m、(2m×4m)×20m。

③抚育管理 常规管理。

④效果分析 窄冠白杨对间作小麦有明显的增产作用，但随着栽植密度的加大，对小麦的增产效果逐渐趋小。从连续3年的测产平均值可以看出，3种株行距配置以(2m×4m)×20m小麦产量最高，比对照高26.7%，比(2m×4m)×14m高出14.4%，比(2m×4m)×16m高8.02%，增产作用明显。(2m×4m)×20m配置模式既可使丰产林快速生长，又能抵御干热风，增加土壤湿度，提高小麦的产量，实现林农长期共存，是平原推广的适宜栽植密度(刘振廷等，2 000)。

(3)庞金宣等在山东惠民、邹平、河北魏县等地，采用窄冠白杨5个无性系进行了杨粮间作研究

在株行距4m×15m左右(120~150株/hm^2)的条件下间作11年，行间种植小麦、玉米，按当地常规技术操作。结果显示，树木生长到胸径30cm时，基本不影响农作物产量。测定产量结果，小麦略有增产，玉米略有减产(靠树3行玉米减产6%，3行之外不受影响)，全年基本平产。在整个11年间作期，杨粮间作模式净增收69 200~86 500元/hm^2。

由以上经营案例可知，林粮间作条件下，幼龄期可起到较好的增产作用，但随着林木生长，树冠的遮阴会对作物形成直接的减产作用。相对而言，一些窄冠型林木品种，由于冠窄根深，与农作物的光照、水分、养分的矛盾较小，窄冠型杨树用于农林间作"胁地很轻"，是适用于农田林网和农林间作的优良品种，可在华北和中原地区推广(庞金宣等，2001)。

5.2 林菜复合经营技术

根据林地的光照条件及蔬菜的需光特性，利用林地资源间作大葱、青椒等蔬菜，可以充分开发利用林地资源，缓解土地供给不平衡的矛盾；林下蔬菜的精细管理又可以达到改良土壤、培肥地力、抚育林分的目的；同时林菜复合经营还可以充分发挥林地优势，显著提高蔬菜产量和品质，从而培育林区新的经济增长点，调整经济结构，促进农民增收，带动地方经济增长。

林菜复合经营应根据不同林地类型，合理安排间作蔬菜的种类及茬口。根据蔬菜的农业生物学分类，适宜林地间作蔬菜的种类包括：①葱蒜类(大葱、大蒜、洋葱等)。②根菜类(胡萝卜、萝卜、牛蒡等)。③白菜类、甘蓝类(大白菜、甘蓝、菜花、芥菜等)。④绿叶菜类(油麦菜、芹菜、菠菜、茴香等)。⑤瓜类(西葫芦、冬瓜、南瓜等)。⑥茄果类(甜椒、辣椒、茄子、西红柿等)。⑦豆类(菜豆、豇豆等)。⑧薯芋类(甘薯、马铃薯、姜、芋等)。⑨多年生及杂类蔬菜(秋葵、黄花菜、香椿、竹笋等)(于广建，2009)。林菜复合经营过程中，可以间作某一个蔬菜品种，也可以根据不同蔬菜的生长发育特点，合理安排不同蔬菜茬口，提高复种指数，进而提高综合效益。

5.2.1 大葱等葱蒜类蔬菜间作技术

葱蒜类蔬菜是人们日常生活中重要的调味品，林地间作葱蒜类蔬菜，不仅可以实现以短养长，提高经济效益和社会效益，同时其分泌的大蒜素对林木苗期病害有一定的抑制作用；葱蒜类蔬菜对蚜虫具有一定的忌避作用，林地间作可大大减少林地用药，减轻环境污染，进而提高生态效益。

5.2.1.1 栽培地选择

葱蒜类植物根系多分布在表土层，一般要求土层疏松肥沃、通透性良好、保水保肥力较强的砂壤土，忌连作。

葱蒜类蔬菜中大葱的光补偿点为45μmol/(m^2·s)，大蒜的光补偿点为77.4μmol/(m^2·s)左右(郭洪芸等，1999)，间作宜选择中幼龄林，要求避开土质黏重的地块和低洼积水地块。下面以大葱为例做一介绍。

5.2.1.2 品种选择

根据当地气候特点及栽培条件，选择适应性强、早熟丰产、葱白长、产量高的品种。生产上应用较多的有山东章丘大葱、北京高脚白等。

5.2.1.3 育苗和栽种技术

(1)整地

大葱育苗时间较长，播种之前结合整地施足基肥，一般每公顷施入腐熟有机肥15 000~20 000kg，过磷酸钙750kg，深耕、细耙、整平，做成1.2m宽的苗床。

(2)种子处理

大葱育苗可以干籽直播，也可以浸种催芽后播种。

浸种催芽时，将当年新采收的大葱种子用纱布包好，置于55℃温水中，自然冷却后再浸泡8~10h，或用55%多菌灵可湿性粉剂500倍液浸种30min，然后用清水冲洗15~

20min，再置于清水中浸泡8~10h，待种子充分吸水后，放在16~20℃的环境条件下催芽，每天用清水冲洗1~2次，待60%种子露白时即可播种。

(3)播种

大葱的播种时间，根据不同品种特性及种植时间来确定。河北平原地区，大葱传统的播种育苗方式有两种，一是育苗的播种时间在10月初，第二年5~6月份定值；二是早春3月份播种，当年5~6月份定值。播前将种子混入2~3倍细沙，均匀撒播于苗床，播后覆土1cm，后浇水保墒。

(4)苗期管理

播种后保持苗床湿润，播后出苗前1~2d浇水1次，水量不宜过大，要小水勤浇，一般播后7~10d左右出苗。幼苗长至2~3片真叶时，间苗1次，结合间苗拔除杂草。秋末播种育苗的，11月底12月初，表土夜冻日消时，适时足量浇好防冻水。

(5)适时栽种

河北平原地区，大葱的适宜移植时间为5~6月份，移植前施足基肥，做宽1.2m的畦，开种植沟，沟深20~25cm，沟距50~60cm，移植前定植沟内灌足水，水渗后按株距5~6cm定植，栽植深度以不埋心叶为宜。

5.2.1.4　田间管理

大葱移植成活后，要加强水、肥、培土、除草等田间管理。

水肥管理应根据葱株长势和气候变化情况而定，结合浇水施入腐熟的清淡畜粪水，要薄肥勤施，每次肥量不宜过大。

为提高产量、改善品质，在大葱的生长期需培土3~4次，第1次在旺盛生长期之前，培土至沟深的1/2；第2次在旺盛生长期，培土到与地面平齐；其余两次在生长后期，第3次培土成浅垄，第4次培土成高垄。每次培土高度均以不埋葱心为宜。结合培土，拔除杂草。

5.2.1.5　病虫害防治

林地间作大葱常见的主要病害有紫斑病、锈病等，虫害主要有葱蓟马等(牛丽萍，2015)。

(1)紫斑病

主要危害叶片，多发生于高温高湿的夏秋季节。预防措施是施足基肥，适时追肥，增强抗病能力；雨季注意排水，发病后控制灌水，以防病情蔓延。一旦发病可选用58%甲霜灵锰锌可湿性粉剂500倍液，或50%扑海因可湿性粉剂500倍液，70%代森锰锌可湿性粉剂500倍液喷雾，每隔7~10d喷1次，连续喷施3~4次。

(2)锈病

主要危害叶片，多发生在昼夜温差大、结露时间长的秋季。预防措施是注意多施农家肥，增施磷、钾肥，避免偏施氮肥。一旦发病可选用15%粉锈宁可湿性粉剂800~1 000倍液，或50%萎锈灵乳油700~800倍液，65%代森锰锌可湿性粉剂1 000倍液加15%三唑酮可湿性粉剂2 000倍液，每隔7~10d喷1次，连续喷施2~3次。

(3)葱蓟马

主要以成虫或若虫危害大葱的心叶、嫩芽，形成许多长形黄白斑纹，严重时葱叶扭曲枯黄，影响产量和品质。气温25℃以下和相对湿度60%以下时有利于葱蓟马发生危害，高温高湿、暴风雨可降低虫口密度。可在发生初期，选用1.8%阿维菌素3 000倍液，或4.5%高效氯氰菊酯2 000倍液，10%吡虫啉可湿性粉剂2 500倍液，每隔7~10d喷药1次，连续喷施2~3次。

各种农药在使用过程中均应注意轮换交替使用，以防产生抗药性，并严格遵守安全间隔期。

5.2.1.6 适时收获

大葱收获期在土地封冻前，气温降至5~10℃左右，地上部生长停滞时。收获后可直接上市出售，也可晾晒1~2d，扎成捆置冷凉处，于冬春季节随时上市出售。

5.2.1.7 栽培管理与增产关键

①林地大葱间作栽培时，注意选用当年采摘的新种子。大葱陈种子发芽率会大幅度降低。

②忌重茬，注意轮作倒茬。大葱重茬后不仅会造成微量元素缺乏，自身营养失衡，影响生长发育，同时重茬还会引发多种土传病害，造成缺苗断垄，甚至绝收。

③注意及时培土。培土可以防止植株倒伏，促使葱白变长，显著提高产量和品质。

5.2.2 胡萝卜等根菜类蔬菜间作技术

根菜类蔬菜是指具有可食用的肥大肉质根的一类蔬菜，其肥大的肉质根是一种变态器官，其中贮藏有大量的营养物质，具有耐贮藏、易加工等特点，是我国重要的蔬菜种类，常见种类有胡萝卜、白萝卜等。

胡萝卜是伞形科胡萝卜属，一年生或二年生的根菜植物，不仅含有大量胡萝卜素，而且富含多种维生素和矿物质，经常食用可以起到保护视力、滋润皮肤、提高免疫力、延缓衰老的功效，民间素有“小人参”的美誉。生产上应用较多的品种光补偿点在40~50μmol/(m^2·s)左右(毕国志等，2013)，林地间作时选择林木郁闭前进行，可取得较高的产量和收益。下面以秋胡萝卜为例做一介绍。

5.2.2.1 栽培地选择

胡萝卜属深根性植物，以肥大肉质根为产品，间作栽培宜选择耕作层深厚、疏松肥沃、排水良好的砂质壤土。

5.2.2.2 品种选择

林地间作宜选择耐弱光、抗病丰产、品质好、适销对路、适宜秋季栽培的胡萝卜品种，如新黑田五寸参、日本五寸参及当地优良农家品种等。

5.2.2.3 整地施肥

胡萝卜属深根性植物，且播种期正值雨季，幼苗期草害严重，因此深耕土地十分关键。播种前结合耕地每公顷施入腐熟有机肥50 000kg，过磷酸钙600kg、硫酸钾200kg，辛硫磷30kg，深耕25~30cm，耙平，做畦。

5.2.2.4 适时播种

河北平原林区，胡萝卜的适宜播种时期为7月中下旬，适时早播有利于提高产量，一般以立秋前播完为宜。栽培上多采用干籽直播，按行距15~18cm开沟，顺沟条播，播后立即覆土，覆土厚度1~1.2cm，压实后浇水。

为防止杂草危害，每公顷用33%二甲戊乐灵乳油2kg，对水300~500kg均匀喷雾，喷后立即浇水，出苗前保持地面湿润。

5.2.2.5 田间管理

(1)及时间苗、定苗

胡萝卜长至1~2片叶时，结合除草进行间苗，去除病苗、弱苗、小苗、过密苗等，一般留苗间距3cm，4~5片叶时及时定苗，留苗间距8~10cm。

(2)肥水管理

出苗前保持土壤湿润，出苗后，如遇高温干旱，应在清晨或傍晚浇小水，4~5片叶定苗后，结合浇水追施硫酸钾复合肥150kg/hm^2。7~8片真叶时，长势弱的地块追施尿素150kg/hm^2；长势过旺的地块，喷施浓度为20mg/kg的多效唑溶液1次。雨后注意及时排水。

(3)培土

为提高胡萝卜的产量和品质，肉质根膨大期适当培土。

5.2.2.6 病虫害防治

林地间作胡萝卜，常见病害主要有黑斑病、灰霉病等，虫害主要有蚜虫等。

(1)黑斑病

发病初期喷施64%杀毒矾可湿性粉剂600~800倍液，或50%甲霜灵锰锌可湿性粉剂500~800倍液，50%扑海因可湿性粉剂1 500倍液，每隔10d左右1次，连续喷施3~4次。

(2)灰霉病

发病初期喷施50%扑海因可湿性粉剂1 500倍液，或50%速克灵可湿性粉剂2 000倍液，每隔10d左右1次，连续喷施2~3次。

(3)蚜虫

可用10%吡虫啉可湿性粉剂1 500倍液喷雾防治。

农药在使用过程中应注意轮换交替用药，并严格遵守安全间隔期。

5.2.2.7 适时采收

肉质根已充分膨大时，根据需要分批分期采收。收获前3~5d，根据土壤墒情浇水一次，水渗后表土不黏时，将胡萝卜顺茬拔起。

胡萝卜采收后可直接上市，也可远距离运输上市、贮藏加工后错季上市等。如果直接上市，可将胡萝卜缨齐头切掉；如果远距离运输，应保留胡萝卜樱3cm，避免运输和贮藏过程中失水。

5.2.2.8 栽培管理与增产关键

胡萝卜秋季栽培成败的关键是保全苗，栽培过程中应注意以下几个环节。

①播种时间最好安排在9：00之前或16：00之后。

②播种后覆土要均匀，播后苗前，要保持土壤湿润，若天气干旱、墒情较差，应于清晨或傍晚浇水补墒。

③合理使用除草剂，有效预防草害，喷药时，必须保持土壤湿润。

5.2.3 菜花等甘蓝类蔬菜林地间作栽培技术

菜花学名花椰菜，是甘蓝的一个变种，属十字花科半耐寒蔬菜，因其味甘鲜美、食用方法多样、营养价值高、保健作用强，深受广大消费者的喜爱，是河北平原地区主栽蔬菜品种之一。

菜花的光补偿点为43~80μmol/(m^2·s)左右(颉建明等，2003)，林地间作栽培，秋菜花旺盛生长时，树木逐渐落叶，基本可以满足其生长对光照的要求。下面就林地秋菜花间作栽培做一介绍。

5.2.3.1　栽培地选择

菜花喜凉爽、怕炎热，喜水、怕涝、怕旱，对栽培环境要求较严格，栽培地宜选择地势高、排水通畅的林地，土质疏松肥沃、耕作层深厚、光照条件适宜的幼龄林地为最佳。前茬作物忌与十字花科作物连作。

5.2.3.2　品种选择

河北平原地区秋菜花间作栽培，可以选用贞心70等早熟品种，其成熟期在70~80d左右，也可选择日本雪山等中晚熟品种，其成熟期在85~90d，加强栽培管理，均可取得较高产量和收益。

5.2.3.3　培育壮苗

育苗地选择土质疏松肥沃、通风良好、排灌方便的田块，按南北向做苗床，苗床宽1m，上面铺盖15~20cm营养土，每立方营养土加入磷酸二铵0.5kg，拌匀铺平，然后均匀喷洒50%多菌灵可湿性粉剂300倍液。

秋菜花育苗播种期在6月中下旬。播种前1d灌足底墒。水渗后，将苗床均分为8~10cm的方块，在每方块中央穴播种子2~3粒，覆盖过筛细土1cm左右，然后在育苗床上搭小拱棚，覆盖塑料薄膜和遮阳网，两边压紧，小拱棚的两头撩起用于通风。

播种后3~4d幼苗出齐，选晴天下午去掉遮阳网和塑料薄膜，1周后子叶展开，及时间苗、定苗、拔除杂草，每穴留苗1株。

育苗期水肥管理掌握苗床见干见湿，不能控水，防止幼苗老化，当幼苗长至3~4片真叶时，追施少量尿素，并喷施10%吡虫啉可湿性粉剂2 000倍液；移栽前7d，均匀喷洒58%甲霜灵锰锌可湿性粉剂800倍液，预防苗期病害。

5.2.3.4　适时定植

(1)整地施肥

菜花高产栽培要求选择肥沃壤土或砂壤土，定植前10~15d，施足基肥，撒施充分腐熟的农家肥50 000kg/hm^2，深耕耙平，整成宽1.2m、高25cm的小高畦，畦间距30cm。在畦面上开2条间距50cm、深15cm的施肥沟，顺沟施入三元复合肥500kg/hm^2、硫酸钾300kg/hm^2，然后将沟填平。

(2)定植

秋菜花的定植时期正值高温季节，为提高定植成活率，苗龄应控制在20~25d，幼苗5~6片真叶时进行，定植前1d苗床浇透水，水渗后边起苗边定植。定植应选择阴天或晴天傍晚时进行，每畦3行，株距35~40cm，定植后再浇透水。

5.2.3.5　田间管理

(1)水肥管理

定植后3~4d浇缓苗水，之后根据土壤和天气情况合理安排浇水时间，保持土壤湿润。如果天气干旱，4~5d后浇第2次水，结合浇水追施尿素150~200kg/hm^2，磷酸二铵

200kg/hm^2，促进幼苗健壮生长，菜花莲座期、花球膨大期结合浇水追施尿素 200kg/hm^2、三元复合肥 200kg/hm^2、硼砂 15kg/hm^2，促进花球膨大，同时根据植株生长情况酌情进行叶面施肥。

(2) 中耕除草

秋菜花的生长期正值高温多雨季节，田间郁闭前草害严重，应结合施肥中耕锄草两次，中耕同时进行培土，以防倒伏，促发不定根、提高产量。

(3) 遮盖花球

花球暴露在阳光下容易变黄，林地间作遮阴的环境下可有效改善花球的品质。在遮阴度不够的情况下，应对花球进行适时遮盖，当花球直径达 6～8cm 时，用菜花植株的老叶盖住花球，可明显提高菜花的产量和品质。

5.2.3.6　病虫害防治

秋菜花的病害主要有霜霉病、黑腐病等；虫害主要有蚜虫、菜青虫等（李四秀，2013）。

(1) 霜霉病

发病初期，用 75% 百菌清可湿性粉剂 500 倍液喷雾防治，每隔 5～7d 喷 1 次，连续喷施 2～3 次。

(2) 黑腐病

发病初期，可用 70% 代森锰锌可湿性粉剂 400 倍液喷雾防治，每隔 5～7d 喷 1 次，连续喷施 2～3 次。

(3) 蚜虫

可采用田间悬挂黄色黏虫板进行诱杀，药剂防治可采用 10% 吡虫啉可湿性粉剂 1 500 倍液喷雾。

(4) 菜青虫

可于幼虫期用 1.8% 阿维菌素 3 000 倍液喷雾防治。

农药在使用过程中应注意轮换交替用药，并严格遵守安全间隔期。

5.2.3.7　适时采收

花球充分膨大、边缘尚未散开时为采收适期。采收要根据市场行情及植株长势，分批进行，保证品质。采收时花球基部需保留 4～5 片嫩叶，以保护花球，避免装运过程中损伤变质。

5.2.3.8　栽培管理与增产关键

①育苗保全苗是秋菜花栽培成败的关键。播种后加强遮阴，保持苗床湿润，科学水肥管理，避免徒长和老化，是培育壮苗的关键。

②菜花既喜肥又耐肥，增施底肥、加强追肥，是高产稳产的基础。

③适时遮盖花球。秋菜花林地间作，可有效改善菜花产品和品质。若光照过强遮阴度不够时，应适时对花球进行遮盖，以改善品质，提高效益。

5.2.4　油麦菜、菠菜、茴香等四季快菜间作技术

此类蔬菜耐寒、耐瘠、生长迅速，生长期短，适应性强，管理方便，见效快，一年四季随时播种，周年上市，对于提高林业经营的前期收益，效果显著。下面以早春油麦菜为

例做一介绍。

5.2.4.1 栽培地选择

叶菜类蔬菜对光照要求不太严格，林菜间作栽培时，土质疏松肥沃的幼龄林地，林木郁闭前，光照强度适宜均可种植。

5.2.4.2 品种选择

油麦菜又称莜麦菜，被誉为“生食蔬菜中的上品”。早春栽培时，选择色泽淡绿、质地脆嫩、优质抗病、适应性强的品种。

5.2.4.3 整地施肥

早春土壤化冻后，及时施入基肥，每公顷施入充分腐熟的优质农家肥 50 000～60 000kg、磷酸二铵 300～400kg、硫酸钾 150～200kg。深耕细耙，做成宽不超过 1.2m 的畦，播种前 3～5d 浇足底水。

5.2.4.4 适时播种

3 月中下旬，待底墒渗后，选择无风的晴天，开沟直播，沟深 2～3cm，行距掌握 30cm 左右，将种子均匀撒入沟内，覆土盖膜，幼苗出土后及时撤掉薄膜。

5.2.4.5 田间管理

(1)间苗、定苗

二叶一心时，进行间苗，拔除病苗、弱苗、过密苗等。4 片真叶时，进行定苗，苗距 3～4cm。

(2)及时拔除杂草

早春主要杂草为荠菜、灰藜等，应结合间苗、定苗，及时拔除杂草，以免争水、争肥、争光，影响产量。

(3)水肥管理

油麦菜早春栽培，苗期需水较少，加上前期地温较低，一般情况下不浇水。定苗后，根据土壤墒情浇水 2～3 次，浇水应选择晴天上午进行。中后期结合浇水追肥 1 次，施入尿素 300～350kg/hm^{2}或硫酸铵 300kg/hm^2。

5.2.4.6 病虫害防治

由于油麦菜生长期短，春茬露地油麦菜病害较少，常见病害主要有苗期猝倒病、霜霉病等。主要防治措施有适时播种、合理密植、科学灌溉、培育壮苗等，必要时可喷洒 25% 瑞毒霉可湿性粉剂 800 倍液，或 72% 甲霜灵锰锌可湿性粉剂 400～500 倍液。

早春油麦菜主要虫害有油菜潜叶蝇、菜蛾等，可用 0.9% 阿维菌素乳油 2 000 倍液喷雾防治。

农药在使用过程中应严格遵守安全间隔期。

5.2.4.7 适时采收

油麦菜生长较快，从播种到采收一般 60d 左右，采收时期不严格，14～16 片叶时采收均可，可根据市场行情和油麦菜长势及时采收，夺取产量和效益。

5.2.4.8 栽培管理与增产关键

早春露地油麦菜适期播种非常重要，播种过早，容易遭受寒害，造成烂根，影响产量。播种过晚，林地光照较弱，生长缓慢，会造成上市推迟，收益降低。

5.2.5　西葫芦等瓜类蔬菜间作栽培技术

西葫芦又名角瓜，是南瓜的一种，是葫芦科南瓜属一年生草本植物，有矮生、半蔓生、蔓生三大品系。生产上多采用矮生品种。

西葫芦较耐寒，不耐高温，生长适温为20~25℃，超过30℃易感染病害；较耐弱光，要求光照强度中等，光补偿点在50μmol/(m^2·s)左右(秦舒浩等，2006)，短日照条件下结瓜较早；喜肥喜水，高温干旱易发生病毒病。西葫芦花单性，雌雄同株异花授粉植物，最佳授粉时间为每天上午9：00~10：00。

西葫芦是早春瓜类上市最早的一种蔬菜，是调节春淡季的主要蔬菜种类之一，其栽培管理方便，容易夺得高产，从而取得较高经济效益，深受广大菜农及消费者的喜爱。下面将春早熟西葫芦双膜覆盖栽培技术简要做一介绍。

5.2.5.1　栽培地选择

林地间作应选择林木郁闭前，优选无病菌残留、疏松肥沃、耕作层深厚、3年内没有种过瓜类蔬菜的沙质壤土。

5.2.5.2　品种选择

选用早熟性好、耐寒力强、抗病能力强、株型紧凑、长势强健、高产优质的品种。目前生产上常用的品种有新早青一代、珍玉10号、京葫八号等。

5.2.5.3　播种育苗

西葫芦春季早熟栽培多采用日光温室育苗，播种时间掌握在2月中旬，播种前首先进行浸种催芽，用55~60℃的温水浸种10min，不断搅拌，水温降至20~30℃时浸泡4h，捞出后控干水分，用湿纱布包好，放在28~30℃的条件下催芽，70%种子破嘴露白时播种(刘春荣，2016)。

播种选用10cm×10cm的营养钵，装填营养基质或肥沃园田土，浇足水，水渗后，每营养钵点播2~3粒，播后覆盖2cm厚的细土。

播种后至出苗前，苗床温度白天掌握在25~28℃，夜温控制在15~18℃，出苗后，白天温度掌握在20~25℃，夜温控制在12~15℃，第一片真叶展开后，白天温度掌握在22~28℃，夜温控制在12~17℃。在1叶1心时，喷施1次50%百菌清可湿性粉剂400倍液，预防苗期病害。定植前7~10d，降低温度，加大放风量，进行炼苗。

5.2.5.4　整地施肥

西葫芦喜肥耐肥，定植前一定要施足底肥，一般每公顷施入腐熟有机肥40 000~50 000kg、磷酸二铵700kg、硫酸钾复合肥400~500kg，深耕、细耙、混匀，整成高10cm，宽1m左右的小高畦，畦间距40~50cm。定植前10~15d，覆盖黑色除草膜，压严踩实，以提高地温。

5.2.5.5　适时定植

地膜加小拱棚春季早熟西葫芦的定植时间在3月中旬，一般掌握育苗苗龄30~35d，3~4片真叶时进行，定植时选择连续晴天上午，每个小高畦上种两行，株距45~50cm，栽后立即插好小拱棚，覆盖塑料薄膜，四周压严，保温增温，及时浇定植水。

5.2.5.6 田间管理

(1)温湿度管理

为促进缓苗，定植后5~7d，小拱棚四周密闭不放风，以升温保温为主，棚内气温白天保持在25~28℃，夜间保持15~18℃。缓苗后，开始放风排湿，棚内温度白天掌握在25℃左右，夜间不低于13℃。4月份以后，随外界气温升高，逐步加大放风量，以降低棚内的温度及湿度。5月初，夜间最低气温稳定在13℃以上时，逐步加大夜间放风量，直至撤掉棚膜。

(2)水肥管理

双膜覆盖春季早熟西葫芦促成栽培时，前期一般不浇水，根瓜坐住后，可随水冲施4 000~5 000kg/hm^{2}的稀薄粪水，或追施尿素200kg/hm^2。结瓜盛期要加强肥水管理，保持土壤湿润，增加浇水次数，随水追施复合肥250~300kg/hm^2，每10~15d追肥1次，共需2~3次。同时，根据植株长势，结瓜后期每7~10d叶面喷施0.1%~0.2%的磷酸二氢钾溶液，以预防早衰，延长采收时期。

(3)人工授粉

西葫芦是典型的雌雄同株异花授粉植物，不具备单性结实能力。早熟栽培时外界气温较低，昆虫活动少，昆虫传粉困难，为提高坐瓜率，防止化瓜，必须加强人工授粉。授粉要在每天9：00~10：00进行，方法是摘下雄花，去掉花瓣，将雄蕊花药均匀涂抹在雌蕊柱头，1朵雄花可授粉雌花2~3朵。

5.2.5.7 病虫害防治

西葫芦虫害较少，早熟栽培常见病害有灰霉病、病毒病等。

(1)灰霉病

早春保护地栽培的一种常见病害，主要危害花、幼瓜、茎、叶等，以危害花和幼瓜最为普遍，直接造成减产。发病初期可喷洒50%速克灵可湿性粉剂2 000倍液，或65%甲霉灵可湿性粉剂1 000倍液，50%多霉灵可湿性粉剂800倍液，每隔7~10d喷1次，连续喷施2~3次。

(2)病毒病

西葫芦是葫芦科最易感染病毒病的品种。高温干旱时发病严重，一旦发病，植株矮化，不结瓜或瓜小而畸形，严重影响产量和品质。防治上应以预防为主，增施基肥，培育壮苗，调控温度，合理水肥等。发病初期可喷施20%盐酸吗啉胍·铜(病毒A)可湿性粉剂500倍液，或1.5%植病灵乳油1 000倍液，每隔10d喷1次，连续喷施2~3次。

农药在使用过程中应注意轮换交替用药，并严格遵守安全间隔期。

5.2.5.8 适时采收

西葫芦以嫩瓜供应市场，一般定植后30~40d开始采收。为提高产量和早期收益，应适时早摘，以免影响后续坐瓜和果实生长，尤其根瓜必须早摘，根瓜长到0.3~0.5kg即应采摘，结果中期单瓜重0.5~1.0kg时采摘，为提高总产量，后期老瓜1.0~2.0kg时采摘，一般4月底5月初开始收获，至6月中旬采摘结束。

5.2.5.9 栽培管理与增产关键

①培育壮苗，加强管理，防止高温干旱，预防病毒病，是保证春季早熟西葫芦高产稳产的基础。

②人工授粉。春季早熟栽培时，每天早上9：00~10：00进行人工授粉，可有效提高早期产量，防止化瓜。尤其是在促成栽培的早期阶段，人工授粉是必不可少的技术环节，是生产绿色无公害有机蔬菜的重要保障。在没有雄花或雄花量小的特殊情况下，可以用20ppm的2,4-D抹花，原则上尽量少用，有条件的情况下应以人工授粉为主。

5.2.6　青椒、辣椒等茄果类蔬菜间作技术

青椒、辣椒等茄果类蔬菜是我国传统蔬菜之一，其产量高，生长期长，采收期长，是我国北方地区夏、秋淡季的主要蔬菜品种。这类蔬菜甘甜辛辣、色香味俱全，市场需求量大。辣椒(朝天椒)不仅是重要的调味品，还是香料和色素的重要原料，在国民经济中占有举足轻重的地位。

青椒、辣椒等茄果类蔬菜的光补偿点多在34~43μmol/(m^2·s)左右(彭友新等，2001)，幼龄林地间作茄果类蔬菜，林荫环境下可为蔬菜生长提供适宜生长条件，不仅可以提高蔬菜产量，还可有效减轻病毒病的危害，进而改善蔬菜品质。下面以甜椒、朝天椒为例做一介绍。

5.2.6.1　栽培地选择

甜椒、朝天椒均不耐强光，暴晒时生长受抑，病毒病等病害严重，适宜选择光照强度中等，土质疏松肥沃、排水良好的砂壤土，土壤的酸碱度以中性为宜。

5.2.6.2　品种选择

林地间作宜选择耐弱光、抗病丰产、品质好、适销对路的品种，生产上常用的甜椒品种有：豫艺农研21号、中椒5号等；常用的朝天椒品种有：丹凤朝阳、圣农朝天2号、满天红等。

5.2.6.3　育苗技术

(1)育苗场所

育苗以日光温室育苗为主，育苗容器选用10cm×10cm规格的塑料营养钵，苗床宽1m，长8~15m，整平做畦。

(2)种子处理

1月上中旬，将种子进行温汤浸种，先用清水将种子浸泡1~2h，后放入50~55℃热水中搅拌浸种10~15min，再将种子取出晾干水分，此方法可有效防治甜椒花叶病毒病、早疫病等。

(3)营养土配制及播种。

育苗营养土，选用腐熟园田土6份与腐熟圈肥4份，充分拌匀后过筛，将营养土装至钵沿以下1cm，将营养钵整齐摆放于苗床。为预防苗期病虫害，均匀喷洒50%多菌灵可湿性粉剂2 000倍液和50%辛硫磷乳油2 000倍液，然后灌足底水，水渗后，于每个营养钵中央点播处理好的种子4~5粒，覆土1.5cm，覆盖小拱棚保湿，10%种子出苗后及时撤掉小拱棚。

(4)苗期管理技术

①温湿度管理　播后苗前，白天温度掌握在25~30℃，晚上温度掌握在20~25℃；幼苗出土后至第一片真叶展开，白天温度掌握在25~28℃，晚上温度掌握在13~15℃；第4片真叶时，适当提高温度，白天温度掌握在25~30℃，晚上温度掌握在18~20℃左右；定

植前10~15d，加大放风量，降低温度，进行炼苗，白天温度掌握在15~20℃，晚上温度掌握在10℃左右。育苗期间，如底墒充足，不宜浇水，以免湿度过大，发生病害，如遇缺水，可适量喷水。

②及时间苗和除草　二叶一心时，及时间苗，每营养钵留苗2~3株，拔除病苗、弱苗、小苗，过密苗等，并及时清除杂草。

5.2.6.4　定植

甜椒及朝天椒生长期长，需肥量大，定植前施足底肥，结合整地施入腐熟有机肥50 000kg/hm^2、磷酸二铵600kg/hm^2、硫酸钾300kg/hm^2，深耕细作，整平耙细，做成宽70~80cm，高20cm，间距50cm的小高垄，垄上盖地膜。栽植前7d浇1次透水。

4月中下旬最后1次晚霜过后尽早定植，甜椒每垄双行，朝天椒每垄3行，穴距30cm，栽好埋严，定植后及时浇足定植水。

5.2.6.5　田间管理

甜椒等喜温、喜肥、喜水，不同生育期要求的栽培管理条件不同。

(1)定植后至采收期

前期地温较低，根系弱，生长慢，栽培管理上应掌握：薄肥勤施，小水勤浇，并适时中耕。定植后5~7d，轻浇缓苗水，结合浇水追施1次稀薄粪水，并及时中耕除草，增温保墒，促进根系生长，花期注意控水，门椒膨大期结合浇水施入尿素150~200kg/hm^2。注意及时整枝，甜椒整枝要抹掉门椒以下的侧枝，避免养分消耗；朝天椒产量多为副侧枝结果形成，因此，现蕾后及时进行人工摘心，促发侧枝。盛果期结合浇水施入尿素150~200kg/hm^2，以后每隔7~10d浇水1次，并注意及时中耕培土，以防倒伏，雨后及时排水。

(2)越夏期管理

7月中下旬进入越夏期，甜椒等生长缓慢，管理上以促秧防病为主，要始终保持土壤湿润，高温季节，早晚浇水，1次清水1次肥水，清水与肥水交替使用，结合浇水追施尿素100~150kg/hm^2，雨后注意及时排水，及时浇水，防止雨后高温干旱，造成病毒病蔓延。

(3)秋后管理

立秋后天气转凉，甜椒等进入第2次结果盛期，此期应加强管理，防止早衰，促发二次新枝，提高产量，结合浇水，追施速效肥2次，每次施尿素150~200kg/hm^2、硫酸钾200kg/hm^2。

5.2.6.6　病虫害防治

常见病害有疫病、病毒病等。虫害主要有蚜虫、棉铃虫等。

(1)疫病

可用64%杀毒矾可湿性粉剂500倍液，或58%甲霜灵锰锌可湿性粉剂600倍液喷雾，7~10d喷1次，连续喷施2~3次。

(2)病毒病

应坚持预防为主，综合防治，注意培育壮苗，及时防治蚜虫，盛夏季节降温增湿，及时拔除病株等。林菜间作，特有的小环境下可有效预防病毒病的发生，如果一旦发病可用20%盐酸吗啉胍·铜(病毒A)可湿性粉剂500倍液，或1.5%植病灵乳剂400~500倍液喷雾，7～10d 喷 1 次，连续喷施 2～3 次。

(3)蚜虫

选用 10% 吡虫啉可湿性粉剂 1 500 倍液喷雾防治。

(4)棉铃虫

选用 40% 菊杀乳油 3 000 倍液，或 4.5% 高效氯氰菊酯 2 000 倍液防治，7～10d 喷 1 次，连续喷施 2～3 次。

农药在使用过程中应注意轮换交替用药，并严格遵守安全间隔期。

5.2.6.7 适时采收

甜椒以鲜嫩果实供应市场，在果实充分膨大、果肉肥厚、果色鲜亮时及时采收。门椒要适时早摘，采收时不要伤及枝叶。

朝天椒以成熟干红椒供应市场，当红椒率达 90% 时拔出植株，摆放整齐进行晾晒促进后熟，晾晒至 8 成干时分级摘下，晒干出售。

5.2.6.8 栽培管理与增产关键

(1)管理关键

①林地间作甜椒等茄果类蔬菜，要注意选择光照条件适宜的林地，如栽植密度过大，林间过于郁闭，易造成徒长，落花落蕾严重，影响产量。

②甜椒等生长期较长，需肥量较大，要重施基肥，做好追肥，注意氮、磷、钾肥的合理搭配。

③甜椒、朝天椒忌与茄果类蔬菜连作，合理轮作倒茬，可有效减轻病虫害的发生。

(2)增产关键

甜椒达到上市标准时应及时采收，特别是门椒更要注意适时早摘，避免赘殃和日灼，进而有效提高产量和品质；朝天椒要注意晾晒促进后熟，可有效提高干红椒产量。

5.2.7 地芸豆等豆科蔬菜间作技术

这类蔬菜具有生长期短、见效快、产量高、经济效益好等特点，一般 3 月中旬播种，5 月份成熟上市，此时林木处于生长初期，林间光照条件良好，且外界气温较低，病虫害少，管理方便，蔬菜品质好，深受菜农及消费者的欢迎。下面以早春地膜地芸豆为例做一介绍。

5.2.7.1 栽培地选择

地芸豆为菜豆的矮生变种，根系发达，耐冷凉，属异花授粉的短日照植物，对土质要求不严，但以土层深厚、富含腐殖质、排水良好的中性或微酸性轻砂壤土为好。若土质过黏，排水不畅，则根系发育不良，病害严重；若沙性过大，保肥保水力差，易造成植株营养不良，产量降低。

5.2.7.2 品种选择

春季早熟栽培宜选择早熟丰产、抗寒、抗病性强、再生能力强，采收期集中的优良品种，如生产中广泛应用的供给者菜豆、白不老地芸豆等。

5.2.7.3 整地施肥

播种前半个月，每公顷施入充分腐熟的有机肥 30 000kg、过磷酸钙 300kg、氯化钾 250kg、磷酸二铵 250kg，深耕耙细，整平，做小高畦，畦高 10cm，畦宽 70cm，结合整地浇足底墒。

5.2.7.4 适时播种

早春地膜覆盖地芸豆，生产上多采用干籽直播，一般掌握10cm地温稳定在10℃时播种为宜，冀中南平原地区的播种时间宜在3月上中旬。

播种宜选择无风晴天进行，每个小高畦上点播2行，株距30cm，每穴4~5粒，深度3cm，播种后覆土，并及时覆盖地膜，两侧压实。

5.2.7.5 田间管理

(1)及时破膜放苗

播种后10~15d，地芸豆陆续出苗，要随时关注出苗情况，及时破膜放苗，放苗时注意不要伤及子叶，并立即用湿土封严膜口。缺苗时及时补苗。

(2)水肥管理

如果底墒充足，地芸豆苗期一般不浇水，控水控肥，如果土质沙性过大，保水保肥力差，可酌情小水轻浇，此期管理的重点是加强中耕除草。当荚果坐住长到3~4cm时，开始追肥浇水，追施三元复合肥250kg/hm^2，或随水冲施15%~20%腐熟畜禽粪15 000kg/hm^2，并加施8~10kg/hm^{2}过磷酸钙。收获的中、后期，每公顷施入尿素150~200kg，防止植株早衰，提高产量。

5.2.7.6 病虫害防治

地芸豆的常见病害主要有炭疽病等，虫害主要有蚜虫、豆荚螟等。

(1)炭疽病

苗期容易发生，药剂防治可选用75%甲基托布津可湿性粉剂800倍，或75%百菌清可湿性粉剂600~800倍液喷雾防治。

(2)蚜虫

5月上中旬较多，可用10%吡虫啉可湿性粉剂500~600倍液喷雾进行防治。

(3)豆荚螟

开花后为主，主要危害豆荚，严重影响产量和品质，可选用4.5%高效氯氰菊脂2 000倍喷雾防治。

农药在使用过程中应严格遵守安全间隔期。

5.2.7.7 适时采收

地芸豆以收获鲜嫩豆荚供应市场。5月上中旬，在豆荚充分膨大而种子没有完全膨大时及时采收。若采收过迟，纤维过多影响品质；采收过早，豆荚未完全膨大而影响产量。一般荚果集中采收期每3d采收1次。

5.2.7.8 栽培管理与增产关键

①苗期控水控肥，保持土壤湿润。在底墒充足的情况下，地膜覆盖栽培地芸豆，第一次水肥掌握在豆荚3~4cm左右时，即适度的“干花湿荚”，能有效提高荚果产量和品质。

②科学施肥是夺取高产的关键。首先施足基肥，其次是叶面喷肥，在地芸豆生长发育的中、后期，叶面喷施2%的过磷酸钙溶液1~2次，可明显提高地芸豆的后期产量。

5.2.8 甘薯等薯芋类间作栽培技术

甘薯又名红薯、地瓜等，是蔓生的块根类植物，具有高产稳产、耐旱耐瘠、病虫害少、适应性广、抗逆性强、营养丰富、用途广泛的特点，是粮食、果蔬兼用的无公害保健营养食品，市场前景十分广阔。

甘薯的光补偿点在43~68μmol/(m^2·s)之间(潘妃等，2013)，林地间作时要注意选择光照适宜的林地，过于郁闭的环境易造成生长不良，影响产量和品质。机械化采收的间作地，林木行距一般在5m以上。

5.2.8.1　栽培地选择

甘薯要求的栽培地条件是：土层深厚，结构疏松，孔隙度大，透气性能好，氧气供应充足，排灌良好。甘薯忌重茬，一般连续种植两茬后需要倒茬。

5.2.8.2　品种选择

甘薯优良品种很多，应根据当地的消费习惯选择适宜品种。生产上应用较多的有红心薯、紫心薯、白心薯、黄金薯、粉香薯等，其中红心薯质地松软、色泽鲜艳、松软香甜；紫心薯抗癌物质硒、碘和花青素含量高；白心薯淀粉含量高，粗纤维少；黄金薯胡萝卜素含量高、软甜型；粉香薯皮红色，薯肉微黄，食味香甜。

5.2.8.3　培育壮苗

培育壮苗是夺得甘薯高产的关键技术之一。壮苗的标准是：茎粗壮、节间短、叶片肥厚、大小适中、无病虫、剪口乳汁多、苗高20~25cm、茎粗0.5cm以上，具有本品种特征。

(1)苗床准备

薯块育苗的苗床地应选择背风向阳、土质肥沃、排灌良好、管理方便的地方，要求选用3年内没有种过甘薯的地块。排种前施足基肥，深翻耙平，做成宽1.2m的苗床。

(2)适时排种

3月中下旬，大田栽种前40d左右进行排种。首先严格选种，选择无病斑、无断头、无裂皮的优质薯块，排种前用25%多菌灵可湿性粉剂250~300倍液浸种5min，取出稍晾，然后方向一致均匀排放于苗床，覆土厚1cm左右，浇足水，在苗床上插小拱棚，覆盖塑料薄膜。

(3)苗床管理

出苗前主要管理工作是保温和控水，温度掌握在25~35℃之间，控制浇水，一般6~10d即可出苗。出苗后降低温度，保持在24~28℃之间，随着薯苗的生长，适当增加浇水量，加强通风，剪苗前5~7d停止浇水，进行炼苗。

5.2.8.4　整地施肥

一般在两行树的林冠层之间做畦，结合整地每公顷施入腐熟有机肥30 000~40 000kg，氮磷钾复合肥450kg，深翻25~30cm，畦面宽依林冠层的间距而定。按照50cm的行距培高垄，垄高10~15cm。

5.2.8.5　适时早栽

林下春薯的定植时间一般在4月下旬至5月上中旬，适期早栽可延长生育期，块根形成早，薯块整齐，鲜薯质量高。

移栽时，行距50cm，株距30cm左右，在垄上开宽5~8cm，深10cm的定植沟，将薯苗均匀排于定植沟内，然后覆土压实，浇足水。

5.2.8.6 田间管理

①查苗补苗 移栽3~5d后，及时查苗，发现缺苗及时补苗，保证全苗壮苗。

②肥水管理 甘薯较耐旱，一般年份不用浇水，水分过大往往造成地上部分生长过旺，影响产量。如遇特殊干旱，秧蔓封垄前，可顺垄适当浇小水，并结合浇水追施硫酸钾150kg/hm^2，之后保持土壤湿润，不旱不浇水，多雨季节注意排涝。

③中耕除草 定植缓苗后，及时中耕一次，铲除杂草，提高地温，此次中耕宜深；第2次中耕在定植后30d左右，第3次中耕在封垄前后，结合培土进行。

④提蔓断根 7~8月份多雨季节，薯蔓生长旺盛，易滋生节根，消耗大量养分，期间要及时提蔓1~2次，切断毛根，减少养分消耗。提蔓不翻蔓，提蔓可减轻翻蔓造成的茎叶损伤，比翻蔓增产8%~10%(孙立杰，2016)。

⑤化学调控 对长势过旺的地块，在封垄期，每公顷用15%多效唑可湿性粉剂1kg对水700kg喷雾，每隔10d左右1次，连喷2次；对长势过弱的地块，每公顷用尿素7.5kg，加磷酸二氢钾1.5kg对水750kg，进行叶面喷施，可有效调节茎蔓的长势。

5.2.8.7 病虫害防治

危害甘薯的主要病害有黑斑病和软腐病等，虫害主要有甘薯天蛾等。

①病害防治 选用无病薯块进行育苗，最好选用脱毒种苗。

②虫害防治 一般在7月中旬至9月底为虫害高发期，选用2%的阿维菌素2 500倍液在傍晚进行喷雾。

5.2.8.8 适时采收

甘薯块根为无性营养体，没有明显的成熟标准和采收时期，采收过早影响产量，采收过晚易遭受冻害。掌握最佳的采收时期，是夺取甘薯高产的关键，一般在当地气温降到15℃时开始收获，至寒露前后收获完毕。

5.2.8.9 栽培管理与增产关键

①选用无病壮苗是夺得甘薯高产稳产的关键。有条件的地区可以选用脱毒种苗，可有效提高甘薯的产量和品质。

②调节薯蔓的长势是夺得甘薯高产稳产的又一项关键技术措施。甘薯为块根类植物，地上长势过旺、过弱，都会影响植株的生长平衡，不利于养分向块根的积累，合理水肥、适时调控对提高甘薯产量十分关键。

5.2.9 秋葵等锦葵科杂类蔬菜间作栽培技术

秋葵又称“补肾菜”“羊角豆”等，为锦葵科秋葵属1年生草本植物，其荚果中含有丰富的蛋白质、游离氨基酸、矿物质以及由果胶和多糖等组成的黏性物质，是一种天然营养保健蔬菜。近年来在日本以及西方国家已成为热门畅销蔬菜，在非洲许多国家已成为运动员食用之首选蔬菜，菲律宾还把秋葵誉为“国菜”(张静，2008)。

研究表明，秋葵的光补偿点在32μmol/(m^2·s)左右，属于较耐阴作物，林下间作时，幼龄林地可以满足其生长发育的需求，只要管理得当，可以获得高产。

5.2.9.1 栽培地选择

秋葵的株高在1.0~1.5m，系直根系深根性作物，根系发达，对土质要求不严，忌连作，幼龄林地郁闭前，只要能够满足其光照需求，均可进行秋葵的间作生产。

5.2.9.2　品种选择

不同的秋葵品种，栽培中表现出不同的生物学特性，生产上应根据生产目的选择适宜的秋葵品种。现生产上应用较多的有以下几个品种。

(1)早熟五角

杂交一代极早熟黄秋葵。颜色浓绿且有光泽。果实形状好，光滑顺直，成品率高。生长旺盛，节间短。叶片中小，适合密植，坐果多，产量高。

(2)卡里巴

果色特绿，蒴果五角，弯曲果少、色素少，收获高等级果比率高。节间中短，侧枝2~3条，适宜密植栽培，结果节位低，初期产量多。

(3)绿箭

极早生品种，定植后52d左右开始采收，植株生长势旺盛，产量高，茎干粗壮，坐果节间短，坐果率高，果荚浓绿色有光泽，果条顺直，单果重约20g，幼果含有黏滑汁液，具有特殊的香气和风味，口感好，品质优；田间表现抗性强，一般开花后5~7d采收，适合反季节栽培(陈宏毅，2012)。

5.2.9.3　整地施肥

秋葵是直根性植物，根系发达，入土深，吸肥能力强，播种前施足基肥，每公顷施入充分腐熟的有机肥45 000kg、磷酸二铵300kg、硫酸钾200kg，深耕、耙细，南北向做畦，畦宽依林地行间距而定，最宽不超过1.2m。

5.2.9.4　适时播种

秋葵种子比较坚硬，播种前需浸种和催芽，先用20~25℃温水浸种12h，之后放入25~30℃条件下催芽，待一半种子露白时即可播种。河北平原地区秋葵的适宜播种时期为4月中下旬至5月上旬，在整好的畦上按行距80cm，株距50cm挖穴点播，每穴2~3粒，覆土2~3cm，每公顷用种量在7~8kg，浇足底水。

5.2.9.5　田间管理

(1)间苗、定苗

当第1片真叶展开时及时进行间苗，去掉病弱苗、小老苗等，第2~3片真叶展开时进行定苗，每穴留1株壮苗，缺苗时及时进行补苗。

(2)中耕、培土

定苗后应及时中耕，中耕不仅可以提高地温，还可起到除草、保墒的作用，一般封垄前中耕3~4次，并结合中耕进行培土，防止植株倒伏。

(3)水肥管理

秋葵生长期长，结果期长，植株高大，喜水喜肥，在间苗和定苗后各浇水1次，定苗后结合浇水追施尿素200kg/hm^2，开花坐果期要保持土壤湿润，盛果期结合浇水追施尿素200kg/hm^2、复合肥300kg/hm^2，雨水过多时，应及时排水，以免造成涝害。后期根据植株长势，可以用0.2%磷酸二氢钾加0.5%尿素溶液叶面喷施，防早衰，促丰产。

5.2.9.6　病虫害防治

秋葵生长旺盛，抗病力强，很少发生病害。播种前用50%多菌灵可湿性粉剂500倍液消毒土壤，防治苗期立枯病。发生蚜虫时，可用10%吡虫啉可湿性粉剂500~600倍药液喷雾进行防治。

5.2.9.7 适时采收

秋葵开花后7d即可采收嫩荚，采收期长达100d左右。采收注意不宜过迟，以免影响产量和品质，以荚鲜嫩、种子未老为采收标准。

5.2.9.8 栽培管理与增产关键

①选择适合当地消费习惯的适销对路的品种。不同的秋葵品种，表现出不同的生物学特性，引种时注意选择合适的秋葵品种。

②秋葵生长期长，生长量大，采收期长，要重施基肥，合理追肥，并注意氮、磷、钾肥及微量元素肥料的合理搭配。

③生长中后期加强培土。秋葵生长旺盛，植株高大，坐果率高，及时培土可防止倒伏，提高产量。

5.2.10 典型案例

石家庄高邑县绿美合作社发展林下种植1 000hm^2，其中200hm^2发展林菜间作，如法桐下套种甜椒、白菜等。法桐苗木行距6m，株距3m，林下春季套种蔬菜，苗木和蔬菜生长两不误，以短养长，苗木的成型需要时间较长，套种蔬菜的收益，能填补上土地的租金，而且还有剩余，这样起到了很好的缓冲作用。

5.3 林油复合经营技术

林木郁闭前的1~3年，行间间作花生、油菜、油用牡丹等油料作物，可以提高土地利用率，间作作物的精细管理，可以节约幼林抚育中的中耕除草费用，实现以耕代抚，大大降低生产成本，实现林木栽植当年即可见效，进而提高早期收益，充分调动广大林农的管护积极性。

5.3.1 花生丰产栽培技术

花生又名落花生，是典型的地上开花、地下结果的作物。花生是我国北方重要的经济和油料作物。林地间作花生是农业增效，农民增收的重要举措。

5.3.1.1 栽培地选择

花生的光补偿点在52μmol/(m^2·s)左右(彭建宗等，1999)，间作地应选择郁闭前幼林地，且耕作层疏松肥沃、活土层深厚、保水保肥力强、中性偏酸、3年以上未种过花生的壤土或砂壤土。

5.3.1.2 品种选择

根据当地的土壤条件、气候特点、林木种类及间作形式等具体情况，选择株型紧凑、结荚集中、适应性强的中、早熟优良品种。现生产上应用较多的有鲁花9号、鲁花14号、冀油4号等。

5.3.1.3 整地施肥

花生根系发达，要求耕作层深厚，土壤肥沃，播前要增施底肥，结合整地施入充分腐熟的有机肥30 000kg/hm^2、过磷酸钙或钙镁磷肥750kg/hm^2、硫酸锌200kg/hm^2和硫酸亚铁 200kg/hm^2，深耕土地，尤其是林地间作栽培时，由于多年来土壤得不到深耕，往往土壤板结，通过深耕可以明显改善土壤结构，增强土壤的保水保肥能力。深耕后整地起垄，一般垄高不超过 10cm，垄面宽 70～80cm，垄间距 30cm，水分不足应及时浇水造墒。

5.3.1.4　适时播种

河北省中南部平原地区地膜春花生的播种时间一般在 4 月中旬，播种方法多采用小高垄双行种植，株距 20cm，每穴 2～3 粒。播种深度 3～5cm，沙性大的地块适当深些，播后立即覆盖地膜，要拉紧铺平，四周用土压实。

5.3.1.5　田间管理

(1)查苗、补苗、放苗

播种后 10～15d，花生陆续出苗，及时破膜放苗。放苗时间一般掌握 10：00 以前或 16：00 以后，同时随时观察出苗情况，如缺苗应及时进行补苗。

(2)科学水肥管理

①地膜春花生苗期一般不浇水，严重干旱时可顺沟浇小水。开花下针期，对水分反应敏感，缺水干旱直接影响花生产量，而且开花前后，茎叶生长旺盛，需水量大，此时应充分满足水分供应，多雨季节应注意排水。

②地膜春花生间作栽培，地温高，肥效快，前期生长迅速，视地力情况开花下针期至饱果期，可适当追肥。一般初花期随水冲施过磷酸钙 600kg/hm^2，并注意叶面喷肥，每公顷可用 1.0～1.5kg 硼砂对水 750kg 均匀喷施叶面，开花结荚期用 0.1%～0.3% 硫酸亚铁溶液叶面喷施，可防止叶片黄化，之后每隔 7d 用 0.3% 的磷酸二氢钾溶液叶面喷施，连续喷施 2～3 次。

(3)生长调控

地膜春花生前期生长迅速，为了防止植株徒长，一般在开花后 30d 左右，对长势过旺的地块，叶面喷施多效唑进行调控，这样可有效调节植株长势。

5.3.1.6　病虫害防治

地膜春花生常见病害有叶斑病和花生锈病等，虫害主要有蛴螬等。

(1)叶斑病

选用 75% 甲基托布津可湿性粉剂 1 000 倍液，或 50% 多菌灵可湿性粉剂800～1 000 倍液喷雾。

(2)花生锈病

发病初期，选用 20% 粉锈宁乳油 2 000 倍液喷雾。每隔 7～10d 喷 1 次，连续喷施 2～3 次。

(3)蛴螬

防治方法有两种，一是用种子重量千分之一的 50% 辛硫磷稀释液进行拌种；二是 7 月份开花期，用 50% 辛硫磷 600 倍液灌根，或每公顷用毒死蜱 10kg，拌砂 300kg，顺垄撒施，施后浅锄，均可有效防治蛴螬危害。

5.3.1.7　适时采收

花生适时采收，对产量影响很大。采收过晚，花生籽粒容易掉粒或发芽影响产量；采收过早，籽粒不饱满影响产量。当花生中下部叶片转黄脱落，70% 果壳硬化且网纹清晰，果仁饱满、光滑、呈现本品种特有色泽时应适时收获。

5.3.1.8 栽培管理与增产关键

①地膜春花生前期生长快，需肥量大，基肥和种肥占整个生长期需肥量的80%，所以适当增加基肥和种肥的用量是花生增产的关键。

②河北平原地区种植花生，蛴螬的危害是造成花生减产的主要原因，尤其林地间作时，蛴螬的危害更为严重。做好病虫害的预报和防治，是夺取花生高产的关键。于7月份开花时，用50%辛硫磷乳油600倍液灌根，可明显降低蛴螬危害，提高花生产量和品质。

5.3.1.9 典型案例

河北衡水枣强嘉会镇大力发展林果种植，苹果、桃树等果品面积达到40hm²，在果树行间间作花生、红薯等经济作物和青椒、番茄等蔬菜作物。其中果树行间间作花生等经济作物20hm²，达到了立体种植，多种经营，综合发展，既提高了林木覆盖率，改善了农田小气候，又改善了生产、生活环境，发挥了巨大的生态效益和社会效益。

5.3.2 油菜丰产栽培技术

油菜，又叫油白菜，十字花科芸薹属植物，是我国重要的油料作物之一，因其籽实可以榨油，故名油菜。因其管理较粗放，适应性强，用途广泛，经济价值高；且主要生长期以秋末和早春为主，和林木生长有较好的季节差，是轮作、养地及林地间作的理想作物之一。同时，油菜花观赏效果佳，大面积种植具有良好的景观效果。

5.3.2.1 栽培地选择

油菜光补偿点在50~80μmol/(m²·s)左右(冷锁虎等，2002)，整个生长期需要较充足的光照条件，间作地宜选择大行距、行间光照充足的幼林地；油菜抗寒力较强，喜冷凉环境，要求土层深厚、土质肥沃的壤土或砂壤土。

5.3.2.2 品种选择

选择优质高产、抗病抗逆、抗寒性和商品性较好的冬油菜品种，生产上应用较多的有天油2号、陇油6号等。

5.3.2.3 整地施肥

结合整地，施足底肥，一般每公顷施入充分腐熟的农家肥50 000kg、磷酸二铵300kg、硫酸钾15~20kg或45%的三元复混肥60kg。灌足底墒，深耕土地，整平做畦。

5.3.2.4 适时播种

河北省中南部地区冬油菜的适宜播种期在9月中旬。播种时，按20cm行距开沟直播，沟深3cm，播种量8~10kg/hm²，播后覆土镇压，之后用50%乙草胺乳油1 000倍液喷雾，封闭土壤防除杂草。

5.3.2.5 田间管理

(1)间苗、定苗

2叶1心时，及时进行间苗，留苗间距3~4cm；4片真叶时进行定苗，留苗间距8~10cm，缺苗时及时补苗。

(2)适时化控、培育壮苗

定苗后，植株4片真叶时，用15%多效唑可湿性粉剂1 000~1 500倍液喷雾，调节植株长势，培育壮苗，以提高抗寒能力。

(3)水肥管理

土壤上冻前两周左右，及时浇封冻水，保证冬油菜安全越冬。翌年开春后，及时浇返青水，浇水选晴天上午进行。结合浇水追施尿素300~350kg/hm^{2}或硫酸铵300kg/hm^2。油菜生长期长，需水量大，尤其开花期和荚果成熟期需各浇水1次，防止油菜花而不实，提高油菜有效分枝数、荚果数和千粒重，同时，根据植株长势，花期叶面喷施0.02%硼酸溶液，荚果期叶面喷施2%~3%过磷酸钙溶液，可明显提高油菜产量及品质。

(4)中耕除草

油菜生长期长，草害严重，尤其翌年早春，应注意及时中耕除草。生长中后期，田间郁闭后应减少中耕除草的次数。

5.3.2.6 病虫害防治

河北平原地区林地间作冬油菜，病害主要是菌核病等。虫害主要有蚜虫、潜叶蝇等。

(1)菌核病

花期用40%菌核净可湿性粉剂800~1 000倍喷雾，间隔5~7d喷施1次，连续喷施2次。

(2)蚜虫

每公顷用10%吡虫啉300g，加4.5%高效氯氰菊酯600mL对水450kg喷雾防治。

(3)潜叶蝇

幼虫初孵期用0.9%阿维菌素乳油1 500~2 000倍液喷雾进行防治。

5.3.2.7 适时采收

油菜植株上的角果2/3变黄时及时采收，种子充分成熟7d后脱粒。

5.3.2.8 栽培管理与增产关键

油菜对微量元素反应敏感，缺硼易造成“花而不实”，为促使籽粒饱满，花期前后叶面喷施0.02%硼酸溶液，可明显提高油菜产量和品质。

5.3.2.9 典型案例

河北省邢台市内丘、任县等县，利用环市区绿化工程，完成油菜间作面积7 000hm^2，林油间作，不仅为城市建设花海绿廊添彩，还为农民增收拓展了空间。秋冬季节套种油菜，第2年5月份，油菜收后还可套种油葵，预计林下间作油菜每公顷可收益8 000~9 000元，大幅提高了林地利用效率和经济效益，实现生态效益、经济效益和观赏价值的“三效合一”。

5.3.3 油用牡丹丰产栽培技术

油用牡丹为毛茛科牡丹属，是一种多年生的新兴木本油料作物。油用牡丹全身是宝，籽可以榨油，花和蕊可以制茶，根可以入药，具备高产出、高含油率、高品质、低成本的特性，是一种集观赏价值、油用价值和药用价值为一身的特有油料植物资源(张涛，2015)。牡丹籽油是我国特有的木本坚果油，2011年被批准为新资源食品，被有关专家称为“世界上最好的油”。

油用牡丹光补偿点在15~40μmol/(m^2·s)之间(蔡艳飞等，2016)，属耐阴性较强植物。如果林地郁闭度过高、光照不良，也会造成油用牡丹大幅度减产。由于油用牡丹的培育期较长，为满足整个生育期的光照需求，一般间作地的林木行距应在7~10m以上。

5.3.3.1 栽培地选择

油用牡丹为多年生小灌木，耐旱怕涝，耐瘠薄，耐高寒，根系发达，以高燥向阳、排灌良好、疏松肥沃的砂壤土地块，林下间作效果较好。盐碱地、低洼积水、质地黏重地块，不宜种植。

5.3.3.2 品种选择

我国现用于加工牡丹籽油的油用牡丹种植品种主要有丹凤白和紫斑，现大面积推广应用的以丹凤白为主。

丹凤白又称丹凤，多年生矮灌木，花色以白为主，杂以粉色，适应性强，耐瘠薄，耐干旱，半耐阴，结籽量大，出油率高，是目前油用牡丹的主推品种。

5.3.3.3 整地施肥

结合整地，施足底肥，一般每公顷施入充分腐熟的有机肥15 000~20 000kg、饼肥2 500~3 000kg、三元复合肥600kg，同时施入辛硫磷颗粒剂120kg和土菌灵60kg，灌足底墒，深翻土壤30~40cm，整平做畦。

5.3.3.4 适时栽种

河北平原地区油用牡丹的适宜间作时期为每年的9月中下旬至10月中旬，适时栽植对油用牡丹的成活率影响很大。生产上多选用1~2年生油用牡丹良种苗木，种植密度掌握在行距50~60cm，株距40cm，开沟栽种，沟深30cm，栽植后以根茎部低于地平面2~3cm为宜，保持根系舒展，栽后覆土踩实，及时浇水保墒，越冬前培土5~8cm，以利安全越冬。

5.3.3.5 田间管理

(1)及时中耕除草

油用牡丹生长过程中，及时中耕除草。尤其定植后1~2年内，中耕除草更是一项繁琐而艰巨的工作，中耕除草不仅可以消除草害，避免草荒，而且可以增温保墒。

(2)水肥管理

林下间作油用牡丹，第2年开始，结合浇水追肥2~3次，第1次在4月份，施入复合肥750kg/hm^2，第2次在8~9月份，施入饼肥3 000kg/hm^{2}和复合肥750kg/hm^2。开始结实后增施1次复合肥。

油用牡丹为肉质根，根系发达，抗旱力强，不耐水湿，一般不需浇水，特别干旱季节需适当浇小水，雨季注意及时排水。

(3)整形修剪

林下间作油用牡丹，选用1~2年生苗木，定植1年后，秋季及时平茬，促进分枝，提高结荚数。10月下旬至11月上旬，牡丹落叶后，及时修剪，每株保留3个主枝，每个主枝保留3个侧枝，剪去病枯枝、弱小枝、过密枝等，使树冠饱满，通风透光，以增加产量。

5.3.3.6 病虫害防治

河北平原地区林地间作油用牡丹，主要病害有叶斑病、根结线虫病等，虫害主要有蝼蛄、蛴螬等。

(1)叶斑病

又叫红斑病，主要通过伤口侵入，危害茎和叶。防治方法是：发病初期选用70%甲基托布津可湿性粉剂800倍液与叶面施肥混合进行，每7~10d喷1次，连续喷施3~4次。

(2)根结线虫病

一种土壤传播病害，其危害特点是：根部受害后，产生大小不等的不规则瘤状物，根瘤上长须根，须根上再长瘤，反复多次，使根瘤呈丛枝状，根系功能受到破坏，植株地上部生长衰弱、变黄，严重影响产量。防治方法是：发病初期灌根，每株施40%甲基异柳磷或1.8%阿维菌素1~2mL，稀释300~500倍。

(3)蝼蛄、蛴螬等地下害虫的防治

一是灌根防治，即用50%辛硫磷乳油1 000倍液，或40%甲基异柳磷500倍液灌根防治。二是毒饵诱杀，即每公顷用50%的辛硫磷乳油7.5kg拌入750kg炒香的麦麸做成毒饵，于傍晚均匀撒施。

5.3.3.7　适时采收

河北平原地区，油用牡丹一般在7月下旬至8月初相继成熟，注意及时采收。采收后将果荚摊开，置于阴凉通风处，促其后熟，厚度约20cm左右，每隔2~3d翻动1次，10~15d后，果荚自行开裂，爆出种籽。

5.3.3.8　栽培管理与增产关键

①油用牡丹肉质根肥大，抗旱能力强，怕水涝，生产中遇大雨、暴雨要特别注意及时排水。

②油用牡丹栽培过程中，整形修剪十分关键，栽植后平茬并及时整形修剪，可增加分枝数和结果数，改善植株通风透光条件，进而提高产量。

5.3.3.9　典型案例

河北润地油牡丹开发有限公司一直致力于河北省油用牡丹的推广工作，油用牡丹5~30年为高产期。高产期每公顷可产牡丹籽3 000kg左右，按收购价18元/kg计算，每公顷收入可达5万元左右，是种植普通农作物的1.5倍多。且栽植油用牡丹一次性投入，多年受益。

5.4　林药复合经营技术

中药材是中华民族的瑰宝，中药材种类繁多，所适宜生长的气候、土壤、光照等条件千差万别，多种中药材适宜在林地栽培。河北平原是我国中药材重要的产地，地处河北平原腹地的安国市素以“药都”闻名天下，有着多年种植中药材的传统习惯，并形成了一批地道药材种类。一些中药材在林地栽培，既可节约土地资源，又可实现林地增收。林地种植中药材，耕作、浇水和施肥等活动既是间接对林地抚育的过程，也抑制了林间杂草的生长，又对林木生长起到了良好促进作用。林地种植中药材，应根据不同林龄期的光照特点、土壤条件以及市场销售情况，合理选择中药材种类。

河北平原林地以沙质壤土和沙壤质潮土居多，土质疏松，肥力中等，排水良好，适宜发展菊花、射干、桔梗、柴胡、知母、生地等大宗中药材种类。

种植中药材的林地应尽量选择大行距造林，同时，中药材种植时应为林木保留足够的免耕带或树盘，以减缓林药间的竞争强度，也方便机械化作业。一般说来用材树种如杨树间作中药材，建议行距不低于6m，经济树种如核桃、苹果、梨等则保持原有行距为宜，矮化密植园进入丰产期后则不宜间作。林地应有灌溉条件以方便种植，中药材栽培管理中应加大水肥施用量。林木生长过程中及时抚育和修枝，以改善林内通风透光性。目前，随着农业机械化作业水平的提高，部分根茎类药材可实现机械采收，一些烘干加工设备可实现中药材如菊花、金银花等的快速和无硫加工，大大降低了生产加工成本，并保障了产品质量，为中药材的发展提供了广阔的空间。

5.4.1 菊花丰产栽培技术

菊花，别名白菊花，菊科多年生草本植物；药用部位为花序，具有清热、明目、解毒的功效，主治感冒、头痛、眩晕、清心明目等。菊花株高60~100cm，茎直立，多分枝，幼枝略具棱。叶互生，卵形，裂片具粗锯齿，两面密被柔毛。头状花序顶生或腋生，黄色或白色。菊花是我国传统的大宗药材种类，可药用、食(茶)用，用途广泛。菊花耐寒冷，喜温暖，对土壤要求不严，耐旱、怕涝、喜肥，全国各地均有栽培，生产上菊花种类繁多，药用菊花主要有杭白菊、亳菊、滁菊等品种。菊花虽为阳性植物，但能够适应轻度的弱光环境，光补偿点约21~39μmol/(m^2·s)，中度以下弱光对菊花生长有较好促进作用，生产上以相对光强60%~80%为宜。菊花属短日照植物，对日照长短很敏感，在12h以下短日照及夜间温度10℃左右时才能现蕾开花，河北平原自然花期10月中下旬至11月上旬，此期树木已开始落叶，适宜林菊间作。

5.4.1.1 栽培地选择

菊花为阳性植物，喜温暖、耐干旱，适生于土壤肥沃和排水良好，pH 6~8的沙质壤土或壤土，低洼积水地不宜栽种。因此栽培地一般选择郁闭程度较低的中幼龄林，要求避开土壤质地黏重的地块和低洼积水地，忌连作。

5.4.1.2 栽植方法

(1)整地

菊花喜土壤肥沃，根系分布一般在30cm以内。种前要求翻耕30cm以上表层土，有条件的施足底肥，可选择圈肥、有机肥或氮磷复合肥，并平整做畦。

(2)育苗

菊花种苗繁育分为分株繁殖和扦插两种方法。因繁殖材料多，技术简便，一般多采用分株法。扦插种苗生长较好，产量也较高。脱毒种苗近年已开始在生产上推广应用。

将上年收获的菊花茎杆割下，母株留在圃地越冬。春季3~5月，苗高10~15cm时将母株挖出分栽，选择粗壮并带有白根的萌蘖苗移栽；也可浇水后直接拔出带根苗移栽。移栽时间宜早不宜晚。通常0.1hm^2留圃苗可分栽1.5~2.0hm^2生产田。

扦插育苗在5~6月。苗床基质多采用洁净河沙，采用高锰酸钾消毒处理。为了提高空气湿度，扦插后上覆遮阴网。选择上年度老墩长出的粗壮、无病害的新梢作插条。取新生茎中下部，剪成10~15cm小段，用浓度100~200mg/kg生根粉2号处理插条，然后插入苗床，行距15~20cm，株距5cm，压实浇水，注意经常喷水保持苗床湿润，20d左右即可生根，苗高20cm即可出圃移栽。

(3)移栽

种苗采用挖穴移栽，株距30~40cm、行距60~70cm，每穴栽苗1~2株，栽后覆土压实，浇定根水，没有灌溉条件时可利用雨天或采用每穴人工浇水。移栽过早，气温低，种苗生长缓慢，过晚则生长细弱，分枝少产量低。行距和株距不易过大和过小，过大植株少产量低，过小则植株太密通风透光性差，枝叶易徒长和发生病害影响产量。每穴栽苗不应超过3株，植株太多生长细弱，产量并不高。

5.4.1.3 田间管理

菊花喜肥水，生长期要及时追肥浇水，中耕除草。追肥一般两次。第一次摘顶芽后追肥，可追施尿素75kg/hm^2，亦可追饼肥600kg/hm^2；穴施时不要离植株太近，否则易伤根烧苗。第二次追肥于现蕾初期追施尿素180~240kg/hm^2，促其开花提高产量。无灌溉条件时施肥要充分利用自然降雨。

当年生菊花增产的关键是防止茎杆徒长，可人工摘除顶芽，促其分生侧枝，以增加花蕾量。视长势可摘顶芽2~3次，每次间隔约15d。第一次摘顶芽，在苗高15~20cm时进行，此时茎杆粗壮，过晚苗易倒伏。第二次摘顶芽约15~20d后，苗高40cm左右进行，第三次摘顶芽应在7月中旬前完成为宜，过晚易影响花蕾质量。但菊花植株密度高的情况下不宜过多摘顶芽或不摘芽。

5.4.1.4 病虫害防治

菊花病害主要有叶斑病(叶枯病)和霜霉病，虫害主要有菊天牛(钻心虫)、蚜虫、红蜘蛛等，另外菟丝子的危害也较常见。

叶斑病发生于5~6月，8~9月最严重，发病叶片有褐色或黑色不规则状病斑，严重时叶枯死，倒挂于茎上，从植株下部向上蔓延；于发病前期用80%代森锰锌粉剂600倍液每隔10d喷1次，一年喷3次左右即可防治；发病期也可用75%百菌清可湿性粉剂800倍液或50%托布津1 000倍液防治，此外生产上合理控制栽培密度可有效预防和减轻叶斑病。霜霉病多发生于春季幼苗期，秋季染病整株枯死；主要危害叶片、嫩茎、花梗和花蕾，病叶褪绿，叶斑不规则，界限不清，初呈浅绿色，后变为黄褐色，病叶皱缩，叶背面菌丝较稀疏，初污白或黄白色，后变淡褐或深褐色。发病初期用72%克抗灵可湿性粉剂600倍液或75%百菌清可湿性粉剂800液喷雾防治，发病较重时用58%甲霜·锰锌可湿性粉剂500倍液防治。

钻心虫于5~7月发生，发生后可摘除虫害茎杆烧掉或深埋。蚜虫多发生于早春和晚秋，采用10%吡虫啉4 000~6 000倍液或50%抗蚜威可湿性粉剂3 000倍液防治。红蜘蛛可采用20%哒螨灵2 000倍液或1.8%阿维菌素乳油4 000倍液防治。菟丝子发生后应及时摘除或拔掉全株并深埋处理。

菊花病虫害防治优先选用高效低毒农药，尤其在花期应避免使用农药，收获前20d内禁止用药。

5.4.1.5 收获与加工

菊花当年种植即可收获，于霜降至立冬开放，此时林木已进入了生长后期，部分树种已开始落叶，林下光照良好，对花蕾的生长和开放非常有利。采摘宜及时进行，当花瓣开展平直、花心完全散开、花朵盛开时采摘最好，过早过晚都会影响产量和有效成分。菊花最好根据开花情况分批次采摘，一般3~4d采摘1次为宜，尽量避免菊花完全开放后一次集中采摘。采收菊花要选择晴天，以花朵大，花洁白或鲜黄，花瓣肥厚或瓣多而紧密，气清香者为佳品。采收后及时晾晒加工，防止腐烂、变色。

5.4.1.6　栽培管理与增产关键

(1)管理关键

为避免菊花和树木争水争肥，给树体生长造成负面影响，要保留充足的树盘面积，注意多施肥水。雨季及时中耕除草，避免菊花旺长；菊花根系分布浅，中耕除草要浅，以免损伤根系。

2 年生或多年生菊花如植株过多密集，应适当疏除过多植株，并适当施肥。建议菊花培育期限不超过 2 年。

(2)增产关键

生长前期及时摘顶芽，促其多分枝和控制植株徒长，可提高花蕾量，适时摘花可提高产量和品质。

菊花忌重茬，宜与禾本科作物轮作。

5.4.1.7　典型案例

邢台市南和县世森农业科技有限公司发展了速生杨、法桐林套种杭白菊、小麦经营模式。2013 年春季造林，林木株行距 3m×6m。6 月中旬栽植菊花扦插苗，株行距 30cm×30cm，秋季 11 月收获菊花后全园翻耕播种小麦，小麦收获后立即种植菊花。菊花常年产量 1 800~2 400kg/hm^2，生产成本约 2.25 万元/hm^2，纯收入约 2.25 万~3.75 万元/hm^2。

5.4.2　射干丰产栽培技术

射干，鸢尾科多年生草本植物；药用部位为根茎，具有清热解毒、祛痰利咽、活血消肿的功效。射干喜温暖湿润气候，适应性强，对土壤要求不严，耐干旱、耐寒，忌积水，我国大部分地区均有栽培。射干株高 50~120cm，根茎鲜黄色，须根多数。茎直立。叶 2 列，嵌叠状排列，剑形。总状花序顶生，花橘红色，散生暗红色斑点。蒴果椭圆形，成熟时三瓣裂。种子黑色，近球形。射干虽为喜光植物，但也有较强耐阴性，在遮阴条件下可通过增加同化器官的数量(如增加分蘖数、叶片数和叶绿素含量等)，增强对弱光的利用率，可提高光合能力，光补偿点约 20~25μmol/(m^2·s)，适宜林地间作种植。

5.4.2.1　栽培地选择

射干为阳性植物，喜温暖、耐干旱，适生于背风向阳、土壤肥沃和排水良好的生长环境，因此栽培地宜选择尚未完全郁闭的中幼龄林，要求避开低洼积水地。

5.4.2.2　栽植方法

(1)采种

在 8~9 月果实成熟时选择籽粒饱满种子采摘，晾干除去杂质以备播种。

(2)整地

射干为浅根系植物，根系主要分布 20cm 以内，一般不超过 30cm。种前要求翻耕 20~30cm 表层土，施足基肥，可选择圈肥、有机肥和磷肥混施，并平整做畦。

(3)栽培

射干分为种子和分根繁殖两种方法。

①播种　播种时间主要分为春播、夏播和冬播。春播时间 3~4 月，土壤解冻后即可播种；夏播时间 7~9 月，利用雨季降水土壤供水充足的条件；冬播时间为土壤封冻前。春播易遇春旱出苗困难，需采取浇水和遮阴、盖地膜等措施。夏播可利用其他作物的行间

播种，具有出苗整齐、土地利用率高的优点。

播时采用行距35~40cm，每公顷(净土地面积)用种子60~75kg。采用开沟播种，播深3cm，播后及时覆土压实。大约10~20d可出苗。

②分根栽植　分根繁殖可在秋季和春季，将根上芽头保留2~3个芽头分开栽种，掌握行距35~40cm、株距15cm。栽后浇水，土壤湿润压实即可。

5.4.2.3　田间管理

出苗后松土除草，不间苗。射干耐旱能力强，除干旱春季外通常不需浇水。苗高8~10cm时追施碳酸氢铵150kg/hm^2，苗高30cm时追施三元复合肥200~300kg/hm^{2}以促进根茎发育。7~8月抽出花蕾时，除留部分种子外将多余花蕾摘掉，可促进根茎生长。

5.4.2.4　病虫害防治

射干病害主要有锈病，病叶上初为轮状排列的黄色斑，逐渐转为褐色锈斑，直至叶片干枯死亡，发病初期可用25%粉锈宁2 000倍液、70%新万生可湿性粉剂600倍液等交叉喷雾防治，每7d喷1次，连喷2~3次。

危害射干的虫害主要有钻心虫，危害幼嫩的心叶、叶鞘和茎基部，致使茎叶被咬断，植株枯萎，越冬卵孵化盛期喷50%西维因粉，发生期用1.8%阿维菌素乳油或菊酯类药剂喷雾防治。

5.4.2.5　收获加工

射干生长周期为2~3年。春秋两季均可采收，以秋季最佳。春季采收在萌芽前，秋季地上部分枯萎后可采挖。将全株挖出，去掉茎、叶、须根和泥土，再晒至全干即成品，要求规格质坚、干燥、不带须根。

5.4.2.6　管理和增产关键

射干生长周期2~3年，种前要施足基肥，加强田间管理，2年生可产药材2 000~3 000kg/hm^2。

合理套种。射干春秋季常规播种出苗困难，建议采用雨季播种；幼苗期需要光照较少，可和其他夏季作物套种，提高土地利用效率，也延长了射干生长周期，是降低生产成本和增产的关键。

轮作倒茬。射干种植忌连作，采取轮作倒茬可减少病害的发生。

5.4.2.7　典型案例

位于鸡泽县的河北良实中药材种植有限公司发展了杜仲林栽培射干的经营模式，种植面积5.3hm^2，生长良好。射干培育周期2年，常年产量可达到2250~3 000kg/hm^2，市场价30~40元/kg，年可实现收益3万元/hm^{2}以上。

5.4.3　桔梗丰产栽培技术

桔梗，又名铃铛花，桔梗科多年生草本植物；药用部位为根，具有宣肺、利咽、祛痰、排脓的功效，用于治疗咳嗽痰多、胸闷不畅、咽痛、音哑、肺痈吐脓等症状。桔梗是优良的药食两用植物，是朝鲜泡菜的主要制作原料，市场需求广泛。桔梗喜凉爽气候，耐寒、喜阳光，东北、华北和西北地区均有分布。桔梗株高30~120cm。全株有白色乳汁。主根长纺锤形，少分枝。茎无毛，通常不分枝或上部稍分枝。叶3~4片轮生、对生或互生，叶片卵形至披针形，边缘有尖锯齿。花1朵至数朵单生茎顶或集成疏总状花序，花冠阔钟状，蓝色或蓝紫色。蒴果倒卵圆形。种子褐色。桔梗对轻微的遮光处理有一定的适应性，野外常见桔梗野生于林下，具有一定的耐阴能力，光补偿点约 75μmol/(m^2·s)，能够适应轻度的遮阴环境，在幼龄林或大行距林分中能够栽培。

5.4.3.1　栽培地选择

桔梗为喜光喜肥植物，喜凉爽湿润气候，耐寒，怕风害，适生于土层深厚肥沃的壤土。桔梗栽培以郁闭度较低的中幼龄林为宜，不宜选择过度干旱瘠薄的沙地、坡地和涝洼的低湿地。

5.4.3.2　栽植方法

(1)采种

在 8~10 月种子成熟时选择籽粒饱满种子采摘，晾干除去杂质以备播种。

(2)整地

桔梗根系主要分布 30cm 以内。种前要求翻耕 30cm 以内表层土，施足基肥，可选择圈肥、有机肥并混施磷肥或氮磷复合肥，细致整地，平整做畦。

(3)栽植

桔梗分为种子和移苗繁殖两种方法。

①播种　播种时间主要分为春播、夏播和冬播。春播时间为 3~4 月，土壤解冻后即可播种；夏播在 8 月中下旬；冬播时间为土壤封冻前。冬播和春播易遇春旱均出苗困难，需采取浇水和遮阴等措施，春雨过后或灌溉后可采用地膜覆盖以利保墒。夏播时期河北平原正值雨季，此期温度高，降雨丰富，出苗整齐。播时采用条播，行距 15cm，每公顷(净土地面积)约用种子 15kg。采用开浅沟播种；桔梗种子细小，播深以 0.5cm 为宜，最深不超过 1cm，播后覆土压实。大约 15~20d 可出苗。

②移苗栽植　首先采用苗床法育苗，苗高 8~10cm 时可根据降水情况向大田移栽，掌握行距 30cm、株距 6cm，栽时注意去掉过多叶片以减少蒸发量；也可利用非生长季移栽。

5.4.3.3　田间管理

出苗后及时松土除草，苗高 5~8cm 时适度间苗。桔梗抗旱能力强，林地种植一般不需浇水。苗高 10~15cm 时追施碳酸氢铵 300kg/hm^2 或尿素 150kg/hm^2，苗高 20cm 时追施磷钾肥或三元复合肥以促进根系发育。在 6~8 月抽出花蕾时，除留部分作为采种外将其余花蕾摘掉，可促进根系生长。

5.4.3.4　病虫害防治

桔梗病害主要有炭疽病，多发生于高温高湿的雨季，主要危害茎杆基部，初期茎上出现褐色斑点，逐渐向四周扩散，导致病斑萎缩、全株倒伏，蔓延迅速，可发生成片倒伏现象。发病初期可用 50% 甲基托布津 800 倍液或 50% 多菌灵可湿性粉剂 800 倍液、80% 炭疽福美可湿性粉剂 800 倍液、50% 混杀硫悬浮剂 500 倍液等喷雾防治。

虫害主要有红蜘蛛，危害期可用 5% 尼索郎乳油 1 500 倍液、1.8% 阿维菌素 1 000 倍液及克螨特等药物交叉防治。桔梗春播易受蝼蛄危害，可用敌百虫、辛硫磷等药物拌毒饵诱杀防治。

此外，桔梗易受菟丝子的危害。一是禁止使用受菟丝子危害地块的种子；二是发现病株及时拔除清理。

5.4.3.5 收获与加工

桔梗生长周期为2~3年。春秋两季均可采收。春季采收在萌芽前，秋季枯萎后可采挖。将全株挖出，去掉茎、叶、须根和泥土，去掉根的外表皮，再晒至全干即成品，要求条整、质实色白、没有外皮残留。根外皮剥除困难，采挖后及时用冷水浸泡，保持湿润，可用刀片、玻璃片、瓷片、竹片等刮去外皮。

5.4.3.6 管理和增产关键

桔梗生长期较长，要施足基肥，加强田间管理，2年生产量可达3 000kg/hm^2。

采用雨季播种。河北平原春旱严重，雨季播种出苗快，生长迅速，也缩短了生产周期，收获期可由2年缩短为1.5年。

桔梗种子细小，先灌足底墒再播种，播种时覆土要浅，覆土过厚难以出苗，且播种后需保持地面湿润，可采用遮阴、覆地膜等措施保湿。

采用播种苗，不用移栽苗。播种苗主根系发达，须根少，产量高，也宜于剥皮，成品率高，质量好。

合理密植。传统桔梗种植，留苗株距一般在10cm左右；在短周期(1.5年)栽培条件下，株距5~6cm，适当间去过密和细弱的幼苗即可，同时要加大水肥量。

5.4.3.7 典型案例

河北省涉县索堡镇南沟村、白泉水村、温庄等地农民在核桃林地种植桔梗，生长周期一般为2年，药材产量平均2 250kg/hm^2，市场售价20元/kg，可实现经济收入4.5万元/hm^2。由于所用种子均为自产，农民用工也不计入生产成本，收益情况很可观。

5.4.4 半夏丰产栽培技术

半夏，别名掌叶半夏、狗爪半夏、三叶半夏等，天南星科多年生草本植物；药用部位为球茎，具有燥湿化痰、和胃降逆、消肿散结作用。半夏株高30~50cm。叶片1~3片，幼株叶全缘心形，老株叶5~11片趾状全裂。肉穗花序由叶鞘中伸出，佛焰苞淡绿色。浆果椭圆形，绿色。半夏为典型的喜阴植物，阳光过于强烈反而生长不良，适宜在郁闭度较高的林分间作种植，光补偿点约17~48μmol/(m^2·s)，透光率65%时较全光条件约可增产56%。

5.4.4.1 栽培地选择

半夏喜温暖潮湿气候，野生多在林下荫蔽处生长，对土壤要求不严，人工栽培以郁闭度0.3~0.8的林分为宜。半夏植株矮小，喜肥喜水，应选择有灌溉条件且肥沃的林地种植，以富含腐殖质的壤土和肥沃的耕作土最佳，对管理要求较高的果树林地尤其适宜发展半夏。盐碱地、重黏土地、低洼积水地不宜种植。前茬作物以禾本科作物最佳。

5.4.4.2 栽植方法

(1)整地施肥

种前施足基肥，每公顷可施有机肥5 000kg或氮磷复合肥600kg，深翻土壤，平整作畦。

(2)繁殖方法

半夏分为种子繁殖和球茎繁殖两种。

①种子繁殖　种子在6~8月分批成熟。春播前浇透水，3月中下旬开浅沟种植，行距

30～40cm，沟深1.5～2cm，播种后覆土，每公顷用种量约45kg。播后保持土壤湿润，遇干旱天气适当浇水松土，约20d可出全苗。也可冬播或夏播，出苗效果也较好。种子育苗生长较慢，要保证播种量以提高产量。

②球茎繁殖方法　采收时将选留的种秧，按1:3比例混以湿沙，堆窖内或埋入浅坑内贮藏越冬，保持在0℃以上温度以免种球受冻。春季选无病腐、无伤痕和个头中等的做种球，种球大小以直径1.5cm为宜。清明前后播种。行距30～40cm，开宽8～12cm、深5cm浅沟，推平沟底，每沟种2～3垄，株距和垄距5cm左右，芽头向上，覆土搂平压实，约20d左右出苗。每公顷用种球量1 500kg左右。

半夏喜阴蔽潮湿环境，忌强光直射，郁闭度过低的幼龄林可适当在行间、畦边间作芝麻、玉米等高秆作物以遮阴，可促进半夏生长还可增收部分农作物。

5.4.4.3　田间管理

半夏喜肥水，需保持土壤湿润，及时松土除草。苗高5cm时，追施尿素1次，促使幼苗发育多萌生球茎(即茎叶基部生出的小半夏)。半夏繁殖力强，每年数次萌生珠芽并生长成小球茎。随着半夏生长，珠芽也逐渐增多。为了促进珠芽的生长，生产上应及时培土。第1次培土在入伏时，这时第一代珠芽已在茎叶基部产生，将行间土封到垄间部位。封土后及时浇水。间隔20～30d后进行第2次和第3次培土。结合培土可追施部分圈肥和化肥，追肥后及时浇水。半夏在分生珠芽阶段，如果天气干旱缺少水分以及林地养分不足或茎叶受到病害等情况发生时，就会出现茎叶枯黄倒伏现象，但地下球茎还会长出新的茎叶。因此，夏季天气炎热时遇干旱天气应及时灌溉。如果不生产种子，应适当摘除花蕾以利球茎发育。

5.4.4.4　病害防治

半夏有毒，虫害发生较少。主要病害有病毒病和立枯病。半夏生长过程中易发生病毒病，病株叶卷缩成花叶，植株矮小。发现病株及时拔出烧毁、深埋。发生立枯病后全株枯黄死亡，主要原因是种球腐烂，发现病株应及时挖出清理，可喷50%多菌灵可湿性粉剂1 000倍液2～3次进行防治，同时种前应注意剔出带病种球。发生以上两种病害主要是由多代球茎繁殖使种球带毒所致，生产上应注意隔3～4代改用种子繁殖1次。

5.4.4.5　收获与加工

半夏球茎繁殖当年即可采收。在寒露至霜降期间采收，此期半夏茎叶已枯黄和停止生长。半夏球茎小，珠芽形成的球茎数量多，收获困难。收获方法有两种。一般是直接挖，人工分拣，费工费时。另一种是把苗垄土收起，晾晒2～3d，用筛子将半夏筛出，较为省工省时，尤其是采用电动振动筛，加工效率很高。分拣的半夏，把大个的摊放在荫凉处，晾3～4d，使其自然收缩皮骨分离；然后装入麻包，装的不要太多，放在水中浸泡1h左右捞出，连同麻包放在木板上，搓去外皮，然后倒出水洗去掉外皮；再用锋利刀片刮去未除净的外皮，及时烘干或晾晒，晒干入药。筛分出不宜入药的小球茎和珠芽可作为下年度种球栽种。半夏有毒，加工时先在手上擦些菜籽油或姜汁，加工结束后洗净手脚，以防中毒。

5.4.4.6　管理和增产关键

(1)合理密植，半夏球茎小，株产量低

合理密植是提高产量的关键。为了方便培土，掌握行距40cm、株距5cm为宜。采用种子播种不间苗。密植有利于植株间相互形成遮阴环境和保持环境湿度，对半夏生长有利。

(2)适时适量培土

随着半夏生长，珠芽发育阶段应适时培土。但培土量不宜过大。半夏是浅根作物，宜浅耕，深耕易伤根。植株生长田间郁闭后不宜再中耕。

(3)适时采收

半夏球茎在河北平原冬季有冻害发生，秋季应适时采收和贮藏。冀中南地区需要田间越冬时，可在地表覆盖秸秆、落叶、腐殖土等。

(4)适当遮阴

半夏是典型的耐阴植物，适当遮阴有利于其生长发育和增加光合能力。半夏自然生长于郁闭度高的林分内，耐阴能力很强，因此，生产上宜选择郁闭度0.4~0.7的林分最佳。同时，干旱天气应注意浇水为半夏生长创造湿润的环境有利于其生长。

5.4.5 知母丰产栽培技术

知母，别名蒜辫子草、毛知母，百合科多年生草本植物。药用部位为根茎，具有滋阴降火、润燥滑肠的功效，主治烦热消渴、肺热咳嗽、大便燥结、小便不利等症状。知母株高20~30cm。根茎横生，粗壮，为残存黄色叶鞘覆盖，下面生有多数黑色肉质须根。叶基生，丛出，线形，长20~70cm。花葶直立，不分枝，高50~90cm，花2~6朵成一簇，散生在花葶上部呈总状花序，花粉红色、淡紫色或黄白色。蒴果卵圆形，种子长卵形，具3棱，一端尖，黑色。知母主产于山西、河北、内蒙，野生于向阳山坡草地，喜温暖气候，对土壤要求不严，耐寒、耐干旱，适应性极强，除过度郁闭的林地均可种植。

5.4.5.1 栽培地选择

知母适应性强，多野生于干旱瘠薄山地；喜光，喜温暖湿润气候，耐寒、耐旱；土壤水分过多时，根茎容易腐烂。因此，栽培林地应为郁闭度较低的用材林或经济林，选择肥沃疏松、排水便利的壤土和砂壤土，避开低洼积水地。

5.4.5.2 栽植方法

知母可采用种子繁殖和分根繁殖。生产上分根繁殖最为普遍。

(1)种子繁殖

在清明、谷雨间，整地施足底肥，行距30cm开浅沟，点播，将种子均匀撒入沟内，覆土约0.3cm，稍镇压后浇水，经常保持土壤湿润，20d左右出苗。每公顷用种量30kg。苗出齐后，按株距10~15cm间苗。

(2)分根繁殖

分根繁殖应在春分或者霜降，施足底肥，平整土地。将根挖出，分段切开，每段长6~10cm，带芽1~2个，然后开沟栽种，行距30cm、株距15cm，覆土3~5cm压实，浇透水并保持土壤湿润，但不能过湿，以免烂根。

5.4.5.3 田间管理

幼苗期注意锄草松土，浅锄，遇干旱浇水。每年追肥2次，小满1次、立秋1次，以氮磷复合肥为宜。

摘花培土。及时剪除薹秆、花穗，促使根部生长发育。当根茎出芽时，应及时培土以利根部生长。

5.4.5.4 病虫害防治

知母生长健壮，病害极少发生。虫害主要有蛴螬发生，以幼虫危害幼苗和根茎。可采用蛴螬专用型白僵菌杀虫剂1.5~2kg用10倍土混匀，结合浅锄施入土壤，也可在追肥时施用碳酸氢铵以降低虫口密度。

5.4.5.5 收获与加工

知母种植期为2~3年，春秋两季的休眠期收获。将根茎挖出，去净泥土，保留黄绒毛和浅黄色的叶痕及茎痕晒干为“毛知母”，趁鲜用小刀刮净外皮为“知母肉”。

5.4.5.6 典型案例

临漳县望野林木有限公司在107杨幼龄林间作知母。林木株行距3m×3m×7m；知母株行距15cm×35cm，离树距50cm。知母生长周期2年，产量约3 600~4 500kg/hm^2，市场平均售价16~20元/kg，平均每公顷收入不低于5.8万元，生产成本约0.9万元/hm^2，实际收益约4.9万元/hm^2。

5.4.6 黄芩丰产栽培技术

黄芩，别名黄金茶，唇形科多年生草本植物，药用部位为根，具有清热解毒、止血功效，主治肺热咳嗽、目赤肿痛、吐血、肝炎等症状。黄芩株高30~80cm。茎钝四棱形，绿色或常带紫色，自基部分枝多而细。叶交互对生，无柄或几无柄；叶片披针形至线状披针形，全缘，叶背面沿中脉被柔毛，密被黑色下陷腺点。总状花序顶生或腑生，偏向一侧；花萼二唇形，紫绿色；花冠二唇形，蓝紫色或紫红色。小坚果，卵球形，黑褐色，有瘤。黄芩主产于我国西北、东北，野生于山坡草地、林缘，喜温暖气候，耐寒、耐旱，对土壤要求不严，怕涝。黄芩为典型的喜光植物，光饱和点虽较高，但光补偿点较低，约17~93μmol/(m^2·s)，对弱光有较强适应性，是林药复合经营中广泛栽培的中药材种类，多地有在苹果、杏树和核桃等经济树种下种植的成功经验，近年来承德地区也开展了山区林地半野生栽培。

5.4.6.1 栽培地选择

黄芩喜温暖湿润，耐寒耐旱，适应性强。一般土壤均可种植，但以排水良好的壤土和沙质壤土最好。黄芩是喜光植物，林分过度郁闭不宜种植。低洼、排水不良和过于黏重的土壤不宜种植，否则植物生长不良，并易引起根腐病。

5.4.6.2 栽植方法

黄芩种植分为直播和育苗移栽2种方法，生产上主要采用种子繁殖。

种子繁殖冬播和春播均可。冬播在上冻前，春播在春分至谷雨播种。冬播较春播出苗早，出苗齐。

冬播和春播的播种方法相同，平整土地，施足有机肥，深耕细耙，平整作畦。按行距30cm开深度1cm的浅沟，均匀播入种子，播种量15kg/hm^2，覆土0.3~0.5cm，然后浇水。为了保持土壤湿润可采用草帘遮阴或盖地膜等措施。在日平均气温18℃，湿度适宜条件下10d左右即可出苗。黄芩种皮坚硬，春播前用50℃温水浸种24h催芽处理，可提高出苗率和提早出苗。

黄芩种植也可采用育苗移栽的方法。选气候温和阳光充足的肥沃圃地育苗。于早春3

月初播种，条播，行距8~10cm，覆薄土一层，以盖住种子为宜，播后浇水，保持土壤湿润，可采用小拱棚或地膜覆盖。当苗高10cm时可移植至大田，行距30cm、株距10cm。

5.4.6.3　田间管理

直播的黄芩苗高10cm左右时，按株距10~15cm定苗。移栽成活和定苗后的黄芩应注意松土锄草工作。土壤干旱时及时浇水，生长期应分2~3次追肥。苗高15cm时可追施氮肥，每公顷尿素用量150kg；6月下旬至7月上旬和8月下旬追施氮磷复合肥，施用量300kg/hm^2。花期，除留种子外，选晴天将花枝剪去。

5.4.6.4　病虫害防治

虫害主要有地老虎、蛴螬，危害根部和咬食叶片，可采用50%辛硫磷乳油、白僵菌粉剂拌毒土撒施，也可采用敌百虫拌毒饵及诱虫灯捕杀等措施。

黄芩主要病害有叶枯病，叶片出现不规则黑褐色病斑并向全株蔓延直至枯死，可采用50%多菌灵可湿性粉剂800~1 000倍液防治，需连喷2~3次。此外，高温多雨季节，容易发生根腐病，雨后应及时排水、松土，使畦内通风透光，可防止病害发生。

5.4.6.5　收获与加工

生长2~3年的黄芩，在秋末春初收获。挖出根部，去净地上茎和泥土，晒至半干、刮去外皮，或趁湿撞去外皮晒干，即为成品。

5.4.6.6　管理和增产关键

合理密植。根据栽培地土壤肥力和林分生长条件，合理掌握栽植株行距。幼龄期郁闭度低的林分，树木对黄芩生长的影响较小，可适当密植。随着林分生长，林地郁闭度加大，应适当稀植。

5.4.7　生地丰产栽培技术

生地，别名地黄、地黄根，玄参科多年生草本植物，药用部位为块根，有滋阴补肾、清热凉血之功效。地黄株高约30cm，全株密被灰白色或淡褐色长柔毛及腺毛。根肉质，鲜时黄色。茎或单一或基部分成数枝，紫红色。叶基生，倒卵形或长椭圆形，先端钝，基部渐狭成长叶柄，边缘具不整齐钝齿。总状花序顶生，密被腺毛，花冠筒状而微弯，外面紫红色，内面黄色有紫斑。种子多数，卵形，黑褐色，表面有蜂窝状膜质网眼。花期4~6月。生地分布于华北、东北、西北及江苏、湖北、安徽各省，多野生于山野荒地、路旁，适应性强。地黄为喜光植物，光补偿点约25~50μmol/(m^2·s)，相对较低，对弱光有较强利用能力，适宜郁闭度较低的林分种植。

5.4.7.1　栽培地选择

生地种植一般选排水良好、肥沃疏松的壤土、砂壤土种植。生地耐寒耐旱，喜光，要求林地郁闭度不宜过高；盐碱地、低洼易涝地和过于瘠薄的沙地均不宜种植。前茬以蔬菜或禾本科植物最好，花生、豆科植物等易染线虫病不宜种植，前茬作物为菊花、白术等不宜种植，忌连作。

5.4.7.2　栽植方法

(1)整地施肥

生地是喜肥作物，一定要施足底肥，以有机肥和氮磷复合肥为宜，施后浅耕耙细，做成30cm的高垄准备栽种，垄宽约10cm，垄距30~40cm。生地用平畦播种时多生长不良。

(2)繁殖方法

繁殖方法有种子育苗繁殖和块根繁殖2种方法。

①种子育苗　育苗时间为3月下旬至4月上旬。播种前畦内浇透水，水渗后将种子均匀撒于畦面，然后地表撒一薄层细土，盖严种子即可。为保持土壤湿润，可铺地膜或盖草帘遮阴。在气温20℃以上时，播后3~5d可出苗，幼苗长至5~6片真叶时，移栽到大田。

②块根育苗　上年度收获时选新鲜无病、粗0.8~1.2cm块根作种秧窖藏。清明至谷雨间，将种秧截成5~6cm的小段，每段须有3个以上芽眼，阳光下晾晒1h即可种植。块根用草木灰拌，也可用浓度1/200磷酸二氢钾浸种1h能提前出苗和提高出苗率。

(3)栽种方法

种植时在高垄上开浅穴种植，穴深8~10cm，株距15~20cm，覆土5cm，压实。每公顷约用鲜种秧600kg。最好在栽种前浇水1次，达到地表5cm含水率20%为宜，过湿影响地温，造成烂秧；含水率低于8%时应浇水，以利出苗。出苗后对缺苗的地块及时补苗，以确保全苗。

5.4.7.3　田间管理

(1)中耕锄草

生地栽种后，及时浅耕松土，以提高地温，促进幼苗生长。生地根系分布浅，锄划过深易伤根。锄划深度应掌握在6月上旬前锄深3~5cm左右，6月中旬以后锄深不超过3cm。7月中旬以后，只能人工拔草，不宜锄划以防伤根。

(2)摘除花蕾

生地生长期间，为保证茎粗叶肥，应控制开花结实过多消耗营养，可人工摘除花蕾。一般说来，生地摘花蕾后长势较旺，相较不摘花蕾平均叶长可增加8cm，叶宽增加3cm，块根周长粗2cm。

(3)水肥管理

生地茎叶生长旺期为6~8月，这段时间叶片生长迅速，需水肥量大，应在5月底或6月初追施氮肥如尿素、饼肥、氮磷复合肥等，如遇干旱适量浇水。土壤水分含量保持20%左右最好。进入雨季遇大雨要注意排水，严防积水烂根。9~10月叶片停止生长，此期块根为膨大期，土壤水分含量保持15%左右为宜，通常说的“黄墒土”；此期如发现叶片发红、叶片厚度显著变薄现象时可采取追施氮肥(如尿素、碳酸氢铵)，并结合叶面喷施磷酸二氢钾等措施，施肥时间一般不晚于9月下旬。

5.4.7.4　病虫害防治

生地7~9月易发生病害。常见病害有斑枯病、轮纹病、枯萎病、黄斑病等，主要危害叶片。发生斑枯病时叶面初为黄绿色病斑，扩大呈黄褐色，严重时病斑汇合，叶片干枯。发生轮纹病的病叶有明显的同心轮纹，后期破裂穿孔。防治方法是用80%代森锰锌粉剂500倍液或50%多菌灵粉剂800倍液等药物防治，每15d喷1次，雨后补喷1次；根部病害有软腐病和干腐病，积水地块要注意雨后及时排水，发病严重时可采用50%多菌灵粉剂800~1 000倍液防治。

蚜虫在初夏和秋季发生，红蜘蛛在6月上旬至8月发生，其中红蜘蛛危害最为严重。蚜虫可采用10%吡虫啉粉剂4 000~6 000倍液喷雾防治，红蜘蛛可用20%哒螨灵可湿性粉剂2 000~3 000倍液或73%克螨特乳油2 000~3 000倍液防治，注意多种杀螨药物轮换使用。其他虫害如拟豹纹蛱蝶，一般于6~8月危害，可结合防治红蜘蛛一并除治。

5.4.7.5　收获与加工

生地当年种植，当年即可收获，一般于立冬前后进行收获。顺垄将生地根挖出后去净泥土，晾晒或烘干。生地适宜机械或畜力采收，一般收获红薯的机械进行简单调试均可使用。

5.4.7.6　管理和增产关键

使用优良种苗。生地多年采用块根繁殖，易于退化。为选育良种和防止退化，在春季清明至谷雨间，选择优良种根，掰成5cm小段，按行距20cm、株距10cm种植，于大暑节挖出，再进行育苗(管理方法同上)。当年不采收，第二年春分时挖出作种苗用。有条件时可选用脱毒种苗。

生地喜肥水，种前要施足底肥，前期生长要保证水分供应。8月雨后及时排水，此期为防治病害发生的关键。9月以后，块根速生期，要控制田间土壤含水量，防止茎叶徒长。

5.4.8　柴胡丰产栽培技术

柴胡，别名北柴胡、竹叶柴胡，伞形科多年生草本。药用部分为根，有解表和里、疏肝解热、调经作用，主治感冒发热、胸满胁痛、头痛目眩等症状。柴胡株高30~50cm，主根粗大，坚硬。茎单生或少数自基部分枝，直立，有纵棱。基生叶丛状，长圆状披针形，先端钝或急尖；中部茎生叶狭长圆形或倒披针形。复伞形花序，小伞形花序有花10余朵，花瓣黄色。双悬果褐紫色，卵形，具狭翅状棱。柴胡主要分布于东北、华北及西北各省(自治区)，适应性强，喜冷凉而湿润的气候。耐寒、耐旱，忌高温和低洼积水。

5.4.8.1　栽培地选择

柴胡栽培地应选择排水良好、土质疏松肥沃的沙质壤土，不宜在黏土和低洼积水地栽培。柴胡喜光，过度郁闭的林分不宜种植，幼龄林、经济林等适宜种植。柴胡根深，林下初期种植可起到较好的深翻和改良土壤作用，但应和林木保留充足的间距，以减少采挖时对林木根系的损伤。

5.4.8.2　栽植方法

柴胡主要采用种子繁殖，以直播为主。种前施足底肥，细耕，耙平，作畦。清明节前后，按行距30cm开沟，沟深1~1.5cm，将种子均匀撒在播种沟内，覆土踩实后浇水，每公顷播种量30kg。播种后经常保持土壤湿润，一般15d左右即可出苗。

柴胡也可采用育苗移栽的方法。春分时节整地作畦，按行距8cm条播，播后保持土壤湿润，苗高6cm时移栽至大田，栽后及时浇水。

5.4.8.3　田间管理

苗高3~5cm时，按株距6~8cm定苗，去掉弱苗和病苗；苗高10cm时，结合松土进行除草；苗高15cm时，每公顷可追施氮磷复合肥300~450kg，追肥后及时浇水。当柴胡出现分枝和抽茎结籽时，为了不影响根的生长，除留种田外，其他应及时剪除花蕾。锄草摘蕾时，注意不要碰伤茎杆，以免影响生长。

5.4.8.4　病虫害防治

病害主要有根腐病，多于雨季发生，初期少数细根和须根变成褐色腐烂，逐渐蔓延至整个根系，地上部分枯萎死亡。大雨过后及时排水，发病时可用30%甲霜恶霉灵2 000倍液叶面喷雾防治，严重时可用1 500倍液灌根防治。采用与禾本科作物轮作的方法可减少根腐病发生。锈病主要危害叶片，初期叶片及茎上出现零星锈色斑点，严重时逐渐侵染至全株，可用25%粉锈宁粉剂1 500倍液、50%代森锰锌500倍液或75%氧化萎锈灵3 000倍液等防治。

虫害主要有黄凤蝶幼虫，在6~8月危害茎叶，可用25%灭幼脲悬浮剂2 000倍液防治。

5.4.8.5 收获与加工

柴胡生长周期2~3年，于秋末春初休眠期采挖，割去地上茎叶，挖出根，去净泥土和芦头，晒干即可。

5.4.8.6 管理和增产关键

柴胡种植优先采用种子直播育苗，应根据水肥情况采取合理的株行距。幼苗期中耕锄草应适当加深，同时适当减少浇水和控制土壤含水量可促进根系向下发育。

5.4.9 沙参丰产栽培技术

沙参，别名北沙参、珊瑚菜、辽沙参等，伞形科多年生草本植物。药用部位为根，有清肺火、除虚热、治咳健脾之功效，主治肺热燥咳，舌干口渴等症状。沙参株高15~20cm，稍分枝，密被淡灰褐色柔毛。肉质根，胡萝卜状。基生叶有长柄，和叶片等长，叶片广三角状卵形，三出或者二回三出羽状深裂，末回裂片倒卵形或倒卵状椭圆形，边缘具尖锯齿。复伞形花序4~10cm，花梗密被白色柔毛，小伞形花序有花15~20朵，花瓣白色或带紫堇色。双悬果广倒卵形，果棱翅状，肥厚，紧贴于种子外围。沙参自然分布于辽宁、江苏、山东、浙江的海滨沙地，非常适于河北平原沙地栽培。沙参是典型的喜光植物，光饱和点高达2 000μmol/(m^2·s)以上，而光补偿点约180μmol/(m^2·s)，对弱光的利用能力较差，适宜光照条件良好的幼龄林或经济林种植。

5.4.9.1 栽培地选择

沙参是深根作物，抗旱力强，怕涝，喜温暖向阳环境，但抗寒性较好，在河北平原能在田间越冬。沙参喜土质疏松的沙质壤土，低洼盐碱地不宜种植，忌重茬。沙参林地栽培，以郁闭度较低的经济林、中幼龄林及大行距林带种植为宜。

5.4.9.2 栽植方法

沙参种前需施足底肥，每公顷施入有机肥5 000kg，深耕土壤，平整作畦。

沙参用种子繁殖。播种分为秋播和春播。秋播于土壤上冻前播种。春播所用种子须沙藏，方法是秋末冬初用湿沙和种子按3:1比例混匀，将种子埋入浅坑或荫凉处保持湿润。翌年春季筛出种子进行播种。春播在惊蛰前后播种，秋播在霜降至小雪间。播种采用条播的方法，每公顷用种量60kg，行距30~40cm，开5~8cm宽浅沟，沟深3cm。将种子均匀播入，覆土约1.5cm，压实，浇水。翌年清明前后应及时浇水，经常保持土壤湿润，促使种子发芽。

5.4.9.3 田间管理

苗出齐后，长出3片真叶时进行间苗，株距5cm，宽垄采取三角形留苗法，株距同上。苗期经常松土锄草，不太干旱可不浇水，如需浇水不宜过大。苗高10~15cm时追施氮肥或氮磷复合肥，每公顷用尿素或磷酸二铵300kg。高温多雨季节注意排水松土，以免根部腐烂。沙参生长期除留种子外将全部花蕾摘除，有利于根部生长，提高产量。

5.4.9.4 病虫害防治

沙参病害主要有线虫病、锈病。虫害主要有钻心虫、象鼻虫、蚜虫、红蜘蛛等。

(1)线虫病

病株根部生有根瘤，地上部分逐渐枯萎。防治方法是前茬忌选花生、黄豆等豆科植物。

(2)锈病

病株叶片出现深褐色锈斑，并有针状黑色穿孔，发病时可用25%粉锈宁乳剂1 500倍液或12.5%特普唑可湿性粉剂1 500倍液防治。

(3)象鼻虫

蚕食沙参叶片，苗期虫害严重可用80%敌百虫可溶性粉剂1 000倍液或2.5%溴氰菊酯乳油2 000倍液防治。

(4)蚜虫

可采用10%吡虫啉2 000倍液防治。

5.4.9.5 收获与加工

沙参当年即可收获，白露至秋分间，当植株叶片枯黄时，开始采收。挖出参根，去掉泥土和茎叶，并剥皮处理。沙参应随采收随加工。选择晴天上午加工，将采挖的沙参分粗细整把，洗净泥土，分批把沙参根尖部放入沸水中约1min，再将整把参根放入，上下翻动，2min左右。当参根中部能剥去皮，捞出放入凉水中，即进行剥皮。剥净皮后应及时晒干或烘干以防变色，如遇连阴天无烘干条件可将已剥皮的沙参放入干净冷水中暂存。

5.4.9.6 管理和增产关键

为防止沙参退化，选择优良品种，建立专门的繁种田。在秋季收获时，选生长健壮，主根长、直立、无分杈、须根少的植株定植于繁种田，按行距30cm、株距20cm开沟种植，覆土以参头似露不露为宜，埋实后浇小水。翌年五六月开花，7月果实由绿色变黄褐色时即可采收。一般繁种田可连续结种子3~4年，参根不能入药。种子存放于通风、荫凉、干燥处，切忌烟熏。

沙参当年收获，土肥肥力对药材产量影响很大，应施足基肥，精耕细耙，并合理密植，才能提高产量。

5.4.10 紫菀丰产栽培技术

紫菀，别名小辫，菊科多年生草本植物，药用部位为根，有散寒润肺、化痰止咳作用。紫菀，茎直立，株高50~120cm，有沟棱，被疏毛。叶互生，基部叶椭圆形匙状，边缘有密锯齿；中部叶长圆形或长圆披针形，无柄，全缘或有浅齿。头状花序多数，排列成复伞房花序。瘦果。紫菀适应性强，耐寒耐旱，不耐水湿，多野生于山坡草地，光饱和点约860μmol/(m^2·s)，光补偿点约31μmol/(m^2·s)，对弱光有较强利用能力。

5.4.10.1 栽培地选择

紫菀喜温暖湿润环境，对土壤要求不严，除盐碱地和过于干旱的沙地及黏重的土地以外，一般土地均可种植，轻度盐碱地也可种植。紫菀耐寒，能在田间越冬。紫菀植株矮小，喜光耐旱，林地过度郁闭不宜栽种，以郁闭度不超过0.7为宜。

5.4.10.2 栽植方法

(1)整地施肥

在选好的林地内，施足底肥，以有机肥或氮磷复合肥混施为宜，深耕细耙，平整作畦。

(2)种植方法

生产上主要利用紫菀地下根茎进行分根繁殖，一般不用种子繁殖。

采收时选择粗壮节密、紫红鲜嫩、无病虫害的带芽根茎做种根；带芦头部的根茎不作种秧，因其易抽薹开花影响产量。紫菀分为秋栽和春栽。秋栽于霜降前后，随采收随栽种。春栽可将选好的种根贮藏越冬，选阴凉处挖假植坑，坑的大小视种根多少，深80cm，将种根放进坑内，灌以湿沙，根与沙的比例为1:2，上面覆土15cm左右即可。

春季将选好的种根剪成长7~10cm的小段，每段上须有2~3个芽。按行距30cm开沟，沟深8cm，按株距15cm栽种，每株3~5个种根，栽后覆土浇水。每公顷用种根量200~300kg。

5.4.10.3 田间管理

幼苗出齐后，根据地面干湿情况，适时浇水。紫菀幼苗期水分不宜过多。为了促使根系向下生长，幼苗期须经常松土锄草，保持表层土壤疏松，适当“蹲苗”。幼苗封垄后，需水肥量逐渐增多，每公顷可施入氮磷复合肥300~450kg，施肥后适当增加浇水次数。

5.4.10.4 病虫害防治

(1)病害

土壤肥力不足时易发生叶斑病，发病初期叶面出现紫褐色小点，严重时可导致全株死亡。发病前期可用50%代森锰锌可湿性粉剂500倍液或50%多菌灵可湿性粉剂800倍液防治，同时叶面增施磷钾肥以提高植物抗病能力。

(2)虫害

主要有地老虎、蛴螬危害根部，可采用50%辛硫磷乳油或白僵菌粉剂拌毒土撒施，也可采取敌百虫拌毒饵及采用诱虫灯捕杀等措施。

5.4.10.5 收获与加工

紫菀当年种植当年即可收获。在霜降后或翌年清明前采收。先将紫菀地上干枯的茎秧用镰刀割去，然后挖出根，去净泥土，摘去母根，切开芦头，编成小辫晒干即可。

5.4.10.6 管理和增产关键

选粗壮、无病虫害的根茎做秧。

幼苗期少浇水多松土锄草，适当“蹲苗”以促进根部发育。

5.4.11 防风丰产栽培技术

防风，伞形科多年生草本植物，别名关防风、山芹菜等。药用部位为根，具有解表、祛风除湿等作用，主治风寒、头痛、目眩等症状，主产于黑龙江、河北、内蒙古等省(自治区)。防风株高约1m，全株无毛。根粗壮，主根圆柱形，外皮灰棕色，根茎处密被纤维状老叶残基。茎直立，二叉状分枝。基生叶簇生，具长柄，叶柄基部成叶鞘；叶片2~3回羽状深裂，轮廓披针形或卵状披针形，先端常具2~3缺刻状齿，齿端尖锐，两面均呈淡灰蓝色；茎上部叶片较小，具扩展叶鞘。复伞形花序多数，小伞形花序具4~10小花，花瓣白色。双悬果，被小瘤状突起。

5.4.11.1 栽培地选择

防风多野生于山坡、沙地等，喜阳光，耐寒，耐旱，适宜沙质壤土种植，黏土、盐碱、低洼易涝地不宜种植。栽培林地不宜过于郁闭，以幼龄林或低矮、透光的经济林为宜，郁闭度高于0.5不宜种植。防风根系分布深，林地间作防风可起到翻耕土壤、改良土质的作用。

5.4.11.2 栽植方法

防风是深根作物，根长可达1m。种前深翻土壤，施足底肥，平整作畦；注意和树木保留较宽间距，以免对树木生长形成较大影响。

防风用种子繁殖。每公顷用种量15~20kg，分为夏播、秋播、春播3种。春播在清明至谷雨间，夏播以7月至8月上旬的雨季为好，前茬可适当种植其他作物，秋播在土壤封冻前。

播种前按行距30~40cm开深1~1.5cm浅沟，均匀播入种子，覆土1.0cm，轻踩，然后浇水。播前用50℃温水将种子浸泡48h催芽处理，能够提高出苗率。

5.4.11.3 田间管理

苗高6~8cm时定苗，株距5~8cm，夏播如出苗晚当年不间苗。定苗后经常松土锄草，幼苗期不宜深锄，以防伤根。夏至前后是防风生长旺盛时期，应加大水肥量。防风抽薹开花时将花穗全部摘除，以减少营养消耗促进根部生长。

5.4.11.4 病虫害防治

防风病害主要有根腐病、白粉病和锈病，于高温多雨季节发生。雨后应注意及时排水。防治白粉病和锈病可采用2%抗霉菌素水剂200倍液、10%多抗霉素1 000~1 500倍液和粉锈宁等药物交叉使用防治。防治根腐病可采用30%甲霜恶霉灵2 000倍液叶面喷雾防治，严重时可用1 500倍液灌根防治，采用与禾本科作物轮作的方法可减少根腐病发生。

虫害有凤蝶幼虫，5月后开始危害，可采用25%灭幼脲悬浮剂2 500倍液、5%氟铃脲乳油1 000~2 000倍液或20%虫酰肼悬浮剂1 500~2 000倍液等喷雾防治。地下害虫有地老虎、蛴螬危害根部，可采用50%辛硫磷乳油或白僵菌粉剂拌毒土撒施，也可采取敌百虫拌毒饵及诱虫灯捕杀等措施。

5.4.11.5 收获与加工

防风生长2~3年即可收获。收获季节为白露后至翌年惊蛰前。挖出根，去净茎叶晒干即可。防风根深且脆，易折断，收获时应先从畦一端顺次开挖。

5.4.11.6 管理和增产关键

防风是深根作物，种前应施足基肥，土地深耕。防风根深，林地种植应和树木保持合理间距。

6月是河北平原的干旱期，此时防风也进入速生期，及时追肥浇水，7~8月大雨过后注意排涝。

防风抽薹开花时注意剪除花茎。

5.4.12 玉竹丰产栽培技术

玉竹，别名铃铛草、山姜等。百合科多年生草本植物，药用部位为根茎，有润燥、养阴功效，主治热病阴伤、口燥咽干、糖尿病等症状。玉竹根状茎圆柱形，横生。茎直立或稍倾斜，株高30~60cm。叶互生，椭圆形至卵状矩圆形，下面灰白色。花序1~4花，花被黄绿色至白色。浆果球形，蓝黑色，具7~9颗种子。玉竹主要分布于东北、西北及湖北、安徽、江西、江苏等地，多野生于山野林地，耐寒，耐阴性强。玉竹是一种典型的林下植物，遮阳率70%时具有较高的净光合积累能力，光补偿点约5~20μmol/(m^2·s)，适宜郁闭程度较高的林分种植。

5.4.12.1　栽培地选择

玉竹喜凉爽、湿润的环境，以土质疏松的肥沃壤土最佳，过于黏重或沙化的土地不宜种植。玉竹耐阴性强，林分郁闭度0.8以下均可栽培。

5.4.12.2　栽植技术

在选好的林地内，施足底肥，深耕土壤，平整作畦。

玉竹采用根茎繁殖。在晚秋或者早春进行，挖出根茎，选择根茎肥大的、须根多的部分，分成小段，每段有芽节3~4个。按行距25~30cm，株距15cm穴播，穴深5cm。每穴放入种根2~3段，覆土后稍加镇压，浇水，保持地面湿润，4月中旬即可发芽出苗。

5.4.12.3　田间管理

玉竹是多年生植物，生长期3~4年，且植株矮小，耐阴性强，幼龄林地栽培时可适当间作少量豆类等矮秆作物以提高土地利用效率。玉竹苗高10cm时可追施氮磷复合肥1次，施肥量200~300kg/hm^2，每年于立秋时节，可追施1次有机肥、磷肥等。有机肥可撒在地表结合浇水施入，磷肥可采用开浅沟施入。平时注意松土，锄草。中耕要浅锄，深度不宜超过3cm，以防伤根。

5.4.12.4　病虫害防治

玉竹的病害主要有叶斑病、根腐病，多在夏季发生，但发生多不严重。发生叶斑病时，染病叶片病斑圆形，边缘紫色，中央灰色，多呈条斑状，严重时叶片枯死。夏季注意排涝，病害发生时及时喷施代森锰锌、多菌灵、甲基托布津等药物防治。虫害主要有地老虎和蛴螬等危害，但发生多不严重。

5.4.12.5　采收与加工

玉竹生长周期3~4年，可于秋季当地上部枯萎或春季在发芽前采收。采收时挖出根茎，洗净泥土，用100℃以上蒸汽熏蒸30min，取出晒干即可。

5.4.13　丹参丰产栽培技术

丹参，别名血参、大红袍、红根等，唇形科多年生草本植物，药用部位为根，有活血祛瘀、调经止疼作用。丹参根肥厚，外面朱红色，内面白色。茎直立，株高40~90cm，被长柔毛，多分枝。叶对生，奇数羽状复叶，小叶3~7枚，卵形、椭圆状卵形或宽披针形，先端锐尖或渐尖，边缘具圆齿，两面有柔毛。轮伞花序6枚至多花，组成顶生或腋生的总状花序，花萼钟形，花冠蓝紫色。小坚果黑色，椭圆形。丹参主要分布于山东、山西、陕西、河南、江西、湖南、浙江等地。丹参为喜光植物，光饱和点约1 100~2 000μmol/(m^2·s)，光补偿点约18~58μmol/(m^2·s)，对弱光的利用能力较强，适宜在郁闭度较低的林分种植。

5.4.13.1　栽培地选择

丹参为喜光、喜温暖、耐干旱的深根作物，种植地选择疏松、肥沃的沙质壤土为宜，积水涝洼地、盐碱地不宜种植，忌重茬。栽培地应避开郁闭程度高的林分，栽种时同树木间也应保护较大距离。幼龄林通过种植丹参可起到深翻土壤的作用，尤其是对于一些幼龄经济林，可起到较好的生长促进作用。

5.4.13.2 栽植方法

丹参是深根作物，喜肥喜水，故种前应施足基肥，深耕，整平耙细，根据林木间距，合理作畦。

丹参分为种子繁殖、分根繁殖和扦插繁殖3种方法。生产上分根繁殖应用最为普遍，方法简便，成活率高。种子繁殖用于培育优良品种或多代繁殖后种苗的复壮更新。采用脱毒种苗，其收获产量明显提高。

这里介绍常用的2种方法。

(1)种子育苗

7~8月份种子陆续成熟，边采收边育苗，在平整的育苗田内，采用撒播方法，均匀撒入种子，轻轻搂耙一遍，踩实。为方便管理，也可采用条播，行距15~20cm，开浅沟播入种子，轻搂覆土。播后浇水，注意保湿，约5~7d即可出苗。每公顷用种量约25kg。

(2)分根繁殖

在秋季或春季收获时，将芽头掰成1~2个芦头1株，或将粗度0.3cm以上的种根，剪成约8cm长的小段，在整好的土地上用芽头和根茎进行栽种，一般行距30~40cm、株距15~20cm。采用穴植的方法，挖5cm深种植穴，放入丹参种根1~2段，或有芦头的种根1段；一般横放即可，覆土埋严芦头，踏实，然后浇水保持地面湿润，有芦头的一般在清明后即可出土，无芦头的须到5月上旬才能出齐苗。

5.4.13.3 田间管理

种后为了提高地温，提早出苗，及时进行锄划松土。前期不宜浇水过多。苗高8~10cm结合中耕除草，追施尿素或氮磷复合肥150~200kg/hm^2。在7~8月可追施磷钾复合肥，促进根部生长，大雨过后要注意排水防止积水烂根。丹参田间郁闭后可不中耕只拔草，第1年封冻时浇封冻水，第2年春季萌动后及时中耕松土除草，5~6月可再追肥一次，等秋后或第3年春季采收。

5.4.13.4 病虫害防治

丹参病害主要有根腐病和叶斑病。高温多雨季节易发生根腐病，受害植株细根发生褐色腐烂，直至蔓延至粗根，全株萎蔫死亡；应注意中耕和排水，发病严重时可用50%多菌灵可湿性粉剂1 000倍液灌根防治。发生叶斑病时，叶面上出现近圆形或不规则形深褐色病斑，严重时病斑扩大直至整叶死亡，可用50%甲基托布津可湿性粉剂1 000倍液或50%代森锰锌可湿性粉剂500倍液防治。丹参抗病能力强，发病不严重可不防治。

危害丹参的虫害主要有地老虎和蛴螬，危害根和幼苗，可采用50%辛硫磷乳油或白僵菌粉剂拌毒土撒施，也可采用敌百虫拌毒饵及诱虫灯捕杀等防治措施。

5.4.13.5 收获加工

丹参生长周期2~3年。播种后第2年秋季或者第3年春季未萌芽前均可进行采挖。将地下根挖出后，抖净泥土，去掉茎叶，晒干，捆成直径8~10cm的小捆即可。

5.4.14 白芍丰产栽培技术

白芍，别名芍药，毛莨科多年生草本植物。药用部位为根，有养血通经，镇痉止痛的功效。白芍根肥大，纺锤形或圆柱形，红褐色。株高40~60cm，茎圆柱形，无毛，具纵条纹。叶互生，近革质，二回三出复叶，羽片3，中央羽片有长柄，三全裂或三出。花1朵至数朵顶生于茎顶或分枝顶端，白色或带粉红色。蓇葖果卵形或椭圆形，先端钩状弯曲，种子椭圆形至球形，黑色，有光泽。白芍主要分布于东北、华北、西北及西南各地。白芍为耐阴植物，光补偿点约6~18μmol/(m^2·s)，光饱和点约332~433μmol/(m^2·s)，适宜林下栽培。

5.4.14.1　栽培地选择

白芍喜温暖向阳的环境，适合排水良好、土层深厚、肥沃、有灌溉条件的沙质土壤；过沙、过黏的土壤、盐碱地均不宜栽培；中性或微酸性肥沃壤土，生长最佳；忌连作，耐寒，在河北平原幼苗能在田间越冬。白芍耐阴性强，除完全郁闭的林地外，中幼龄林均可间作种植。

5.4.14.2　栽植方法

白芍生长期长达3~4年，种前一定要施足底肥，深耕土壤，耙平，平整作畦。按行距30~40cm培高垄，垄宽约10cm，垄高约10cm。

白芍有芽头分株法或种子繁殖两种。生产上主要采用芽头分株法，具有繁殖材料易得、出苗率高和方法简便、生长迅速等优点。种子繁殖周期长，一般不采用种子繁殖，但为了防止白芍退化和培育良种时，需要采用种子繁殖。

(1)芽头分株法

播种时间为白露至秋分间。收获时将根全部割下药用，芦头做种秧，每2~3个芽头为1株，用刀切开。种秧切好后，晾1~2d，等刀口干燥愈合，呈棕红色时再栽，避免水分浸入切口造成腐烂。按株距30~40cm在垄上挖穴，然后把种秧放入穴内，芽头向上，覆土厚5cm，栽后顺垄浇水，以水能浸湿种秧为宜。上冻时再浇水1次。白芍在萌发以后不宜移植，否则全年生长不良，甚至死亡。因此，进行分根繁殖或移栽时，必须在植物休眠期进行，春季萌芽期不宜进行分栽。

(2)种子繁殖法

8月下旬至9月初收获种子，采收后及时播种，如不能播种则需进行沙藏处理促进种子后熟，翌年春季3月下旬至4月上旬播种。秋播于9月中下旬，每公顷播种量45~60kg，采用条播法，按行距15cm开深2~3cm的浅沟，按粒距3cm播入种子，覆土后镇压浇水，翌年4月上旬可出苗，生长1年后可移栽入大田定植。

5.4.14.3　田间管理

白芍是喜肥植物，除栽培时施足基肥外，每年应于夏秋两季分别追肥，以有机肥、饼肥等混施氮磷复合肥为宜。在行间开深度10cm左右浅沟，施入肥料，覆土后浇水。为了节约营养促进根的生长，出现花蕾及时摘除，以促进根的发育。白芍花色鲜艳，可作为插花，有销售途径时可保留花蕾，花蕾盛开前作鲜切花出售。

5.4.14.4　病虫害防治

白芍主要病害有根腐病和叶霉病、白粉病等。根腐病发病初期根部出现紫红色，逐渐变黑腐烂，全株枯萎死亡，可在发病初期用50%多菌灵可湿性粉剂1 000倍液灌根防治。雨季注意排水，及时拔除发病全株销毁。叶霉病的特征是叶面出现黑色斑点，逐渐侵入整个叶片，可喷0.3°~0.4°Be的石硫合剂或波尔多液或80%代森锰锌可湿性粉剂500~600

倍液防治。林地栽培由于环境湿度大，在 7 月以后易发生白粉病，可采用 15% 粉锈宁可湿性粉剂 1 000 倍液或 10% 多抗霉素 1 200 倍液等药剂防治。郁闭度高的林分应加强林木修枝，以改善林内通风透光性。

虫害主要是地下害虫如地老虎、蛴螬危害根部，可用 50% 辛硫磷乳油或白僵菌粉剂拌毒土撒施，也可采取敌百虫拌毒饵或诱虫灯捕杀等防治措施。

5.4.14.5　收获与加工

白芍生长期 4～5 年，药用部位为根。收获季节在白露至秋分间。晴天采挖加工方便，挖后抖净泥土，去掉芦头，将根按大小分为 3～4 个等级。洗净放入沸水锅内煮(水量以淹没白芍为宜)，煮的时间应根据根的粗细而定，一般掌握芍根无白心即熟。煮好后及时捞出，放入凉水中冲泡，然后用玻璃或竹刀轻轻把表皮刮下，晒干。在晾晒过程中，用麻袋或席子盖半天(俗称发汗)。不经发汗的白芍外干内湿，易发霉，而且出现抽沟现象，颜色粗糙影响品质。

5.4.14.6　管理和增产关键

白芍喜水肥，生长周期长，种前一定要施足底肥。

林地种植白芍易发生白粉病，雨后及时排涝，郁闭度高的林分应加强林木修枝，以改善林内通风透光性。

5.4.14.7　典型案例

临漳县望野林木有限公司于 2008 年在 107 杨林地间作白芍。林木株行距 3m × 3m × 7m；白芍株行距 50cm × 40cm，离树距离为 80cm，平均密度 22 500 株/hm^2。2012 年，芍药生长 4 年，以每株 3.2 元的价格出售，平均每公顷收入 7.2 万元，生产成本约 1.8 万元/hm^2，实现收益约 5.4 万元/hm^2。

5.5　林菌复合经营技术

我国食用菌栽培历史悠久，是世界上最大生产国和出口国，年产量占世界总产量的 75% 以上，总产值在我国种植业中的排名仅次于粮、棉、油、菜、果，居第六位。食用菌生产有别于传统的农林种植业，它是利用各种菌类将农林废弃物中的纤维素和木质素转化为人类所需的优质食物蛋白质，是物质和能量在植物、动物间循环的纽带，是我国农业循环经济发展的重要方向，也是提高农林业产值和发展农村经济的重要措施。

森林中生长有多种野生菌类，许多已被人类认识和食用，林木为菌类生长提供合适的光照、温度和湿度等条件，菌类将林地中的纤维素、木质素等难降解物质分解，两者属共生关系。人工栽培食用菌一般需要人为创造弱光、阴凉、湿润的环境条件，菇农为了控制外界环境条件，生产上多采用遮阴的温室、塑料大棚及小拱棚等设施。林地中，树冠可为食用菌生长遮阴，空气湿度大，形成了有利于菌类生长的环境条件；同时，林地栽培食用菌实现了立体经营，提高了林地利用率，菌类生长期间的多次喷水提高了土壤湿度，废弃的菌棒还可就地转化为林木生长所需的肥料，促进林木的生长。河北平原是我国粮棉油的主产区，玉米、小麦、棉花、花生等农作物秸秆的处理已成为严重的农业生产与生态环境问题，而很多食用菌的培养料主要由玉米和小麦的秸秆、棉籽壳、阔叶木屑等组成，可实现农林废弃物的再利用，是解决废弃秸秆的有效途径之一。

河北平原发展了大面积的杨树人工林，廊坊、沧州、衡水等地有多例速生杨林栽培食用菌的成功案例。香河县东泰缘种植专业合作社利用杨树林发展平菇、香菇、木耳栽培基地 $20hm^2$，年产值达174万元，纯收益约68万元。近年来，部分果农也开始在林下栽培食用菌，如顺平县在桃园栽培杏鲍菇、大球盖菇等，出菇期和桃树的花期相遇，收获的鲜菇直接被赏花的游客抢购一空，此种经营模式推广前景广阔。

一般说来，栽培食用菌的林地以用材林为宜，多为郁闭度较高的中龄林或近熟龄林，且株行距较大，此时林木已发育成高大乔木，所需日常管理较少，食用菌栽培活动不会对树木造成过多伤害，较大的株行距可为各种设施的修建提供充足空间，此外，经济林也可根据适当情况发展食用菌栽培，但由于经济树种集约化经营程度高，应避免影响树木的正常生长。根据现有文献报道和实地考察，平菇、草菇、鸡腿菇、大球盖菇、杏鲍菇、双孢菇、香菇、金针菇、栗蘑、灰树花等菌类均有在平原林地栽培的成功案例，且部分菌类除传统的大棚栽培外还可实现露地栽培。现将部分菌类的栽培技术简要介绍如下。

5.5.1 平菇林地栽培技术

平菇，担子菌纲伞菌目侧耳科侧耳属真菌，人们习惯将侧耳属中一些用于栽培的种或品种统称为平菇。目前平菇的栽培种类很多，如糙皮侧耳、佛罗里达平菇、凤尾菇、榆黄蘑、小平菇等。平菇肉厚质嫩，味道鲜美，营养丰富，蛋白质含量约占干物质的10.5%，且人体必须氨基酸含量高达蛋白质含量的39.3%，同时还含有大量的谷氨酸、鸟苷酸、胞苷酸等增鲜剂，风味鲜美。平菇对癌细胞有很强的抑制作用，能增强人体免疫功能，改善新陈代谢，调节植物神经，保健效果较佳。

平菇具有适应性强，产量高，栽培料来源广泛，成本低，生产周期短，栽培方式多样，管理技术简便易学，经济效益高等特点，是世界和国内最为广泛的栽培食用菌种类之一。河北平原林地栽培平菇，详细技术可参考《无公害食用菌 平菇生产技术规程》(DB11/T 252—2004)。

5.5.1.1 生物学特性

平菇是典型的木腐菌，生长过程中分解纤维素、木质素、半纤维素、淀粉等获得所需的碳水化合物营养，培养料来源广泛，棉籽壳、阔叶木屑、玉米芯及各种作物秸秆等。

平菇为低温型变温结实性真菌。孢子形成适宜温度12~20℃，萌发期24~28℃，高于30℃或低于20℃均影响萌发；菌丝5~35℃均能生长，最适温度24~28℃；形成子实体的温度5~26℃，甚至可高达30℃，但不同品种间差异较大。低温型，子实体分化最高温度不超过22℃，最适温度13~17℃，如糙皮侧耳、紫孢侧耳。中温型，子实体分化最高温度不超过28℃，最适温度20~24℃，如漏斗侧耳等。高温型，子实体分化最高温度可达30℃以上，最适温度24~28℃，如鲍鱼菇。子实体发育阶段，温度低菇体生长较慢，肉质肥厚；温度高菇体成熟快，但肉质薄、易碎、品质差。栽培时应根据气候、季节条件选择合适的平菇品种。

平菇喜湿。菌丝体生长阶段，培养料适宜含水量60%~65%，空气相对湿度60%~70%；子实体形成和发育阶段，空气相对湿度80%~95%。

平菇属好气性真菌，菌丝和子实体生长均需要氧气。菌丝体应在通气不良的半嫌气条件下生长，子实体分化及生长阶段则需要加大通气量。

平菇喜偏酸的培养基生长，一般 pH 3~7.5 均可生长，以 pH 5.5~6.5 为宜。生产中为抑制杂菌生长，多将培养基 pH 值调至 7.0。

平菇菌丝体需在完全黑暗的条件下生长，子实体生长需要一定量的散射光(胡振全，2016)。

5.5.1.2 栽培场地选择

栽培场地一般选择地势平坦、排水方便、通风良好，饮用水源便利的中龄林及以上林分。平菇栽培对树种要求不严，一般要求林相整齐，以郁闭度 0.5~0.9 的阔叶林为宜，林内全天平均光照强度在 620Lux 以下。林地修建菇房时，林木行向多为东西走向，行距一般较大，最好在 8m 以上；修建菇棚对林木行向无要求，但行距应大于 4m。同时栽培场地要求清洁卫生，远离工业污染源和畜禽养殖场、垃圾场等易于蚊虫滋生场所。

5.5.1.3 栽培设施

根据栽培季节和栽培模式的不同，平菇栽培设施的建造也不相同。若冬季出菇，则需建造半地下室温室或日光温室，通常简称菇房；若春、夏季出菇，则宜建造小拱棚或简易塑料大棚，简称菇棚。

菇房一般采取半地下式，坐北朝南，向下深挖 0.5~0.7m，南北宽 6~8m，东西长 10~30m。挖出的土可以砌成宽 0.7~0.8m、高 1.0~1.5m 的前后墙和脊高 2.5m 的山墙。在东西山墙留 80cm×160cm 的门，前后墙每隔 2m 开设边长 40cm 左右的方形通风口，脊顶留 2~3 个 60cm×60cm 的活动窗。后坡面用玉米秸、麦秸等覆盖 30~50cm 厚保温层，前坡面用钢管(竹材)拱起，覆盖塑料膜、草苫等。墙体也可采用内外 12~24cm 双层砖墙结构，内部填充保温材料。为了增加菇房的空间使用率，应搭建专用于堆放菌袋的栽培床架，架宽约 60cm，一般分为 4~6 层，层间距以堆积 6~8 层菌袋为宜。

菇棚指以竹材、木材、钢管等为骨架，外覆塑料膜、草苫和遮阴网等的简易保温设施，也包括小拱棚。菇棚建造方便、成本低，但保温效果较差，长、宽、高和走向等可根据林地具体情况灵活设置(倪栋，2016)。

5.5.1.4 栽培种制作

(1)栽培季节和菌种选择

根据平菇各菌株生长发育适宜温度的不同，将平菇划分为低温型、中温型、高温型和广温型等类型。平菇一年四季均可播种，但以秋播、冬播和春播居多。秋播在 9~11 月，以中温型菌种为宜；冬播在 11 月下旬至上冻前，春节前后出菇，以低温型菌种为宜；春播多在 2 月以后播种，4 月中下旬可出菇，以中、低温品种为主。河北平原北部地区夏季相对凉爽，也可于 4~6 月进行夏播，宜选择高温型菌种。

(2)培养料配方

平菇的培养料配方很多，生产中应根据当地原料供应程度，选择适宜的配方，根据河北平原农业生产现状，适宜的推荐配方如下。

配方一：棉籽壳 87%，米糠或麦麸 10%，石膏 1%，石灰 1%，过磷酸钙 1%。

配方二：阔叶木屑 77%，麦麸或米糠 20%，糖 1%，石膏 1%，石灰 1%。

配方三：玉米秸 88%，麦麸 10%，石膏 1%，石灰 1%。

配方四：花生壳和花生秸秆 78%，棉籽壳 20%，石膏 1%，石灰 1%。

配方五：麦秸 96.5%，石膏 1%，过磷酸钙 1%，石灰 1%，尿素 0.5%。

配方六：玉米芯90%，玉米粉5%，石膏0.5%～1%，过磷酸钙0.5%～1%，草木灰1.5%～2%，尿素0.2%～0.3%。

配方七：豆秸66%，棉籽壳17.5%，麦麸10%，玉米粉3%，磷酸二铵0.5%，石灰2%，石膏1%。

配方八：杏鲍菇菌渣70%，麦麸20%，玉米粉4%，豆粕3%，石灰2%，石膏1%。

配方九：麦秸55%，玉米芯30%，麦麸7%，氮磷复合肥2%，石灰4.5%，石膏1.5%。

所用原料应新鲜、干燥、无霉变，对于陈料或发霉料，最好采用熟料栽培，也可在烈日下暴晒3～5d；秸秆用饲料粉碎机粉碎成3～5cm小段，玉米芯粉碎成黄豆粒大小。

(3)栽培种制作

根据对培养料的处理方法，分为熟料、生料和发酵料3种方式。熟料指培养料经过高温灭菌，具有菌种接种量少，发菌受外界环境影响小，高温季节也可发菌，杂菌少，产量高，但灭菌工作量大，生产成本较高。生料指培养料不经过高温杀菌杀虫而采用拌杀菌和杀虫药剂消毒杀虫的方法，采用开放式接种，具有方法简单，管理粗放，成本低等特点，在北方低温季节宜采用。发酵料也叫半熟料，指培养料通过堆积高温发酵，杀灭培养料中大部分不耐高温的杂菌和害虫，具有安全可靠、杂菌少、不易污染、工艺简单、成本低等特点。随着平菇生产的专业化和周年化，生料栽培趋于减少，多采用熟料或发酵料栽培。

①熟料栽培

a. 拌料。将准备好的原料按配方质量比例称取，先将棉籽壳、玉米秸、玉米芯、麦麸等不溶于水的主、辅料均匀混合，将易溶于水的原料制成溶液均匀撒入，然后逐步加水搅拌均匀，调节至适宜含水量，并闷堆1～2h，使培养料充分吸水。一般适宜含水量约65%。

b. 装袋。装袋可采用人工或机械装袋。高压灭菌应使用聚丙烯塑料袋，常压灭菌宜采用聚乙烯塑料袋，塑料袋规格(17～24)cm×(33～56)cm，春秋栽培时规格(17～20)cm×(33～42)cm使用居多。装料袋应松紧合适，袋身挺直而不弯曲，袋面光滑平整无皱褶。装好袋后，用直径2～3cm的扎孔器在料中间打一孔至料底，然后顺时针旋转将扎孔器拔出，把袋口扎紧，套上颈圈，塞上棉塞。

c. 灭菌。装好的料袋应在4h内及时灭菌，可采用常压或高压灭菌。常压灭菌一般要求维持12～15h的100℃高温，初期用旺火4h，然后保持8～9h小火，最后用旺火0.5～1h，并焖锅6～8h。高压灭菌在0.15MPa压力下灭菌2h后停止加热，自然降温后即完成。料袋规格越大，所需时间相对越长。

d. 接种。接种前做到"四消毒"，即菌种、人员、工具、接种室需提前消毒处理。灭菌后的料袋应在1～2d内及时接种，有风天、空气流动快及空气相对湿度高的雨天不宜接种，气温低、空气流动较慢时适宜接种。接种方法多采用两头接种法，即先解开料袋一端袋口，放一薄层剔除表层的菌种在培养料表层，然后套上颈圈，袋口向下翻，再盖一层消毒的牛皮纸(或报纸)后用细绳或橡皮套扎好；另一端袋口采用相同的操作。一般菌种接种量为干料重的3%～5%。

e. 发菌。接种后将菌料袋移至发菌室进行堆积升温发菌，发菌室提前1～2d全面消毒，一般用全遮光的菇房或其他闲置房屋。发菌室要求室温18～25℃，空气相对湿度

60%~70%，通风较好，保持黑暗状态。菌袋采用墙垛式堆积，一般室温10℃左右时堆积5~6层，15℃左右的3~4层，18~20℃时2~3层，20℃以上时应呈"井"字形摆放1~2层。每天通风约40min，高于27℃时，应立即开窗降温。为了使菌丝生长均匀，应5~7d翻堆1次。发现被污染菌袋应及时清理。当菌袋长满菌丝发白变硬即完成发菌。

②发酵料栽培

a. 发酵。将配料按比例调配，配料时多加入3%的石灰，以中和发酵过程中产生的酸性物质和抑制杂菌生长。料堆多采用条垛式，高1m，宽1.5~2m，长度不限，每隔0.8~1m用粗木棒在料堆自上而下打透气孔2个，并用塑料膜覆盖。3~4d后，料温升至60~80℃时进行翻堆。一般进行4次翻堆即可充分发酵。发酵过程中及时检查料堆温度，升温慢，多为培养料含水量过高，升温正常但有大量白色放线菌出现应为含水量过低。

b. 装袋、接种。料袋一般采用(20~22)cm×(40~45)cm规格。采用层播法接种，即先将一端袋口用绳扎好，放入约1cm厚菌种，再放入培养料；装料至1/2时，再接一层菌种；装料至袋口再次放入菌种，扎紧袋口。袋长时可加大播种层数，播种量一般为干料的10%，接种后打通气孔。

c. 发菌。接种后将料袋放入发菌室发菌，采用墙式堆垛法，控制室温15~25℃，空气相对湿度60%~70%，暗光条件，通风条件较好，5~7d翻堆1次，30d左右即可长满菌丝完成发菌。

③生料栽培

a. 拌料。将选好的新鲜培养料按比例调配，优选含氮少的配方或者适量减少含氮物质的添加量，用菊酯类农药杀虫，并将0.1%~0.2%的多菌灵或克霉灵水溶后加入。控制料堆湿度60%。

b. 接种。生料接种应选择抗逆性强、生长旺盛的低温菌种，播种量为干料重的10%~15%。一般采用多层播接种法，接种方法同发酵料，接种时尽可能选择环境卫生的场地，以降低污染率。

c. 发菌。发菌是生料栽培的关键阶段，接种完成后在消毒的发菌室采用堆积方式进行发菌。一般室温0~5℃可堆放菌袋5~6层，5~10℃可堆放菌袋3~4层，10~15℃时应堆放2~3层，高于15℃时宜散放。发菌室温度不能超过20℃，如室温过高应及时通风降温。初期2~3d即翻堆，后期5~6d翻堆，一般25~30d菌丝可长满，温度低时发菌时间延长。

5.5.1.5　出菇管理

菇房(棚)进行全面消毒，将完成发菌的菌料袋移入，在栽培架上采用墙垛式堆放。为调控出菇温度，应综合考虑菌袋堆积层数，如早秋菌袋宜堆积2~3层，若增加层高，可在每层之间用细竹竿隔开，以利于散热；冬季可堆积5层以上。

平菇属变温性结实真菌，发育成熟的菌丝在适宜环境条件和温差刺激下会自然出菇。通过菇棚(房)灌水、通风等措施将室温降至20℃以下，并形成10℃以上温差，增强光照，空气湿度控制在85%，一般5~10d菌袋表面菌丝开始分泌黄水，菌袋套环一端出现菇原基。此时取下封口纸，保留套环，让原基从套环部位向外生长。菇原基形成后，很快会长出菇蕾，出蕾期不能直接向菇蕾喷水。3~5d后可进行喷水管理，做到少喷、勤喷，相对湿度保持95%。随着子实体生长，应加大喷水量和通风时间，日喷雾状水3~4次，保持空气相对湿度80%~95%。喷水后及时通风，以防出现死菇或畸形菇。出菇期需要散射光，避免阳光直射在菇架上。光照过强，子实体色泽深，柄短，肉厚；光照不足，子实体色泽浅，柄长，肉薄。

菌袋出菇方式有多种多样，选择合理的出菇方式有利于延长出菇时间和提高产量、质量。熟料栽培时，菌袋带套环出菇最佳；发酵料栽培时，第 1 潮菇可从打孔处出菇，第 2~3 潮可割口出菇，第 4~5 潮应全开口出菇。

另外，林地平菇栽培除采用传统的架式出菇，将完成发菌的菌料袋倾斜摆放在小拱棚的畦床上出菇，具有出菇量大、品质好、栽培技术简单，但占地面积较大，也是值得推广的低成本出菇模式。

5.5.1.6 采后管理

平菇出菇潮次分明，每潮菇采后，用镊子、小刀将袋口残留的死菇、菌柄清理干净，用干净的粗铁丝在料面上来回拉动搔菌，然后压实。整理菇场，将培养料含水量补到65%左右，停止喷水并且覆盖以保温、保湿和暗光，以利菌丝恢复生长。7~10d 后再次开始喷水，仍按第 1 潮菇的管理办法。

当出完 2~3 潮菇后，菌袋因缺水而变软，大部分营养已被消耗，出菇量变少。为了增加产菇量，常采用菌袋泡水、注水器补水及覆土补水补营养、抹泥墙等方法，其中抹泥墙栽培效果最好。

墙土一般用菜园土或大田土配制而成。将选好的清洁土打碎、过筛后，加入 1% ~2% 石灰粉、0.5% 磷酸二氢钾和 1% ~2% 草木灰制成营养土，最后调节至含水率 18% 备用。先将出菇场地整平，再将菌袋一头的塑料袋剥去或上卷至 1/2~2/3，卷掉塑料袋的一头向内，另一头向外，平行排列并码成行。对向再码一行，两行中间隔 40cm 左右，行中间填营养土，并且用营养土充分覆盖菌棒脱去塑料袋的部分。垒墙过程中上下层菌袋的摆放呈“品”字形，每排完一层菌袋，铺上一层厚 2~4cm 的营养土。覆土上按培养料干重的 0.1% 计，均匀撒入尿素。垒墙过程中，逐渐向内缩小两行菌袋间的距离，共堆 8~10 层，最上层两排菌袋间距约 20cm 左右。最上层的顶部覆土层要厚，并且在中心线上留一浅沟，用于补充水分和施用营养液。泥墙垒成后，每 3~5d 补充一次水分，以保持覆土湿润但无积水为宜，之后进行常规管理。

5.5.1.7 病虫害防治

平菇的病虫害包括生理性病害、侵染性病害及菇蝇等虫害。

(1) 生理性病害

①平菇高脚病　平菇原基形成后，由于通风弱，光线暗而导致子实体发育不正常，菌盖畸形或不能形成菌盖，菌盖小，菇柄小而长等。原基大量形成并开始分化后，应加大菇棚通风量保持菇房内空气清鲜，对该病有较好预防和控制作用。

②平菇菜花病　平菇长出原基后，长期处于桑椹期，菇柄分叉较多；初期原基成卵形，凸起增大，不能分化形成子实体；后期长出更多分支，菌盖小，近球形或半球形，形状像菜花，且每潮菇发育均不正常。引起发生菜花病的原因很多，多数难以根治。一旦出现菜花病，应加大菇棚通风量，保持空气清新。

③平菇珊瑚病　由于菇棚二氧化碳浓度过高或培养料中碳氮比过高等所致，表现为子实体分化异常，菇柄细小，松散，多分支，整个菇体形似一堆细长的菇柄，不能分化出菌盖，外形如白色珊瑚。子实体分化阶段，应加大菇棚通气量，降低二氧化碳浓度，设计配

方时注意调节碳氮比，增加含氮原料的比例。

④平菇萎缩病　菇体初期发育正常，随生长颜色变黄、肿大甚至萎缩变干，直至腐烂变软，主要由湿度过高所引起。发病时应适当减少喷水量，控制空气湿度 80%~85%，避免向菇体上直接喷水。另外，通风时不让风直接吹在菇体上。

(2)侵染性病害

侵染性病害主要包括青霉、黄曲霉、褐腐病、软腐病、斑点病、黄菇病等。

①青霉病　初为白色，后渐变为浅绿色。湿度高，通风不良，酸性环境易发生。发病时应挖掉污染部位，然后洒上多菌灵原粉或生石灰；菌料层内污染时，应全部清理后烧除或深埋。

②黄曲霉　初为白色，以后大量产生黄色孢子，高温(27℃以上)条件下，培养料水分较低，发病时应降低菇房温度，控制在 25℃以下，适当对培养料补水。

③黄菇病　病源为黄单胞杆菌，喜低温高湿环境，借助工具、原料、土壤、水流及蚊虫传播，多在低温季节发病，气温 10℃左右时蔓延迅速，危害严重。发病初期，菇体表面出现黄褐色斑点或斑块，随病斑扩大，深入菌内组织，子实体变褐、黑褐直至死亡腐烂。发病时喷 5% 石灰水或农用链霉素，并及时防治虫害以避免蔓延扩散。

④软腐病　发病时出现大量白色网状菌丝，发展迅速，菇体渐呈水红色、褐色，最后腐烂。病原菌为轮枝霉，其孢子可在土壤、墙缝及废料中长期存活，借助空气、覆土、工具及人体等传播。发病时应停止喷水，降低湿度，清除病菇，清理料面，喷洒百菌杀溶液；菇棚门口撒施生石灰，谢绝外人进入，棚内经常消毒以减少病源扩散。

(3)虫害

平菇发生的虫害主要有菇蚊、菇蝇及螨类、蛞蝓、蚂蚁等。

①菇蚊　危害平菇的主要害虫。成虫产卵于基料或发菌阶段、出菇阶段的菌袋中。在 13~35℃时，5d 左右可孵化出幼虫，咬食菌丝和子实体，寿命 12d 左右。发现有成虫时，用 1 000 倍菊酯类农药喷雾防治，基料内发现幼虫时，采用磷化铝熏杀，熏杀时将出菇间歇期的菌袋装于大塑料袋内，每立方米放置 4 片磷化铝，6~12h 即可。

②菇蝇　防治方法可参考菇蚊。

③跳虫　又称弹尾虫，以菌丝和子实体为危害对象，潜伏于菌褶部位，使鲜菇失去商品价值，可用 0.1% 鱼藤精喷雾防治。

④螨类害虫　常见种类有粉螨和蒲螨等，主要咬食菌丝，也咬食子实体。一般肉眼难以观察到单体的存在，发生严重时菌料表面可见一层白色或肉红色甚至红褐色，菌丝很快会被吃光。发生时，采用扫螨净喷雾防治，并覆盖塑料膜熏杀 8~10h 即可(胡振全，2016)。

另外，蛞蝓、蚂蚁、蝼蛄等害虫，可采用地面撒施生石灰进行防治。近年来，对于平菇(食用菌)虫害的预防和控制，生产上逐步推广“两网、一板、一灯，一缓冲”的技术，是指利用防虫网、遮阳网(两网)、黏虫板、杀虫灯，外设暗缓冲间预防虫害的综合措施，防治效果显著。采用 60 目防虫网覆盖整个菇房，可防止菇蚊、菇蝇的成虫飞入，遮阳网代替草帘覆盖在防虫网上，既可调节光照，又可防害虫入侵；棚内悬挂黏虫板和杀虫灯，可诱杀蚊、菇蝇；门口设置暗缓冲间，并用遮阳网覆盖，使菇棚门口保持黑暗，可有效预防害虫进入菇房(史红鸽，2015)。

5.5.1.8　采收与加工

适宜条件下，平菇从原基发育至子实体成熟需5~10d。采收平菇应于菇体七成熟时，菇体颜色由深变浅，菌盖边沿未完全展开，孢子未弹射时。采前1d停止喷水，防止因子实体含水量过高而发黄腐烂，但采收2~4h前少量喷1次水，使菌盖保持新鲜、干净、不易开裂。采收时，一只手轻按住菇柄基部，另一只手扭动菌柄采下，防止留下菇柄根或带起培养料。

鲜菇应轻拿轻放，不可堆压，造成子实体变形，从而影响品质。平菇除鲜销外，还可制干和盐渍。制干采用烘干法，使含水量降到12%~13%，及时用塑料袋封存，防止回潮。

5.5.1.9　注意事项

(1)选用合适、健康和正规的菌种

根据栽培季节、栽培环境等因素，正确选用合适的菌种类型和优良品种。外购菌种一定要从正规渠道进货，不使用有问题的菌种，保证菌种质量。

(2)严格控制环境条件

根据菌种各发育阶段对环境条件的要求，严格控制温度、湿度和光照等环境因子，及时采用通风、翻堆、遮光、喷水等调节措施，可较好促进菌丝和子实体的生长发育，以提高产量和品质。平菇生产用水应使用清洁的饮用水，以免发生污染。

(3)做好消毒处理

平菇栽培过程中，为减少杂菌和多种病害的发生，各培育场所均应采取严格的消毒处理，以免杂菌污染。

(4)及时检查

发菌、出菇阶段及时检查，发现有问题的菌袋应及时处理，污染严重的菌袋应彻底清理。

(5)保持空气清鲜

平菇子实体生长发育对一氯化碳、硫化物、乙炔等不良气体敏感，当空气中污染物质浓度较高时，子实体停滞生长、畸形甚至枯萎。此外，还对敌敌畏过敏，菇房使用敌敌畏杀虫后，子实体会向上翻卷形成“鸡爪菇”(王金莉，2012)。

(6)废料处理

产菇后的菌棒、菌渣等废料应及时清理出菇棚，可在远离菇棚的地方进行堆肥等无害化处理，也可经加工用于其他种类食用菌的培养料。

5.5.2　鸡腿菇林地栽培技术

鸡腿菇，担子菌纲鬼伞科鬼伞属真菌。由于低温时菇体生长缓慢，菌柄上小下大，形似鸡腿，故称鸡腿菇。鸡腿菇是优良的食药兼用菌，每100g干品含蛋白质25.4g、脂肪3.3g、总糖58.8g、纤维素7.3g、灰分12.5g，同时含有20多种氨基酸，其中包括人体所必需的8种氨基酸，并含有大量微量元素，具有助消化、抗肿瘤、治疗糖尿病等保健作用(董贵生，2011)。鸡腿菇栽培具有培养原料来源广，抗病虫能力强，栽培技术简单，产量高，周期短，效益高等特点，非常值得菌农、林农在生产实践中推广应用。

5.5.2.1 生物生态学特性

鸡腿菇属草腐土生真菌，适应性很强，对营养要求不严，具有较强分解纤维素、半纤维素的能力，棉籽壳、麦秸、玉米秸、豆秸、花生壳和多种阔叶木屑均可利用，甚至平菇、金针菇和草菇的菌渣也可利用。

鸡腿菇属中温型变温结实性菌类，菌丝生长温度3~35℃，最适温度21~28℃，35℃以上停止生长。子实体生长温度10~30℃，适宜温度12~20℃，20℃以上生长快，但品质降低，超过30℃时不能形成子实体。子实体分化需要5~10℃的温差刺激，分化适宜温度16~24℃。

鸡腿菇属喜湿性菌类，菌丝生长阶段培养料适宜含水量60%~65%，空气相对湿度70%~80%。子实体生长阶段适宜空气湿度85%~90%，低于60%时子实体瘦小，生长缓慢；高于95%且通风较差时，菌盖易产生黑色斑点。

鸡腿菇为好气性真菌，菌丝和子实体生长均需要大量新鲜空气，特别是子实体阶段。若通风不良，菇体发育迟缓，菌柄细长，菌盖小而薄，品质降低。

鸡腿菇喜碱性，菌丝能够在pH 4.5~8.5的培养基中生长，最适pH 6.5~7.65。为抑制杂菌生长，常将培养料及覆土的pH值调至8.0~9.0，喷水时应适当喷1%~2%的石灰水，以防pH值降低。

鸡腿菇属弱光性真菌。菌丝生长阶段不需要光照，光照过强会加速菌丝体老化。子实体分化和生长需要散射光刺激，适宜的光照强度60~600lux。

鸡腿菇为覆土结实菇类。菌丝生理成熟后，若不覆土不会形成子实体。覆土以富含腐殖质的壤土为宜，要求土质疏松、干湿适宜，微碱性(胡振全，2016；孙树国，2011)。

5.5.2.2 栽培场地

栽培场地的要求基本同平菇，详见5.5.1.2。

5.5.2.3 栽培设施

鸡腿菇子实体阶段需要覆土，生产中多采用半地下畦床栽培方式。清除地表杂物，在林间根据林木行距挖宽1.5~3.0m、深40cm的畦床，畦床上方用竹材搭建简易拱棚，高度以方便人工操作为宜，一般在1.5m以上。拱棚用无滴膜覆盖，上覆遮阴网，以便调节光照和温度。用石灰水对畦床及拱棚周围地表进行消毒处理。

5.5.2.4 栽培种制作

(1)栽培季节

菌丝生长阶段以外界气温不超过28℃，且不低于10℃为宜；播种40d后进入子实体阶段，温度12~20℃为宜。各地可据此确定鸡腿菇适宜栽培季节。另外，由于鸡腿菇具有不覆土不出菇特点，发育成熟的菌丝不易老化，菌棒(袋)可经过较长时间存放且不影响出菇，因此，在河北平原林地栽培一般春季3~5月，秋季9~11月，秋栽比春栽生长相对较好。

(2)培养料配方

鸡腿菇培养料来源广泛，栽培其他菌类的常见原料一般均可使用，推荐配方如下。

配方一：棉籽壳90%，玉米粉8%，尿素0.5%，石灰1.5%。

配方二：玉米芯88%，米糠或麦麸10%，尿素0.5%，石灰1.5%。

配方三：麦秸77%，干鸡粪14%，豆饼3.5%，磷肥1%，石膏2%，石灰2%，尿素

0.5%

配方四：平菇菌渣60%，棉籽壳30%，玉米粉8%，石灰2%。

配方五：花生壳78%，麦麸15%，玉米粉5%，磷肥1%，石膏1%。

配方六：玉米秸75%，棉籽壳10%，麦麸5%，豆秸3%，尿素0.4%，糖0.5%，过磷酸钙1%，石灰3%，石膏2%，多菌灵0.1%。

(3)栽培种制作

鸡腿菇采用熟料栽培、发酵料栽培和生料栽培均可，一般熟料栽培和发酵料栽培在生产中应用较多。

①熟料栽培

a. 配料。首先将主、辅料干翻拌匀，易溶于水的辅料用适量水溶后均匀撒入料堆中，边加水边翻拌，含水量控制在65%左右，然后闷堆1~2h，待培养料充分吸胀后装袋。

b. 装袋。装袋时，高压灭菌采用聚丙烯塑料袋，常压灭菌选择聚乙烯塑料袋，塑料袋常用规格17cm×33cm，也可采用(20~22)cm×(45~50)cm的较大规格料袋，但应适当延长灭菌时间。袋装满后用直径2~3cm的扎孔器在料中间打一孔至料底，然后顺时针旋转将扎孔器拔出。把袋口收紧，套上颈圈，塞上棉塞，再用消毒的牛皮纸或报纸包裹扎紧。

c. 灭菌。料袋应在4h内及时灭菌，可采用常压灭菌或高压灭菌，方法同平菇，详见5.5.1.4。

d. 接种。将灭菌后的料袋放至消毒后的接种室，冷却至28℃，将接种室用臭氧再次消毒30min后，采用开放式接种。一般采用两头接种法，即先解开料袋一端袋口，放一薄层菌种于培养料表层，然后套上颈圈，袋口向下翻，再盖上一层牛皮纸或2~3层报纸，扎紧袋口。另一端重复以上动作。

e. 发菌。将接种后的菌袋移入消毒、暗光的培养室发菌。高温季节发菌，菌袋可按“井”字形排列；低温季节，则应采取墙垛式重叠堆放，一般可堆5~6层。菌袋初进培养室的2~3d，控制室温23~25℃，空气相对湿度65%。3d后，由于料温上升，应逐步将室温控制在18~20℃。7d左右时通常是料温最高阶段，应注意及时翻堆，菌袋间温度不能超过26℃，以免烧菌。发菌期间及时通风，保持空气新鲜，温度高时在夜间通风，温度低时应在午间通风。一般20~30d，菌丝长满菌袋，即完成发菌。

②发酵料栽培　秸秆类主料提前2d用石灰水浸湿浸软，易溶的辅料如尿素等水溶后使用，各主、辅料混合均匀，堆成宽1.5~2m，高1~1.5m，长度不限的梯形料堆。在料堆顶部每隔50cm用木棒打孔，要求直通料堆底部，料堆表面覆塑料膜。当料温升至60℃并维持12h后进行翻堆，一般需翻堆3~4次，最后1次翻堆时加入0.1%克霉灵。一般发酵需5~7d，当发酵料呈咖啡色，有酱香味而无酸臭味时即可。发酵堆散堆降至28℃以下准备接种。

a. 接种。发酵料可袋栽，也可畦栽。袋栽用两头或多层接种法，方法同熟料栽培。畦栽接种，将发酵料直接铺在栽培畦床上，边铺边接种。先在畦底铺一层5~6cm厚的发酵料，用木板稍拍平后撒一层菌种，然后再铺上料后再撒菌种，菌种块需掰成蚕豆粒大小。通常三层料、三层菌种，整个菌料层厚约16~18cm。接种完成后用木板轻压表面，并用直径2cm的木棒在表面均匀扎入通气孔，密度约10个/m^2。菌料层表面用消毒的报纸或牛皮纸覆盖，最后盖上地膜以保湿。

b. 发菌。发菌期要求暗光，空气新鲜，料温约25℃，料温不能高于30℃，空气相对湿度80%。栽培3d后，菌料吃料后应经常抖动薄膜或撑起一定缝隙，以加强通风，促使菌丝向料内生长。一般30d左右，菌丝即可长满菌料层完成发菌。

5.5.2.5 出菇管理

(1)菌袋入畦覆土

长满菌丝的菌袋即可脱袋入畦。菌袋入畦前，畦底和周围撒一层石灰或喷洒5%的石灰水进行消毒。将菌棒脱袋后横放在畦床上，也可将菌棒截成两断竖放，注意轻拿轻放，以免弄碎菌棒。菌棒间距2~3cm。用消毒后的覆土盖在菌棒上，覆土厚度3~5cm。菌棒间空隙也用覆土填实。覆土后浇透水，再覆土找平。最后盖上拱棚的塑料膜。

(2)覆土消毒

覆土选用壤质疏松、肥沃的田园土，取地表以下20~30cm深的洁净壤土，暴晒2~3d拍碎过粗筛，用土量3.5~4m^3/100m^2。使用前在土中加入1.5%生石灰粉，将土壤pH值调至8~8.5；然后用克霉灵、5%的甲醛配成药液均匀喷洒覆土，覆膜闷堆2~3d进行杀虫杀毒，最后调节至土壤含水量至手握成团、松手触之即散为宜。

(3)覆土后管理

覆土后保持土壤湿润。3~6d后视土壤干湿情况喷水，做到少量多次，以喷水量不超过土壤层持水量，防止水分渗入菌料层，土层表面湿度20%~25%为宜。同时保持空气湿度80%~85%，气温22~26℃，暗光条件，保持空气新鲜。

(4)出菇管理

一般覆土后20d左右即可出菇。棚温10~30℃均能出菇，以12~18℃出菇最佳。因为较低温度条件下，子实体发育慢，菌盖肥厚，菌柄结实，品质较佳，也耐贮藏。同时保持相对湿度90%，光照暗淡，空气新鲜，喷水时采用细水管向菇丛缝隙间浇水，勿向菇体直接喷水。浇水后应注意通风，以免形成高温高湿环境条件。通风量、喷水量应根据天气及菇体的生长情况而定。

(5)转潮菇管理

鸡腿菇采收后及时清洁料面，覆土整平孔穴，并喷2%石灰水，10d后又可现蕾。采完两潮菇后可适当喷水追肥。一般可采4~5潮菇，出菇期约持续3个月。

5.5.2.6 病虫害防治

(1)病害防治

①胡桃肉状菌 又名“假木耳”，是鸡腿菇栽培中易发的一种恶性传染病。发病初期，覆土层生长浓密白色棉絮状菌丝，继而在表层出现类似木耳形状的子实体；挖开发病部位，培养料有浓烈漂白粉味，菌丝自溶，料层发黑。生产中应严格挑选菌种，不使用带病菌种；覆土必须取表土下20cm深的无污染土壤，并严格消毒；发病时局部浇灌浓石灰水，并停止喷水，待发病部位泥土发白后，小心挖出，远离深埋。

②白色石膏霉 该病由培养料pH值偏低引起。一般在菌袋栽入畦床10~15d发生，初期覆土层表面形成大小不一的白色斑块，状如石灰粉。老熟时斑块呈粉红色，有黄色粉状孢子团出现，挖开培养料有浓重恶臭味，鸡腿菇菌丝已死亡、腐烂。培养料发酵时添加5%的石灰，调节pH至8.5；发病部位喷500倍多菌灵；加强通风量，降低菇棚空气

湿度。

③鬼伞类竞争性杂菌　该类杂菌由孢子随原料混入菇床，栽后10d床面便出现大量鬼伞菌；子实体腐解后流出墨汁样孢子液，继代极快。应选用新鲜干燥、无雨淋和霉变的秸草作培养料，并采取二次发酵，以杀灭鬼伞孢子；发现鬼伞应及时在未开伞前人工清除，并远离深埋。

(2)虫害

①螨类害虫　螨类害虫的种类较多，主要危害菌丝和子实体，虫口密度大，繁殖极快，使鸡腿菇无法形成子实体。螨类来源于稻草秸秆、禽畜粪便，喜生活在阴暗潮湿的环境。栽培场地应通风、清洁，发生时采用扫螨净等喷雾并覆膜熏杀。

②跳甲虫　跳甲虫是栽培环境过于潮湿，卫生条件差的指示性害虫。跳甲虫常群集在菌盖底部的菌膜及料层中，受害子实体发红并流出黏液，失去商品价值。栽培中应改善栽培场地的卫生条件，防止过于潮湿，发病时用0.1%鱼藤精或除虫菊酯喷雾防治(董贵生，2011)。

5.5.2.7　采收与加工

鸡腿菇采收应在子实体长成圆柱形，菌高8~12cm，菌盖直径2~3cm，菌盖与菌环未分离或刚松动时。此时菇体味道鲜美，外形和品质俱佳。若采收不及时，子实体成熟，菌盖边缘由白色变为浅粉红色，进而开伞产生大量黑色孢子，菌褶自溶成黑色墨汁状，则失去商品价值。鸡腿菇生长至钟形时，成熟非常快，应注意及时分批采收。采收旺季，每天早中晚各采1次。早上采收大的，晚上采收较小的，以免造成一夜开伞。尤其是气温超过18℃时，采摘更应及时和早采。

采收时，应一手按住基部培养料，一手握住菇柄轻轻移动，将菇体拧下。采收时宜采大留小，不带幼菇，不连根拔起，不伤菌丝。由于菇丛大，个体成熟度不一，可先将部分较大个体用刀从基部切下，防止带动其他菇体而造成死菇。

鸡腿菇子实体采收后，用刀削去菇柄基部泥土，整理干净即可直接入市鲜销，或进行保鲜或盐渍加工。

5.5.2.8　注意事项

鸡腿菇生产中的注意事项基本同平菇，注意保持环境卫生和做好消毒处理，尤其是应及时采收。采收不及时，成熟度过高的鲜菇易失去商品价值。另外，鲜菇运输、贮藏和销售过程中也应加强保鲜处理。

5.5.3　杏鲍菇林地栽培技术

杏鲍菇，又名刺芹侧耳，层菌纲伞菌目侧耳科侧耳属真菌。杏鲍菇菌肉肥厚，质地脆嫩，特别是菌柄组织致密、结实、乳白且脆滑、爽口，适合保鲜、加工，素有"平菇王"、"干贝菇"之称；其风味独特，具有杏仁香味和鲍鱼味，故称"杏仁鲍鱼菇"。杏鲍菇营养均衡，高蛋白、低脂肪，并含有多种氨基酸和微量元素，具有抗氧化、抗病毒等功效，是一种营养价值和保健价值极高的美味食用菌。杏鲍菇在我国栽培始于20世纪90年代，随着栽培技术的日趋成熟，目前已实现了周年工厂化生产。杏鲍菇林地栽培技术可参考《杏鲍菇无公害生产技术规程》(DB 13/T 920—2002)。

5.5.3.1 生物学特性

杏鲍菇分解纤维素和木质素能力较强，棉籽壳、木屑、作物秸秆和蔗渣等均可作为培养料，一般氮源越丰富，菌丝生长越好，产量越高。

温度是决定杏鲍菇生长的重要因子。菌丝体在5~35℃均能生长，最适温度25℃；原基形成温度10~18℃，最适温度12~15℃；子实体生长温度10~25℃，最适温度15℃。出菇期温度12~18℃，最适温度14~16℃。

湿度是决定杏鲍菇菌丝体和子实体生长发育的重要因子。培养料适宜含水量60%~65%。菌丝体生长阶段要求空气湿度60%~70%，子实体发生和生长阶段空气湿度85%~90%。

杏鲍菇菌丝体和子实体生长均需要新鲜空气。菌丝体能耐较高浓度二氧化碳，可在密闭菌袋内正常生长，且一定浓度(22%)的二氧化碳还可促进菌丝生长，高于30%时生长受抑制。原基形成时需要充足的氧气，二氧化碳浓度应控制在0.05%~0.1%。子实体发育阶段对氧气的需求量很大，须加大通风量，二氧化碳浓度应控制在0.03%~0.6%，通风不足易出现柄长、盖小的畸形菇，甚至发生不出菇的现象。

杏鲍菇菌丝体生长阶段不需光照，强光照射会影响菌丝生长，应采用遮光培养；子实体形成和发育阶段需要一定量的散射光(付亮，2008)。

5.5.3.2 栽培场地

杏鲍菇林地栽培对场地的要求可参考平菇部分，详见5.5.1.2。

5.5.3.3 栽培设施

杏鲍菇林地栽培，可使用菇房、菇棚进行架式栽培，也可采用小拱棚进行半地下畦床栽培。菇房(棚)的修建可参考5.5.1.3，小拱棚的修建可参考5.5.2.3。另外，工业化周年生产时需采用恒温菇房，人工模拟生态环境，创造出适合杏鲍菇不同生长发育阶段的环境条件，菇房中需增加各项温度、湿度等电力和机械调控装置。

5.5.3.4 栽培技术

杏鲍菇林地栽培可采用菇棚架式栽培、小拱棚畦床栽培等多种形式，生料、熟料或发酵料栽培均可。

(1)栽培季节

杏鲍菇属中温偏低型菌类，菌丝体5~35℃均能生长，最适温度25℃；原基形成适温12~15℃；子实体生长适温15℃。生产中应根据各阶段温度要求，合理安排栽培季节。河北平原一般分为秋季和早春2个时间段进行播种。

(2)培养料推荐配方

配方一：阔叶木屑23%，棉子壳23%，麸皮19%，玉米粉5%，豆秸粉28%，碳酸钙1%，白糖1%。

配方二：棉籽壳81%，麸皮15%，玉米粉2%，石灰1%、白糖1%。

配方三：玉米芯20%，棉籽壳60%，麸皮15%，玉米粉3%，碳酸钙1%，白糖1%。

配方四：玉米芯40%，阔叶木屑22%，豆秸粉10%，麸皮20%，玉米粉5%，磷肥1%，石膏2%。

配方五：阔叶木屑55%，麸皮35%，玉米粉10%，石膏1%，蔗糖1%。

配方六：棉籽壳44%，花生壳44%，麦麸10%，石灰1%，石膏1%。

配方七：玉米秸60%，棉籽壳20%，麦麸18%，尿素1%，石灰1%，石膏1%。

配方八：芦苇秸55%，棉籽壳30%，麦麸9%，玉米粉3%，磷肥1%，石膏1%，蔗糖1%。

配方九：玉米秸30%，玉米芯20%，棉籽壳20%，阔叶木屑20%，麦麸5%，石灰2%，石膏2%，糖0.5%，尿素0.3%，硫酸镁0.2%。

配方十：玉米秸85%，麦麸10%，石灰2%，石膏2%，糖0.5%，尿素0.3%，硫酸镁0.2%。

(3)栽培技术

①熟料架式栽培

a. 发菌。先将培养料按配方比例称好拌匀，含水量65%左右装料，使用18cm×35cm规格的高密度聚乙烯栽培袋装料，采用单头出菇菌袋，每袋可装湿料1.2kg，料高20cm左右，使用套环加棉塞封口，在1.5kg/cm^{2}压力下蒸汽灭菌2h。在无菌环境下接种，1瓶菌种可转接30袋，接种后堆放于发菌室培养架上，温度保持在25℃左右，湿度控制在65%~70%，遮光培养30d，待菌丝长满后再后熟10d。培养过程中应注意进行通风换气和及时翻堆，挑出受污染的菌袋，并做相应处理。

b. 出菇管理。将长满菌丝的菌袋移入菇房，码放于栽培架上，一般可码5~6层。菌袋入菇房3d后，菌丝扭结形成原基并现蕾时进行开袋处理。幼菇长至3~5cm时开始疏蕾，每菌袋保留菇型好、菌盖完整的大菇2~3个，去掉多余的小菇和畸形菇，然后完全解开袋口，将袋膜向外翻卷下折至高于料面2cm为宜。

菇房温度控制在13~15℃。空气湿度应保持85%~95%，采用喷雾器喷头朝上喷雾以增加空气湿度。现原基阶段需要加大通风量以保证氧气供应，使二氧化碳浓度降至0.5%左右；菇体生长发育期也需要空气新鲜，二氧化碳浓度不高于0.4%。现原基和子实体的生长发育期需要一定的散射光，保持300~500Lux的光照强度。一般15d左右可采收。

c. 采后管理。采完头潮菇后，清理干净出菇面，并清洁菇房，全面喷洒杀菌剂和杀虫剂，以驱避害虫和预防杂菌病害，并将菇房密闭遮光，使菌丝休养发育。等料面再现原基后，可重复出菇管理。一般培养14d左右又可采第二潮菇，第二潮菇朵形较小，菇柄短，产量低。头潮菇每袋产量约300~350g，转化率75%~85%，二潮菇转化率10%~13%。

②菌袋覆土畦栽　常规架式栽培条件下，第1~2潮菇的质量较好，之后因菌料失水过多，很难再出菇或出菇质量差，已失去商品生产意义。生产中为了提高杏鲍菇的产量和质量，可采用覆土畦床栽培模式。

a. 营养土制备。取地表层下20cm深的清洁田园壤土，拍碎过筛，加入2%石灰、2%磷肥和0.5%尿素，混合均匀，再喷入3%~5%甲醛溶液，覆塑料薄膜闷堆2d。

b. 脱袋覆土畦栽培。在小拱棚内挖深20cm地下式畦床，灌足底水，水渗后对床面及棚内全面消毒和杀虫。将菌袋上的塑料袋脱除，将脱袋后的菌棒按间距2cm竖排在畦内，用营养土填充空隙，并再次浇透水。水渗后用营养土覆平料面，料面残土用水冲掉，这样长出的菇体洁净。畦面用地膜覆盖，小拱棚上覆用于保湿、保温的塑料膜和遮阳网，一般7d左右可出现子实体原基，出菇后的温度、湿度、通风管理同架式栽培。采用此种栽培模式，可多收1~2潮菇，转化率可达到130%以上。

5.5.3.5 病虫害防治

(1)病害防治

杏鲍菇常见的病害有黄腐病、枯萎病、线虫等。

①黄腐病 在子实体初期易出现黄褐斑病，随后扩展到整个菇体，菇体停止生长，最后变黄、变软、腐烂。该病由细菌类假单胞杆菌引起的病害，高温(20℃以上)、高湿、通风不良时易发生，病菌主要通过水传播，当子实体含水量过高时易发生。

②枯萎病 主要侵害杏鲍菇的幼菇体，生长停止，萎缩死亡，最后变黄、腐烂。主要由高温(22℃以上)引起幼菇死亡，最后出现细菌感染，变黄并腐烂。

③线虫 一种低等动物，线虫种类极多，分布很广。危害杏鲍菇的线虫多数是腐生线虫，少数为半寄生，只有极少数是寄生性的病原线虫。线虫既危害菌丝体，也危害子实体。

病害发生初期用50%多菌灵500倍液，或100~200国际单位的农用链霉素等药剂喷雾防治；及时防治传播和接种病害的菌蛆等害虫，线虫可用1.8%阿维菌素2 000~3 000倍液喷雾防治。

(2)虫害防治

杏鲍菇常见虫害有菇蚊和菇蝇以及菌蛆、螨类等，以上虫害的防治基本同平菇，可参照5.5.1.7部分。

5.5.3.6 采收与加工

当杏鲍菇子实体基部隆起但不松软，菌盖基本平展且中央下凹，边缘稍有向下内卷但尚未弹射孢子时，即可采收，此时约八成熟。具体采收标准可根据市场需要而定，一般杏鲍菇菌盖4~6cm、柄长10cm左右为宜。

采后切除子实体基部所带基料等杂物，码放整齐以防菌盖破碎，可直接上市或置于0~4℃冷库中冷藏保鲜，也可进行深加工处理。杏鲍菇不易变色，适合切片加工，纵切或横切之后于45~75℃烘干，即可制成成品(付亮，2008)。

5.5.3.7 注意事项

①严格控制菌丝体和子实体各生长发育阶段的温度、湿度、光照等环境条件。早秋栽培应设法降温，早春栽培应设法升温。

②出菇期幼蕾阶段室温不能高于20℃，否则不能现蕾，对于秋栽的第1潮菇和春栽的第2潮菇出菇期易出现室温过高的问题。一般13~16℃出菇快，发育好，较为适宜。

5.5.4 大球盖菇林地栽培技术

大球盖菇，又名酒红大球盖菇、皱环球盖菇、裴氏球盖菇等，属担子菌门伞菌目球盖菇科球盖菇属草腐真菌，在我国大面积栽培始于20世纪末。大球盖菇菌肉肥厚，肉质细嫩，色泽鲜艳，味道鲜美，富含蛋白质、多糖、维生素等营养物质，而且具有提高人体免疫力、有效防治消化和神经系统疾病和降低胆固醇等多种保健功能，是一种珍贵的保健真菌，是联合国粮农组织(FAO)向发展中国家推荐的新菇种，也是国际菇类交易市场上的十大品种之一。大球盖菇抗逆性极强，可直接利用农作物秸秆如麦秸、玉米秸等进行栽培，栽培技术简单粗放，经济效益高，潜在推广价值极高。

5.5.4.1 生物学特性

大球盖菇对营养的需求以碳水化合物和含氮物质为主，辅以适量微量元素。生产中，稻草、麦秸和玉米秸等新鲜秸秆以及阔叶木屑、其他废菌渣等均可作为主要原料。

大球盖菇属中温型食用菌，菌丝生长阶段适宜温度5~32℃，最适温度24~28℃。低于4℃时生长速度迅速下降即转为冬眠状态；长时间高于30℃，菌丝活力会下降，高于32℃会造成菌丝死亡。子实体原基形成适宜温度12~20℃，温度越高，子实体生长速度越快，但菌柄细，菌盖小，易开伞，品质下降。

菌丝在基料含水量45%~75%时均可正常生长，最适宜含水率60%~70%。子实体发育阶段要求空气相对湿度90%左右。

菌丝生长阶段对通气要求不甚严格，空气中二氧化碳浓度维持在0.5%~1%，子实体生长阶段二氧化碳浓度应低于0.15%。

大球盖菇菌丝对基料pH值的适应能力较强，以pH 5.0~7.0的微酸至中性环境为宜，pH 6.0时生长最快，但即使短期升高到9.0也可正常生长。

大球盖菇不是必须覆土的菌类，但覆土可以有效促进子实体形成并提高产菇量。要求覆土富含有机质，透气良好，持水率高，忌使用黏重板结的重壤土。

大球盖菇菌丝生长阶段不需要光线，需采用遮光处理；子实体阶段需要散射光，散射光能促进原基形成，使子实体色泽艳丽，商品价值提高(曹德宾，2017)。

5.5.4.2 栽培场地

大球盖菇林地栽培，对栽培林地的要求基本同平菇，详见5.5.1.2部分。

5.5.4.3 栽培设施

大球盖菇栽培，生产中多采用塑料大棚，也可采用小拱棚。林地栽培以畦床栽培居多，通常多采用高床，有时也用低床。床宽100~120cm，高10~15cm，各畦床间为作业方便通常保留30~60cm宽步道。菇棚与畦床使用前进行全面消毒杀虫处理(张颖，2014)。

5.5.4.4 栽培种制作

(1)栽培季节

大球盖菇属中温型菌类，菌丝生长适宜温度22~28℃，原基分化适宜温度10~18℃，子实体生长发育适宜温度13~25℃，因此河北平原适宜春、秋两季栽培生产。一般秋栽于气温30℃以下时播种，春栽于气温回升至10℃左右，有控温条件时可周年生产。根据河北平原气候变化规律及原料供应情况，秋栽可于8月中旬至9月初期开始，培养料以新鲜麦秸为主，11月后多采用玉米秸；早春栽培从2月开始可至5月上旬，原料以玉米秸、豆秸、花生壳、棉籽壳等为主。

(2)培养料配方

大球盖菇对培养料的适应性极强，原料来源广泛，新鲜的麦秸、玉米秸、豆秸等均可就地使用，多采用生料栽培或培养料短期发酵栽培，也可采用熟料栽培，河北平原适宜的配方如下。

配方一：玉米秸92%，米糠4%，玉米粉2%，石膏2%。

配方二：玉米秸49%，稻壳49%，石灰1%，石膏1%。

配方三：麦秸98%，石膏2%。

配方四：麦秸60%，玉米秸18%，麦麸10%，玉米粉5%，草木灰3%，磷肥2%，石膏2%。

配方五：玉米芯65%，麦秸15%，麸皮10%，草木灰3%，磷肥5%，石膏2%；

配方六：豆秸49%，玉米秸49%，石膏2%。

配方七：金针菇菌渣50%，玉米芯30%，米糠17%，石膏1%，石灰2%。

配方八：麦秸52%，玉米芯20%，棉籽壳15%，麦麸10%，石膏1%，石灰2%。

配方九：玉米秸68%，棉籽壳20%，麦麸9%，轻质碳酸钙1%，石灰2%。

(3)栽培种制作

生产中大球盖菇栽培以生料覆土畦栽居多。由于大球盖菇覆土后产量和品质明显提高，熟料栽培时菌袋完成发菌后也多采用覆土栽培，架式栽培在生产中应用相对较少。

①麦秸生料栽培　河北平原是小麦主产区，麦秸原料丰富。早秋栽培时培养料多选用麦秸，要求干燥、新鲜、不发霉、不腐烂，压扁后粉碎成长度5cm左右的小段。播种前用2%石灰水将麦秸浸泡预湿，使其充分吸水，高温天气原料应堆制发酵2~3d，翻堆散热后即可使用；气温低时则应把预湿的料沥干，经1d预堆变软后可直接上床栽培，培养料适宜含水量70%~75%。

栽培畦床提前浇透水，并撒石灰消毒。将处理好的麦草铺在床面上，厚度20cm左右。将菌种掰成直径3cm大小菌块，按15cm的等间距采用梅花形播种，用种量500g/m^2。播种后上覆厚度5cm、含水量70%左右的麦糠，以利于保湿发菌。播种后7d左右，用新鲜、洁净的田园土覆盖菌料，覆土厚度4~5cm。

播种后及时检查料面和土壤干湿情况，发现料面发白偏干时应及时喷雾水，切忌喷水量过大。11月中下旬天气变冷树木落叶前，菌料层覆盖厚度5cm的麦草或粉碎的玉米秸，这样可起到遮阴、保湿和冬季保温的效果，以利发菌。

②玉米秸生料畦栽　进入11月后，多采用玉米秸生料栽培。按每平方米25kg干料准备培养料。将玉米秸粉碎成5cm左右的小段，投入pH 8.0的石灰水中浸泡24h，捞出沥去水分至含水量65%左右时准备播种。按培养料质量的20%准备健康菌种，并掰成直径约3cm种块备用。预先将畦面浇透水，然后畦底铺一层石灰，防止土壤内杂菌污染。采取层播法，第1层料铺厚度10cm左右，播菌种量约20%；第2层料厚12~15cm，菌种量约30%；第3层辅料厚5~8cm，将剩余的50%菌种均匀撒在料面；再在表层覆盖一薄层培养料。用木板将菌料层表面压实，并保持培养床湿润。播种20d后可观察到菌丝吃料并开始向周围生长，此时于菌料层表面覆盖3cm厚的清洁田园土。入冬后适当补水，采用地膜覆盖越冬。翌年春季日最低气温稳定通过5℃后，揭开地膜，对菌料层进行喷水补湿，约1个月后可进入出菇期。

5.5.4.5　出菇管理

播种后一般经30~40d的发菌期，覆土层出现大量菌丝时，即完成发菌。秋季栽培当气温低于10℃应及时盖棚膜和草帘以提高温度，当年可出菇1~2潮。进入出菇期后，在原基分化前大量喷水，然后通风2~3d，此后减少通风量。当土层中形成菇蕾后，可采用少量多次的方法适当多喷些水，使覆土层保持湿润状态。喷水量切勿过大，以免多余的水流入菌料层而影响出菇。出菇期适宜光照强度100~500Lux，应采用遮光处理。

秋季播种若采用冷畦(不盖小拱棚塑料膜)栽培，当年不出菇，一般经过5个月的自然发菌，在翌年气温稳定在10℃以上时，4月上旬菌丝全部长满土层，此时树木枝叶已长出，选择晴好天气的中午大量喷水1次或利用步道灌水1次，促使菌丝扭结形成原基。经过7d左右，待土层中有豆粒大小的菌蕾出现时，应每日早晚各喷雾水1次，加强管理。一般在4月中下旬开始采摘第1潮菇。

大球盖菇出菇适宜温度15～18℃。温度低于4℃或超过30℃时，均不出菇，在适宜温度下，出菇快，整齐，转潮快，一般每潮菇间隔10～15d。出菇阶段，控制空气湿度90%，空气湿度过低，出菇量少且菇体不能正常发育。大球盖菇属好气性菇类，采用大棚栽培时，尤其要注意通风换气。当幼菇大量发生时，需加大通风量和延长通风时间。菇棚通气良好，菌盖圆整，菌柄短粗壮，生长健壮，产量高，品质好(张颖，2014)。

每潮菇一般出菇15d左右，可连续出3～4潮菇。每潮菇采收结束后，应及时清理畦面，浇水覆土，经5d左右养菌进入下潮菇管理。

5.5.4.6　病虫害防治

大球盖菇抗性较强，不易受霉菌侵染，偶尔会出现竞争性鬼伞等杂菌，发现后及时拔除。另外，常见的菇蝇、菇蚊、螨类、蚂蚁等，可采参照平菇虫害的防治，具体方法详见5.5.1.7。

5.5.4.7　采收与加工

当菌盖外层菌膜刚破裂，菌盖内卷不开伞时应及时采摘。采菇时，用手捏住菌柄轻轻旋转采下，除去菌柄基部泥土即可入市鲜销，也可腌制盐渍菇或加工成干菇。由于大球盖菇生长较快，应每日早上和下午各采摘1次。出菇期间要求每日在采摘间隙或晚上喷雾状水1次以维持空气湿度。

5.5.4.8　注意事项

①菌料层应压实，尽量紧密结实，以利菌丝生长。

②播种的菌种块不宜过小，直径3cm左右，不使用老化菌种。

③秋栽播种时间不宜过早，尽量避免高温播种。菌料层温度高于30℃时应及时掀膜通风或畦面喷水降温，气温低于10℃时采取保温和增温措施。

5.6　林禽复合经营技术

林禽复合经营是利用林地进行禽类动物养殖的立体经营模式，利用生态林、用材林、经济林等进行禽类养殖是一种互补型的种养模式。广阔的林地可为禽类提供充足的活动空间，林地生长有多种牧草和昆虫，可被禽类采食，一方面降低了饲料投入成本，另一方面可消灭部分害虫。禽类粪便还可就地转化为土壤营养，直接促进林木生长。另外，防疫是现代禽类养殖的关键环节，由于林地空间大，隔离好，且禽类的活动空间大，生长健壮，在防疫方面有着不可多得的优势。上海市为了促进和规范家禽林地养殖，制定了《家禽林地养殖技术规范》(DB31/T 536—2011)，可供河北省在生产中借鉴、参考。

河北平原林禽复合经营应以生态林和用材林为主，如杨树林可养殖鸡、鹅、大雁、鸵鸟、鸭等禽类，一些农药使用少的经济树种如核桃等也可进行季节性禽类养殖。林禽复合经营条件下，家禽可散养，也可舍养或半舍养，养殖形式和规模根据具体的技术、经济、市场和林地等条件而定，具有经营周期短，收益高等特点。

5.6.1 柴鸡林地养殖技术

鸡是我国传统家禽，肉和蛋的消费量很高。林地养殖柴鸡，具有技术简单、投资少、见效快、经济效益高等优点，是林禽复合经营中的优选模式，用材林、生态林及经济林不用农药的阶段均可。柴鸡啄食林中昆虫、饲草和种子等，既可以消除林间害虫和杂草，排出的鸡粪还可提高土壤肥力，促进林木生长；不仅减少了建设鸡舍的费用和占用土地的问题，合理利用了林地空间，还降低了饲养成本，并且能大幅提高肉和蛋的食用和营养品质，成为群众喜爱的绿色食品，经济收益非常可观。柴鸡林地养殖，具体技术可参考《柴鸡饲养管理规程》(DB13/T 702—2005)。

5.6.1.1 饲养场地选择

柴鸡喜欢运动，林地放养成功率高。饲养场地应选择无污染、远离村庄和主干公路，背风向阳，地势干燥，排水便利，通风良好且有水源的林地，同时应符合禽类防疫要求。如果饲养规模较大，应具备电力设施。养殖场对林分的年龄、郁闭度和土壤无特殊要求，但林分不宜过度郁闭，且砂壤土为宜。

饲养场地应根据林地面积和饲养规模进行鸡舍区、散养区、育雏区、饲料和蛋品加工贮藏区的合理区划。饲养场地用铁丝网或竹篱笆等围成围栏，高约2m，网孔径大小适宜，可防止柴鸡或其他动物通过。

5.6.1.2 鸡舍修建

鸡舍建造一般较简易，多坐北朝南，通风透气，冬暖夏凉，可利用竹材、木材等搭成高2m的简易屋架，顶部用石棉瓦遮盖，四周可砌砖墙或土坯墙，也可采用简易塑料大棚，面积按10~15只/m^2计算即可，舍内设多层梯形栖息架，冬天应有棉(草)帘保温设施。育雏舍可利用鸡舍，也可用塑料膜搭成高1~1.2m拱形棚，面积按35只/m^2确定，舍内需有保温设施。另外，鸡舍内还需建造一些产蛋巢，母鸡与巢的比例约为3:1。若林地土质黏重需设置人工沙场，柴鸡有沙浴习性，可供清洁身体和洗掉寄生虫。鸡舍内和林间均应设置食料槽和饮水槽。

5.6.1.3 饲养管理技术

(1)品种选择及饲养密度

柴鸡具有对环境适应性强、抗病力强、活动量大、肉质优良等特点，选择本地的优良土种鸡或经地方改良的优良品种，如三黄鸡、麻鸡、太行柴鸡、芦花鸡等。雏鸡需提前孵化，待春季植物生长时，20~30日龄为宜，每公顷林地可散养7 500~15 000只雏鸡，成鸡后适宜散养密度1 200~3 000只，放养适宜时间为晚春至中秋。其他季节，由于气温低，可食昆虫和饲草量减少，不宜继续进行放牧。

(2)雏鸡饲养技术

①育雏时间 柴鸡散养对季节要求严格。一般3~4月进雏。此期育雏温度容易控制，雏鸡生长快，成活率高；进入育成期正值春末夏初，林间饲草、昆虫等食物丰富，可为柴鸡提供优质食源。柴鸡在秋季开始产蛋，气温适宜，中秋节、国庆节前后达到产蛋高峰，市场销售空间大。

②育雏期饲养管理 育雏一般采用地上平养或网上平养方式。育雏期需严格控制育雏舍温度和湿度，各阶段适宜温度分别为：1~3日龄33~35℃，4~7日龄31~33℃；第2周

龄28～30℃；以后每周平均下降3℃，至21℃为止。

雏鸡1周龄要求空气相对湿度65%～70%，2周龄60%左右，3周龄后保持55%～60%。育雏舍应适当通风换气，保持舍内空气新鲜，以舍内无强烈臭味或氨氮味为宜。

育雏期白天利用自然光照，夜间以人工补光为主，一般掌握前期(1～4日龄)24h照明，以后随日龄增大，光照时间逐步减少。

适时饮水和开食。雏鸡前10d饮用30～32℃的温开水，水中可添加5%的多维葡萄糖或电解维生素；以后饮用室温的自来水；饲喂全价配合育雏颗粒料，前5d饲料中添加适量的抗生素来预防雏鸡白痢病，喂料时少饲多餐，自由采食。7～10日龄断喙，预防柴鸡啄羽啄肛。

5周龄时可对雏鸡进行舍外放养调教。选择晴天中午将雏鸡赶至舍外放养，同时进行归牧调教。具体措施是：放养过程中在林间撒上饲料和谷物，边撒边敲饲料盆或吹哨子，使其形成条件反射，在听见声音后，就有东西吃，以便于利用条件反射来进行饲养管理。傍晚再用同样的方法进行归舍训练。如此连续5～7d，促使鸡群建立“吹哨或敲盆—采食”的条件反射，形成早出晚归的活动习惯，便于生产管理(杨俊琦，2011)。

(3)育成期饲养管理

8周龄后以林地放牧为主，白天在林间自由活动、采食和饮水，傍晚将鸡赶回鸡舍。初期每日放牧时间不宜过早，遇阴雨、大风天等恶劣天气应在舍内饲养。林地和鸡舍内均应设置水槽、饲料槽，及时补充饲料和饮水。

①补饲　根据柴鸡具体放牧采食情况适度补饲，以提高柴鸡生长速度和均匀度。补饲时间安排在夜间，主要以玉米、小麦、稻谷、豆粕等为主，在饲料中添加一定量的贝壳粉、骨粉等含钙、磷较多的矿物质，适当添加含粗纤维较多的青绿饲料。

饮水保持清洁卫生，每日至少更换1次，尤其在炎热的夏季。

②修正整齐度　根据鸡的大小，适时分群，发育迟缓的母鸡和公鸡应及时调出，15周后分成200只左右的群。

③适时断羽　柴鸡觅食力强，活动范围广，喜欢往高处飞，在树上栖息，啄伤树皮、树叶和果实，因此，经济树种的果实生长期不宜养殖。养殖过程中及时对柴鸡进行断羽处理，将主羽从根部剪断后，以降低飞行能力。

(4)产蛋期管理

①产蛋箱准备　产蛋箱多采用木板箱，开口面可供柴鸡自由出入，箱内垫上柔软柴草，放置在安静、避风雨的地方，同时应避免老鼠、蛇等动物危害。

②适量补饲　为满足柴鸡产蛋的营养需求，应适量补饲精料、维生素、微量元素和贝壳粉等。补饲的精料应以玉米、小麦和豆粕为主，不建议饲喂蛋鸡全价饲料，一般日补饲量约70g/只。

③合理补光　柴鸡15周龄时，夜间在舍内人工开灯补光，第1周每日补光0.5h，每周补光量增加0.5h/d，直至日间自然光照和人工光照总时间达到16.5h。采用60W白炽灯均匀分布在鸡舍内，高度约1.5～2m。灯泡应保持清洁，定时开关，切忌随意改变光照时间、强度和颜色等。

④及时捡蛋　每日及时将鸡蛋捡回，防止产蛋窝内发生鸡蛋累积而损坏的现象。

5.6.1.4 卫生防疫及疾病治疗

(1)卫生消毒

饲养场地每周全面消毒1次，饮水器、食槽等用具每隔2d清洗或消毒1次，以减少病原微生物，防止传染病发生。消毒剂应多种药物轮换、交替使用。常用的消毒药分为5类。复合酚类，如菌毒敌、菌毒灭、来苏尔、农家福等，对病原微生物有较好杀灭作用。醛类如戊二醛、环氧乙烷、甲醛等，其气体或液体均有强大杀灭微生物的作用；季胺盐类，消毒-99、百毒杀等，对细菌繁殖体和亲脂性病毒有较好杀灭作用。含氯制剂，如84消毒液、菌毒净、优氯净等，可杀灭所有类型微生物，饮水消毒效果较好；过氧化制剂如过氧乙酸等，消毒效果较好，价格便宜，但有一定腐蚀性。此外，养殖场地不准他人和其他畜禽进入，以防带入病原微生物。

(2)疫苗接种

疫苗接种是预防疾病发生的重要措施，柴鸡林地养殖虽生长健壮，但疫苗接种工作不可缺少。疫苗接种应尽量安排在育雏期完成，放牧期需接种疫苗的，以饮水免疫最佳，需要注射的，应安排在夜间鸡归巢后，把鸡隔离成小群再逐群免疫，以降低鸡的应激性。

免疫程序：1日龄马立克氏病疫苗皮下注射；7~10日龄，新城疫、传染性支气管炎(H120)，二联弱毒疫苗滴鼻点眼；15日龄，传染性法氏囊病弱毒疫苗滴鼻；24日龄，传染性法氏囊病弱毒疫苗饮水或滴鼻；30~35日龄，新城疫Ⅳ系疫苗滴鼻点眼，鸡痘疫苗翅内侧皮下刺种；55日龄，新城疫Ⅳ系疫苗气雾或肌肉注射；70日龄，传染性支气管炎弱毒疫苗(H52)饮水；90日龄，禽脑脊髓、鸡豆二联弱毒疫苗翅内侧皮下刺种；120日龄禽流感油苗肌注(李万年，2014)。

(3)定期驱虫

柴鸡生活在野外环境，采食蚯蚓、甲壳虫、蜗牛等昆虫，易患寄生虫病，特别是蛔虫病和绦虫病。一般在放养1个月后，应进行第1次驱虫，隔2~4周后再进行第2次驱虫。常用的驱虫药物有左旋咪唑、伊维菌素、硫双二氯酚、吡喹酮等，应选用对多种线虫、绦虫有效的丙硫苯咪唑片剂，同时注意多种药物交叉使用，可在夜间回舍补饲时拌料饲喂，用药量为20mg/kg体重(刘蒙恩，2010)。

(4)疾病治疗

雏鸡春季易发生细菌性疾病和寄生虫病，主要有大肠杆菌病、沙门氏杆菌病、慢性呼吸道病、球虫病等。沙门氏杆菌病易发生于育雏期，而慢性呼吸道病和大肠杆菌病多发生于冬春季，球虫病多发生于15~60日龄。因此，必须掌握各日龄及不同养殖阶段的发病规律，定期在饲料或饮水中加入抗菌素和抗寄生虫药物，以防止细菌疾病和寄生虫疾病的发生。

①白痢病　该病多发生在7日龄内，特征是雏鸡肛门黏有白色粪便，使用诺氟沙星、敌菌净、土霉素等药物拌料防治。

②霉菌病　15日龄内雏鸡易发病，症状为呼吸困难、机体脱水、消瘦、脚趾干瘪，剖检时可见肺、气囊中有霉菌结节。应注意不饲喂霉变饲料，并降低鸡舍湿度，发病时可用制霉菌素饮水或拌料治疗。

③球虫病　病鸡表现为食欲降低，饮水增加，场地可见血便，少数鸡肛门周围黏有血便。剖检可见盲肠、小肠增粗，内含血色稀物，肠黏膜可见出血点。发病时可用青霉素饮

水治疗，或使用磺胺类及球虫药拌料治疗；发病后降低舍内湿度及饲养密度(杨俊琦，2011；马丹丹，2015)。

5.6.1.5　注意事项

(1)雏鸡放牧日龄不宜过小

放牧过早，对环境条件适应性差，会影响生长，且容易感染疾病。

(2)加强防疫

由于散养鸡直接接触地面，易感染球虫病和组织滴虫病，应在易发病日龄的饲养期间做好预防控制工作。

(3)培养鸡群早出晚归的习惯

个别柴鸡有晚上不愿回鸡舍的情况发生，有的喜欢栖息在树上，因此应从雏鸡开始训练，养成良好归舍习惯。及时断羽，防止鸡高飞对树木产生破坏或走失。

(4)防止受惊

无论白天还是夜间，应尽可能防止鸡群受惊扰，尤其是产蛋期。

(5)及时清理饲养场地

柴鸡活动量大，排泄在林间、舍内的鸡粪应及时清理，并选择满足卫生防疫要求的前提下进行堆肥发酵处理。一方面可减少病源微生物的数量，对疫情控制有帮助；另一方面也可减少病虫滋生，防止危害树木。另外，林地中积存鸡粪过多会使土壤中氮、磷含量过高，影响树木生长甚至烧死树木。

(6)确定合理的养殖期

一般树木用药期不宜养殖。树木生长季田间喷药时，应及时将柴鸡移开或舍饲，并在确保农药不会对柴鸡产生危害时才可放牧。

5.6.2　鹅林地养殖技术

鹅，雁形目鸭科动物，是由雁驯化而来的家禽。鹅喜游泳，合群性好，杂食性，耐粗饲，适应性强，耐寒，生长迅速，肉、蛋和羽毛的经济价值高，是我国南北皆宜的家禽种类。林地养鹅，树木可为鹅提供遮阴环境，鹅采食林间杂草和落叶，可节省部分饲料成本，部分林地还可降低人工除草成本；鹅的活动可促进林地养分循环，粪便可转换为土壤营养促进林木生长，每只鹅每年约产氮肥 1kg、磷肥 0.9kg。杨树林地养鹅，林木材积生长量可增加 13%，单只鹅的效益可增加 1 倍，可谓相得益彰(吕春华，2009)。另外，水源充足时，林—鹅—鱼的立体种养模式经营效果更佳。河北平原林地面积广阔，用材林和部分农药用量少或果实生长期短的经济林均可进行林地养鹅，规模化养殖以半舍饲或放牧为主，具体的养殖技术可参考《蛋用鹅饲养管理技术规程》(DB13/T 680—2005)和《肉鹅饲养管理技术规程》(DB13/T 687—2005)。

5.6.2.1　饲养场地选择

饲养场地宜选择地势高燥，排水便利，背风向阳，场地开阔，远离工矿企业、居民生活区和交通主干线，满足防疫隔离措施的林地，要求林龄在 3 年以上，郁闭度 0.3～0.7，可为鹅提供较好遮阴和光照条件，林间或周边具备自然或人工修建水塘(水沟)条件。林木间距较大，可修建鹅舍。另外，饲养场水电配套齐全。为了提高林地饲草产量，可人工种植紫花苜蓿、白三叶、鲁梅克斯、黑麦草、苦荬菜等优质牧草。

5.6.2.2　鹅舍修建

饲养场应依据主导风向和污水排向及林地具体情况等，进行生活管理区、生产区、废弃物处理区等合理区划。废弃物处理区应位于下风向，做到净污分离。鹅舍用砖、木材、土坯、石棉瓦等材料建成，东西走向，长度多不超过100m，跨度7~8m；一般采用“人”字形屋顶，高2~2.5m，南北两侧开窗，夏季便于通风，冬季可遮挡以保暖，开窗面积与鹅舍地面比为1:(10~15)。在舍内一角用稻草、麦秸等搭窝以供种鹅下蛋。鹅舍外应有6~8倍面积的活动场地，水塘面积应不低于鹅舍的1/5。饲养场应采取围栏、围墙进行封闭，以免鹅走失或兽类危害。

5.6.2.3　饲养管理技术

根据养殖目的、市场环境、技术经验等，选择优良的肉用、蛋用、绒用或兼用品种等，如莱茵鹅、朗德鹅、豁眼鹅、太湖鹅、四川白鹅以及一些地方优良品种。

(1)雏鹅饲养管理

雏鹅指1~40日龄的幼鹅，多分为雏鹅前期(0~20日龄)和雏鹅后期(21~40日龄)2个阶段。

①鹅前期管理　雏鹅应首选绒毛蓬松、颜色鲜浓、洁净光亮，眼睛明亮有神，叫声洪亮，体型匀称，大小适中，精神活泼，行走敏捷，无病兆的鹅苗。进鹅前2~3d用5%次氯酸钠对育雏室全面消毒，准备好食料槽和饮水器。规模化养殖多采用网上平养，量少时也可采用地面垫料养殖。

a. 潮口和开食。雏鹅初次饮水和喂食称为潮口和开食，应早潮口早开食，先水后食，一般在出壳24h内完成。潮口采用20~25℃温开水，适当添加维生素和葡萄糖、复方黄芪颗粒等，让雏鹅自由饮水。饮水1h后即可开食，饲料以常用的雏鸡全价饲料即可，可加入少量切碎的青绿饲料如苦荬菜、莴苣叶、白菜叶、生菜叶等。一般白天喂食7次，夜间喂食2次，日精料饲喂量20~30g/只。

b. 温度、湿度和照明管理。育雏室应具备合适的温度、湿度和光照条件。1日龄32℃，以后每周降低2~3℃，3周龄后降至自然温度。育雏室要求保持相对湿度60%~70%，湿度过高应通风降温，过低可喷水增湿。育雏室采用$40W/20m^2$的照明设施，照明高度1.5~2.0m，夜间补光可促进雏鹅进食，也可防止兽类、鼠类危害。1~3日龄需24h补光，4~15日龄补光18h，16日龄后逐步转变为自然光照。

c. 养殖密度。一般1~10日龄25只/m^2，11~20日龄15只/m^2。

②雏鹅后期饲养管理　雏鹅后期指21~40日龄，此期可逐渐开始林地放牧和放水。饲喂管理是重点，每日饲喂3~4次，精粗饲料比例1:1，并保障充足饮水。精饲料参考配方：玉米粉70%，麸皮12%，豆粕15%，骨粉1.7%，沙粒1%，食盐0.3%。注意初期放牧时间不易过长，一般在2h以内，以后逐渐延长时间。雏鹅放水一般选在午后，放水时间约0.5h，以后逐渐延长。

(2)幼鹅饲养管理

幼鹅期指41~60日龄，养殖密度8~10只/m^2，日饲喂4次，精饲料每日0.15~0.2kg/只，精粗饲料比例1:2。此期应逐渐以林地放牧为主，任其自由采食林间饲草，若不够应及时投喂。晴好天气让雏鹅多在林荫下活动，避免暴晒。

(3) 中鹅饲养管理

中鹅，又称青年鹅，指61~80日龄，此期是鹅生长发育的快速时期。养殖密度6~8只/m^2，日喂食3次，其他时间任其在林间自由采食，可全天放牧。精饲料日饲喂量0.3~0.35kg/只，精粗饲料比例1:3。精饲料推荐配方：玉米60%，豆粕17%，麦麸17%，鱼粉2%，磷酸氢钙3.8%，食盐0.2%。

(4) 育成鹅饲养管理

育成鹅，指81~90日龄，此期是鹅生长发育的关键时期。养殖密度6~8只/m^2，日喂食4次，饲喂量以停止采食少量剩余为止。精粗饲料比例1:3。精饲料推荐配方：玉米70%，豆粕12%，麦麸12%，鱼粉2%，磷酸氢钙3.8%，食盐0.2%。育成期适当减少放牧时间，以加快鹅的体重增长。

120日龄以后，鹅生长速度逐渐趋缓，但饲料消耗量大，若继续饲养，徒增养殖成本。一般鹅在3.5~4月龄，体重达3.25~4kg应及时上市出售。

5.6.2.4 卫生防疫与疾病治疗

鹅舍每周用灭毒威消毒1次，育雏室内防潮防湿，减小温差，严禁饲喂霉变饲料，保持饮水清洁。放牧期间严防暴雨侵袭，诱发感冒。养鹅不能同时养鸡，避免相互传染疫病。鹅舍及活动场地每1~2日清理粪便1次，水盆每日刷洗干净，饲料槽每周消毒1次，水塘及时更换清水。

雏鹅5日龄注射小鹅瘟苗防疫，12日龄鹅副黏病毒油乳剂灭活苗皮下接种，25日龄肌注禽霍乱疫苗，40日龄注射0.3mL禽流感油乳剂灭活苗。始放牧10d内，饲料中填加土霉素原粉防病。从18~70日龄在饲料中交替使用抗球虫病药物。

目前危害鹅健康的主要传染病有小鹅瘟、鹅霍乱、鹅流行性感冒、大肠杆菌性腹膜炎、鹅副伤寒病等。在饲养过程中，应注意观察，发现异常，迅速采取有效措施。

5.6.2.5 注意事项

(1) 加大鹅放水量

鹅是水禽，在水中觅食和交配，充足的放水有利于鹅的健康生长，但应保障水质，水量少时应1~2d换水。

(2) 适量补饲

放牧期间，鹅在野外青绿饲料采食量很大，但夜间归舍仍应适量补饲，以加快生长。

(3) 忌过度放牧

鹅食量大，林间杂草采食大，放牧密度过高会导致林间草类无法生长，因此应合理控制放牧密度和强度，实行轮牧，同时加强饲草生长管理。有果农用鹅控制田间杂草生长，每公顷投入150只鹅即可对果园杂草起到较好的控制作用，但应防止农药中毒(张昌莲，2014)。

(4) 整批销售

良好经营条件下，年可生产成鹅2批。成鹅应整批销售，有利于防疫和增加经济效益。

(5) 及时清理粪便，保持鹅舍干燥

清理粪便有利于防疫，也有利于控制林地土壤氮磷含量和防止污染环境。

5.6.3　大雁林地养殖技术

大雁，又名野鹅，鸭科雁属食植性水禽，是鸿雁、灰雁、豆雁及斑头雁等雁类的统称，国家Ⅱ级重点保护动物。大雁体躯肥大，成雁体重5～6kg，甚至可达12kg。大雁肉质鲜美，营养丰富，含蛋白质20.98%、脂肪11.25%，还富含锌、硒、铁等多种微量元素。大雁羽毛柔软滑润，丰厚轻软，是各种羽绒制品的首选原料。大雁抗病能力和适应性强，江河湖泊、荒地、林地等均可作为养殖场地。大雁是我国新兴的特种水禽，随着社会经济发展以及养殖技术的成熟，大雁消费市场将不断扩大，市场前景非常可观(温海清，2006)。

5.6.3.1　生物学习性

野生大雁是候鸟，随季节变化而南北迁徙；喜群居，几十只以上成群生活；“终恋”生活，雌雄交配后形成终恋，共同生活繁殖；性情温顺，尤其是鸿雁、灰雁等种类；食植性水禽，喜食各种青草的嫩叶、细根和种子及藻类植物，也吃小鱼虾、昆虫等(陈俊杰，2011)。

大雁在河北平原各地均可人工养殖，食性杂，青草、豆饼、米糠、麦麸、高粱、玉米、豆渣、菜叶、小鱼虾、蚯蚓、水生植物等均可直接投喂或配合饲喂。

5.6.3.2　饲养场地选择

大雁人工饲养，应选择符合其野生习性，地势平坦、高燥、背风向阳、排水良好的用材林或生态林，对林龄及郁闭度无特殊要求，但过于郁闭的林地牧草难以生长，一般在0.7以下，有条件时可在林下人工种植优质牧草。林木株行距应满足建舍要求，一般东西走向，行距8m以上以便修建栏舍。饲养场要求远离喧闹区和工矿企业，环境良好，符合卫生防疫条件，有充足水源和电力保障，并具备修建水塘条件。

5.6.3.3　栏舍修建

大雁棚一般宽6m，长20～30m，高2m以上，用木柱、砖、石棉瓦等材料搭成简易雁棚，要求采光和通风良好，每棚可养种雁100～120只或育肥雁300～400只。除雁棚外，还须有较大室外活动场地，并设有人工水池或鱼塘。饲养场地用竹竿和尼龙网围成围网和天网，天网距地高约2m。为了人工饲喂方便，栏舍内和放牧场地均应配置食料槽和饮水槽。雏雁阶段需设有专门的育雏室，可采用简易温室，能够做到冬季增温和夏季降温。

5.6.3.4　饲养管理技术

(1)雏雁的饲养管理

雏雁指0～30日龄的初孵雁。

①温度管理　出壳第1d的雏雁，舍温需保持36～37℃，2d后日降0.5℃，直至降至25℃左右。温度过低容易导致感冒等疾病；温度过高，雏雁代谢过快，抵抗力弱，易出现羽毛发育不全等症状。判断育雏舍温度的简易方法：雏雁活泼好动，自然分散，则表明温度正常；若聚集成群，浑身发抖，则表明温度偏低；如果雏雁张着嘴喘气，则表明温度偏高。雏雁满30日龄后，可从育雏室中移出，22～24℃左右即可正常生长发育(陈俊杰，2011)。

②潮口与开食　雏雁初次饮水称为“潮口”，主要是刺激食欲，促进胎粪排出。雏雁出壳几小时，便能自由行走，有啄食现象发生时，供给20℃左右的温开水，自由饮水3～5min。饮水中每1.5kg水添加1mL硫酸卡那霉素、15mL多种维生素和0.3g黄芪多糖。

雏雁第 1 次饲喂称为“开食”，潮口后即可开食。用清水淘洗浸泡过的碎米、切碎的菜叶或全价颗粒饲料等。碎米须浸泡 2h 以上，菜叶可采用莴苣、苦荬菜、白菜、生菜、菠菜等新鲜蔬菜，碎米或颗粒料与菜叶比例为 1∶(2～3)。饲食时间约 30min。

③饲喂　1～15 日龄内，每日喂食 9～10 次，每次时间不超过 30min，每次间隔约 2h，每日饮水不少于 2～3 次。

④分群饲养　为了提高成活率和促进生长，应将雏雁分群饲养。两周龄内，饲养密度 20 只/m^2，每群约 30～50 只，群体和密度不宜过大。否则，雏雁会因挤压而造成死伤。15 日龄后，每群可增加到 80～100 只。

⑤放牧与下水　如果室外气温在 25℃以上，两周龄后可在林间放牧。放牧初期，时间宜在 2h 内，白天放牧 5～6 次，夜间补饲 2～3 次。3 周龄后，可选清洁水塘进行第 1 次下水，水温以20～30℃为宜，一般晴天 15∶00～16∶00 为宜。水温低时，先驱赶雏雁活动后再下水。四周龄后可整日放牧，夜间补饲 1 次。夏季放牧应避免长时间暴晒，同时还应防止被暴雨拍打，以减少疾病发生。

⑥饲料配方　推荐饲料配方：玉米 81%，豆粕 8%，麸皮 10%，微量元素 1%。

(2) 育成雁饲养管理

1 月龄至性成熟的大雁称为中雁、育成雁或青年雁，一般 30～270 日龄。此期大雁采食量大，消化能力强，正是骨骼、肌肉和大羽的迅速生长时期。一般饲养 2～3 个月，体重达 4kg 即可做为商品雁出栏。

①放牧　育成雁以林地放牧为主。放牧前先断翅，割去一侧掌骨和指骨部分或切断指伸肌和腕桡侧长伸肌，1 周后伤口愈合即可放牧和下水。放牧林地应有足够的青绿饲料和谷物饲料，每次吃饱后均应放水。

②补料　育成雁以放牧为主，应适当补饲精料，促使大雁发育迅速和提前性成熟。补料推荐配方：玉米 78%，豆粕 10%，麸皮 11%，微量元素 1%。

③育肥　商品雁出售前需经短期育肥，采用上棚育肥和圈养育肥均可。通过充分饲喂、控制光照、保持环境安静及限制大雁活动等方法，达到快速生长和增加脂肪的目的。推荐育肥饲料：玉米 87%，豆粕 5%，麦麸 7%，微量元素 1%，日饲喂量 0.2～0.4kg/只，白天喂 3 次，晚上喂 1 次，养殖密度 3～5 只/m^2。雁体重达 4kg 即可出栏。

(3) 种雁饲养管理

①种雁选择　大雁人工养殖，选种是关键环节。种雁应选择精神状态好，身体健壮，双目有神；体型呈流线形，发育匀称，体型适中，羽毛整齐、有光泽，无杂色羽毛，双翅挟紧；行动敏捷，飞翔能力强；生殖器官发育良好，无畸形，种特征表现明显的成雁。种用年龄 2～5 年。一般选种要经过 3～4 次筛选。

2 月龄时，不同种类的雁可以明显区分开来，应进行初选。鸿雁应选择嘴形标准(纯黑色)；灰雁选择嘴橘红色、嘴甲粉白的个体；斑头雁，应选活泼好动、和人亲近的个体。发育良好、食欲旺盛、不怕人、无怪癖是选种的统一标准。3 月龄以后，雌雄个体已发生明显分化，选种应注重性别特征和性别比例。野生大雁性成熟需 3 年，人工养殖条件下 8～9 个月即可进入性成熟期。

②繁殖准备期　大雁开产前 1 个月为繁殖准备期，一般在 2 月中旬，此期以放牧为主，并根据雁的体质、换羽状态，适时补料，为产蛋做准备。补料推荐配方：玉米 79%，

豆粕10%，麦麸10%，微量元素1%，补料量约占55%~60%。公母分开饲养，公雁每日补饲3次，母雁2次。

③繁殖期　大雁人工饲养8~9个月可达到性成熟，公母比例为1∶2~3。大雁多在3月上旬进入发情期，在水中完成交配。雌雁交配后10d开始产蛋，蛋重150g/枚左右，每隔2~3日产蛋1枚，年可产蛋90~120枚。

繁殖期以舍饲为主，放牧为辅，日粮推荐配方玉米77%，豆粕10%，麦麸12%，微量元素1%，每日饲喂量精饲料0.3~0.5kg、青绿饲料0.4~0.5kg，白天喂2~3次，晚上加喂1次。饲喂后应充分放水，尤其在公雁性欲较强的上午，让种雁尽情在水上游玩交配。此期应驯化母雁定巢产蛋的习惯，每日早晨将未产蛋大雁留在舍内，待产蛋后再进行放水、放牧。

④停产期　母雁产蛋至7月后，产蛋减少，羽毛干枯，进入停产期。此期应将精料改为粗料，转入以放牧为主的粗饲期，可全天放牧，不予补料。但若放牧条件差或遇连雨天，应适当补饲。冬季将白菜、玉米秸粉及青草粉等加入20%~30%的玉米面维持饲养，保持体重不下降即可。冬季应喂热食，饮温水。

(4)大雁的孵化

①种蛋消毒　种蛋产出后往往被垫草和粪便污染，捡拾后应及时消毒处理。

②预热　孵化前对种蛋进行预热，可使胚胎对外界环境有一个适应的过程，防止种蛋出汗。将种蛋在癸甲烷1 000倍溶液浸泡3~5min，捞出晾干，放置在孵化室内预热6~8h。

③孵化管理

a. 温度和湿度管理。雁蛋孵化可采用人工水床孵化或自动孵化机。整批入孵的种蛋，以变温孵化为主，温度变化范围控制在37.3~38.2℃，前高后低，逐步降温。分批入孵的种蛋，采用38~38.5℃的恒温孵化。湿度的控制原则为两头高，中间低。1~3d保持65%~70%，4~28d控制在60%~65%，29~31d提高到70%~75%。此外，在保证正常温、湿度情况下，尽量加大通风量。

b. 翻蛋、照蛋与凉蛋。自动孵化机每2h翻蛋1次，手动每3~4h翻1次，翻蛋角度为45°~90°。大雁种蛋在整个孵化期内需进行3次照蛋。第1次在孵化后第5d进行，拣出无精蛋和死蛋。第2次在第10d进行，拣出死胚蛋，并及时查明原因，调整孵化条件。第3次在第26d进行，主要观察胚胎发育情况，决定落盘时间。

机器孵化每日定时打开机门两次，孵化16d时将种蛋从蛋盘架上抽出2/3左右进行凉蛋，凉蛋时间控制在30min内。人工孵化可通过减少覆盖物，增加通风量等方法凉蛋。

c. 助产。大雁孵化期31d，出壳率65%~85%。种蛋蛋壳较厚，部分幼雏不能正常出壳，应适时人工助产。将尿囊血管已经枯萎，内壳膜发黄的胚蛋用剪刀在蛋钝部轻轻打开，拨开蛋壳1/3左右，并用手将雏雁头部轻拉出，令其自行出壳(郑亚平，2003)。

5.6.3.5　卫生防疫及疾病治疗

(1)卫生防疫

饲喂的精、青绿饲料要求新鲜、无霉变、无腐烂和泥土、垃圾等杂物。育雏室应随时通风换气，保持空气新鲜，防止雏雁因室内氨气浓度过高而中毒。料槽和水槽避免被粪便污染，器具应每周清洗消毒。

雏雁1周龄时，如身体健壮，无异常，应注射小鹅瘟疫苗。勤观察雁群的粪便，发现雏雁粪便不正常时，应在饮水中添加土霉素、环丙沙星等药物。

(2)接种免疫

1 日龄，小鹅瘟雏雁用弱毒苗皮下注射 0.1mL。

14 日龄，副黏病毒、重组禽流感(H_5N_1)Ⅰ号剂型二联灭活疫苗颈部皮下或胸部肌肉注射 0.5mL。

35 日龄，重组禽流感(H_5N_1)Ⅰ号剂型灭活疫苗颈部皮下或胸部肌肉注射 1.0mL。

120 日龄，副黏病毒、重组禽流感(H_5N_1)Ⅰ号剂型二联灭活疫苗颈部皮下或胸部肌肉注射 1.0mL。

种雁每年开产前 10d，副黏病毒、重组禽流感(H_5N_1)Ⅰ号剂型二联灭活疫苗颈部皮下或胸部肌肉注射 1.0mL；开产前 28d，小鹅瘟种雁用弱毒苗肌肉注射 1.0mL。

每年秋季，小鹅瘟种雁用弱毒苗肌肉注射 1.0mL；副黏病毒、重组禽流感(H_5N_1)Ⅰ号剂型二联灭活疫苗颈部皮下或胸部肌肉注射 1.0mL(孙学奇，2014)。

(3)疾病治疗

①小鹅瘟　该病由小鹅瘟病毒所引起的雏雁急性传染病，主要通过消化道感染，20 日龄内的雏雁易发病，多在冬末春初季节流行。临床症状表现为精神沉郁、缩颈、步行艰难，常离群独处，然后出现消化功能紊乱现象，拉稀、少食或绝食。后期严重下痢，排出灰白色或黄色而浑浊带有气泡或假膜的稀粪。临死前出现神经症状，颈部扭转，全身抽搐或发生瘫痪。防治措施：1 周龄接种小鹅瘟弱毒疫苗，若发现雏雁粪便不正常时，应在饮水中添加土霉素、环丙沙星等药物。若雏雁在 3~5 日龄发病，说明孵化器已被污染，应立即停止孵化并进行彻底消毒，然后才能继续孵化。

②雁流行性感冒　该病又称雁渗出性败血病，由志贺氏杆菌引起的雏雁急性传染病，由病原菌污染饲料和饮水而引起，也可经呼吸道感染，多在春秋季发生。该病潜伏期短，染病几小时就出现症状，表现为鼻腔有浆液性鼻漏，呼吸困难，发出鼾声，不时强力摇头，严重时脚麻痹，不能站立，病程 2~4d，死前出现下痢。可用抗生素和磺胺类药物治疗，如口服敌菌灵，每雁按体重 30mg/kg 给药，每日 2 次，一般 4d 即可治愈。

③雁蛋子瘟　该病是产蛋母雁易染的一种细菌性传染病，主要由卵巢、输卵管发炎而引起。临床症状：肛门有发臭的排泄物，混有小块蛋白和卵黄，2~6d 后不食不饮，失水、衰弱而死亡。防治措施：口服呋喃唑酮，每只雁 25mg，混在饲料中连服 3~4d，也可肌肉注射链霉素、氯霉素、卡那霉素等。

④绦虫病　雁绦虫病的原虫为剑带绦虫和膜壳绦虫，中间宿主为剑水蚤或淡水螺。病雁食用被感染的剑水蚤或淡水螺，绦虫在肠道发育成熟，可严重侵害 2 周至 4 月龄的雁，多在春末和夏季发病。临床症状：首先出现消化功能障碍，排出灰白色稀薄粪便，混有白色绦虫节片，食欲减退直至停食。生长停止，精神萎靡，不喜活动，离群，无力，向后面坐倒或突然向一侧跌倒，不能站立，一般发病后 1~5d 死亡。防治措施：一是避免在死水塘放牧，以免与剑水蚤接触；二是经常检查，对感染有绦虫的雁群，应有计划地驱虫，防止病源传播。三是雏雁与成雁应分开饲养、放牧。四是用吡喹酮按体重 10mg/kg、灭绦灵 60mg/kg、硫双二氯酚 200mg/kg、丙硫苯咪唑 40mg/kg，分别用少量面粉和水拌和，然后按计量称取药面做成丸剂，塞入雁咽部喂食(郑亚平，2003)。

5.6.3.6　注意事项

①大雁人工养殖时间较短，多项技术尚不完善，可参考鹅的养殖方法。根据雁体生长情况，按大小适时分群，以方便管理。

②大雁养殖应注意饮水和饲料清洁，饮水器具和食料槽应经常性消毒，避免在不清洁水塘中放水。

③大雁喜粗饲，林地放牧大雁自由采食不足时，应人工投喂青绿饲料如菜叶、饲草、树叶等。大雁食量大，盲目加大精饲料饲喂量会使饲料成本显著上升。同时，饲料构成中应注意适量添加富含钙、磷的食物，并可少量饲喂食盐。

5.6.4　驼鸟林地养殖技术

驼鸟是世界上最大的鸟类，成鸟身高2.1~2.5m，腿长约1.0m，体长约2.0m，体重120~150kg。目前人工饲养的驼鸟，是由东非驼鸟、南非驼鸟与叙利亚驼鸟杂交而成，常称为非洲黑驼鸟；与野生种相比，体高较矮，安静，羽毛品质高。驼鸟肉味鲜美，蛋白质含量达22%，脂肪仅4%，营养价值极高，是人类理想的健康食品。同时，驼鸟的蛋、羽毛和皮毛均有很高的经济价值。驼鸟繁殖率高，抗病力强，适应性广，饲料成本低，生长速度快，周期短，适于集约化养殖，经济前景十分可观。驼鸟在中国已有30多年的养殖历史，饲养技术成熟，河北平原各地均可养殖，详细的林地养殖技术可参照《驼鸟饲养管理技术规程》(DB13/T 908—2007)。

5.6.4.1　生物学习性

(1)繁殖和生长快，产肉多

驼鸟一般18~30月龄性成熟，寿命可达70年，繁殖期约50年，年可产蛋80~120枚。3月龄雏鸟体重可增长为初生重的12~15倍，10~12月龄增长至100~120倍，即可作为商品鸟出售。按每只一岁龄商品鸟产50kg净肉计算，一只母驼鸟每年可繁殖生产2.5t以上驼鸟肉，一生可产商品肉100~125t，是当今其他畜禽产肉量的数10倍。

(2)草食性，耐粗饲

驼鸟盲肠发达，没有嗉囊，而有肌胃和前胃，类似反刍动物，消化粗纤维的能力很强，田间杂草、树叶、作物秸秆等均可作为饲料。人工饲养驼鸟以青饲料为主，成年驼鸟每天仅需供应2kg精料，即可满足正常生长发育和繁殖，属节粮型养殖动物，饲养成本低。

(3)喜干燥，厌潮湿

驼鸟原产于炎热、干旱、旷野的非洲沙漠草原，具有喜干燥、耐炎热、善于奔跑的特性，人工饲养应注意选择干燥、温暖、安静的环境。

(4)适应性广，抗病力强

驼鸟适应性极广，抗逆性强，能适应多种恶劣天气，气温－30~45℃均能正常生长。人工饲养表明，成年驼鸟可常年在露天状态下生长和繁殖，抗病力强，很少发病，极少死于疾病。

(5)群居性，性情温驯

驼鸟为群居性动物，常三五成群或二三十只群居生活，结队活动。驼鸟性情温驯，对人很少有攻击性，但易发神经质，群体中如有一只突然奔跑，其余也会跟着奔跑而引起惊群，甚至发生死亡。驼鸟头部对撞击敏感，头部被缝隙卡住时常惊慌失措，极力向外拉，甚至使颈断裂。故设置围栏、饲喂设备时应注意，避免发生事故(周世朗，1995)。

5.6.4.2 养殖林地要求

林地养殖驼鸟，既利用了林地空间，节约了土地；林木还可为驼鸟提供荫凉环境，林间的牧草、树叶又可供驼鸟饲用，两者相得益彰。养殖驼鸟的林地一般要求树木已进入中龄及以上，郁闭度0.2~0.5为宜，不宜超过0.7，既可遮阴又可生长牧草；树木胸径不宜过小，一般不低于8cm。

驼鸟喜干燥，不耐潮湿，宜选择背风向阳、温暖和地势高、排水便利的林地，应避开低洼积水地、河谷滩地等。驼鸟有沙浴习惯，林地土壤以沙质土壤为宜，也可人工垫河沙形成沙浴场地。驼鸟喜安静，怕惊扰，应避开喧闹区，远离居住区和集市、工矿企业及交通干线等，同时应有方便的供水、供电和交通条件。

5.6.4.3 圈舍修建

对养殖场地合理分区，主要包括养殖区、孵化育雏区、饲料加工储存区及工作生活区、废弃物处理区。驼鸟孵化应设立专用孵化室，雏鸟期需有保温棚舍，一般带有后墙的简易温室即可，可采用后墙增温模式，并配备电力照明设施。林地驼鸟养殖多采用半放牧式养殖，需配备食槽和饮水器具。由于驼鸟不能飞翔，善奔跑，需在林间设置围栏，高约2.0m，使用光滑、无刺、有弹性的材料制成；成鸟期可用4~6根横木杆、竹筒等做简易围栏，并在栏内设置简易避雨设施。养殖场需配有固定的饲料储存、加工设施。为防止狐狸、黄鼬等野生动物危害，养殖场周边应有围墙。

5.6.4.4 饲养管理技术

(1)雏鸟期饲养技术

0~3月龄为雏鸟期。雏鸟饲养需在育雏舍进行。育雏舍地面铺垫料，垫料要求松软，吸湿性强，可用铡碎的作物秸秆或锯末、粗沙等。雏鸟饲养密度1~6周龄每平方米分别为5.2、1.5、1.0、0.5、0.25只，以后随日龄增长持续减少，最后20只为一群。育雏的温度、湿度、光照等随日龄增长而降低。1周龄内光照20~24h/d，2~12周龄光照16~8h/d，以后采用自然光照。另设室外设运动场地，面积为育雏舍的3~5倍，以便雏鸟奔走、跳跃等活动。

雏鸟期推荐颗粒饲料配方：玉米56%，小麦6%，豆粕12%，麸皮3%，鱼粉6%，苜蓿草粉10%，食盐0.4%，碳酸氢钙1.8%，贝壳粉0.8%，骨粉3%，蛋氨酸0.4%，赖氨酸0.4%，多种维生素0.1%，微量元素0.1%。日饲喂量：1~30日龄120g，31~60日龄120~600g，61~90日龄600~700g。饲喂时，可用2/3的颗粒饲料加1/3的青饲料，每日饲喂5~6次。为促进雏鸟对食物的消化，可1周喂1次砂砾，约占每次饲料量的0.1%；也可在活动场地准备一些小石块供其采食，石块以雏鸟脚趾大小为宜。

(2)育成期饲养技术

从12周龄至始产蛋为育成期。育成期采用林地围栏圈养，一般种驼鸟饲养密度30只/1 000m^2，商品鸟饲养密度60~75只/1 000m^2，宜采用20只左右小群饲养。此阶段驼鸟生长发育旺盛，鸵鸟推荐饲料配方：玉米46%、小麦6%、豆粕8%、麸皮10%、鱼粉4%、苜蓿草粉20%、食盐0.4%、磷酸氢钙2%、贝壳粉0.5%、骨粉2.5%、蛋氨酸0.2%、赖氨酸0.2%、多种维生素0.1%、微量元素0.1%。推荐日饲喂量：4~7月龄0.8~1.4kg/d，7~12月龄1.4~1.9kg/d。驼鸟日粮中颗粒饲料占30%，粗饲料占30%，青饲料占40%，每日喂食3～4次。青绿饲料可采用田间饲草或花生秧、红薯秧及蔬菜类如大白菜、甘兰、胡萝卜等。商品鸟8～12月龄即可出售。

(3)产蛋期饲养技术

驼鸟一般在30月龄开始产蛋，又称种驼鸟。这时可按公母比例1:2～3组成小群饲养。雄种驼应选择头大，眼红有神，腿红，泄殖腔周围红，羽毛色泽鲜艳，雄性特征明显的健壮成鸟；雌种驼应选择头小，清秀，眼有神，体型适中，活泼的成鸟。

产蛋期鸵鸟推荐饲料配方：玉米44%，小麦5%，豆粕12%，麸皮5%，鱼粉7%，苜蓿草粉20%，食盐0.4%，磷酸氢钙2%，贝壳粉0.6%，骨粉3.3%，蛋氨酸0.25%，赖氨酸0.25%，多种维生素0.1%，微量元素0.1%。圈养时，颗粒饲料占40%，青绿饲料占60%，日喂4次。林地放牧饲养如饲草丰富，每日每只补充1.5kg配合颗粒饲料即可。产蛋多在15:00～18:00，应及时捡拾，并进行消毒处理，种蛋在室温15～18℃贮藏不宜超过5d。

(4)孵化期管理技术

成年驼鸟年产蛋80～120枚，多可达150～200枚。蛋重约1 500g，孵化率80%以上。人工孵化可用一般孵化机进行孵化，但需加大蛋盘和蛋架，才能容纳驼鸟蛋。孵化条件与鸡相似，控制温度37.7℃左右，相对湿度55%～60%，孵化过程中应及时翻蛋，14～15d开始照蛋，出壳前2～3d移入出雏室，42d出雏(周世朗，1995)。

5.6.4.5　卫生防疫与疾病防治

(1)卫生防疫

鸵鸟饲养栏舍应每月全面消毒1次，食料槽应每周清洗消毒1次，饮水盆应每日清洗消毒。青绿饲料应新鲜并清洗干净，不能带有泥土和腐烂部分。夏季应注意配合饲料的霉变问题，配合饲料不能储存时间过长，食料槽中的料也不能过夜，以免受霉菌感染。饮水要少量勤添，保持饮水清洁。鸵鸟栏舍粪便应每日清除，以防鸵鸟吃粪便造成交叉传染，并减轻粪便对种蛋的污染(张柏林，2000)。

(2)疾病治疗

驼鸟常见疾病有腿脚病和新城疫病。

腿脚病多发生在雏鸟期。驼鸟喜卧懒动，行走不正常，脚部发育不良，应进行人工矫正。养殖场地应粗糙不宜光滑，可减少腿脚病的发生。此外，应在食料中适当补充钙、磷。

发生新城疫病时，驼鸟呼吸困难，头、颈、眼水肿；粪便带白色或黄绿色；颈无力，很难直立，肌肉抽搐，歪头，精神不振；离群，采食量减少或停食。发现病鸟后，应及时将病鸟隔离，切断传染途径，养殖栏舍全面消毒，同时对所有驼鸟紧急接种新城疫 latsota 疫苗，先接健康驼鸟，最后接病鸟。此外，按正常免疫计划，雏驼8日龄、1月龄和2月接种新城疫疫苗，成鸟每年接种2次是预防该病的关键。

5.6.4.6　注意事项

①驼鸟养殖期间，应根据个体发育程度，及时按大小分群饲养，且种群不宜过大，商品鸟一般20～30只/群，种驼一般6～10只/群。

②驼鸟饮食要保持卫生，雏鸵鸟有啄食任何物料的习惯，饲养场地和饲料中要防止有碎玻璃、树枝、铁钉、铁丝、塑料膜等难消化物质。

③进入育成期后，每日进食后，为防止静卧增肥，应采取人工驱赶等方式使驼鸟活动，时间1~2h。

④驼鸟喜安静，对惊扰反应敏感，应防惊扰事件发生。

5.6.4.7 典型案例

临漳县砖寨营乡秦树海利用漳河故道的杨树林进行驼养养殖，每667m^{2}林地饲养商品鸟40~50只或种鸟20只。每只商品鸟8~12个月育成出售，平均体重90kg，可获净利润400~600元。

5.7 林牧复合经营技术

林业是国家生态安全体系的基本保障，以森林植被建设为主体，畜牧业养殖牛、羊等草食性动物，通常需要消耗植被资源，一般认为两者间存在较大矛盾。林牧复合经营是将林业和畜牧生产活动在同一空间结合在一起，实现共同发展。河北省是人口和农业大省，国土开发强度高，林业和牧业用地均十分紧缺，将林牧结合在一起经营，可节约大量土地资源，也可提高林地经营收益，有利于林业牧业的共同发展。当然，林牧复合经营需要把握一个度的问题，即一方不能根本性的损害或严重制约另一方的发展，以实现林业牧业的共同发展和壮大。合理经营前提下，多种树木如杨、柳、榆、槐等树种的枝叶和林间饲草均为牲畜喜食的粗饲料，牲畜粪便可转化为土壤肥料而加速树木生长，两者具有很强的互补性。河北平原林业以人工林为主，广大群众在发展用材林的同时，利用林地进行了牛、羊、猪等牲畜的养殖，部分林农还发展了鹿等特种动物的养殖，生产效益可观，推广应用前景广阔。

5.7.1 牛、羊林地养殖技术

牛、羊是我国传统的家畜和食草动物，饲料以青饲料和粗饲料为主，可放养或栏饲，牛、羊林地养殖同样分为放牧和圈养两种形式。林地养殖牛、羊的关键是解决牲畜啃食树木和过度破坏植被的问题。

5.7.1.1 饲养场地选择

牛、羊林地养殖，应选择中龄及以上林分，要求林分生长健壮，通风透光，且地势较高，排水方便，不易积水。圈养时，林间有充足的空间可用于修建圈养设施和交通道路，并有供水和电力设施。养牛时树木胸径不宜低于12cm，养羊时要求树木胸径不低于8cm。为防止牲畜对树木的啃食、靠蹭等破坏活动，树干1.5m以下应加装专用保护套，内层为细网状聚高泡沫聚乙烯，外层为粗网状硬塑料，缠在树干上。

5.7.1.2 牛、羊林地圈养模式

对林地进行合理区划，分别养殖区、饲料加工和储存区、生活工作区及废弃物处理区等。在林间修建饲养圈舍，牛、羊以圈养为主，并留有一定的活动空间。这种经营模式要求林木密度低，林地空间大，常采用宽窄行造林，可2行或3行为1组，株行距3m×(3~4)m×20m，东西行向。圈养棚建在宽行中，牛、羊可在棚中养殖，也可在棚前林地活动。牛羊粪便应及时清理，尤其是生长季，有利于卫生防疫，也可防止林间土壤营养过度升高影响树木生长甚至烧死树木。粪便处理以林地归堆腐熟后运出为主，少量可就地施用。

5.7.1.3　牛、羊林地放牧模式

牛、羊是传统的放牧动物，林地放牧可自由啃食饲草、枝叶等，也可在林间人工投放饲料饲喂。通常，林地产出的饲草多难以满足牲畜采食需要，应将人工投喂饲料作为主体。本模式要求合理控制放牧次数、强度和载畜量，以保障生长季林地饲草的正常生长，一般15~20d可轮牧1次。也可人工种植优质牧草以加大饲草产量。一些小规模养殖户多对树木进行修枝以喂食牛羊，应避免修枝过度；以杨树为例，树冠保留长度应不低于树高的1/2。牲畜粪便应集中于废弃物处理区归堆腐熟处理。

由于牛羊在我国有着长期的养殖历史，饲养管理技术简单、成熟，具体的林地养殖牛、羊管理技术可参考河北省及周边地区制定的相关技术规程，在此不再赘述。

《奶牛标准化饲养与管理》(DB 1309/T 52—2003)；

《肉牛生产技术规范》(DB 11/T 400—2006)；

《肉牛生产技术规程》(DB 37/T 307—2002)；

《肉羊生产技术规范》(DB 11/T 399—2006)；

《舍饲养羊技术规范》(DB 13/T 556—2017)；

《各类肉羊的饲养规程》(DB 1301/T 022—2002)；

《规模化肉羊生产技术规程》(DB 37/T 591—2005)。

5.7.2　鹿林地养殖技术

鹿是世界上最重要的药用经济动物之一，也是我国特种动物养殖最主要的种类。鹿的人工养殖主要目的是获取鹿茸，鹿茸是名贵药材，此外鹿的副产品种类也很多，鹿血、鹿胎、鹿心、鹿尾等均是名贵的滋补品，鹿肉可食用。鹿可谓浑身是宝，人工养鹿收益十分可观。自然界中，鹿多栖息于森林边缘和山地草原，食草动物，性情温驯，适于人工养殖，林地养殖效果更佳。河北平原林地养鹿，鹿场修建及具体的林地养殖技术可参考《鹿饲养管理技术规程》(DB 13/T 794—2006)和《梅花鹿饲养技术规范》(DB 11/T 421—2007)等进行。

5.7.2.1　生物学习性

人工养殖的鹿分为梅花鹿和马鹿，梅花鹿养殖较多。梅花鹿属中型鹿，体长140~170cm，肩高85~100cm，成年体重100~150kg，雌鹿较小；有角，一般四叉；背中央有暗褐色背线，尾短，背面黑色，腹面白色，夏毛棕黄色，遍布鲜明的白色梅花斑点，故称“梅花鹿”。马鹿属大型鹿，体长约180cm，肩高110~130cm，成年雄性体重约200kg，雌性约150kg，因为体形似骏马而得名；身体呈深褐色，背部及两侧有一些白色斑点；雄性有角，一般分为6叉，最多8个叉，茸角的第二叉紧靠于眉叉；夏毛较短，没有绒毛，一般为赤褐色，背面较深，腹面较浅，又有“赤鹿”之称。

鹿为群居性动物，母鹿3~5头成群活动，公鹿平时独居，繁殖期和母鹿共同生活。鹿行动敏捷，嗅觉、听觉发达，但视力较差；善奔跑，喜跳跃，好安静，怕惊吓。鹿属反刍动物，以采食粗饲料为主，饲料来源广泛，凡牛羊可食饲料均可饲喂，各种杂草、作物秸秆、树木枝叶等，适应性强，各地均可饲养。

5.7.2.2　饲养场地选择

河北平原人工养鹿，以稀植或宽行的用材林或防护林为宜，林间或林缘修建鹿舍；对树种无特殊要求，郁闭度不宜过高，一般要求在0.7以下，林地过度郁闭不利于饲草生长。饲殖场地应选择地势高燥，平坦开阔，排水良好，阳光充足，冬季避风的中龄林及以上林分。饲养场地应远离工矿企业和交通要道，环境安静，生态条件良好，具备水源和电力条件。

5.7.2.3 圈舍修建

对养殖场地合理分区，分为鹿舍、活动场地、饲料加工贮藏区、鹿茸加工区等。鹿场的围墙(围栏)高3m，用土坯、砖、木材、石棉瓦等材料搭盖遮阴避雨、保温的简易鹿舍，梅花鹿每只占地1.5~4m^2，马鹿每只3~6m^2。舍内配置食料槽、水槽和照明设施。林间有宽敞的运动场地，可供鹿活动和放牧，一般每只鹿活动场地不低于15m^2。

5.7.2.4 饲养管理技术

(1)饲料

鹿食性杂，饲料来源很广，种类多样，应根据当地情况选择合适的饲料种类。精饲料有玉米、谷类、豆饼、糠麸等，青绿饲料包括各种田间饲草、蔬菜、树叶及植物的块根、果实，粗料有干草、干树叶、作物秸秆等。

(2)公鹿的饲养管理技术

公鹿一般4~8月中旬为生茸期，8月下旬至11月中旬为配种期。生茸期应增加精料饲喂量，同时供给优质青绿饲料；经常观察脱盘时间及鹿茸生长情况，并做好脱盘记录，及时拔掉压在茸上迟迟不落的花盘。收完头茸后，增加粗料饲喂量，减少精料饲喂量。

种公鹿要选择4~8岁、单产高、茸型为上品、强健有力、全身毛色纯正的公鹿。配种期应减少精料饲喂量，增加胡萝卜、紫花苜蓿等多汁青绿饲料的饲喂量，使公鹿保持中等膘。公鹿各期具体的日粮推荐标准可见表5-1。

表5-1　公鹿日粮配合推荐量和混合精料配比表

日粮种类		长茸前期		生茸期		配种期		恢复期	
		梅花鹿	马鹿	梅花鹿	马鹿	梅花鹿	马鹿	梅花鹿	马鹿
混合精料/kg		1.2~1.5	2.0~2.5	2.0~3.0	3.0~4.0	1.0~1.5	2.0~3.0	1.2~1.5	2.0~2.5
多汁饲料/kg		1.0~1.5	3.0~4.0	2.0~3.0	3.0~4.0	1.0~1.5	2.0~3.5	1.0~1.5	2.0~2.5
青饲料/kg		2.0~3.0	3.0~4.0	3.0~4.0	5.0~6.0	2.0~3.0	4.0~5.0	2.0~3.0	3.0~4.0
碳酸氢钙/g		25	40	30	40~50	25	30~40	25	40
食盐/g		25	40	25	40~50	25	30~40	25	40
混合精料比例	玉米/%	60		40		45		60	
	饼粕/%	30		45		40		30	
	麸皮/%	10		15		15		10	

注：本表数据来源于《鹿饲养管理技术规程》(DB13/T 794—2006)。

(3)母鹿的饲养管理技术

母鹿在9月上旬至11月中旬为配种期，母鹿配种年龄应在2岁以上。母鹿呈周期性多次发情，一般5.5~20d，平均12.5d。翌年5月上旬开始分娩，陆续产羔。配种期应多饲喂富含蛋白质、维生素和无机盐类的饲料，使母鹿保持中等膘。一般采用单公群母配种法，公母比例为1:(13~15)，配种30d后更换种公鹿。另外选择优秀种鹿，采用单公单母配种法，培育种公鹿和核心群母鹿。此期对配种母鹿应有专人看管，1 个发情期内交配次数控制为 2~3 次为宜。

母鹿怀孕后，公母分开饲养，避免惊吓和驱赶。怀孕前期、中期供给较多的青饲料，怀孕后期供给较多精饲料。梅花鹿妊娠期 240~260d，马鹿妊娠期 240~270d。产前对产房全面消毒，并设专人管理。初产母鹿单圈饲养。产仔、哺乳期日粮应供给营养丰富、适口性好的精粗饲料。母鹿各期具体的日粮推荐标准可见表 5-2。

表 5-2　母鹿日粮推荐量和混合精料配比表

饲料种类	怀孕期		哺乳期	
	梅花鹿	马鹿	梅花鹿	马鹿
混合精料/kg	0. 75~1. 25	1. 5~2. 0	1. 0~1. 5	2. 0~2. 5
多汁饲料/kg	1. 0~2. 0	2. 0~3. 0	1. 5~2. 5	2. 5~3. 5
青绿饲料/kg	2. 5~3. 5	3. 5~4. 5	2. 5~3. 5	3. 5~4. 5
磷酸氢钠/g	20	40	20	40
食盐/g	20	40	20	40
混合精料比例/%	玉米 50%~60%、饼粕 30%~35%、麸皮 10%~15%		玉米 45%~50%、饼粕 35%~40%、麸皮 10%~15%	

注：本表数据来源于《鹿饲养管理技术规程》(DB13/T794—2006)。

(4)仔鹿的饲养管理技术

仔鹿在正常情况下，靠母鹿自行哺育，生长发育良好，育成率高。初乳是母鹿产后 7d 内所分泌的黄色黏稠的乳汁。实践证明，人工哺乳的仔鹿能获得初乳者，多发育正常，成活率高；反之，则成活率较低。喂饲应做到定时、定量、定温，以免仔鹿下痢，必要时还可在乳汁内添加一定量的抗菌素药物。生后 30d，开始补饲一些多汁青饲料。当仔鹿体重达 25kg 时，即可断乳。离乳仔鹿的每日口粮配方：煮熟黄豆 0. 1~0. 2kg，煮熟玉米 0. 1~0. 2kg，麦麸 0. 2kg，食盐和贝壳粉各 10g。青绿饲料可选择青嫩的树叶或青草，让其自由采食，以防发生佝偻病或软骨病。(张森，2015)。

5. 7. 2. 5　收茸与加工

(1)收茸

收茸前做好各项准备工作，每天检查鹿茸生长情况，育成公鹿初角茸在 3~5 月平茬；2 岁鹿，待茸长成二杠、顶端呈凹形而第三个分杈还未长出时割取；3 岁以上公鹿根据茸长势适时收割三杈茸。

收茸前应在鹿臀部注射麻醉药，一般体重 100kg 的梅花鹿一次注射眠乃宁注射液1. 5~2mL、马鹿 1~1. 5mL，锯茸后迅速静脉注射苏醒灵剂量为眠乃宁的等量至倍量。收茸前对锯茸锯消毒，锯茸速度要快，锯口留茬 1. 5cm。收茸后立即对锯口采取结扎止血，并涂消炎止血药物。

(2)鹿茸加工

①排血　把注射针头插进茸端，用打气筒针头注入空气，使茸内血顺着血管从茬口处流出。有条件的可使用排血机。

②消毒　将鹿茸放在高锰酸钾溶液和碱水中消毒，洗去茸上的灰尘和杂质，然后在鹿

茸茬口处用粗花线将外皮叉缝数针，以防外皮滑离而影响质量。

③蘸煮　蘸煮目的是使茸中残留淤血流出来，因此应注意不能让开水浸入茬口，以防血凝而影响鹿茸质量。手拿茸的注口处将其放入开水中蘸3s，取出稍晾再蘸3s，如此反复进行10min；再将每次蘸煮时间延长至5s，反复进行15min后将每次蘸煮时间延长至20s，反复进行30min。当鹿茸茬口流出白沫时，说明茸内余血已排净。然后将茸摇动着全部没入开水中，5s后取出凉0.5h再进行清洗。

④烘烤　将晾好的鹿茸挂在烘房内。第1d烘烤温度35~40℃，第2d温度40~45℃，第3d温度45~55℃，最高不过60℃，直到烘干为止。最后洗净消毒(不洗茬口处)，晾干后即可出售(中国农业文摘(畜牧)，2004)。

5.7.2.6　卫生防疫与疾病治疗

每日清扫鹿舍，清除粪尿，夏季尤其应注意卫生，勤换或晒垫草，让鹿多进行户外运动。喂前洗刷食料槽和水槽，严禁饲喂霉烂变质饲料。鹿舍及活动场地冬季每15d、夏季每7~10d定期消毒，最好几种药物交叉使用，如石灰水、来苏水、漂白粉等。墙壁也需定期用30%生石灰乳粉刷消毒。

(1)防疫免疫

在强制免疫口蹄疫的基础上，必须免疫小反刍疫苗、布病疫苗，按说明书认真使用，防止盲目使用、滥用。为预防结核病，对健康鹿群和新生仔鹿进行卡介苗预防接种(仔鹿出生3d后就可以接种)，每年1次，连续3年。为预防巴氏杆菌病，每年注射巴氏杆菌苗。

梅花鹿是草食动物，容易患寄生虫病，发病后食量不减，被毛粗乱，严重影响其生产性能，应定期驱虫。一般每半年驱虫1次，常用驱虫药有敌百虫、左旋咪唑、阿维菌素、伊维菌素等，剂量按说明使用，一般采用鹿群口服法给药预防，发病个体用吹管肌肉注射法给药。

(2)疾病治疗

①食道梗阻　食道梗塞是由于饲料堵塞食道，致使吞咽障碍的疾病。鹿为反刍动物，由于采食速度较快，摄取的食物往往不经充分咀嚼便行吞咽，易于发生食道梗阻。该病在饲喂过程中发生，表现为停食、骚动不安、摇头、咳嗽、伸颈张口作呕吐动作，口中流出带泡沫的黏液。完全梗塞时，可继发瘤胃膨胀，致使呼吸困难甚至死亡。

治疗以排除食道内饲料或异物为主要目的。如果梗塞发生在颈部食道，可在左侧颈沟看到隆大部，可通过胃管向食道内注入植物油或液状石蜡等滑润剂后，用手沿颈沟向上推按，从口中取出梗塞物；或用胃导管向胃中推压，将梗塞物推向胃内。用3%毛果芸香碱皮下注射，病鹿会出现流涎、咳嗽和吞咽动作，致使食道的蠕动增强，1~2h后可自行康复。以上疗法无效时，应可切开食道，取出梗塞物(李男，2014)。

②霉玉米中毒　饲喂贮藏的霉变玉米，当鹿出现中毒症状，应先停喂，供给0.01%高锰酸钾饮用水，然后采取先麻醉、后治疗原则。采用复合维生素B 10mL、维生素C 10mL、10%葡萄糖250mL静脉注射。用药后，用解麻药换位置注射，用量稍大于麻醉药用量。饲喂贮藏2~3年玉米时应加入脱霉剂以防霉变。

③腹泻　在饲料中按羊的说明书剂量拌入土霉素粉剂，严重者用“鹿宝”(氟苯尼考注射液)进行吹管注射治疗，剂量及注意事项按说明使用。

④咳嗽　在精饲料中拌入清肺止咳散(又叫白头翁散)，主治肺热咳喘、咽喉肿痛，具有清热、利湿的作用。

⑤仔幼鹿消化不良病症防治　本病多发生在哺乳期，幼仔鹿多在生后吮食病乳后不久发病，一个月以下的仔鹿多发，主要症状是腹泻，又分为单纯单纯性消化不良和中毒性消化不良。发病时母鹿喂博大母子安，拌料连喂3~5d，然后用乳酸菌素或益生菌素调整胃肠功能。仔鹿肌注三效粉针兑黄芪多糖，可灌服或饲喂，师黄上痢散内服，可有较好治疗效果(谢晓光，2007)。

5.7.2.7　注意事项

(1)饲喂定时定量，注意清洁

每日喂食3次，饲喂时间为早7:00、午12:00、晚18:00。粗饲料自由采食，一般日投喂量12~15kg，精饲料按推荐标准添加，以保证营养充足。河北平原冬春季青绿饲料较少，可饲喂大白菜、胡萝卜、甘兰等耐贮蔬菜。每日供给充足清洁饮水，冬春季每日2次，夏秋季每日3次。

雨天或清晨采集的带露水青绿饲料应晾晒1~2h，待水分挥发后再饲喂，以避免水分过多导致腹泻。大豆及其饼、粕等生饲料中含有抗胰酶物质，需加热后再饲喂。

(2)注意不同品种间杂种

用不同品种的鹿杂交，可提高产茸量25%~30%。

(3)加强生茸期管理

生茸期保证营养供给充足，投喂足量的配合饲料。当鹿茸长到3cm时，可纵向由茸顶端切开1.5cm，鹿茸产量可提高30%~40%。

(4)适时出栏

种鹿可在1~2岁出栏，及时淘汰产茸少、失去繁殖能力的鹿。

(5)建立饲养档案

对鹿场内每只鹿，建立详细的引种、配种、收茸、产仔、饲料、防疫、消毒、治疗等记录，以便掌握鹿的生长发育状况，实现各饲养期科学管理。

第6章　休闲林业经营技术

我国林业正处在由传统林业向现代林业方向转变的转型时期，“十二五”期间，全国共完成造林 $3\ 000 \times 10^4 hm^2$、森林抚育 $4\ 000 \times 10^4 hm^2$，森林覆盖率提高到21.66%，成为全球森林资源增长最多的国家。如果将林业与经济发展结合起来，就能在增加我国林业资源的同时，促进地方经济的发展，从而使林业建设走上可持续发展之路(孙桂玲，2017)。有专家预言，休闲产业将成为未来100年的重要产业。随着人们生活水平的提高，对生活质量的追求逐渐增多，对城市近郊休闲林业的需求不断增加，各种休闲林业也如雨后春笋般涌现出来。以河北省为例，如石家庄的漫山花溪谷、于家石头村、五岳寨、嶂石岩、抱犊寨、封龙山，保定的野三坡、狼牙山、白石山，秦皇岛的昌黎华夏庄园等，还有一些以花为主题的休闲林业形式出现，如狼牙山的山花节、赵县梨花节、顺平桃花节、行唐杏花节、西柏坡牡丹花节。我国城镇居民双休日、节假日和年休假总计有120多天，占全年时间的1/3；城镇居民人均可支配收入已经从1978年的343元增长到2015年的31 790元。因此，旅游休闲的两个基本要素“有闲”和“有钱”已经具备。另外，城市居民生活节奏快、压力大，急需在周边可达范围内放松心情，排减压力。基于此，近年来，休闲经济呈现出良好的发展势头，成为城市经济发展的新增长点。与此同时，“休闲时代”的到来也引发了政府的高度关注。2013年2月，国务院出台了《国民旅游休闲纲要》，标志着中国的旅游休闲产业将进入快速发展阶段，一个由政府主导、面向国民、全面休闲、全方位提升品质的休闲时代即将到来。

6.1　休闲林业的定义

目前，我国有关休闲林业的研究，主要集中于对森林公园、自然保护区等森林区域的研究。随着社会经济和闲暇时间的增加，社会休闲需求剧增，休闲业发展迅速，在相关行业出现了“休闲农业”“休闲渔业”等概念，而在林业方面，主要的提法还是“森林旅游”或“森林游憩”，而森林休闲的提法还是比较少。从研究对象来看，大多关注还是森林公园、自然保护区等，而对于其他区域休闲林业的研究还是比较少(王伟杰，2012)。苏孝同(2006)指出森林休闲业是21世纪的朝阳产业，吴泽民等(2006)认为，城市森林游憩可分为2类，即日常性游憩与专题性游憩，并提出要发展郊区城市森林以及建设郊野游憩带的概念，为城市居民提供更能亲近自然的游憩活动机会。

最早提出“休闲林业”概念的是卿前龙、胡跃红(2006)在《休闲产业：国内研究述评》中对休闲产业的划分中提及，但没有做出具体解释。2009年胡士磊等人的《浅析休闲农业和休闲林业》一文，提出了“休闲农业”和“休闲林业”的概念，但没有将休闲林业进行单独分析研究。在此，将休闲林业定义为：将生产、生活、生态结合起来，利用森林景观、果品及多种林副产品等自然资源，向社会提供各具特色的风情感受、观光度假、技巧欣赏、科普教育、林副产品，达到消除疲劳、营造美好心情的目的，为人们提供林区生活体验的新型产业。

研究休闲林业的特征及定义，对于提高对休闲林业的认识，更好地发展休闲林业有重要意义。从目标受众上看，休闲林业产品的受众主要是外部游客，不局限于林区属地的自有居民；从性质上看，休闲林业具有双重属性，一方面是林业资源的公共属性，必须在保证社会效益和公共利益的基础上开发拓展；另一方面是它的经济属性，休闲林业的本质是一种经济活动，以具体经营形态出现；从范畴上看，休闲林业应属于休闲旅游范畴，是休闲旅游产业的分支之一，是休闲旅游产业在林业范围内的具体经营形态(李晓东等，2015)。因此也可以把休闲林业定义为：休闲林业是以林业资源为依托，以林产品为纽带，以旅游消费为手段，以休闲消费为目的，以满足人们日益增长的精神文化消费需求的一种新型产业。休闲林业作为林业经济新的增长点，已不等同于单纯的林木生产加工，其发展形式更多地延伸到旅游、休憩、疗养、健身等休闲领域。休闲林业作为新常态背景下休闲经济发展的途径之一，不仅代表着我国农林业未来发展的主要方向，同时也是满足居民日益增长的精神消费需求的有效路径(刘晴等，2016)。

6.2　发展休闲林业的意义

(1)发掘利用林业休闲旅游资源

以往林业产业的发展，多以消耗森林资源为主，其不可持续性的弊端一目了然。党中央提出建设“生态文明”战略目标后，对森林资源的经营就不能局限于传统的经营理念，而是必须创新利用模式，在充分发挥森林生态效益的同时，要引入“休闲”概念，盘活森林休闲旅游资源，提出符合我国国情的休闲林业的发展模式，推动休闲产业的快速发展，提高林业产业的可持续发展水平。

(2)满足城市居民休闲需求

面对休闲时代的到来，城市居民有更多的时间用于休闲，这需要有种类更多、面积更大的休闲活动场所。由于乡村面积广阔，可提供休闲产品类型多，产品的适应性强，发展休闲林业，可为城市居民提供新的去处，满足日益增加的休闲需求。人们参与其中，感受乐趣，学习知识，减轻了生活压力，陶冶了情操(胡士磊等，2009)。

(3)增加农村劳动力就业

目前，我国社会正处在转型期，供给侧结构性改革，一方面，传统产业去库存、去产能，导致工业企业用人减少，农民进城务工机会减少；另一方面，平原农区土地流转集中，规模化、机械化经营土地，出现新型“失地”农民，由此导致农村出现大量剩余劳动力。这些富裕劳力，通过适当的培训，能够承担林业休闲旅游项目管理和服务工作。因此，大力发展休闲林业，可安置大量的农村剩余劳动力进入服务行业从业，可以缓解平原农区人口的就业压力，实现转型期农民的再就业。

(4)推动区域产业结构调整

休闲产业的主体是第三产业。发展休闲林业，可增加第三产业的比重，可推动林业产业的优化升级，优化区域产业结构，改变广大乡村农林产业结构单一的状况，并由此可带动多种农产品、林副产品的销售量。

6.3 休闲林业存在的问题

就休闲旅游资源的质量和数量来说，林业优于农业，但就目前休闲旅游的发展现状来看，休闲林业的发展程度却落后于休闲农业。目前，休闲农业开展的如火如荼，“农家乐”“采摘园”“生态园”“城郊菜地”等多种类型遍地开花。据《中国休闲农业与乡村旅游深度调研与投资战略规划分析报告》数据显示，截止2012年年底，我国共有8.5万个村开展了休闲农业与乡村旅游活动，休闲农业与乡村旅游经营主体达到170万家，其中农家乐150万家，从业人员2 800万人，占全国农村劳动力的6.9%，年接待游客8亿人次，实现营业收入超过2 400亿元。相比之下休闲林业产品类型少，从业人员少、区域发展不平衡，与休闲农业相比存在较大的反差(李晓东等，2015)。

(1)认识不足，缺乏规划

受传统林业观念的影响，造林、抚育、采伐、林副产品生产等仍是林业生产重点，而对于森林资源可提供的巨大的休闲功能认识不到位，对休闲林业的重要作用认识不清。重视林业实物产品，而忽视功能性产品的情况仍然存在。一些具有发展休闲林业条件的乡镇，对发展休闲林业理念不清、目标不明，缺乏具有可操作性的专项规划和长远规划。当前，城镇居民对休闲林业资源的需求已经显现，休闲林业也得到了初步发展，一些农户为了抓住商机，在没有统一规划、市场预测的情况下，仓促上马，盲目开发，存在乱搭建、滥开发的现象。加上休闲林业具有分散性、松散性特点，如果缺乏空间布局规划和发展体系规划的指导，势必造成整个休闲林业产业的发展处于盲目跟风、一哄而上、低水平重复建设的局面。

(2)产品单一，品位不高

休闲时代的背景下，游客对休闲林业产品的需求是多方面的，包括森林观光、森林体验、体育健身、养生度假、疗养保健、求知认识等多种休闲旅游活动。但是，多年来我国休闲林业所提供的产品比较单一，多以观光游览类为主，甚至局限于农家菜、锻炼身体、呼吸新鲜空气等，忽视了对乡土风情、民俗传统、名胜古迹等文化内涵的挖掘与利用；局限于“几座茶楼、几张桌子、喝喝茶、吃吃饭、打打牌”的经营模式，缺乏对休闲文化、观光文化和娱乐文化等旅游产品的深度开发。这必然导致它吸引力逐步降低，游客逐步减少。另外，休闲林业产品的同质化严重，内容大同小异，功能雷同，项目单一。一些项目寻求规模扩张，大兴土木，弃土从洋，破坏了“美”的环境，失去了“休闲”的氛围，丢掉了“回归大自然”的情趣，背离了生态休闲的内涵。因此，必须解决休闲林业产品缺位问题，丰富种类，提升品位，实现各类产品的整合开发，形成不同类型的产品类群(余维可，2010)。

(3)制度制约，缺乏活力

休闲林业发展的另一突出问题是现存体制机制的制约问题。目前提供的森林旅游产品，多数是由森林公园提供的，其经营单位是国有或集体所有。不像休闲农业产品那样，由农民个体经营。相比之下，一是市场化程度低，不能紧跟市场对休闲产品的需求，不能把握市场脉搏，开发对路的休闲产品；二是对收益缺乏相应的分配制度和激励措施，参与各方积极性不高。三是林地使用权受到相关法律法规的制约，相比休闲农业经营活动还不够灵活。

(4)设施滞后，缺乏监管

部分林业休闲所在地还存在道路、公厕、停车场、住宿等基础设施建设滞后；环保设施、安全设施不达标；通信不畅，供水、供电难以保障等问题；卫生安全意识淡薄，从业人员不经体检和专业培训就上岗的问题也普遍存在。另外，休闲林业大部分位置偏远，且布局分散，存在监管主体不明确，管理措施不到位，管理制度和标准不配套等问题。

6.4 休闲林业的发展趋势

(1)经营主体趋于多样化

在休闲林业需求的驱动下，个体经营者会首先发力。在农林结合部，农民联合经营旅游项目，利用目前火爆的“农家乐”，加入更多的森林休闲元素，丰富休闲产品形态，达到资源共享，互利双赢的目的。农民利用承包的林地为旅游资源，开办家庭旅馆等旅游接待设施，开展各种休闲旅游服务。这种模式规模小、产品初级，但是具有原生态、民风纯正的特点，对城市居民有一定的吸引力。而且，民营经济又有经营灵活、顺应市场变化快的特点，可以满足各种个性化的需求。随着休闲林业的发展，资源加资金合作形式会后来居上。在国家政策容许的情况下，国家(集体)林业资源与公司或个人合作，国家或集体拿出部分林业资源，公司或个人出开发资金，收益共享。这种形式依托良好的森林环境，开办休闲旅游项目，建设森林旅游度假区，开展避暑、度假、养生等休闲活动，发挥森林强大的休闲功能，满足社会需求。这样既可以充分发挥林业资源强大的旅游休闲功能，又可以解决林业建设资金不足问题；既促进了地方经济发展，又使林业建设走上可持续道路。但应该注意科学合理地确定开发强度，避免过度开发对林业资源的破坏。

(2)产品形态趋于多样化

提高休闲林业的吸引力，是通过开发一系列休闲产品实现的，是延长林业产业链的重要环节，开发出好的休闲产品是休闲林业健康发展的关键。由于游客来源不同、年龄、性别、教育程度、喜好不同，对休闲林业产品种类、层次需求不同。开发的休闲产品好坏，直接涉及到游客旅游感受的质量，影响到接待游客的数量，进而影响休闲林业的发展进程。在休闲人群多样化需求的驱动下，适合不同人群特点，不同游客喜好的休闲林业产品会陆续出现。传统的森林观光、游憩项目(赏景、漂流、踏青、徒步、登山、摄影等)会得到继续加强，体育健身型、养生度假型、疗养保健型、趣味娱乐型、求知科普型的新型休闲林业产品会不断涌现。而且森林特点突出，彰显“休闲”特色的，整合游、玩、吃、住、行、购物在内的休闲林业项目会得到广大城镇居民的欢迎。

(3)森林文化会逐步凸显

森林休闲活动是森林文化、生态文化、历史文化、城市文化的有效载体，因此，文化性是森林休闲的内容和高层次表达，是休闲林业的灵魂。无论是以自然为主体还是以人文为主体的休闲景区，其本质都是各种文化底蕴的展现(陈珂等，2008)。休闲旅游者最大的需求是在放松身心的基础上，获得审美的愉悦、情趣的升华，获得文化的感染、知识的补充。休闲林业旅游资源多种多样，但决定其品质的是森林文化。有了森林文化的内涵和底蕴，休闲林业旅游产品才更有吸引力。经营者必然会开发更深层次的林业旅游休闲产品，注重森林文化内涵的深度挖掘，精准定位休闲林业的旅游文化。森林中蕴含着大量的自然科学知识，也孕育了许多历史文化遗产，实现两者的有机结合，产品就会更有魅力。对传统民风民俗进行挖掘，实现休闲产品的创新，开发知识性强、趣味性强、参与性强的休闲林业产品是必然趋势。

(4)营销手段趋于多样化

根据中国互联网信息中心最新发布的数据显示，我国的网民数量已经达到了5.64亿，这是中国媒体受众群体达到的新的历史峰值。媒体技术形态的变迁，改变了人们的生活方式，报纸、电视、网络、手机等传播载体的边界逐渐模糊，媒介融合的进程加剧。休闲林业的发展必须突破传统思路，尽可能地运用新媒体的传播方式，在微博、微信、APP移动终端中，找到目标消费者最大接触的媒体形式，实现传播效果的最大化。

6.5 发展休闲林业的建议

(1)注重规划

发展休闲林业，要以科学发展观为指导，按照有利于保护生态环境、有利于增加农民收入、有利于满足人民需求的目标要求，依据土地利用总体规划、村镇建设规划、林业发展总体规划和森林经营规划等，按照森林资源合理开发利用和生态保护并重的原则，精心编制可操作性强的休闲林业发展规划。规划应坚持发展休闲林业与发展地方特色产业相结合、休闲基础设施建设与村镇整治相结合、开发休闲林业资源与保护生态环境相结合的原则。在科学规划的基础上，因地制宜，分类指导，充分考虑市场容量、投入能力和环境承载力，实行合理布局，适度开发，有序发展，避免一哄而上，盲目跟风。要按照产业整体推进、全面发展的要求，统筹规划休闲林业、特色种养业、林产品加工业的发展，做到布局合理、功能清晰、联动发展。按照层次性、多元化的错位竞争思路，规划发展“一乡一特”“一村一品”的休闲林业特色乡村，形成区域特色明显、功能布局合理、文化内涵丰富的休闲林业发展格局。

(2)注重特色

在休闲林业产品开发上，充分发挥本地资源的优势，根据森林休闲区不同的特色资源，如特殊的地质地貌、典型的森林植被、森林群落景观、水域景观、人文景观和区域特色林副产品等，开发出有特色的休闲项目，优化森林休闲地的产品结构，实现错位发展。在实际操作过程中，以差异、特色、需求等确定主题，以原始生态及林木景观为基础，以民俗和建筑体现风格，以“餐饮、住宿、体验、娱乐、休闲、购物、体育锻炼”为主要内容，深度挖掘休闲林业的内涵，突出农村天然、朴实、绿色、清新的环境氛围，强调天趣、闲趣、野趣，尽力展现休闲林业的独特魅力。结合各地的风俗民情展现独具特色的地域文化，挖掘资源的文化内涵，开发出具有实用性、艺术性、纪念性、时代性、文化性、独特性的休闲林业产品系列。同时，深入了解和研究客源市场，根据游客细分市场，不断更新产品，满足需求。

(3)注重品牌

休闲林业作为新兴产业要在竞争中生存发展，就必须参与同其他行业的竞争，重视营销，加大宣传力度；按照市场需求研究策划休闲林业的活动内容和形式；充分利用报纸、电视、互联网等媒介进行宣传，让更多人认识和了解休闲林业，并投身到林业休闲的活动当中。另外，任何产业的发展都依靠品牌效应和整体效应，应以村镇为单位将休闲林业项目作为一个整体品牌进行包装与市场化运作，立足于餐饮、住宿、体验、娱乐、休闲、购物、体育锻炼等休闲内容，把休闲林业资源的文化内涵充分挖掘出来，树立特有的个性和品牌，以提升各地休闲林业的知名度和美誉度(陈珂等，2008)。

(4)建立质量评价体系

实行休闲林业项目服务质量标准化，是规范和提升休闲林业项目服务管理的必要手段，是休闲林业持续健康发展的根本环节。一是制定休闲林业项目标准化的规程和管理办法。比如《休闲林业特色示范村评定办法》《休闲林业特色示范村认定标准》《休闲林业食宿经营服务质量等级划分及评价办法》等，加强卫生防疫、消防安全、技术监督、环境保护等方面的动态管理，构建完善的服务质量保证体系，加强休闲林业经营服务的卫生和安全保障工作。二是规范行业竞争、促进产业良性发展。组建休闲林业协会或休闲林业服务中心、乡村林业休闲旅游公司，引导当地休闲林业经营户按照“自愿、协作、规范”的原则联合起来，对内加强行业自律，对外树立品牌形象，统一参与市场竞争。三是做好休闲林业服务质量的认定工作。以协会形式组建休闲林业服务管理认定小组，负责休闲林业特色示范村、示范乡镇、星级经营户的认定工作，对认定合格的特色示范村、示范乡镇、星级经营户，给予命名(余维可，2010)。

6.6 休闲林业典型案例

6.6.1 周家庄乡农业特色观光园

河北晋州市周家庄乡号称“最后的人民公社”，是目前我国唯一保留人民公社制度的乡镇，位于河北省晋州市中部，西距石家庄市50km。周家庄乡1949年创办互助组，1952年建合作社，1958年建人民公社，1983年建农工商合作社。自1952年至今，合作社始终集体统一经营，体制一直未变，已有65年历史。周家庄乡一直为集体经营，不设村委会，是全市唯一的乡生产队，“两层楼”的管理体制。本乡共设10个生产队、6个自然村，直属乡领导，仍然实行集体计划经济生活，记工分、分口粮、集中耕作、统一分配是周家庄的主要劳动形态。周家庄乡农业特色观光园是国家3A级景区，休闲娱乐内容有：

①观赏　包括67hm^2油菜花、200hm^2亩梨花、67hm^2油葵花、各种观赏花木的百花园。

②采摘　包括草莓、蔬菜、葡萄、梨果等各种农产品。

③娱乐　包括梨花节、采摘节、各种民俗文化活动，走苗木迷宫，观赏使用传统农业工具，体味农耕文化。

④餐饮　周家庄乡建有人民公社大食堂、林中餐厅等，可以品味传统农家特色小吃。在市场规律下，这里的集体经济依然红火。农(林)业特色观光园年均接待游客15万人次，旅游收入增加500万元。

6.6.2 元氏县林外林生态农庄

河北元氏县林外林生态农庄占地40km^2，位于元氏县以北，石家庄市以南，距离石家庄市区20分钟车程，紧靠红旗大街，交通便利，2016年9月开始对外营业。庄内绿树成荫，果香四溢，空气清新，鸟语花香，是休闲、纳凉的理想场所。目前，林外林生态农庄已形成集观赏、采摘、餐饮、娱乐、婚礼庆典为一体的都市近郊生态休闲场所。

①观赏　包括香猪、兔子、孔雀等畜禽观赏；园内茅屋农舍、水车农田、生态小品观赏及春季各种果花观赏。

②采摘　包括苹果、葡萄、核桃、瓜果、蔬菜等绿色无公害农产品采摘。园内建有果园2hm^2，蔬菜大棚2个，可提供各种时令蔬菜采摘。

③娱乐　主要有沙坑、吊桥、秋千、攀岩、羽毛球、乒乓球、棋牌室、卡拉ok、舞蹈广场、篝火晚会等项目。

④餐饮住宿　庄园设有2层宴会厅，11个包间，可同时容纳500人就餐，品尝传统农家菜的鲜香和自助烧烤的乐趣；另外，有20多个传统农家小院，可供50多人住宿，体验农家生活的淳朴。

⑤婚礼庆典　有可同时容纳500多人的婚庆草坪和鲜花拱门，是举行婚礼庆典的天然场所。自开业以来，林外林生态农庄总计接待游客3万人次，人均消费80元，旅游年收入约240万元。

第 7 章　平原林业集约化经营新技术

伴随着平原地区土地流转、社会资本涉足林地经营，集约化规模化经营正在成为平原林业发展的新趋势，新的模式和新的形势迫切需要新的技术支撑，而伴随着社会经济发展与科学技术进步，新理念、新技术与新机械应运而生，为平原林业发展提供了广阔技术支撑，其中土壤管理、节水灌溉、病虫害防治、机械化和自动化作业等方面的新技术将在未来有很大的推广普及空间。

7.1　土壤管理技术

7.1.1　保护性耕作技术

土壤管理在林地管理中占有十分重要的地位，目前平原林业土壤管理主要有免耕、清耕、翻耕、旋耕、作物秸秆及树枝等残茬覆盖、地膜覆盖、粮果间作、生草等多种方式。保护性耕作其实质是通过少耕或免耕减少对土壤的翻动，以“生物代耕”效应充分调动土壤的自我调节能力，从而实现“少动土、少裸露、少污染、低耗能、低排放、高保蓄、高效益”的“三少两低两高”目标。因此保护性耕作的基本原理主要是减少中耕作业环节；通过生物及绿色覆盖等途径加大地表覆盖度，提高土壤保蓄水性能，减少土壤水分的非目标性输出，提高土壤肥力；通过作物根系及残茬腐烂松土、微生物及蚯蚓不断挖掘孔道松土、土壤冬冻春融及干湿交替松土等自然途径，疏松土壤，增加土壤孔隙度，创造良好的耕作层。

7.1.1.1　地表覆盖技术

(1)覆草

覆草是指利用各种作物秸秆、杂草、树叶等有机物覆盖果园或林地表面的一种土壤管理模式。覆草能抑制杂草生长，调节土壤低温和高温，增加土壤有机质含量，具有保持水土和培肥地力的功能。覆草有全园覆盖、行间覆盖及树盘覆盖等方式。覆草一般以春夏季进行为好，如果是水分较为充足的地区，覆草宜在土壤温度达 20℃时进行，土壤温度较高时，可以增强微生物活力，加快有机物分解。果园覆草方式的选择可以参照如下标准进行，已经充分遮阴和不宜间作的果园实行全面覆草，覆草厚度一般为 5~10cm，覆盖到树冠垂直投影外缘为宜；果园遮阴度小或覆盖物不足的地区实行局部覆草，这种果园通常进行农业间作，在间作带的裸露地表覆草 5~10cm。

(2)生草

人工生草是指在行间或全园(树盘除外)种植白三叶草、苜蓿等一年生或多年生豆科植物作为覆盖物的一种土壤管理制度。20 世纪 70 年代以来，一些果品生产较为发达的国家诸如欧美及日本等国，为了满足公众对绿色食品、有机食品的需求，开始建立生态体系稳态平衡及优质高产的现代果树生态栽培体系。为此，研究人员对果园生草开展了大量的研究工作，并将果园生草作为果园管理的主推措施之一。目前，欧美和日本实施生草的果园面积占果园总面积的55%~70%，有的国家甚至达到90%以上。我国从20世纪60年代开始研究果园生草，但由于我国区域自然条件差异较大，研究结果有所不同，有的研究表明，生草栽培利于表层土理化性状的稳定，利于保水保土，保证了养分水分的稳定均衡供给，使果树表层根系发育良好，从而利于树体发育，也有利于植物多样性的保护，并防止病虫害的发生。但也有研究表明，生草措施由于草自身生长的水肥需求会与果树之间发生养分、水分的竞争，造成一般生草园比清耕园叶色淡，新梢生长速率相对较弱，果实着色度较差的现象。生草制土壤管理模式与当地的土壤条件，降水量及所用草种等密切相关，推广中应注意(陈新燕，2012)。

果园生草的方法，从种植上分人工种植和自然生草两种；人工种植需要掌握的是草种的选择、播种的时期和播种的方法；人工种草一般选用生长茂盛、植株矮小的草类，如苜蓿、草木犀、三叶草、田菁、扁茎黄芪、毛叶苕子等；播种时可单播，也可几种草籽混播，第一次播种量可大些，用量0.5~2kg/hm^2；播种的最佳时期是春秋两季，即3月下旬至4月份和8月中旬至9月中旬；播种方法是在果树行间翻耕20~25cm深，将地整平，灌水湿润后即可播种，播种时混入75~112.5kg/hm^2 的沙子，混匀，均匀播种，播种深度1~1.5cm；播种后覆盖上浅土，或覆盖地膜后7~10d即可出苗。自然生草是根据果园中自然生长的各种草类，对于有害的蓬草、蒿草等应及时拔除，再通过刈割留用。

(3)果园草格种植和覆盖腐熟有机质

由于华北地区降雨量少，且存在典型的季节性干旱特点，所以一般不适合全园生草。因为草本植物的生长本身需要耗用一定的土壤水分，存在与果树争夺水分的情况，因此采用种草和覆草相结合的种植方式较为适宜。栽种时间为春季或秋季，具体方法如下：①在果园行间和株间种植20~30cm宽的活草带(草种可选用苜蓿、三叶草等)，使果树处于草格中心。生草播种量不宜太密，以2.5kg/hm^2 为宜，播种时混入75~112.5kg/hm^2 的沙子，混匀，均匀播种，播种深度1~1.5cm；②草格间裸露土壤覆盖5~10cm的腐熟有机质，腐熟有机质材料包括堆肥腐熟的各种作物秸秆、杂草、树叶等有机物，由于华北平原是小麦、玉米的主产区，所以一般采用小麦或玉米秸秆腐熟有机质覆盖。覆盖的有机物必须经过腐熟，杀死害虫的卵及幼虫等。这种将生草和覆草结合起来的草格种植方法，一方面活草带的存在既有利于天敌昆虫的生长生活，例如，为螳螂、瓢虫、猎蝽、蜘蛛等天敌昆虫提供产卵、躲避天敌及迁徙的场所；又可以固定林下覆盖的腐熟有机质，减少水分的蒸发。另一方面覆盖腐熟有机质可以调节土壤低温和高温，增加土壤有机质含量，具有保持水土，培肥地力等功能；将有机质腐熟可以减少有害昆虫的卵及幼虫数量。

7.1.1.2 秸秆深埋还田

秸秆还田利用率的提高，不但能够降低资源浪费及环境的污染，而且能提升农业生产的技术水平，是实现农业的可持续发展的关键。秸秆还田是秸秆综合利用的一项重要措施(高茂盛，2010)。目前秸秆还田主要应用于农田，且主要采用浅旋还田的耕作方式，这种耕作方式不但保墒培肥效果差，秸秆在干燥的情况下也不能快速腐解，而且会使土层表面的孔隙增大、漏风、跑墒(原玉等，2016；闫春丽等，2010)。

现代果园由于施化肥较多，土壤板结严重，根系分布多在 20～50cm，秸秆深埋还田既可有效补充和平衡土壤水分和养分，增加土壤有机质含量，提高土壤肥力，又能够有效改善土壤结构，有利于根系向深处发展，促进作物的生长，达到作物增产稳产的目的。

操作时间选择秋季，玉米秸秆收获后，操作方法如下：①在林带行间方向机械开沟，开沟深度 100～120cm，宽度 50～100cm。②在开好的深沟内，将含水量较高的玉米秸秆整株分层平铺于沟内，每层深度大概 15～20cm，每铺一层撒入适量的秸秆腐熟剂，以加快秸秆腐熟分解并增加土壤微生物含量，按秸秆腐熟剂使用说明用量，平铺 3 层即可。填埋秸秆要压实，否则后期下沉严重。以填满深沟的 2/3 为宜；秸秆不宜填入太多，要保证回填后土层厚度达到 40～50cm，保证人工种植草的生长。③覆土，将沟土回填于已填充秸秆的沟中，覆土后沟内埴土高出地面 10～15cm 左右为宜。回填土时，要保证熟土在下生土在上，且熟土厚度不小于 20cm，耕作层土壤经过人为的耕作、施肥，土壤熟化程度高，土壤疏松，结构较好，较易耕作，具有良好的通气透水性，肥力较高。④开沟产生了大量的土，回填后多余的土可以堆到树周围，利于集水。⑤2 年后，垂直与之前秸秆深埋方向重复进行秸秆深埋还田，使整个果园形成网格状秸秆深埋还田沟，进行一个周期的秸秆深埋还田可以保证整个果园 5～6 年的有机质等营养成分供应。

7.1.2　新型土壤调节剂

我国农业部 1989 年发布、1997 年修订的《中华人民共和国农业部关于肥料、土壤调理剂及植物生长调节剂检验标准》(1998 年 1 月 1 日起实施)中，把土壤调节剂定义为：加入土壤中用于改善土壤的物理和(或)化学性质，及(或)其生物活性的物料。

根据不同功能，土壤调节剂可以分为：团聚分散土粒、改善土壤结构的土壤胶结剂(团粒促进剂)；固定表土、防止水土流失的土壤稳定剂；调节土壤酸碱度的土壤调酸剂；能增加土壤温度的土壤增温剂；能保持土壤水分的土壤保水剂等；调解微生态环境的微生物菌剂。

7.1.2.1　土壤胶结剂

土壤团聚体是土壤结构的基本单元，能调节土壤水肥气热、影响土壤酶活性以及稳定土壤疏松熟化层(薛彦飞，2015)。土壤团聚体的形成过程十分复杂，受到土壤本身以及人为活动等多种因素的影响。在土壤团聚体的形成过程中，胶结物质起着十分重要的作用，包括有机胶结剂、无机胶结剂以及有机无机复合胶结剂。

有机胶结剂中，菌丝体可以通过对土壤中细小颗粒的缠绕，促进团聚体的形成，尤其是大团聚体；微生物虽然可以借助菌丝的缠绕作用而形成团聚体，但是团聚体的真正形成，还必须依赖于多糖等有机物质的胶结作用。无机胶结剂包括铁、铝氧化物、黏粒以及碳酸钙等。通过有机质与钙的相互作用所产生的有机无机复合体对 2mm 以上团聚体的稳定性具有重要的作用。

7.1.2.2　高分子土壤稳定剂

高聚物类土壤稳定剂利用聚合物交联形成立体结构包裹和胶结土粒，或者利用表面活性剂改变土粒表面亲水性质，形成有效的抗水能力，在土壤压实的基础上，可以得到较好的抗压强度，从而发展成为一类新的土壤稳定剂(刘瑾，2011)。

主要包括：纤维素、木质素、多糖羧酸类、聚环氧乙烷、淀粉、蛋白质、有机硅橡胶、聚丙烯醇、硝基腐植酸、聚乙烯醇类、聚乙烯咪唑、聚丙烯酰胺、聚乙醇胺、聚氧化乙烯、聚醋酸乙烯和尿素、梭甲基纤维素(CMC)等。

高分子土壤稳定剂可以有效提高黏土团聚体的稳定性，从而在很大程度上提高土体表层的稳定性，控制水土流失。土壤稳定剂在地基加固、路面加固和渠道防渗等领域广泛应用，也可应用与防治水土流失、边坡失稳、沙漠化和扬尘等地质和生态环境问题。

目前已成产品的土壤稳定剂有如下几种：美国路邦(ROADBOND)公司的 ISS 和 EN-1 系列土壤稳定剂，美国帕尔玛公司的固化酶，德克萨斯土壤控制国际公司的 Top-Sea 系列液态土壤稳定剂，SOILROCK 公司生产的 S 型土壤稳定剂；澳大利亚开发的 ROADPACKER；日本田熊公司的 Aught-Set 系列土壤稳定剂；日本的 UKC 公司 0H 型等土壤稳定剂。

7.1.2.3　微生物肥料

1)微生物肥料的含义和作用

微生物是土壤中的主要分解者，它使土壤中的有机物质发生分解或化合作用而转化，使营养元素得以循环使用，同时它们对土壤的形成、土壤肥力和生物质的生产都有非常重要的作用(陈慧君，2013)。国家农业部微生物肥料标准的定义：含有活微生物，通过其生命活动，增加了植物营养元素的供应量(包含土壤和生产环境中植物元素的供应量和植物营养元素的有效供应量)，又能产生植物生长激素或抑制有害微生物活动的活体制品(刘丽丽，2008)。

微生物肥料的作用，归纳起来主要有如下几种：①增加有机质，增进土壤肥力；②通过颉颃、占位、竞争排斥等作用，控制微生态环境中有害微生物数量，促进氮、磷、钾转化，制造和协助作物吸收营养；③通过有益微生物的代谢产物(细胞分裂素)，刺激作物的生长；④有益微生物的代谢产物(抗生素)可增强植物抗病虫害和抗旱能力；⑤提高作物的品质和产量；⑥减少化肥的使用量，减轻环境污染；⑦改善微生态环境，调控微生态平衡。

2)微生物肥料的种类

微生物肥料的种类较多，我国目前市场上出现的品种主要有：①固氮菌类肥料；②根瘤菌类肥料；③解磷菌肥料；④硅酸盐细菌肥料；⑤光合细菌肥料；⑥芽孢杆菌制剂；⑦分解作物秸秆制剂；⑧微生物生长调节剂类；⑨复合微生物类肥料；⑩与 PGPR 类联合使用的制剂等。现选择几种常用的介绍如下：

(1)固氮菌类肥料

固氮菌除能固定大气中的氮素之外，还能形成维生素和生长素。不仅能刺激作物生长发育，也能加强其他根际微生物的生命活动，促进土壤有机物质的矿化作用，间接影响着植物的矿质营养(薛晓昀，2011)。

一般在富含有机质的肥沃土壤中，施用固氮菌肥料，可起到良好的增产效果。土壤的通气状况也是固氮菌活动的重要条件，固氮菌是好气性的，常在湿润的土壤表层发育良好；固氮菌属于中温性类型，在 25~30℃生长最好；固氮菌对于酸性反应很敏感，适宜于弱酸性、中性或弱碱性环境。

有固氮作用的微生物很多。目前，在生产上应用的固氮菌肥料主要有共生根瘤菌肥、自生固氮菌肥和固氮蓝藻肥三类。我国推广使用的自生固氮菌菌剂，主要由圆褐固氮菌和棕色固氮菌制成。施用方式主要有基施(和农家肥拌匀后，以基肥的形式施用)、追施(和潮湿的肥土混合均匀，堆放 3～5d 并拌入一些稀粪水后，浇在作物的根部并覆盖土壤）和拌种（注意在阴凉处拌种，拌种时不能拌入农药，并且在阴凉处晾干后再播种）。

（2）硅酸盐细菌肥料

硅酸盐细菌一方面由于其生长代谢产生的有机酸类物质，能够将土壤中含钾的长石、云母、磷灰石、磷矿粉等矿物中的难溶性钾及磷溶解出来为作物和菌体本身利用，菌体中富含的钾在菌死亡后又被作物吸收；另一方面它所产生的激素、氨基酸、多糖等物质促进作物的生长。同时，细菌在土壤中繁殖，抑制其他病原菌的生长。这些都对作物生长、产量提高及品质改善有良好作用。

硅酸盐细菌主要指胶冻样芽孢杆菌的一个变种或环状芽胞杆菌。目前的硅酸盐细菌肥料剂型主要是草炭吸附的固体剂型，其生产条件、工艺要求、质量要求和使用条件同于一般的微生物肥料，主要用于缺钾地区。我国农业土壤中的缺钾问题日趋明显，而我国钾素化肥生产能力严重不足，每年需要进口。实际上土壤中钾的总含量并不缺乏，只是速效钾供应不足，研究和开发利用解钾微生物，阐明其作用机理是微生物肥料研究和应用中的一个重要课题。硅酸盐细菌肥料适宜施用的作物种类多，在果树上表现出较好效果，产量的增加达 10% 左右，并能提高品质。施用方式主要为拌种、穴施和根外追肥。

（3）光合细菌肥料

能利用光能作为能量来源的细菌，统称为光合细菌。根据光合作用是否产氧，可分为不产氧光合细菌和产氧光合细菌。光合细菌使作物提质增效的原因，可归纳为以下 2 个方面：

①光合细菌能促进土壤物质转化，改善土壤结构，提高土壤肥力，促进作物生长　光合细菌大都具有固氮能力，能提高土壤氮素水平，通过其代谢活动能有效地提高土壤中某些有机成分、硫化物和氨态氮，并促进有害污染物如农药等的转化。同时能促进有益微生物的增殖，使之共同参与土壤生态的物质循环。此外，光合细菌产生的丰富的生理活性物质如脯氨酸、尿嘧啶、胞嘧啶、维生素、辅酶 Q、类胡萝卜素等都能被作物直接吸收，有助于改善作物的营养，激活作物细胞的活性，促进根系发育，提高光合作用和生殖生长能力。

②光合细菌能增强作物抗病防病能力　光合细菌含有抗细菌、抗病毒的物质，这些物质能钝化病原体的致病力以及抑制病原体生长。同时光合细菌的活动能促进放线菌等有益微生物的繁殖，抑制丝状真菌等有害菌群生长，从而有效地抑制某些病害的发生与蔓延。

光合细菌的种类较多，根据其所具有的光合色素体系和光合作用中是否能以硫为电子供体将其划为 4 个科：红螺菌科或称红色无硫菌科、红硫菌科、绿硫菌科和滑行丝状绿硫菌科。进一步可分为 22 个属 61 个种。

生产的光合细菌肥料一般为液体菌液，用于作物的基肥、追肥、拌种、叶面喷施、秧苗蘸根等。作种肥使用，可增加生物固氮作用，提高根际固氮效应，增进土壤肥力。叶面喷施，可改善植物营养，增强植物生理功能和抗病能力，从而起到增产和改善品质的作用。

（4）秸秆腐熟剂

秸秆腐熟剂是能使秸秆和有机废物迅速分解、迅速腐熟的生物肥料，在中低温的菌种中选择具有良好消化分解能力的菌种（姜佰文等，2005），利用先进的现代生物技术，微生物菌群可以和睦相处，相互促进和达到互相协同的效果。秸秆腐熟剂包含有能快速分解纤维素、半纤维素和木质素的嗜热、耐热细菌，真菌，放线菌和活性酶等组成。在适宜的环境条件下，能迅速使秸秆中的碳、氮、磷、钾、硫等组成的大分子有机物质降解和矿化，形成简单易被作物吸收的有机物。同时，还可消除秸秆中的病虫害、杂草种子和其他有害物。秸秆腐熟技术是一种高效、快速、不受季节地区限制、简单易行、节能环保的方法，在秸秆资源(干草、鲜草也可还田)丰富的地区可以广泛使用，可提高秸秆利用率，保护生态环境，减少二氧化碳排放。

①功效特点　有效活菌数在200亿/g以上。功能强大，畜禽粪便、秸秆等加入本品，可在常温(15℃以上)下，迅速升温、脱臭、脱水，一周左右完全腐熟。多菌复合，主要由细菌、真菌复合而成，互不颉颃，协同作用。功能多、效果好，不仅对有机物料有强大腐熟作用，而且在发酵过程中能繁殖大量功能菌并产生多种特效代谢产物，从而刺激作物生长发育，提高作物抗病、抗旱、抗寒能力，功能细菌进入土壤后，可固氮、解磷、解钾，增加土壤养分、改良土壤结构、提高化肥利用率。用途广、使用安全，可处理多种有机物料，无毒、无害、无污染。促进有机物料矿质化和腐殖化，物料经过矿质化，养分由无效态和缓效态变为有效态和速效态，经过腐殖化，产生大量腐殖酸，刺激作物生长。

②使用范围　畜禽粪便、作物秸秆、饼粕、糠壳、污泥、城市有机废弃物、农产品加工废弃料(果渣、蘑菇渣、酒糟、糠醛渣等)。

③使用数量　一般用量为0.1%~0.3%。原辅料及要求，主要物料：畜禽粪便、果渣、蘑菇渣、酒糟、糠醛渣、污泥等大宗物料，果渣、糠醛渣等酸度高，应提前用生石灰调至pH 7.0左右；辅料：米糠、锯末、饼粕粉、秸秆粉等，干燥、粉碎成粉状即可。原辅料配比，主料∶辅料=(5~3)∶1。水分控制在50%~60%，手抓物料成团无水滴，松手即散。

④使用方法　按要求将本品、主料和辅料全部混合均匀。方法一：可以先拿少部份物料与发酵剂混合均匀，然后再用这一部分物料与大量的物料混合。方法二：使用前活化：将发酵剂、糖、水按照1∶1∶20的比例，活化8~24h，期间最好每隔1~2h充分搅拌一下，之后可以加入适当的水与物料搅拌均匀即可。堆料高度1m，环境温度15℃以上。堆温升至60℃时开始翻倒，每天1次，如堆温超过65℃，再加次翻倒。腐熟标志：堆温降低，物料疏松，无物料原臭味，稍有氨味，堆内产生白色菌丝。

(5)复合微生物肥料

指特定微生物与营养物质复合而成，能提供、保持或改善植物营养，提高农产品产量或改善农产品品质的活体微生物制品。

①菌种　使用的微生物应安全、有效。生产者须提供菌种的分类鉴定报告，包括属及种的学名、形态、生理生化特性及鉴定依据等完整资料，以及菌种安全性评价资料。采用生物工程菌，应具有获准允许大面积释放的生物安全性有关批文。

②成品技术指标　产品按剂型分为液体、粉剂和颗粒型。粉剂产品应松散；颗粒产品应无明显机械杂质、大小均匀，具有吸水性，施用方式主要为拌种、穴施和根外追肥。复合微生物肥料产品技术指标见表7-1。

表 7-1 复合微生物肥料产品技术指标

项目		剂型		
		液体	粉剂	颗粒
有效活菌数(cfu)[a]/[亿/g(mL)]	≥	0.50	0.20	0.20
总养分($N+P_2O_5+K_2O$)/%	≥	4.0	6.0	6.0
杂菌率/%	≤	15.0	30.0	30.0
水分/%	≤	—	35.0	20.0
pH		3.0~8.0	5.0~8.0	5.0~8.0
细度/%	≥	—	80.0	80.0
有效期[b]/月	≥	3	6	

注：a. 含两种以上微生物的复合微生物肥料，每一种有效菌的数量不得少于0.01 亿/g(mL)；

b. 此项仅在监督部门或仲裁双方认为有必要时才检测。

7.1.2.4 土壤保水剂

1)保水剂的定义和种类

高分子保水剂(super absorbent polymer，SAP)是具有吸水和保水能力的一类高分子聚合物，一般可吸收自身400~600 倍甚至更高倍数的纯水，其所吸水分可缓慢释放供植物利用。SAP 应用于土壤可以改善植物根系与土壤界面的环境状况，直接提供植物的水分供应；还可通过改善植物根际土壤结构而促进土壤保水，间接供应植物水分。由于 SAP 具有应用量少、见效快、应用范围广等特点，因此在农业生产、水土保持和环境治理等方面得到广泛应用，发展前景广阔(黄占斌等，2016)。

我国保水剂的开发始于上世纪 80 年代初期，目前保水剂在土壤改良、城市绿化、荒坡造林、水土保持、边坡治理、矿区废弃地复垦等方面的应用得以推广。在传统的保水剂对种子发芽、苗木移植成活率、植物的生长与产量等方面的研究之外(安娟等，2017)，还有与肥料相结合的保水肥料的研发、与吸附材料相结合的保持水土型复混材料等创新性研究。

高分子保水剂的合成，主要是天然亲水性单体经交联剂和引发剂等助剂发生合成反应而成，按合成反应类型保水剂可分 3 种(黄占斌等，2016)，即接枝共聚反应、羧甲基化反应和交联反应。按其原料和合成技术可分为有机单体聚合(如聚丙烯酸钠)、淀粉聚合(如淀粉接枝丙烯酸钠)、有机无机复合(如凹凸棒/聚丙烯酸钠)、有机单体与功能性成分复合(如腐殖酸型保水剂)等类型(黄占斌等，2013，2007)。

2)保水剂应用效果

土壤保水剂在减少土壤侵蚀，稳定土壤结构，提高土壤含水量及水分利用率方面效果明显，果园中应用保水剂改善了土壤的通气透水性能，土壤含水量有明显提高，保水剂保存的水分是有效水分，可以被果树吸收利用，进而促进了果树的生长发育。保水剂不仅促进根系发育，提高植物抗旱性，提高出苗率和移栽成活率，也可促进植株生长发育、单株叶面积和干物质重。

3)土壤保水剂应用方法

保水剂在农林业上的使用方法有种子处理(种子包衣、涂层等)、根部处理(蘸根)和土壤应用等，后者是目前应用的主要方法，包括穴施、沟施、地面散施和苗床混施等。

(1)种子表面涂层

保水剂的使用量为种子量的0.5%~3%。先把保水剂与水按一定的比例混合，将种子倒入其中，边倒边搅拌，使其成为均匀的糊状，使种子表面形成一层薄膜包衣，晾干，用手搓匀后即可播种。此法适用于小面积直播造林、育苗等。

(2)种子造粒

需要涂层的种子1份，加入保水剂与细土的混合物(1:100)2份，充分混合，使种子表面裹上一层保水剂与土的混合物，形成种子丸粒。造粒后的种子可直接用于播种，造粒时还可将农药、肥料掺在一起，此法适于颗粒较大的直播树种。

(3)蘸根

保水剂加水配成1%~5%的溶液，将苗木的根系浸泡其中，然后直接进行栽植，也可与生根粉、杀菌剂、肥料等混合后使用，生根粉，杀菌剂，肥料和保水剂的使用比例为1:10:15:25。此法应用于苗木栽植，也可用于解决苗木在假植、运输过程中由于失水而影响成活率的技术问题。

(4)穴施

苗木栽植前使用，穴施的方法有两种。一种是先将保水剂与树穴中的心土按1:20比例混匀，每穴保水剂用量为10~30g，制成混剂土；然后在树穴内回填3~5cm的表土，再将树苗放入树穴，并在树苗的根上撒3~5cm厚的细土；随后将混剂土撒入树根周围，尽量远离根茎。另一种是将保水剂用水浸泡，保水剂尽量吸饱水呈胶体状。施入方法同第一种，尽量远离根茎，避免保水剂包住根茎使其腐烂。这种方法每棵树需吸饱水的保水剂3~5kg。

(5)地面喷洒

地面喷洒分为喷施、喷洒两种。地面喷洒就是将保水剂加水配成一定浓度(2%以内)的溶液，喷雾装置喷洒在树苗周围，地表形成一层保水剂"薄膜"，减少地面蒸发。此法在经济作物栽植及育苗中效果较好。地面撒施，就是在播种、栽植前将保水剂直接撒在地面上，然后灌水，以提高土壤有效含水量的持续时间。此法一般用于种植草皮和大面积直播、栽植。

(6)作培养基质

将保水剂与营养液按体积分数0.5%~1%搅和均匀成为凝胶状，再与其他基质按1:1混合，可用于盆栽花卉、蔬菜、树木等的工厂化育苗。

7.2 节水灌溉技术

7.2.1 节水灌溉的基本方式

随着经济社会快速发展，水资源缺乏成为制约我国经济社会发展的重要因素，节水灌溉技术的大面积推广可以有效提高水的利用率，提高土地生产率和劳动率，实现农林业的可持续发展。

节水措施一般从四个基本环节考虑：①减少渠系(管道)输水过程中的水量蒸发和渗漏损失，提高灌溉水的输水效率；②减少田间灌溉过程中水分的深层渗漏和地表流失，提高灌溉水的利用率，减少单位灌溉面积的用水量；③蓄水保墒，减少农田土壤的水分蒸发损失，最大限度地利用天然降水和灌溉水资源；④提高作物水分利用效率，减少作物的水分奢侈性蒸腾消耗，获得较高的作物产量和用水效益(苏荟，2013)。

基于以上农业节水过程中的基本环节，国内外发展节水灌溉技术的基本方式主要体现在以下几方面：①开放的农业水资源开发技术，包括地面集水技术、地下水库利用技术和劣质水利用技术等。②农业输水节水技术，包括渠道防渗技术、低压管道输水灌溉技术。③田间灌溉节水技术，包括喷微灌技术、改进地面灌水技术。

7.2.2　地面集水及劣质水利用技术

7.2.2.1　集雨

随着水资源日趋短缺和农林业发展对水资源需求的大幅度增长，雨水集蓄利用越来越受到世界各国的重视。以色列在雨水利用方面，一是集雨用于种草植树，恢复退化的植被；二是通过水库积蓄的方式，向输水网络供水，并用部分水调节沿海地区的地下水位，防止海水入侵；三是田间蓄积后就地利用，在播种时通过机械作业建立集雨积蓄坑或径流面。印度集雨也有三种形式：一是利用蓄水池收集田间降雨，在降水量高的年份把总量的16%~26%收集起来，作为补灌水源；二是利用田间集水形式，收集周围平地或集水区的径流，用于灌溉；三是发展微型集水区，实现雨水的就地拦截利用。

由于雨水资源比较容易获取，目前使用集雨方式增加水源的国家比较普遍。收集的雨水，大都补充杂水，用于冲洗厕所、浇灌菜园和洗车，以此可以节约水资源。但收集雨水往往需要建立另外的收集回用系统，因而也会增加投资和水的使用成本。尽管如此，对雨水的收集和利用已经日益成为各国增加水源的主要方式之一。

集雨的工程模式和技术方法也呈现灵活多样的特点。集流面形式有自然坡面、路面、人工集雨场，北方地区采用人工集流场、天然集流场与人工拦截措施相结合；蓄水工程形式以水窖、旱井为主。

城市集雨工程技术，无论在国内还是国外，都取得了一些成功经验，值得借鉴。在我国北京、大连等地，利用雨水贮留渗透的场所一般为公园、绿地、庭院、停车场、建筑物、运动场和道路等，采用的渗透设施有渗透池、渗透管、渗透井、渗透性铺盖、浸透侧沟、调节池和绿地等。由于采用了雨水贮留渗透，有效补充了地下水，复活泉水，恢复河川基础，改善了生态环境。

7.2.2.2　微咸水利用

有效利用微咸水进行农业灌溉，解决水资源短缺是许多国家正在使用的一种方法。如西班牙，将咸水灌溉技术较广泛地应用于旱地农业地区。他们将矿化度小于1g/L的咸水用于所有农作物的灌溉，将矿化度为4~61g/L，其中离子含量为1~3g/L的咸水，用于灌溉棉花、苜蓿、麦类或水稻。另外，西班牙还设有专门灌排设施的地块，使用矿化度5g/L，甚至10~15g/L的咸水灌溉。为了研究和推广咸水灌溉，西班牙设立咸水灌溉站，专门研究和试验咸水灌溉的技术和理论。在以色列，科学家已发现像棉花、西红柿、西瓜等一些农作物，可以用浓度高达0.45%的咸水灌溉，但必须采用滴灌方式，防止盐类在植物的根部聚积，而用咸水浇灌的西红柿更甜并耐贮藏。

7.2.2.3　污水处理和回用

为了提高水的利用效率，很多国家广泛采用了污水处理回用的办法，并取得了较好的效果。美国城市污水回用总量约为$94\times10^8m^3/a$，主要包括污灌用水、景观用水、工艺用水、工业冷却水、锅炉补水以及回灌地下水和娱乐养鱼等多种用途，其中灌溉用水为$58\times10^8m^3/a$，占总回用量的60%，全国50个州中有45个州开展了污水回用于农业的工作。气候干旱的以色列，1972年制订了国家污水再利用工程计划，目前其污水利用率已达70%，80%以上的农业用水是经处理过的废污水。

据资料分析，城市混合污水平均含氨氮8.1～19.6mg/L、五氧化二磷3.0～4.0mg/L。如每年每公顷灌污水7 500m^3，相当于187.5kg尿素和157.5kg过磷酸酸钙得到利用。但是，另一方面，污水中也含有多种有害成分，灌溉不当也会造成极为严重的食品安全和环境污染问题。土壤对污水的净化作用包括土壤的过滤截留、物理和化学吸附、化学分解和沉淀、植物和微生物的摄取、微生物酶的氧化降解以及蒸发等。同时，土壤对污水的净化能力也是有一定限度的，当污染物的量超过土壤的自净能力时，就会导致土壤污染。因此，污水作为灌溉水源，其广泛应用还存在着一些限制因素。污水灌溉及其对环境的影响已成为许多国家水资源高效利用与管理、农业与生态环境等领域日益关注的重要课题。

7.2.3　农业输水节水技术

7.2.3.1　渠道防渗

渠道输水是目前我国农田灌溉的主要输水方式。传统的土渠输水渠系水利用系数一般为0.4～0.5，差的仅0.3左右，也就是说，大部分水都渗漏和蒸发损失掉了。渠道渗漏是农田灌溉用水损失的主要方面之一。采用渠道防渗技术后，一般可使渠系水利用系数提高到0.6～0.85，比原来的土渠提高50%～70%。渠道防渗还具有输水快、有利于农业生产抢季节、节省土地等优点，是当前我国节水灌溉的主要措施之一。

根据所使用的材料，渠道防渗可分为：①三合土护面防渗；②砌石(卵石、块石、片石)防渗；③混凝土防渗；④塑料薄膜防渗(内衬薄膜后再用土料、混凝土或石料护面)等。

7.2.3.2　管道输水

管道输水是利用管道将水直接送到田间灌溉，以减少水在明渠输送过程中的渗漏和蒸发损失。发达国家的灌溉输水已大量采用管道。目前我国北方井灌区的管道输水推广应用也较快。常用的管材有混凝土管、塑料硬(软)管及金属管等。管道输水与渠道输水相比，具有输水迅速、节水、省地、增产等优点，水的利用系数可提高到0.95，节电20%～30%，省地2%～3%，增产幅度10%。目前，如采用低压塑料管道输水，不计水源工程建设投资，每公顷投资为1 500～2 250元。

在有条件的地方应结合实际积极发展管道输水。但是，管道输水仅仅减少了输水过程中的水量损失，而要真正做到高效用水，还应配套喷、滴灌等田间节水措施。目前尚无力配套喷、滴灌设备的地方，对管道布设及管材承压能力等应考虑今后发展喷、滴灌的要求，以避免造成浪费。

7.2.4 田间灌溉节水技术

7.2.4.1 喷灌技术

喷灌技术最早起源于美国。喷灌是利用管道和喷头将有压水分散成细小水滴，均匀地喷洒到田间，对作物进行灌溉。它作为一种先进的机械化、半机械化灌水方式，在很多发达国家已广泛采用。

喷灌的主要优点如下：①节水效果显著，水的利用率可达80%。一般情况下，喷灌与地面灌溉相比，1m^3水可以当2m^3水用。②作物增产幅度大，一般可达20%~40%。其原因是取消了农渠、毛渠、田间灌水沟及畦埂，增加了15%~20%的播种面积；灌水均匀，土壤不板结，有利于抢季节、保全苗；改善了田间小气候和农业生态环境。③大大减少了田间渠系建设及管理维护和平整土地等的工作量。④避免由于过量灌溉造成的土壤次生盐碱化。

常用的喷灌形式有管道式、平移式、中心支轴式、卷盘式和轻小型机组式。①移动管道式喷灌通常将输水主干管固定埋设在地下，田间支管和喷头可拆装搬移、周转使用，因而降低了投资。北京市顺义县全县数万亩粮田均采用这种灌溉形式。10多年来的实践证明，移动式管道喷灌除了具有一般喷灌省水、增产、省工等优点以外，还具有设备简单、操作简便、投资低、对田块大小和形状适应性强、一户或联户均可使用等优点，是目前较适合我国国情、可以大力推广的一种喷灌形式，可适用于大田作物、蔬菜等，单位面积投资为3 000~3 750元/hm^2。②固定管道式喷灌是将管道、喷头安装在田间固定不动，其灌溉效率高，管理简便，适用于蔬菜、果树以及经济作物灌溉。但是投资较高(每公顷投资一般在15 000元左右)，不利于机械化耕作。③中心支轴式与平移式大型喷灌机只能在预定范围内行走，行走区域内不能有高大障碍物，土地要求较平整。其机械化和自动化程度高，适用于大型农场或规模经营程度较高的农田。使用国产设备，投资为4 500~6 000元/hm^2。④卷盘式喷灌机靠管内动水压力驱动行走作业，与中心支轴式及平移式的大型喷灌机相比，具有机动灵活、适应大小田块、设备投资低等优点。目前进口设备每公顷投资为750元左右，设备国产化后可进一步降低投资，这是一种适合我国国情、有发展前景的喷灌形式，可适用于大田作物、蔬菜等。卷盘式喷灌机有喷枪式和折架式两种，后者具有雾化好、耗能低的优点。轻小型机组式喷灌，可以手抬或装在手推车或拖拉机上，具有机动灵活、适应性强、价格较低等优点，通常用于较小地块的抗旱喷灌。投资1 500~3 000元/hm^2。

7.2.4.2 微喷技术

微喷是新发展起来的一种微型喷灌形式。这是利用塑料管道输水，通过微喷头喷洒进行局部灌溉。它比一般喷灌更省水，可增产30%以上，能改善田间小气候，可结合施用化肥，提高肥效，主要应用于果树、经济作物、花卉、草坪、温室大棚等方面。国产设备投资一般在7 500~12 000元/hm^2。

7.2.4.3 滴灌技术

众所周知，滴灌技术是当今最节水高效的灌溉技术之一。自20世纪40年代微灌技术在以色列问世以来，作为一种新型现代节水灌溉技术已被世人所熟悉和接受。其特点是省水、灌溉均匀度高，生态和社会效益明显。经过多年的发展，微灌理论和技术日臻完善，微灌技术设备种类系列化、标准化程度不断提高。目前美国雨鸟、以色列耐特费姆等国际著名节水灌溉公司生产的各种微灌技术产品，包括滴灌管、滴灌带、压力补偿式滴灌管(带)等已经在许多干旱地区和国家得到应用。北京绿源塑料联合公司从以色列引进微灌灌水器生产技术，并研制了内嵌式滴灌带、滴头、喷头、过滤设备等灌溉产品。山东莱芜塑料制品集团自主开发了微灌管材、压力补偿滴头、折射式微喷头等产品。天津英特泰克灌溉技术有限公司与美国合作开发了脉冲微喷灌系统。新疆天业公司、陕西秦川节水灌溉设备公司等节水灌溉设备生产企业，在引进和自主创新的基础上开发了适合当地应用的节水灌溉设施，使我国节水灌溉技术及产品生产有很大提高，对我国节水灌溉技术的推广做出很大的贡献(苏荟，2013；国亮，2011)。

滴灌是利用塑料管道将水通过直径约10mm毛管上的孔口或滴头送到作物根部进行局部灌溉。它是目前干旱缺水地区最有效的一种节水灌溉方式，其水的利用率可达95%。滴灌较喷灌具有更高的节水增产效果，同时可以结合施肥，提高肥效一倍以上。可适用于果树、蔬菜、经济作物以及温室大棚灌溉，在干旱缺水的地方也可用于大田作物灌溉。其不足之处是滴头易结垢和堵塞，因此应对水源进行严格的过滤处理。目前，国产设备已基本过关，有条件的地区应积极发展滴灌。

按管道的固定程度，滴灌可分固定式、半固定式和移动式三种类型。固定式滴灌，其各级管道和滴头的位置在灌溉季节是固定的，其优点是操作简便、省工、省时，灌水效果好，国产设备公顷投资约为10 500元(果树)~21 000元(大棚蔬菜)。半固定式滴灌，其干、支管固定，毛管由人工移动，投资为7 500~10 500元/hm^2。移动式滴灌，其干、支、毛管均由人工移动，设备简单，较半固定式滴灌节省投资，但用工较多，投资为3 000~7 500元/hm^2。

7.2.4.4　覆膜灌溉技术

用地膜覆盖田间的垄沟底部，引入的灌溉水从地膜上面流过，并通过膜上小孔渗入作物根部附近的土壤中进行灌溉，这种方法称作膜上灌，在新疆等地已大面积推广。采用膜上灌，深层渗漏和蒸发损失少，节水显著，在地膜栽培的基础上不需再增加材料费用，并能起到对土壤增温和保墒作用。在干旱地区可将滴灌管放在膜下，或利用毛管通过膜上小孔进行灌溉，称作膜下灌。这种灌溉方式既具有滴灌的优点，又具有地膜覆盖的优点，节水增产效果更好。

7.2.4.5　痕灌技术

2013年2月26日，华中科技大学对外发布消息，学校痕量灌溉研究中心历时10多年研发出"痕量灌溉"技术，一举打破农作物"被动式补水"传统灌溉模式，改由农作物自主吸水、按需吸水。

"痕灌"是受化学上微量元素与痕量元素概念启发而取名，主要指能在超微流量向作物长久供水，痕灌单位时间的出水量可达到滴灌的百分之一到千分之一。

痕灌技术的核心节水部件是痕灌控水头，由具有良好导水性能的毛细管束和具有过滤功能的痕灌膜组成，控水头埋在作物根系附近，毛细管束一端与充满水的管道相连，另一端与土壤的毛细管相连，感知土壤水势的变化。作物吸水导致根系周围的水势降低，即发出需水信号，控水头内的水不断以毛细管水的形式流向根系周围，直至作物停止吸水；控水头内的痕灌膜可防止毛细管束因杂质而堵塞，保证系统长期稳定工作。田间试验表明，痕灌比滴灌节水50%左右，即使在滴灌无法使用的地区也可推广应用。

7.3 病虫害防治新技术

7.3.1 生物防治技术

生物防治是利用有益生物及其产物控制有害生物种群数量的一种防治技术。有益生物主要包括寄生性和捕食性昆虫、食虫和食肉类陆生脊椎动物以及病原微生物等。生物防治的途径主要包括保护有益生物、引进有益生物、人工繁殖与释放有益生物，以及生物产物的开发利用4个方面。

常见的寄生性昆虫主要是寄生蜂和寄生蝇。寄生蜂种类很多，是膜翅目的一类寄生性昆虫，如姬蜂、小蜂、小茧蜂、卵蜂等，其成虫将卵产生在害虫的卵、幼虫和蛹内，使害虫不能发育而死亡。寄生蝇是双翅目类的昆虫，它们将卵产在害虫的幼虫体上，蝇蛆孵化后钻入其体内，还有的将卵产在害虫取食的叶上，当害虫吃下这些卵后，在害虫体内孵化穿入害虫体腔。

捕食性昆虫常见的有鞘翅目的瓢虫、步甲、虎甲等，脉翅目中的草蛉，双翅目的食蚜蝇、食虫虻等，膜翅目中的土蜂、蚂蚁，异翅目的猎蝽，半翅目的花蝽等。此外，蜘蛛、捕食螨等也捕食林木害虫。

常见的昆虫病原物有苏云金芽孢杆菌、白僵菌及昆虫核型多角体病毒等，可用于防治多种林业害虫。

从保护生态环境和可持续发展的角度讲，生物防治是最好的有害生物防治方法之一（祁建华，2015）。首先，生物防治对人、畜安全，对环境影响极小。尤其是利用活体生物防治病、虫、草害，由于天敌寄主的专一性，不仅对人、畜安全，而且也不存在残留和环境污染问题。第二，活体生物防治对有害生物可以达到长期控制的目的，而且不易产生抗性问题。第三，生物防治的自然资源丰富，易于开发。此外，生物防治成本相对较低。

7.3.1.1 天敌昆虫

(1)捕食性天敌昆虫

①螳螂　螳螂可捕食40余种害虫，如蝇、蚊、蝗、蛾蝶类及其幼虫和裸露的蛹，蟋蟀、蝉、飞蝗、螽斯等大型昆虫，可作为大蜡螟、玉米螟、菜粉蝶、黄粉虫等害虫的天敌。

②瓢虫科昆虫　瓢虫科昆虫的食性大致可以分为植食性、菌食性和捕食性三大类。捕食性主要有七星瓢虫、异色瓢虫、大突肩瓢虫、黑缘红瓢虫、龟纹瓢虫、显盾瓢虫、盔唇瓢虫、小毛瓢虫、小艳瓢虫等，主要捕食蚜虫、介壳虫、粉虱、叶螨等害虫。

③草蛉　草蛉能捕食多种害虫，据初步统计有粉虱、红蜘蛛、棉蚜、菜蚜、烟蚜、麦蚜、豆蚜、桃蚜、苹果蚜、红花蚜等多种蚜虫，另外还喜欢吃多种害虫的卵，诸如棉铃虫、地老虎、银纹夜蛾、甘蓝组蛾、麦蛾和小造桥虫的卵。

④蝽　花蝽科、盲蝽科、姬猎蝽科的蝽可捕食叶蝉、飞虱、蓟马、棉叶螨及棉蛉虫卵等害虫。

⑤食蚜蝇　食蚜蝇中的捕食性种类以捕食蚜虫为主，是蚜虫、介壳虫、粉虱、叶蝉、

蓟马、鳞翅目小幼虫等的有效天敌。

(2)寄生性天敌昆虫

①赤眼蜂　赤眼蜂为卵寄生蜂，可寄生玉米螟、黏虫、棉铃虫、斜纹夜蛾和地老虎等鳞翅目害虫的卵。

②缨小蜂科昆虫　主要寄生于黑尾叶蝉和棉叶蝉。

③茧蜂　茧蜂大多是益虫，主要有麦蛾茧蜂、红铃虫甲腹茧蜂、螟蛉绒茧蜂等，多寄生于许多重要的害虫，对害虫的发生数量起一定的控制作用。茧蜂主要寄生于蛾、蝶类害虫幼虫体内，包括红铃虫、大豆食心虫黏虫、劳氏黏虫、禾灰翅夜蛾、条纹螟蛉、二化螟、三化螟、棉铃虫、棉小造桥虫、斜纹夜蛾和银纹夜蛾等害虫。

④寄蝇　寄蝇是农、林、果、菜害虫的寄生性天敌之一，凡鳞翅目和叶蜂类昆虫的幼虫大都能被寄蝇寄生；在植物的茎干内生活的天牛、木蠹蛾幼虫，生活在土壤中的金龟子幼虫，亦被寄蝇寄生；水生的大蚊幼虫，毛翅目昆虫幼虫也可被寄蝇寄生；寄蝇尚可寄生于甲虫、蟒象等成虫体内，是影响多种害虫发生数量的重要生物因子。

7.3.1.2　生物农药

生物农药是指利用微生物活体或生物代谢过程产生的具有生物活性的物质，或从生物体中提取的物质用于防治植物病虫害的制剂，它包括微生物(病毒、细菌和真菌)、植物源农药(植物提取物)、微生物的次生代谢产物(抗生素)和昆虫信息素等类型。

生物农药具有以下特点：①对哺乳动物毒性低，使用中对人、畜比较安全；②防治谱较窄，甚至有明显选择性，对非靶动物安全；③生物农药均是自然界存在的生物体或天然产物，在环境中易被分解或降解，不产生残毒和生物富集现象，不破坏环境；④对靶标生物作用缓慢，遇到有害生物大发生时不能及时控制危害。

(1)植物源杀虫剂

将具杀虫作用的植物体内的活性物质用化学溶剂提取出来加工成合适剂型的一类制剂，具有毒性低，不污染环境，害虫不易产生抗药性，对植物安全等特点。

①苦参碱(苦参、蚜螨敌、苦参素)　从苦参等植物中用乙醇等有机溶剂提取制成的植物碱类生物杀虫剂，以苦参碱、氧化苦参碱含量最高，使害虫神经中枢麻痹而死。具有触杀、胃毒作用，对鳞翅目幼虫、蚜虫、螨类等多种害虫有效。对人畜安全。常见剂型有：1%可溶性液剂、0.2%或0.3%水剂、0.3%乳油、1.1%粉剂。一般使用0.2%水剂稀释100~300倍液喷雾。制剂应置于阴凉、通风处；不得与碱性药物混用。在使用过化学农药5d后可施用此药，以防酸碱中和影响药效。

②烟碱　从烟草中提取制成，烟碱能麻痹昆虫神经而使其中毒死亡，以触杀作用为主，兼有胃毒、熏蒸作用，对鳞翅目、半翅目、缨翅目、双翅目等多种害虫有效。对人畜低毒。常见的剂型为10%乳油。一般使用10%乳油稀释1 000~1 500倍液喷雾，使用时在稀释液中加入一定量肥皂和碱能提高药效。烟碱易挥发，残效期短，应密封存放，配成药剂应立即使用。另外，用0.5%苦参碱与0.7%烟碱配成的1.2%苦烟乳油复配制剂可用于喷烟、喷雾防治多种森林食叶害虫。

(2)微生物杀虫剂

包括利用真菌、细菌、病毒等微生物及其发酵产物等，具有毒性低，选择性强，不污染环境，药效高等特点，不足之处是应用效果受环境影响大，药效发挥慢，防治暴发性害虫效果差。

①苏云金芽孢杆菌　简称Bt，是目前用于制备微生物杀虫剂最普遍的一种昆虫致病细菌。该菌为好气性产晶体的芽孢杆菌，菌落灰白色，它寄生于昆虫体内，引起昆虫发病的原因主要是菌体在产生繁殖孢子的同时能产生一种有毒物质—伴孢晶体。伴孢晶体是内毒素，是一种碱溶性的蛋白质，含有18种氨基酸，能在多种鳞翅目害虫肠道内溶解，使昆虫肠道麻痹，停止取食，并破坏肠道内膜，造成营养细胞易于侵袭和穿透肠道底端膜进入血淋巴，使昆虫表现食欲不振，活动力减弱，最后因饥饿和败血症，体内流出黑色臭水，倒挂于树上死亡。常见剂型有：8 000IU/mg或16 000IU/mg苏云金杆菌可湿性粉剂，8 000IU/mg苏云金杆菌油悬浮剂。

目前，我国林业上主要用于防治松毛虫、美国白蛾、春尺蠖、黄褐天幕毛虫等，我国生产的Bt乳剂大多加入0.1%~0.2%拟除虫菊酯类杀虫剂，以加快害虫死亡速度，主要用于防治鳞翅目的幼虫，尤其低龄幼虫，昆虫取食死亡后，虫体破裂可感染其他害虫，但对蚜类、螨类、蚧类完全无效。防治松毛虫等森林食叶害虫需要在2~3龄幼虫期用8 000IU/mg可湿性粉剂800~1 200倍液喷雾。

施药时应比用化学农药提早3~4d，以傍晚或阴天为好，在中午强光下不宜喷药以免紫外线杀死细菌。在气温30℃以上效果最好，不能与内吸性杀虫剂或杀菌剂混用，要现配现用。制剂保存温度为25℃以下。

②白僵菌　白僵菌是一种隶属于半知菌亚门的虫生真菌，目前分离得到的均为球孢白僵菌[Beauveria bassiana(Bals.)Vuill.]。该菌的菌丝白色，成丛，形成孢子后变成白色粉末状，分生孢子顶生于成丛的分生孢子梗上。

白僵菌能寄生多种昆虫体，主要依靠孢子扩散或染病虫体接触传染。在适宜的温湿条件下，孢子接触虫体后，即可通过气孔、口腔、跗节侵入虫体，继而产生大量菌丝和分泌物，菌丝和内生孢子从虫体内吸收养分和水分，并分泌毒素破坏虫体组织和结构，使昆虫僵硬死亡。菌丝从虫体伸出，体表形成白色粉状物即分生孢子，再进行重复侵染。白僵菌在温度13~36℃条件下菌丝均能生长，24℃最为适宜，30℃最适宜孢子产生。其对湿度的要求很高，相对湿度90%左右生长繁殖最为适宜；在相对湿度75%以下，孢子几乎不能萌发。

白僵菌制剂主要剂型有：500亿孢子/g母粉、80亿孢子/g粉剂或可湿性粉剂、400亿孢子/g可湿性粉剂等。产品外观为白色或灰白色粉状物，适用于鳞翅目、同翅目、膜翅目、直翅目等害虫的防治，尤其对松毛虫防治效果突出，对人畜安全，但对人皮肤有过敏反应。

使用白僵菌防治害虫，应在幼虫发生期进行，用药时间宜在阴天、雨后或早晨。由于白僵菌具有重复感染、扩散蔓延的特点，可根据虫口密度大小分别采取全面喷菌、带状喷菌或点状喷菌方式。喷粉可直接喷50孢子/g的菌粉，并加入1%~2%化学杀虫剂；喷雾一般为0.5亿~2亿孢子/mL，加入0.01%~0.1%化学杀虫剂。为了提高菌液黏着力，可加入0.002%洗衣粉或茶枯粉。菌液要随配随用，在2h内用完，以免孢子失去致病力。白僵菌不可与杀菌剂混用。

(3)抗生素杀虫剂(微生物源杀虫剂)

①阿维菌素(灭虫灵、7051杀虫素、爱福丁)　为土壤放线菌在发酵过程中产生的代

谢产物，具触杀和胃毒作用，但杀虫作用较慢，一般药后2~4d死亡。对于鳞翅目、鞘翅目、同翅目、斑潜蝇及螨类有高效。对人畜低毒。常见剂型有：1.0%、0.6%、1.8%乳油等。

②甲氨基阿维菌素苯甲酸盐(甲维盐)　本药剂是由阿维菌素为原料合成的高活性的抗生素杀虫杀螨剂，具有高效、广谱、残效期长的特点。作用方式以胃毒为主兼具触杀作用，幼虫接触药剂后停止进食，发生不可逆转的麻痹，在3~4d内达到最高死亡率。由于它极易渗透到植物表皮细胞中，使施药植物有长期残效，在10d以上又出现第二个杀虫高峰，同时很少受环境因素如风、雨及细菌等影响。主要剂型有：0.5%或1%乳油，0.5%、1%、5%、20%片剂，对鳞翅目、双翅目、蓟马类害虫有特效，施药时期危害虫孵化盛期和1~3龄幼虫期，常用1%甲维盐稀释8 000~12 000倍液喷雾。该药剂需在酸性或中性条件下施用，避免高温和避光贮藏。对鱼类、蜜蜂等高毒。

(4)昆虫信息素杀虫剂

昆虫信息素防治害虫具有高效、无毒、没有污染、不伤益虫等优点，研究最多的是雌性信息素，目前我国林业生产上使用的性信息素引诱剂防治的害虫有松毛虫、美国白蛾、松叶蜂、小蠹虫，苹果蠹蛾、白杨透翅蛾、槐小卷蛾、桃蛀蛾、松梢螟等。利用仿生技术，人工合成昆虫信息素作为特殊的防虫药剂在森林害虫防治上得到了广泛应用，主要有性信息素引诱剂、聚集信息素引诱剂、植物源引诱剂、速向剂及驱避剂等，它们在林业上应用有如下几个方面：

①虫情监测　利用性信息素引诱剂可准确地对某种害虫的发生时间、发生程度做出预报，具有灵敏度高，准确性好，使用简便，费用低廉等优点，现已获得广泛应用。

②大量诱杀　利用性信息素引诱昆虫交配，与配套诱捕器结合使用，利用物理方法杀死雄虫，降低下一世代虫口密度；或应用聚集信息素和植物源引诱剂大量诱捕雌、雄成虫，降低虫口数量。

③干扰交配　成虫发生期，在林间普遍设置性信息素散发器，使其弥漫在大气中，使雄蛾无法定向找到雌蛾，从而干扰正常的交尾活动；或者由于雄虫的触角长时间接触高浓度的性信息素而处于麻痹状态，失去对雌虫召唤的反应能力。

利用昆虫信息素防治害虫应注意以下几点：首先，要根据害虫诱捕情况及时更换引诱剂，一般引诱剂的使用时间为35~40d，高温、高湿、大风等情况均会较大幅度地缩短引诱剂的使用寿命。其次，诱捕器应放在通风较好的位置，充分发挥引诱剂的作用，各诱捕点的间距最好保持在20~40m，以防各诱捕点间相互干扰。第三，每隔一个月左右应按一定方向移动诱捕点5~10m，因为长期固定的诱捕点四周会产生“陷阱”效应，从而降低诱捕效果。第四，引诱剂(诱芯)与诱捕器配套使用，针对不同的虫种有不同的诱捕器，常用的诱捕器有三角形、船形、桶形、黑色十字交叉板漏斗式等。

7.3.2　物理防治技术

利用简单的器械以及物理因素(如光、温度、热能、放射能等)来防治森林病虫害或改变物理环境，使其不利于有害生物生存或阻碍其侵入的防治方法，统称为物理机械防治，如人工捕杀法、阻隔法、诱杀法和热处理法等。经常使用的物理防治方法有：以频震式杀虫灯为代表的灯光诱杀法，除直接消灭害虫外，还能根据成虫的出现高峰期等数据进行害虫发生期预报；利用某些害虫下树或上树转移等习性，树干设置塑料环或黏虫胶进行物理阻隔。物理防治的措施简单实用，容易操作，见效快，既包括古老而简单的人工捕杀方法，又包括近代物理新成就的应用。对于一些化学农药难以解决的有害生物而言，往往是一种有效手段。物理机械防治法缺点是费工费时，有一定的局限性。

7.3.2.1 灯光诱杀

利用昆虫对光的趋性，人为设置灯光诱杀害虫的防治方法称为灯光诱杀。大多数昆虫的视觉神经对波长330~400nm的紫外线特别敏感，具有较强的趋光性，所以，生产上采用黑光灯来诱杀害虫。黑光灯是一种特别的气体放电灯，与一般照明的荧光灯相似，但灯管内壁的所涂光粉不同，一般为磷涂层，能发出360nm的紫外光波。据统计，在森林中放置黑光灯，能诱杀10目100多个属1 300多种昆虫。灯光诱集通常在无风、无月、闷热的天气效果最好，一夜中以19:00~21:00诱杀量最大。利用黑光灯诱虫，诱集面积大，成本低，能消灭大量虫源，降低下一代虫口密度；还可用于害虫种类、分布和虫口密度调查和预测预报。由于许多天敌昆虫也有趋光性而被杀死，同时使光源附近的害虫虫口密度增大，因此，在诱虫灯附近地块应采取适当的补救措施。

黑光灯按光源类型可分为高压汞灯黑光灯、荧光低压汞灯黑光灯和金属卤化物黑光灯；供电方式有市网交流电、电瓶、干电池和太阳能等；功率有20W、22W、30W、40W、50W、150W、200W、250W等；额定电压有200V、380V；电灯开关有手动、光控、雨控、人工定时等多种。黑光灯由灯管及配件(整流器、继电器、开关等)、防雨罩，挡虫板(3~4片)、灯架等部分组成。高压电网灭虫灯由黑光灯、变压器、电网及保护指示器等组成，工作时电网上电压有3 000~5 000V，所诱昆虫触网即被电击死。

7.3.2.2 潜所诱杀

利用害虫在某一时期喜好某一特殊环境的习性，人工设置类似的环境来诱杀害虫的方法称为潜所诱杀。如，利用新鲜树叶或杂草堆积于苗床周围，可诱集白天潜伏夜间危害的地老虎幼虫和蟋蟀等，然后集中消灭。在树干上缚草，可以诱集松毛虫幼虫等进入其中越冬。根际周围堆积石块，在白天，舞毒蛾及一些斑蛾幼虫会聚集于石块下，便于捕杀。许多蛀干害虫，如天牛、小蠹虫等喜欢在新伐倒木上产卵繁殖，因而可在这些害虫的繁殖期，人为地放置一些木段，供其产卵，待卵全部孵化后进行剥皮处理，消灭其中的害虫。

另外，利用害虫对某种颜色的喜好性而将其诱杀，称为颜色诱杀。

7.3.2.3 无公害黏虫胶

无公害黏虫胶具有无毒、无刺激气味、无腐蚀性、黏性强、抗老化、高低温不变性等特点。

(1)防治具有上下树转移习性的害虫

这些害虫的共同特点是在其生活史的某一阶段有沿树干向上或向下爬行转移的现象。目前对林果生产危害较大的主要种类包括：危害松属和落叶松属植物的油松毛虫、赤松毛虫、落叶松毛虫；危害杨树的杨雪毒蛾、椿尺蛾；危害枣树的截型叶螨、枣粉蚧、食芽象甲、枣尺蛾；危害苹果的山楂叶螨、苹果黄蚜；危害梨的康氏粉蚧、梨黄粉蚜；杂食性害虫草履蚧等。

涂抹时间为在害虫上树危害之前。在这些害虫上树危害之前，使用黏虫胶于树干上涂一个闭合黏胶环，胶环的宽度视防治对象的种群密度而定，一般2~3cm；虫口密度高时，可以适当涂宽些或涂抹两个胶环。

使用黏虫胶防治上下树害虫时，应做到提早防治、防小防弱，防治效果好；并且应注意：①防止枯枝落叶和尘土等黏在胶环上，降低胶环的黏着面积，影响防治效果。②注意搭桥，避免下垂枝条接触地面或地表植被，或者有支撑枝条的竹竿、木杆等形成连接地面和树冠的“桥梁”，造成害虫间接爬行上树，降低黏胶环的防治效果。③胶环上黏满害虫时，必须及时清除胶上害虫，另行涂抹新胶。④当树皮十分粗糙，老皮裂缝较深时，需要将涂胶环部位的老皮刮除，以防害虫从裂缝处钻过，影响控制效果。

(2)与引诱剂结合，测报、防治飞行害虫

对于一些飞行害虫，可以应用黏虫胶与这些害虫的引诱剂相结合，制成诱捕器，用于诱杀害虫，或监测其发生动态，指导其他防治措施适时进行。

(3)与颜色结合，防治具有颜色趋性的飞行害虫

一些害虫对某种颜色具有趋向性，如蚜虫和温室白粉虱等对黄色有趋性，蓟马对蓝色有趋性；可以在需要进行害虫防治的地方放置有色黏胶板诱杀害虫，达到减轻危害的目的。

7.3.3 化学防治的用药原则

化学防治是森林病虫害防治的急救措施，它具有收效快、防治效果好，使用方法简单，受季节限制较小，适合于大面积使用等优点。但也有着明显的缺点，化学防治的缺点概括起来主要有三点：一是由于长期对同一种害虫使用相同类型的农药，使得某些害虫产生不同程度的抗药性。二是由于用药不当杀死了害虫的天敌，从而造成害虫的再度猖獗。三是由于农药在环境中存在残留毒性，特别是毒性较大的农药，对环境易产生污染，破坏生态平衡。

农药的合理使用应做到以下几点：

(1)根据施药对象选择农药

不同的有害生物其生物学特性不同，如防治害虫不能选择杀菌剂而必须选择杀虫剂，防治刺吸式口器害虫不能选用胃毒剂而应选择内吸剂；又如拟除虫菊酯类是触杀剂，对蚜虫有效，但容易产生抗性，也不适于防治蚜虫。当防治对象有几种农药可供选择时，首先应选毒性最低的品种，在农药毒性相当的情况下，应选用低残留的品种。半衰期小于1年的称为低残留农药。

(2)适时施药

要了解有害生物的不同生长发育阶段的发生规律和对农药的耐受力，如鳞翅目幼虫在3龄前耐药性低，此时施药不易产生抗性，天敌也少，用药量也小；对于介壳虫类，一定在未形成介壳前施药，对于病害应在发病初期或发病前喷药防治。施药时还要考虑天气条件，对于有机磷制剂在温度高时药效好，拟除虫菊酯类在温度低时效果更好。辛硫磷见光易分解，宜在傍晚使用。在雨天不宜喷药，以免药剂被雨水冲刷掉。

(3)掌握有效用药量，交替用药

主要指准确地控制药液的质量浓度、单位面积用药量和用药次数，每种农药对某种防治对象都有一个有效用量范围，在此范围内可根据寄主发育阶段和气温情况进行调节。也可根据防治指标，合理确定有效用药量，防治效果一般首次检查应达到90%以上。超量用

药，不仅造成浪费，还会产生药害和发生人畜中毒事故，导致土壤污染。施药次数应根据有害生物和寄主的生物学特性及农药残效期的长短，灵活确定。为了防止抗药性的产生，通常一种农药在 1 年中使用不应超过 2 次，同时要与其他农药交替使用。

(4)选择科学的施药方法

合理混用农药，不仅能防治多种害虫，省药省工，而且还可防止抗药性的产生。农药能否混用，必须符合以下原则：①要有明显的增效作用，如除虫菊酯类和有机磷类混用，都比单剂效果好；②对植物不发生药害，对人畜的毒性不超过单剂；③能扩大防治对象，如三唑酮和氧化乐果混用可兼治锈病和蚜虫；④降低成本。

7.4　机械化与自动化作业

7.4.1　整地机械

以少耕、深松代替传统犁耕的土壤保护性耕作技术，目前已在世界许多国家得到广泛应用，耕作面积不断扩大。深松机是一种与大马力拖拉机配套使用的耕作机械，主要用于行间或全方位的深层土壤耕作的机械化翻整。使用深松机作业有利于改善土壤耕层结构，打破犁底层，提高土壤蓄水保墒的能力。

7.4.1.1　1S 深松机系列

包括 1S-200、1S-264 和 1S-300 三个型号，产品特点如下：①整机主体部件选用韧性好、强度高、塑性变形系数小的 Q345 优质合金工程钢，使整机牢固可靠，经久耐用。②犁铲呈前后两列交错排列，通过性好，不易堵塞，作业后地表能保持平整。③独有的主犁铲与双翼铲相结合的犁铲结构，使该机动力消耗低，工作阻力小，作业效率高。④高度可调的尖刀式整地辊，可轻松平整地表。⑤设置在犁杆上的安全螺栓，当耕作中遇到树根或石块等大障碍物时，能保护深松铲不受损坏。主要技术参数见下表。

表 7-2　1S 深松机系列技术参数

项　目	1S-200	1S-264	1S-300
作业幅宽/mm	2 000	2 640	3 000
松土深度/mm	300~360	300~400	300~500
松土行数/行	5	5	7
铲间距/mm	440	500/575	440
配套动力/[kW/hp]	≥70/95	≥88/120	≥88/120
生产率/[hm^2/h]	0.6~1.0	0.8~2.0	1.0~1.5
整机质量/kg	1330	1360	1730
外形尺寸(长×宽×高)/mm	2 838×2 372×1 603	2 838×2 730×1 603	2 838×3 250×1 603

7.4.1.2　奥龙 1S-310 全方位深松机

奥龙 1S-310 全方位深松机产品特点如下：①应用进口全方位深松铲，采用特殊热处理工艺，耐磨性能好，使用寿命长；②深松铲曲面经过科学优化设计，深松阻力小；③设计有安全螺栓，当遇到硬物、树桩时剪断安全螺栓避免损坏深松机或拖拉机；④深松铲铲头前后对称，一端磨损后可以调头使用，延长了深松铲的使用寿命；⑤全方位曲面深松铲，不翻动土壤，地表平整，保墒效果好；⑥镇压轮压平地表不破坏地表有利于保墒，深松铲分成前后三(两)排排列，通过性好，不拥堵。其主要技术参数见下表。

表 7-3　奥龙 1S-310 全方位深松机主要技术参数

型　号	1S-310	型　号	1S-310
外形尺寸/mm	2 040 × 3 230 × 1 430	深松铲数	6
配套动力/kW	≥99.2	工作幅宽/cm	310
深松铲结构形式	全方位曲面铲	深松深度/cm	≥30

7.4.2　开沟与起苗机械

7.4.2.1　开沟机械

国际上以发动机功率 73.5kW 为界线，将开沟机分为小型开沟机和大型开沟机两大类；按开沟装置结构分为刀链式、轮盘式和岩石轮式；按行走方式分为轮胎式和履带式；按驱动方式又分为机械式和液压式。

(1) WBTRl26H 开沟机

主要应用于园林景观和造林地的挖沟工作，创新设计的排渣器可随时将浮土推出工作区域。配置的离心式离合器，可以立即停止车轮和开沟链条，两侧带有棘轮式轮毂，可以单向锁定车轮，配合低重心设计，可获得最佳控制力。动力：5.5 马力，开沟宽度：100mm，开沟深度：30 ~ 50mm，开沟链线速度：102m/min，净重：113kg。

(2) 小型链式挖沟机

它包括有一固定在机架上的发动机，该发动机的输出轴上通过皮带轮传动机构或链轮传动机构分别与一中间轴和一液压泵相连；中间轴通过一链轮传动机构或皮带轮传动机构与一链刀主轴相连，该链刀主轴上通过链刀主链轮相连着开挖用的链刀机构；液压泵的压力油出口经多路阀分两路分别连通于液压油缸和驱动桥上的液压马达，液压油缸上的伸缩杠杆机构与链刀机构相连。它具有结构紧凑，体积小，重量轻，方便运输；成本低，可靠性好的特点。其技术参数如下：工作速度：150 ~ 300m/h；开沟宽度：10 ~ 750mm；开沟深度：50 ~ 1 250mm；配套拖拉机功率：65 马力以上拖拉机。

(3) 大型拖拉机悬挂式开沟机

一种悬背在大四轮拖拉机上的开沟机，具有安装方便、操作简便等特点。

主要技术参数：配套拖拉机功率：50 ~ 90 马力；工作速度：150 ~ 500m/h；开沟宽度：15cm、20cm、25cm、40cm、60cm、80cm、100cm；开沟深度：0 ~ 210cm；开沟效率300m/h。

主要部件包括：拖拉机、悬挂架、油缸、变速箱、排土搅龙、锭条、链条刀、链条张紧机构、刮土整平机构等。

7.4.2.2　起苗机械

起苗机是苗木繁育机械化中实现起苗作业的一种机具，具有保持所起苗木根系完整的功能。

起苗机通常采用拖拉机三点悬挂作业，主要由机架、下悬挂调节装置、起苗铲、平衡铲、抖土振动装置、限深轮及调节装置等组成。悬挂点销孔位置可调，平衡铲用来平衡起苗铲工作时产生的侧向扭矩；起苗铲呈“L”形，通过螺栓联结于起苗机机架右侧，随同机架一起运动，入土工作后限深轮触地转动，协助维持机架平衡稳定；起苗深度靠拖拉机液压缸的限位阀来调节，保持规定的起苗深度；起苗铲宽度保证苗带土垡断口，起苗铲工作隙角确保苗带土垡略有抬起并松动行间土壤，挖掘后的苗木直立在松动的土壤中，便于捡拾；抖土振动装置将苗木根系处土壤振动抖松，减少苗木捡拾的拉拔阻力，实现捡拾苗木省力，提高劳动效率。

(1)QD-53 犁铧起苗机

该机可起 1～3 年生大苗，一边起苗、一边翻地，不伤苗、不伤根，起苗效果好。主要参数如下：作业宽度：53cm；起苗深度：30cm；配套动力：65 马力以上拖拉机；工作效率：6 万～10 万株/(台・班)。

(2)QG-120 多功能起根机

该机可起根茎类作物(灌木苗、药材、甜菜、马铃薯等)。底刀将起掉的根茎通过振动运送带输送到地面上，再通过振动筛将土筛掉，根茎与土分离。大大减轻了人工的劳动强度，效果好。主要参数如下：作业宽度：80～120cm；起苗深度：35～45cm；工作效率：20～60 亩/(台・班)；配套动力：65 马力以上拖拉机。

7.4.3　挖坑与植树机械

7.4.3.1　挖坑机

挖坑机，是用于植树造林，施肥等快速挖坑的专用机械。挖坑机的种类很多。如果按与配套动力的挂接方式对其进行分类，可分为悬挂式挖坑机、手提式挖坑机、牵引式挖坑机和自走式挖坑机。按挖坑机上配置的钻头数量可分为单钻头、双钻头和多钻头挖坑机。挖坑机的钻头根据形状可分为螺旋式钻头、螺旋带型钻头、叶片型钻头和螺旋齿式钻头等。

对于悬挂式挖坑机，机器悬挂在拖拉机上主要用于地形平缓或拖拉机可以通行的地方，钻头的升降由拖拉机手通过拖拉机液压系统操纵，挖坑直径和深度都比较大，也可以多钻头同时作业。

对于手提式挖坑机，机器与汽油发动机装配成整体，由单人或双人手提操作，质量较轻，适用于拖拉机不能通过的地形复杂的山地、丘陵和沟壑地区，挖坑直径和深度都比较小，也可用于果树的追肥及埋设桩柱。

在国内，悬挂式挖坑机的生产和应用较为广泛，内蒙古赤峰田丰农林机械厂、山东大丰机械有限公司、哈尔滨林业福马机电设备公司及宁夏自治区农业机械研究所等 10 余家单位进行了研究、制造和销售。该类挖坑机通常具有较大的功率，机动性较强，能挖较大和较深的坑，大多应用于大面积植树造林，应用范围也比较广。

(1)3WH-60 型悬挂式挖坑机

其结构合理，使用方便灵活，易于操作，每小时可挖 80～150 个坑。其可与多种型号 36.8kW 以上拖拉机配合使用，用于大面积植树造林。挖坑直径 250～600mm，深度 0～1 200mm，适用于平原、丘陵及沙地作业。

(2) WKJ-60/70 挖坑机

可与18.4~36.8kW的多种拖拉机配合使用，挖坑直径400~800mm（可根据用户要求特别制作），深度650~800mm，转速248r/min，每小时可挖60个坑。

(3) WS-2.8型手提式挖坑机

适用于家庭或地形复杂地区的小面积植树造林，也可用于打桩和树木追肥挖坑，采用051A-1型发动机，最大功率2.8kW，转速280~320r/min，挖坑尺寸（坑径×深度）320mm×500mm，质量17.6kg。

7.4.3.2 植树机

植树机为栽植苗木的营林机械。一般由机架、苗箱、牵引或悬挂装置、开或挖坑器、植苗机构、递苗装置、覆土压实装置、传动机构、起落机构等组成。作业时，开沟器在林地上开出植树沟或穴，用人工或植苗机构按一定株距将树苗投放到沟（穴）中，然后由覆土压实装置将苗木根部土壤覆盖压实。按植苗作业的机械化程度可分为，简单植树机，由开沟器和覆土压实装置组成，只完成开沟、覆土压实工序，苗木由植苗员投放入沟中；半自动植树机，除开沟、覆土压实外，还可完成植苗工序，适宜于经过整地且地形较平坦的立地条件下大面积机械化造林；自动植树机，由开沟器、递苗装置、植苗装置、覆土压实装置及起落调节装置等组成，可自动完成开沟、递苗、植苗、覆土压实等全部工序。按植树作业的立地条件和苗木种类可分为大苗植树机、采伐迹地植树机、沙地植树机和选择式植树机、容器苗植树机等。按开沟方式分，有连续开沟式、间断开沟式和选择挖坑式植树机。按其与拖拉机挂接方式分有牵引式和悬挂式等。

(1) PL-30型植树机

PL-30型植树机，是一种自动植树机，可与65马力以上拖拉机配套，适用于在已耕整土地（或未耕整沙土地）栽植苗木，该机集开沟、植苗、覆土、压实于一体，可一次性高效完成苗木的栽植作业。配有开沟变速箱总成及开沟刀盘，可栽植1~3年生苗木，具有结构紧凑，动力消耗小，对土质适应性强，株距均匀，作业效率高等特点。主要技术参数如下：外形尺寸（长×宽×高）：3 400mm×2 000mm×1 800mm；开沟宽度：300mm；最大开沟深度：300mm；株距：500~2 000mm；作业效率：5 000~8 000棵/8h；空载质量：670kg；作业速度：1~3km/h。

(2) 悬挂式植树机

本机适用于流动、半流动及固定沙丘、平原干旱地区，用于大面积植苗造林，对于全株深栽不整地造林有着良好效果。本机可植1~3年生，1~2m高全株大苗，适于栽植扦插苗，允许苗木根盘直径20~30cm，一次性完成开保墒沟，并在沟底植树、覆土、镇压等项作业。主要参数如下：外形尺寸：2 300mm×1 960mm×1750mm；净重：600kg；植苗深度：40~60mm；配套动力：65马力以上拖拉机；工作效率：10~13hm^2/（台·班）。

7.4.4 喷药机械

7.4.4.1 喷药机

(1) 3WFQ系列风送式（静电）喷雾机

产品特点如下：①可与50~100马力拖拉机配套，后牵引式作业；②采用进口高强度耐腐蚀PE工程塑料药箱，标配管路冲洗用水箱，及自清洗管路过滤器，并配有洗手水箱；

③采用先进射流搅拌器作为药箱的混药动力，能够保证工作中药液不发生沉淀，对粉剂和低溶解度农药有较强的适用性；④强力风送式结构配以进口大排量隔膜泵，喷洒穿透力较强，适合各种种植密度的作物，有效保证叶面和叶背喷洒效果相同；⑤牵引架取用与拖拉机下拉杆连接，工作中可实时调节离地高度，坡地通过性更好；⑥加装 JD 型静电发生装置可实现静电喷雾功能，显著提高目标正面、背面和隐蔽部位的药液沉积量，雾滴漂移散失量少，可减少 30%~50% 的喷药量，静电发生模块设有过流和短路自动保护，使用安全可靠。主要技术参数见表 7-4。

表 7-4　WFQ 系列风送式(静电)喷雾机技术参数

项　目	3WFQ-1 600	3WFQ-2 000
药箱容积/L	1 600	2 000
药箱材质	PE 塑料	PE 塑料
隔膜泵排量/(L/min)	137~130	125
风机叶轮直径/mm	810	810
喷头数量/个	14	14
水平射程(单侧)/m	8~12	8~12
配套动力/马力	40~80	50~100
工作压力/MPa	1.0~2.5	4
整机质量/kg	450	550
外形尺寸(长×宽×高)/mm	3 900×1 400×1 500	4 010×1 500×1 540

(2)3WFX 风送式喷雾机

产品特点如下：①采用进口高强铜制喷嘴内置耐磨陶瓷芯片，喷射角度可微调，喷嘴孔径可快速切换，并配备防滴阀。②强力风送式结构配以进口大排量隔膜泵，进风口配置平衡导向装置，喷雾均匀，喷洒穿透力较强，农药药液利用率高。主要技术参数见表 7-5。

表 7-5　3WFX 风送式喷雾机技术参数表

项　目	3WFX-400	3WFX-600
药箱容积/L	400	600
药箱材质	PE 塑料	PE 塑料
加压泵排量/(L/min)	75	75
轴流风机直径/mm	710	810
喷头数量/个	12	12
喷洒射程(单侧)/m	6~8	6~8
配套动力/马力	40~60	50~100
工作压力/MPa	4	4
整机质量/kg	210	300
外形尺寸(长×宽×高)/mm	1 380×1 130×1 230	1 450×1 200×1 350

(3)6HW-50 车载式高射程喷雾机

该机射程高，穿透性好，采用程序控制，遥控操作(可在驾驶室内操作)，低量喷雾，药剂利用率高，劳动强度低，防治成本费用少。主要技术参数：药箱容量400L；喷雾量40～300L/h；雾谱范围50～150μm；喷筒转角为垂直面转角－15°～85°、水平面转角－90°～90°；射程为垂直方向20～25m、水平方向40～45m；整机质量400kg；车载行驶速度5～10km/h；防治生产率6.67hm^2/h。

(4)风华牌2000B型车载式远射程风送喷雾机

该机可遥控调节喷雾俯仰角度和水平旋转角度，边行走边喷雾，实现精量喷雾，功力强，风量大，射程远，覆盖范围广，雾轻微粒超细，对物体有较强的穿透力和药液附着力，有效节约用药量和减少污染。主要技术参数：外形尺寸1 750mm×1 600mm×1 850mm；功率30kW；射程60m；药泵工作压力1.5～3.5MPa；喷雾量960～1 440L/h；水平旋转角180°；俯仰角度－10°～90°。

(5)SFZ-30行走式动力喷雾机

该机配置4.04kW汽油机和三连式活塞高压泵及自动行走机构，拉线启动，1人操作，不锈钢水箱，喷射部件为可调式喷枪，喷雾射程远，雾滴均匀，作业效率高，提高药液利用率1/3以上，当远程植保作业结束时，自动卷管机构能快速整齐卷好皮管。主要技术参数：药箱容量150L和180L两种；喷雾压力1.47～2.45MPa；喷射水平雾状13m、垂直雾状9m；喷射水平水柱18m、垂直水柱12m；喷雾半径110m(高压水管长100m)；防治生产率2～2.67hm^2/h。

7.4.4.2 飞机防治作业

飞机防治是指利用飞机喷撒化学药剂或生物制剂防治森林病虫害的施药方法，适用于森林病虫害发生面积较大、树高林密、交通不便、有害生物种群密度较高的林区，具有作业速度快、效率高、成本低、防治及时等优点。我国飞机防治始于20世纪50年代末，目前防治森林病虫害种类已达80多种。近年来，飞机防治对象逐渐扩大，作业技术不断提高，已成为生产上应用普遍的一种防治技术。当然，飞机防治也受一些条件限制，如高温、大风、降雨等情况会影响作业和喷撒质量，地形变化过大，森林稀疏或面积小，也影响防治效果(张灿峰，2010；关继东，2014)。

1)飞机防治的机型与施药设备

(1)常用机型

用于森林病虫害防治的飞机种类主要有运五、海燕、蜜蜂、R-44Beta等飞机。目前在我国林业生产防治上普遍使用的是运五型飞机。它是一种国产单发、双翼多用途飞机。低空性能良好，作业时速为160km/h，作业高度在山区距林冠15～20m，起飞降落所用的机场面积小，对机场条件要求低。机身中部装有较完整的喷洒设备，能执行多种防治任务。海燕、蜜蜂、R-44Beta等轻型直升机具有半径小，爬坡率大，空飞率低，作业机动性强，无需专业机场等特点。

(2)施药设施

飞机施药系统有常用喷雾、超低容量喷雾、撒颗粒、喷粉等多种施药设备，也可喷施烟雾，根据需要选用。目前主要使用的是喷雾系统。

喷雾设备分为喷雾和超低容量喷雾两种设备。主要由供液系统、雾化系统及控制阀等组成。供液系统由药液箱、液泵、控制阀门、输液管道等组成。液体农药、农药粉剂用同一药(液)箱装载，液泵由风车或电动机驱动。雾化部件由喷雾管道与喷头组成，根据不同喷雾要求，可更换不同型号的喷头。飞行员在座舱内操纵喷雾系统阀即可实施喷雾。超低容量喷雾与常量喷雾相比，其喷雾量很小，雾滴极细，可以直接喷撒未经稀释的农药原油，喷雾设备采用高速旋转的盘式或笼式雾化器，其他部件与常量喷雾设备大同小异。

喷粉设备主要由粉箱、搅拌器、风洞扩散器、风车、定量粉门等组成。飞行员操纵定量粉门，粉箱内的药粉在搅拌器的推动下，通过粉门定量地进入风洞扩散器，在强大风流作用下，从扩散器后部喷洒出去，这种形式的喷粉设备还可以用于喷洒化肥、颗粒农药以及撒播树种、草籽。

(3)飞机施药的农药种类与剂型

飞机施药可喷洒杀虫剂、杀菌剂、除草剂、植物生长调节剂和杀鼠剂等。杀虫剂喷雾处理，可以采用低容量和超低容量喷雾技术，低容量喷雾的施药液量为10~50L/hm^2，超低容量喷雾需喷撒油剂或农药原油，施药液量为1~5L/hm^2，一般要求雾滴覆盖密度为20个/cm^{2}以上。飞机喷撒触杀性杀菌剂，一般采用中容量喷雾设备，施药液量为50L/hm^{2}以上，喷撒内吸性杀菌剂可采用低容量喷雾，施药液量为20~50L/hm^2。飞机喷洒除草剂，通常采用低容量喷雾，施药液量为10~50L/hm^2；若使用可湿性粉剂，则施药液量为40~50L/hm^2。

适用于飞机喷洒的农药剂型有粉剂、可湿性粉剂、水分散粒剂、乳油、水剂和可溶性粉剂、油剂、颗粒剂、微粒剂等。粉剂喷撒中由于细小粉粒容易飘散，现在已经很少使用。乳油喷雾时由于需要加水稀释后喷雾，因其中溶剂容易挥发，为防止飞行中着火和水分蒸发后引起的农药漂移，乳油剂不可直接用于超低容量喷雾，只能用于中容量和低容量喷雾。油剂是直接用于超低容量喷雾的，其闪点的要求不得低于70℃。

2)飞机防治作业的基本要求

(1)气象条件

飞机防治受气象因子(如风、雨、温度、湿度等)的影响较大，因此，防治作业必须选择晴好天气并设法克服不利气象因子的影响。

①风　风对单位面积着药量影响较大，同时由于飞机在飞行时产生巨大的气流和风速，也影响药剂的沉降率，如风速过大，可使大部分药剂飘散。规定的作业条件为：喷粉作业时最大风速平原不超过4m/s，丘陵区不超过3m/s；喷雾时最大风速不超过5m/s，超过上述条件应停止作业。

②雨　雨雾会影响药效和飞机起降，也不利于飞行，为避免药效降低，保证飞行安全，雨雾天要暂时停止作业。规定的作业条件为：化学药剂24h、仿生制剂48h、生物制剂72h内没有降雨方可作业。

③气温　当大气温度超过35℃时，飞机发动机温度过高，飞机性能受到影响，不适于防治作业，同时由于气温过高，增加了地面辐射而产生气流，使药剂随风飘失，对防治作业质量影响很大。规定的作业条件为：作业时气温在30℃以下。

④大气湿度　空气湿度过大，也会影响防治效果，相对湿度高于90%时，药粉高悬于空中经久不散，使林木受药很少；湿度低于40%时，过于干燥，药粉因水分蒸发易于飘失。规定的作业条件为：喷粉作业大气相对湿度40%~85%；喷雾作业大气湿度30%~90%。

(2)地形条件

地形过于复杂会直接降低防治效果，也不利于飞行安全，因此地形变化较大的地区不宜使用飞机作业。一般要求条件为：面积在500hm^2以上，林木集中连片，地势平坦；林分郁闭度在0.3以上；附近有机场或有修建临时简易机场的条件。

3)飞机防治作业的程序和要求

(1)飞机防治作业的准备

①建立组织　飞机防治森林病虫害技术要求高，涉及部门广，必须要有统一的领导、严密的组织和各部门的大力协作才能把工作做好。林业部门和森林病虫害防治机构要会同有关部门建立防治作业指挥部，指挥部设行政组和技术组。行政组负责总务、运输、宣传和保卫等工作；技术组负责飞行、信号、装药、效果检查和气象预报等工作。

②选建机场　机场修建的技术要求由民航专业队提出，而林业工作者应向专业队提供森林病虫害防治情报，防治作业区域的方位资料，以供选择机场位置和决定飞行作业路线时考虑。

③森林病虫情况调查　作业前要深入防治林地调查虫情、龄期、天敌和危害程度以及林相、地形情况，以便据此确定使用药剂的种类、浓度、用量、喷药次序，并绘制病虫情况、林相分布图，作为飞机防治区规划的依据。在临近作业时要建立监测点，定期定点观察病虫发展情况，以便最后确定防治作业时机。

喷药期一般应选在病虫幼龄时期、活动盛期或病虫害发生初期。若害虫龄期过大，不仅增强抗药性，而且增加了用药浓度和单位面积的药量。

④防治区的规划　合理规划防治区，能达到提高防治效果、提高工作效率和降低防治费用的目的。林业部门应会同民航部门共同进行防治区的地形勘察，根据地形、地势、森林分布及单位面积喷洒量等特点，进行地面航线规划后，绘制简单的作业图。在作业图上应把作业区划(最好标出作业地块)、各防治区的方向、主要村庄、高压线、高大建筑物、忌避植物区、鱼塘、蜂、养殖场等编成作业序号。作业前要认真研究，仔细规划作业区，采用经济合理的飞行路线。

⑤加药队及加药设备　飞机作业任务确定后，要按防治面积准备足够的防治用药，并于作业前运到机场。一般每架飞机加药人数：喷粉需15人左右，喷雾8人左右。喷粉的加药设备应准备有加药梯、药筛、磅秤、手推车、装药袋等；喷雾的加药设备有5马力(3.677kW)左右的电动机或柴油机、小型拖拉机、1.5~3寸(5~10cm)的水泵，水管30~40m，水箱、大缸、过滤细沙和搅拌工具等。

⑥视察飞行和试喷工作　飞机正式作业前，一般进行视察飞行和试喷工作。视察飞行时，林业部门要配备1~2名熟悉作业区地形的人员作向导，负责介绍防治区位置、面积、方向、障碍物情况及忌药地区位置。作业前试喷1~2次，以保证准确的喷洒量。飞机喷洒液态农药时，喷药量按每公顷喷药质量可分为常量、低量和超低量3级。>75kg/hm^2为常量；5.25~75kg/hm^2为低量；<5.25kg/hm^2为超低量。

⑦防护工作　农药几乎都是对人畜有害的，因此，使用和保管农药时，都应特别加以注意，准备喷药的地区，应向当地群众做好宣传和防毒工作，通知附近居民先做好防毒准备，喷药后一定时间内要停止放牧和挖野菜等活动，对需要保护的地区应树立明显的禁喷标志。对地勤人员，在工作时一定要戴手套(使用液剂需胶皮手套)、风镜、口罩等保护用

品。工作完成后要用肥皂清洗手、脸并漱口、换衣等，严防中毒事故发生。

(2)防治效果检查与总结

在飞机作业之前，必须进行室内或室外地面的药效试验，以便确定飞机喷药的种类，使用浓度和用药量。飞机喷药后，必须进行防治效果的调查，根据地形、林木种类、病虫种类等，采取重点调查和普遍调查，或两种方法结合起来进行效果调查。

①杀虫效果调查　杀虫效果调查的方法很多，如标准树调查法、标准枝调查法、套笼法、虫粪统计法等，这里主要介绍标准树调查法。在标准地中与飞行方向相垂直的直线上，选两组标准树，组间相距50~100m，每组选标准树8~10株，每株相距5~10m，喷药前检查树冠虫口、虫龄，喷药后8h、24h、48h定期检查各龄死虫数。检查时间一般连续3d以上(生物制剂在10d以上)，必要时可以延长。高大的树木，事前检查树冠上的虫数有困难，可以在喷药后，逐日统计地面死虫数，直至不再发现死虫时为止。再将标准树上残留活虫，全部振落于地上，计算防治效果，并选择与喷药条件相似的小区进行对照。

②杀菌效果调查　杀菌剂的药效检查比较困难，一般根据发病情况，统计每一处理的平均发病率，和对照区的发病率进行比较。

如果发现漏喷或效果较差的地区，应根据不同情况，采取飞机补喷或地面人工补治，以确保效果和质量。

7.4.5　割草与施肥机械

7.4.5.1　割草机械

割草机按照不同的划分标准，可以有以下划分，按行进方式分为智能化半自动式拖行式、后推行式、坐骑式、拖拉机悬挂式；按动力分为人畜力驱动、发动机驱动、电力驱动、太阳能驱动；按割草方式分为滚刀式、旋刀式、侧挂式、甩刀式；按割草要求分为平地式、半腰式、截顶式。

(1)多功能坐骑式割草机

主要用于果园行间或道路、沟渠等地域的除草作业。采用刀盘防缠绕专利技术，安装有特殊材质的切割刀具，强韧耐磨损，具有独特的高草、杂木切割技术，杂木的最大切割直径可达50mm。主要技术参数见表7-6。

表7-6　坐骑式割草机主要技术参数

项　目	AC92-21	AC92-23
质量/kg	298	345
尺寸(长×宽×高)/mm	2 090×990×985	2 230×1047×990
发动机/马力	21	23
发动机燃料	95#汽油	95#汽油
油箱容量/L	16	16
变速箱	无级齿轮变速，手动差动锁	
速度：前进/(km/h)	0~8.5	0~9
速度：后退/(km/h)	0~4.5	0~5
割草宽度/mm	920	920

（续）

项　目	AC92-21	AC92-23
割草高度/mm	50～100	50～100
轮胎尺寸：前轮	16×6.5－8	16×6.5－8
轮胎尺寸：后轮	20×10.0－8	20×10.0－8
轮胎距离：前轮/mm	814	814
轮胎距离：后轮/mm	790	790
前后轴距/mm	1 450	1 560
液压系统的最大压强/MPa	—	20

（2）9G系列果园割草机

9G系列果园割草机主要用于果园、园林、草场、草地、绿地等各种场地的除杂草、修剪等作业，其中果园主要适用于矮砧密植园、新建幼龄园、老园间伐提干改造园，可与35～80马力拖拉机配套，后悬挂式作业。主要技术参数见表7-7。

表7-7　9G系列果园割草机主要技术参数

型　号	9G-1.2	9G-1.6	9G-1.8
作业幅宽/mm	1 200	1 600	1 800
留茬高度/mm	≤70	≤70	≤70
甩刀数量/个	2	2	2
配套拖拉机/马力	30～45	40～50	50～80
拖拉机输出转速/（r/min）	540	540	540
整机重量/kg	300	480	550
外形尺寸（长×宽×高）/mm	2 270×1 390×890	2 840×1 765×1 170	2 910×1 960×1 120

（3）果园调幅割草机

调幅割草机可与40～90马力拖拉机配套，后悬挂式作业，作业幅宽可在调幅范围内无级调整，对作业行宽适应性好，结构紧凑，性能可靠，作业效率高。主要技术参数见表7-8。

表7-8　9GT系列果园调幅割草机主要技术参数

型　号	9GT-1220	9GT-2036
作业幅宽/mm	1 200～2 000	2 000～3 600
留茬高度/mm	40～100	40～100
甩刀数量/个	8	8
侧盘直径/mm	450	900
配套拖拉机/马力	40～80	40～90
拖拉机输出转速/（r/min）	540	540
整机重量/kg	510	780

7.4.5.2 施肥机械

(1)2FY系列牵引式撒肥机

2FY系列牵引式撒肥机可与30~120马力拖拉机配套作业，以播撒石灰、各种沤肥、有机肥为主，配套相应功能部件后还可实现开沟、施肥、覆土等功能。主要技术参数见表7-9。

表7-9 2FY系列牵引式撒肥机技术参数

项 目	2FY-2.7	2FY-3.8	2FY-8.0
配套动力/马力	30~60	50~80	70~120
撒播宽度/m	6~15	6~15	6~18
肥箱容积/m^3	2.7	3.8	8
整机质量/kg	1 460	1 550	1 820
开沟宽度/mm	200	—	—
开沟深度/mm	100~300(视土质)	—	—
外形尺寸(长×宽×高)/mm	4 200×1 755×1 750	4 800×2 000×2 050	5 500×2 000×2 250

(2)水肥一体化系统施肥机

OLM-水肥一体化系统通过检测灌溉溶液营养成分及酸碱度，并通过控制系统PID运算进行释放不同肥料原液参与混合搅拌，达到所需的灌溉肥水，最后进行定向位置释放。系统可实现定向位置种植作物进行定时、定量、精量营养液或清水输灌。特别在现代无土栽培、潮汐灌溉、滴管应用极为广泛且实用。由中心控制系统、人机对话界面、传感器水肥监测装置、混肥罐、肥料原液罐、主管路、供水系统及灌溉系统组成。

本机适用于农业、林业、花卉等种植行业育苗使用。主要技术指标如下：输出流量：10~80m^3/h；扬程：30~160m；主泵功率：2.0~5.5kW；基本的注肥通道：4个(其中包括一个平衡液通道pH，2个注肥通道EC，最多可扩展至10个通道)；可控制的输出电磁阀：标配10个AC24V/50Hz可控制的灌区电磁阀；可编制的灌溉程序：10个；可编制的施肥程序：8个；EC值的监测范围：0~10ms/cm；pH值监测范围：0~14；配置7寸触摸屏人机对话界面。

7.4.6 机械作业平台——3GP系列自走式果园机

该机集自走式收获辅助系统和平台操作于一体。机架上方设有操控台，操控系统可控制行走装置的行走和转向以及前后叉的动作，操控系统还可控制平台的升降，以及左右扩展平台的动作，3GP-155主要进行果树修剪、整枝和果实采摘等作业，并且在果实采摘作业中无需人工上下搬运果箱等物品，3GP-160主要用于疏花，疏果，套袋，整枝等多项作业，其提高了工作效率，降低了劳动强度，增加了作业人员的安全性，完全替代了梯子在果园中的作用，是现代化果园的理想机具。

3GP系列自走式果园机具有以下特点，①采用符合国3排放的先进电喷式柴油发动机，动力强劲，②全液压式驱动型式，操作灵活、转弯半径小，更适合国内果园道路布局；③关键液压和电器元件采用进口国际先进部件，使用可靠；④前后叉果箱升降，平台升降和左右宽度调节全部采用液压驱动。⑤平台升降设有自锁装置；⑥配有平台倾角自动报警装置，确保操作使用安全可靠。主要技术参数见表7-10。

表 7-10　3GP-155 自走式果园机主要技术参数

项　目	3GP-160	3GP-155
外形尺寸(长×宽×高)/m	3.2×1.6×2.0(高度包括护栏)	2.7×1.55×2.3
速度范围/(kg/h)	2~6	作业速度 0~4，行走速度 0~8
最小转弯半径/m	左转 4.3，右转 4.5	左转 3.5，右转 4
发动机功率/kW	18.5	18.5
驱动方式	2.2	全液压驱动
平台初始高度/m	1.05	1.15
平台举升高度/m	2.2	1.2
平台展开宽度/m	各 0.5	3
空载质量/kg	1 100	2 300
最大总负载/kg	—	800
配套果箱尺寸(长×宽×高)/mm	—	1 130×1 130×760

7.4.7　无人机

无人驾驶飞机简称“无人机”，是利用无线电遥控设备和自备的程序控制装置操纵的不载人飞机(赵元棣等，2016)。无人机作业具有节省劳力、效率高、效果好等特点，相比人工作业有特别明显的优势。一般飞行员的极限飞行时间是8h，但是无人机在动力充足的情况下可连续飞行100h多(高峰，2011)。无人机不仅作业效果优于人工作业，且在作业效率、安全性保障等方面也有较大优势。目前，林业无人机在林业生产中的应用主要在森林病虫害防治与监测、森林资源调查与监测、森林防火等方面，随着无人机技术的日趋完善，其在林业生产中有着广阔的应用空间。

7.4.7.1　林业无人机分类

无人机按照动力系统的不同可分为：电池动力和燃油动力两类。以电力动力的无人机起降迅速，并具有操作灵活的优点，但单次飞行时间一般只有10~15min；燃油动力系统无人机以燃油发动机为动力，机身大，灵活性相对较差，需要一定的起降时间，且维护较为复杂，但单次飞行时间可超过1h(林蔚红等，2014)。

林业无人机按旋翼的不同可分为固定翼式、单旋翼式及多旋翼式(姚金霞等，2016)。固定翼无人机由机翼产生升力，机翼位置和掠角等参数在飞行过程中保持不变；单旋翼无人机由主桨切割空气产生推力，尾桨保证平衡，可垂直起降和稳定地悬停；多旋翼无人机以3个或者偶数个对称非共轴螺旋桨产生推力上升，以各个螺旋桨转速改变带来的飞行平面倾斜实现前进、后退和左右运动，以螺旋桨转速次序变化实现自转垂直起飞降落，场地限制小，可在空中稳定地悬停(阮晓东，2015)。

按照农用无人机功能的不同，可将其分为农事操作及农田信息搜集两大类。农事操作即利用无人机来代替一些人力的农事作业，来解决人工作业在质量、效率和劳力上的不足，以及作业的安全问题等。农田信息搜集即利用遥感探测技术，及时、准确地收集田间信息，包括光合作业质量、土壤湿度和作物群体生长情况等。

7.4.7.2 林业无人机的用途

(1)森防作业

传统的手工、机械式森防作业不仅效率低下、耗时费工，还不能保障较好的作业效果，并且存在着一定的安全问题和安全隐患。森防无人机的作业能适应多种地形环境，作业效果优于地面机械和人工作业。当气候、地形变化时，无人机能代替地面机械进行农林业生产，对林木开展施药施肥，保证林木长势。无人机工作时产生的向下气流，能提高雾流对林木的穿透性，保证正反叶面均能着肥着药，还具有杀除林木生长环境中的病菌和害虫的效果，为林木提供良好的生长环境。森防无人机的飞行作业速度一般为3~6m/s，飞行过程中还能保持与林木1~2m的固定高度，规模作业时能保证5.3~6.7hm^2/h的效率，工作效率是常规喷洒的数十倍(王斌，2016)。无人机的作业不受耕作模式及区域的限制，自动飞控导航作业能有效保证操作人员的安全，并改善了植保机械和人工作业进地难、效果差等不足(周文，2016)。

(2)林业调查

以森林资源二类调查为例，传统方法要对调查单位的森林资源进行合理的区划，并对区划范围内的林分因子进行调查，甚至采用样圆、样方等样地进行实测，是一个相当庞大且重要的工作体系，工作量很大。无人机通过搭载高分辨率监测、摄像设备，通过采集有效的影像资料，可以对地类、面积、郁闭度、覆盖度、林种、优势树种、平均树高等进行直接观测，可以解决勘测人员不足、效果差、效率低等问题，有助于林区管理人员精确掌握林区的森林现状，最终为林业的时查时管提供科学有效的依据，进而为指导和规范森林科学经营提供依据。

(3)森林病害虫监测

病虫害防治过程中，加强对病虫发生程度的监测是提高病虫害防治效率的重要途径，我国林业有害生物灾害监测主要依靠传统的人工地面检测，这些方式还远远不能够满足林业灾害防治的需求。无人机可以对枯死木、变色树、异常林分进行精确定位，具有高时效、高分辨率、高机动性、低成本、低消耗、低风险等优势和特点，能快速获取多空间尺度、多方向的地面观测数据，必将成为林业生物灾害灾情监测的重要手段。尤其是对于一些不便于人工监测的地区，更应该借助无人机技术，在摸清本地病虫危害发生规律的基础上，对虫害的动态进行了解，对流行蔓延性的病害的发生趋势进行分析和研究，从而可以得到一个更加长期的预测结果，并且可以借助各种宣传平台对病虫害的监控结果进行分享，使得林业部门以及当地的百姓能够对病虫害情况有所了解，能够积极采取相应的措施进行防治，防止病虫害的扩散(杨陆强，2017)。

(4)森林防火

目前，森林火灾预防一般采用派人实地巡逻考察，这种方式劳动强度大。虽然我国相继建立了东北航空护林中心和西南航空护林总站来进行空中护林防火，但有人驾驶飞机拍摄的图像大多数时候很难满足高精度，高分辨率的要求，特别是容易受到气候天气的影响。而对小林区来说，也容易造成人力、资源的浪费，还不能满足定点观测的要求。无人机的应用解决了这些不足。无人机系统应用于森林防火中具有续航能力强、操纵方便、影像实时传输，机动灵活、功能多样化、应急快速、实时巡查能力强等特点，尤其是在地形，天气较复杂的林区更能显示出它的优势。少数林区已经实现了空中无人机火情瞭望、巡护和侦查，地面视频监测精准定位，重点防火区域及主要出口人员检查的3D林业管理体系，可以有效做到预警智能化、防范科学化、处置专业化的防火指挥管控。

7.4.7.3　林业无人机示例

(1)大疆MG-1农业植保无人机

大疆MG-1农业植保无人机为八旋翼农用无人机，最大作业飞行速度为8m/s，标准载荷为10kg，最大有效起飞质量为24.5kg，外形尺寸为1471mm×1471mm×482mm，1h的作业量可达2.6~4hm^2，是人工作业的40~60倍。其防尘、防水雾的效果较好，可依靠内循环系统保持机电系统的及时冷却，精准控制的药剂喷洒泵能有效调整喷洒的方案，应对不同地形时可选择智能、手动及增强型手动的不同操作模式。该机能在无药时自动记忆中断坐标点，补充药液后可返回中断坐标点继续作业，数据保护功能可有效保障飞控系统等不受断电的影响，并能自动保持与作物的间距，其Y形折叠机臂设计也给安装、运输带来了便利。

(2)守护者-Z10农业植保无人机

“守护者-Z10”农业植保无人机采用了大扭矩动力电机和30英寸碳纤维螺旋桨，能提供强劲动力及强大的下压风场，还能轻松规划不规则喷洒区域，并计算喷洒面积。面对复杂地形时，双目测距自动避障系统可以轻松应对复杂地形，定位方式为GPS差分技术。该机的额定载荷10kg，作业速度6~8m/s，有效起飞质量约24kg，外形尺寸1 300mm×1 300mm×450mm，单次作业面积约1hm^2，效率高于人工作业数十倍。该机为四轴“十”字形机体，环抱式的机体结构设计为运输、携带提供便携，中心盘的一体化设计，保证了机身具备较强的防尘、防水和防腐蚀能力。

(3)汉和CD-15型油动植保无人机

汉和CD-15型油动植保无人机为汉和CD-10的升级换代产品，载药量可达15kg，喷洒飞行速度3~6m/s，工作12~15min可喷洒田地1.3~2hm^2，有效起飞质量35kg，若全部载荷用于装载燃料，可连续飞行150min。该机采用翘尾设计加无副翼设计，具有较好的操控性能及喷洒效果。其采用GPS、气压和加速度多参数定位技术，可实现自动航路规划、定高、紧急悬停等各种控制功能，也可进行半自动和全自动飞行，并在空中实现两种模式的自由切换。

参考文献

安娟，刘占仁，王立志，等.2013. 沂蒙山区保水剂对径流态氮磷输出的影响[J]. 水土保持学报，27(5)：95-98.

毕国志，姜景彬，李烨，等.2013. 胡萝卜雄性不育系及保持系光合日变化及其影响因子研究[J]. 东北农业大学学报，44(1)：65-70.

蔡艳飞，李世峰，王继华，等.2016. 遮阴对油用牡丹植株生长和光合特性的影响[J]. 西北植物学报，36(8)：1623-1631.

曹德宾.2017. 大球盖菇高产栽培技术[N]. 河北科技报，5(27)：004 版.

曹福亮，汪贵斌，郁万文.2014. 银杏果用林定向培育技术体系集成[J]. 中南林业科技大学学报，34(12)：1-8.

陈光辉，常延明，龙忠伟.2017. 大棚温室油桃复合高效经营技术[J]. 防护林科技(4)：115-116.

陈宏毅.2012. 秋葵主要栽培品种特性及栽培技术[J]. 蔬菜，(12)：23-25.

陈慧君.2013. 微生物肥料菌种应用与效果分析[D]. 北京：中国农业科学院.

陈慧敏.2009. 中华金叶榆育苗技术[J]. 河北林业科技(3)：131-132.

陈俊杰.2011. 大雁的饲养管理技术[J]. 家禽科学(12)：19-22.

陈珂，耿黎黎，李智勇.2008. 关于发展我国森林休闲业的思考[J]. 世界林业研究，21(3)：75-78.

陈立晴.2013. 毛梾种子后熟生理及育苗技术[D]. 保定：河北农业大学.

陈新燕.2012. 不同土壤管理方式对南疆干旱区梨园土壤性质的影响[D]. 乌鲁木齐：新疆农业大学.

陈章水，张守攻，齐力旺，等.2007. LY/T 1716—2007 杨树栽培技术规程[S]. 北京：中国标准出版社.

陈中建，倪德华，金小燕，等.2015. 梨栽培技术与病虫害防治策略浅述[J]. 农业与技术，35(12)：105.

程群旺.2015. 河北南部平原地下水压采措施探析[J]. 现代农村科技(10)：44-45.

楚景月.2016. 文冠果主要病害及防治方法[J]. 辽宁林业科技，42(1)：30-33，45.

崔怀仙.2014. 太行山区核桃新品种引种栽培试验[J]. 安徽农学通报，20(19)：28-29.

崔建潮，王文辉，贾晓辉，等.2017. 从国内外甜樱桃生产现状看国内甜樱桃产业存在的问题及发展对策[J]. 果树学报，34(5)：620-631.

戴晓琴，郭兴强，李鹏，等.2006. 平原农区幼龄杨树间作农作物的产量表现[J]. 生态学杂志，25(12)：1515-1519.

单洪友.2014. 介绍几个葡萄新品种[J]. 农村实用技术(10)：43-45.

董贵生，董贵利.2011. 鸡腿菇栽培技术[J]. 中国果菜(7)：13-14.

杜红岩，李芳东，杜兰英，等.2010. 果用杜仲良种'华仲 6 号'[J]. 林业科学，46(8)：82.

杜红岩，李芳东，李福海，等.2010. 果用杜仲良种'华仲 7 号'[J]. 林业科学，46(9)：186.

杜红岩，李芳东，杨绍彬，等.2010. 果用杜仲良种'华仲 8 号'[J]. 林业科学，46(11)：89.

杜红岩，李芳东，杨绍彬，等.2011. 果用杜仲良种'华仲 9 号'[J]. 林业科学，47(3)：194.

杜红岩，张再云，刘本端.1994. 华仲 1 号等 5 个杜仲良种优良无性系的选育[J]. 西北林学院学报，9

(4)：27－31.
冯占亭. 2011. 文冠果丰产栽培技术[J]. 林业科技开发，25(4)：111－113.
付亮. 2008. 杏鲍菇栽培技术[J]. 河北农业科学，12(9)：13－14，16.
高峰. 2011. 无人机应用前景广阔[J]. 国防科技工业(9)：44－45.
高海生，常学东. 2016. 我国板栗产品加工技术研究进展[J]. 河北科技师范学院学报，30(2)：1－10.
高茂盛. 2010. 渭北旱作苹果园保护性耕作技术土壤水分养分效应研究[D]. 杨凌：西北农林科技大学.
高文君. 2014. 双季槐推广情况调查及有关问题思考[J]. 山西水土保持科技(1)：22－24.
高月红. 2016. 板栗生长特性及栽培技术[J]. 果农之友(12)：21.
葛喜珍，李可意，李映，等. 2017. 北方地区桃树病虫害生物(农药)防治技术规程[J]. 现代农业科技(15)：110－111.
关继东. 2014. 森林病虫害防治[M]. 北京：高等教育出版社.
郭洪芸，樊治成. 1999. 土壤水分胁迫对大蒜光合特性的影响[J]. 园艺学报，26(6)：404－405.
郭书彬，冯小军，宋熙龙. 2015. 世界银行贷款造林在河北[M]. 北京：中国林业出版社.
郭淑霞，丁岐峰，杨起旺. 2017. 苹果主要病虫害综合防治技术[J]. 河北农业(1)：45－47.
国亮. 2011. 农业节水灌溉技术扩散研究[D]. 杨凌：西北农林科技大学.
郝强. 2015. 凯特杏设施栽培技术要点[J]. 河北果树(4)：48－49.
胡士磊，张松，台朝朝. 2009. 浅析休闲农业和休闲林业[J]. 三峡大学学报(人文社会科学版)，31(1)：65－67.
胡在进. 2013. 果桑资源的研究开发与综合利用[J]. 现代农业科技(1)：102－104.
胡振全，李晓黎，靳来素，等. 2016. 林下经济作物栽培[M]. 北京：中国林业出版社.
黄莉群. 2006. 生态园林[M]. 济南：山东美术出版社.
黄学红，程传云. 2017. 大棚桃一边倒扇形栽培技术[J]. 现代农业科技(7)：92.
黄印冉，张均营，闫淑芳，等. 2013. 中华金叶榆应用类型和繁育技术[J]. 河北林业科技(1)：76－78.
黄占斌，孙朋成，钟建，等. 2016. 高分子保水剂在土壤水肥保持和污染治理中的应用进展[J]. 农业工程学报，32(1)：125－131.
黄占斌，孙在金. 2013. 环境材料在农业生产及其环境治理中的应用[J]. 中国生态农业学报，21(1)：88－95.
黄占斌，张玲春，董莉，等. 2007. 不同类型保水剂性能及其对玉米生长效应的比较[J]. 水土保持学报，21(1)：140－148.
冀小菊，邢辉，崔迷俭. 2016. 葡萄主要病虫害发生及防治技术[J]. 农业与技术，36(17)：95－96.
贾炳峰，窦丽. 2015. 甜樱桃高效优质栽培技术[J]. 河北果树(6)：26－28.
姜佰文，潘俊波，王春宏，等. 2005. 秸秆常温快速腐熟生物技术的研究[J]. 东北林业大学学报，36(4)：439－441.
姜淑苓，欧春青，王斐，等. 2016. 矮化红色梨新品种'中矮红梨'[J]. 园艺学报，43(7)：1419－1420.
姜淑苓，欧春青，王斐，等. 2016. 梨矮化中间砧新品种'中矮4号'的选育[J]. 果树学报，33(5)：633－636.
蒋有绪. 2 000. 新世纪的城市林业方向——生态风景林[J]. 四川师范学院学报(自然科学版)，21(4)：309－311.
颉建明，冯致. 2003. 环境条件对绿菜花幼苗光合特性的影响[J]. 甘肃农业(4)：55－56.

孔林英，乔侃罂钰，乔卫阳，等 . 2008. 楸树无性育苗技术[J]. 林业实用技术(11)：25 – 26.
乐文全，张海娥，刘金利 . 2016. 红梨新品种‘香红梨’的选育[J]. 果树学报，33(7)：891 – 894.
冷鹏 . 2015. 临沂市叶用银杏园标准化栽培技术[J]. 植物医生，28(6)：44 – 45.
冷锁虎，夏建飞 . 2002. 油菜苗期叶片光合特性研究[J]. 中国油料作物学报，24(4)：10 – 13.
李大明，孙耀清 . 2009. 丝棉木培育技术及园林应用[J]. 中国林副特产(6)：65 – 66.
李建勋，马革农，杨运良，等 . 2016. 双季槐主要害虫综合治理[C]. 中国植物保护学会 2016 年学术年会论文集：227 – 229.
李坤峰，骆卫东，丁玲，等 . 2016. 果桑栽培技术与设施栽培应用展望[J]. 中国蚕业，37(1)：11 – 15.
李男，田来明，肖鹤馨，等 . 2014. 常见鹿非传染性病的诊断和治疗[C]. 2014 年中国鹿业进展：71 – 75.
李善文，张志毅，何承忠，等 . 2004. 中国杨树杂交育种研究进展[J]. 世界林业研究，17(2)：37 – 41.
李四秀 . 2013. 花椰菜夏秋季无公害高效栽培技术[J]. 蔬菜栽培(4)：26 – 27.
李万年 . 2014. 林下养殖柴鸡的关键技术[J]. 农村经济与科技，25(2)：90 – 91.
李晓东，韩冰 . 2015. 新常态下发展"休闲林业"的探究[J]. 长春大学学报，25(10)：69 – 72.
李秀根，杨健，王龙，等 . 2016. 红皮梨新品种‘红宝石’的选育[J]. 果树学报，33(12)：1588 – 1591.
李秀霞 . 2017. 日光温室油蟠桃“Y”形阶梯状整形与修剪技术试验[J]. 园林园艺(8)：99 – 101.
李永顺，李志全 . 2014. 红叶杨扦插育苗技术[J]. 北京农业(10)：20 – 21.
李月华 . 2010. 观赏树木[M]. 北京：气象出版社 .
李志欣，刘进余，刘春田 . 2003. 果桑生长结果特性及栽培技术要点[J]. 农村科技开发(2)：8 – 9.
李志新，戴福 . 2015. 杨树杂交育种研究进展[J]. 林业科技情报，47(3)：27 – 31.
李作文，刘家祯 . 2010. 园林彩叶植物的选择与应用[M]. 沈阳：辽宁科学技术出版社 .
李作文，徐文君 . 2013. 新优园林树种[M]. 沈阳：辽宁科学技术出版社 .
林绮 . 2007. 杜仲的主要病虫害[N]. 河南科技报，7(24)：005 版 .
林蔚红，孙雪钢，刘飞，等 . 2014. 我国农用航空植保发展现状和趋势[J]. 农业装备技术，40(1)：6 – 11.
刘春鹏，王泽平，杨丽娟，等 . 2014. 不同密度下欧美 107 杨人工林生长及经济效益分析[J]. 河北林业科技(2)：4 – 7.
刘春荣 . 2016. 春提前西葫芦栽培管理技术[J]. 农业开发与装备(3)：137，78.
刘瑾 . 2011. 新型土壤稳定剂的研制及其应用研究[D]. 南京：南京大学 .
刘丽丽 . 2008. 微生物肥料的生物类别及生产技术[M]. 北京：科学出版社 .
刘蒙恩，花国霞，吴宣丽 . 2010. 林地散养柴鸡有讲究[J]. 农村养殖技术(10)：8.
刘晴，黄映晖 . 2016. 北京市休闲林业消费者行为分析 – 以森林公园为例[J]. 安徽农业科学，44(33)：155 – 159.
刘书晓，殷书玲 . 2017. 冀中南地区杏树“三虫一病”的发生及防治[J]. 果树实用技术与信息(7)：29 – 31.
刘振廷，郭延凯，王书军，等 . 2 000. 窄冠白杨株行距配置对间作小麦产量的影响[J]. 河北林业科技(1)：8 – 10.
鲁德滨 . 2014. 遵化板栗优质高产栽培技术研究[J]. 现代农业科技(21)：103，105.
路芳，郑亚茹 . 2016. 枣树病虫害防治技术[J]. 河北果树(6)：32 – 33.
路玉祥，焦慧娟 . 2014. 楸树特征特性及速生种植技术[J]. 现代农业科技(23)：187 – 190.

吕春华，沙建国，罗桂杰. 2009. 林地饲养商品鹅效益分析[J]. 江苏林业科技，36(5)：36－38.
马丹丹，赵国先，冯焯，等. 2015. 柴鸡养殖技术[J]. 饲料博览(1)：42－45.
马宁，孙阁. 2011. 河北退耕还林这十年[N]. 中国绿色时报，6(21).
马之胜，贾云云. 2003. 桃优良品种及无公害栽培技术[M]. 北京：中国农业出版社.
马之胜，贾云云. 2008. 无公害桃安全生产手册[M]. 北京：中国农业出版社.
马之胜，贾云云，陈体先，等. 2009. 优质黄肉鲜食桃新品种美锦[J]. 园艺学报，36(4)：615.
毛玉收，李运成，孙亚瑾. 2011. 金叶榆的育苗技术及园林应用[J]. 农业科技与信息(10)：21－22.
倪栋. 2016. 平菇栽培设施及杏鲍菇菌渣配方栽培技术[J]. 农业科技通讯(12)：254－256.
宁妍妍. 2014. 楸树育苗技术及园林绿化应用[J]. 农业开发与装备(3)：136－137.
牛丽萍. 2015. 大葱病虫害综合防治技术[J]. 河北农业(5)：25.
牛雅琼. 2016. 河北迁西密植板栗园防郁闭修剪技术[J]. 果树实用信息与技术(9)：21－23.
潘妃，邢铮，秦玉芝，等. 2013. 几种特色甘薯叶片光合作用特征的研究[J]. 湖南农业科学(21)：26－28.
庞金宣，郑世锴，刘国兴，等. 2001. 窄冠型杨树新品种的选育[J]. 学术园地，04(002)：8－9.
彭方仁. 1999. 板栗丰产栽培技术研究进展[J]. 林业科技开发(2)：7－11.
彭建宗，陈兆平. 1999. 遮阴对多年生花生(Arachis pintoi)生长的影响[J]. 华南师范大学学报(自然科学版)(2)：92－94.
彭天忠，王俊青. 2009. 楸树播种和嫁接育苗技术[J]. 农村经济与科技，20(12)：199－200.
彭友新. 2001. 地膜青椒套玉米防病又高产[J]. 现代农村科技(4)：16.
亓希武，于盱，梁呈元，等. 2016. 金银花规范化生产标准操作规程(SOP)[J]. 现代中药研究与实践，30(2)：7－10.
祁建华. 2015. 菏泽市主要林业有害生物防治技术与推广[D]. 曲阜：曲阜师范大学.
秦飞，关庆伟，李亚丽，等. 2009. 生态风景林研究进展[J]. 江苏林业科技，36(3)：51－54.
秦舒浩，李玲玲. 2006. 遮光处理对西葫芦幼苗形态特征及光合生理特性的影响[J]. 应用生态学报，17(4)：653－656.
卿前龙，胡跃红. 2006. 休闲产业：国内研究述评[J]. 经济学家(4)：40－46.
阮晓东. 2015. 农用无人机. 现代农业的助航者[J]. 新经济导刊(4)：66－70.
史红鸽，魏银初，班新河，等. 2015. 平菇栽培集成技术在生产中的应用[J]. 食用菌(12)：34－35.
苏荟. 2013. 新疆农业高效节水灌溉技术选择研究[D]. 石河子：石河子大学.
苏孝同. 2006. 森林休闲－21世纪的朝阳产业[J]. 中国城市林业，4(5)：43－45.
孙桂玲. 2017. 对休闲林业发展的探究[J]. 农业与技术，37(1)：56－57.
孙立杰. 2016. 甘薯高产栽培技术[J]. 现代农业(7)：38－39.
孙树国，韩伟，林玉红. 2009. 鸡腿菇实用栽培新技术[J]. 中国果菜(9)：38－40.
孙学奇，鲁英，郭艳芹，等. 2014. 大雁疫病的防控技术[J]. 中国畜禽种业(6)：155－156.
孙志刚，张建成. 2011. 文冠果的栽培利用及其发展前景[J]. 河北林果研究，20(4)：389－392.
唐春慧，唐建宁，杨斌. 2015. 宁夏地区丝棉木育苗及造林技术规程[J]. 宁夏农林科技，56(1)：25－28.
佟超然，康心玉，盛敬之，等. 1990. 欧美杨与紫穗槐混交造林研究[J]. 河南林业科技(1)：14－16.
王佰彦，周建强，门春玲. 2013. 果桑密植丰产栽培技术[J]. 河南农业(1)：11－12.

王邦富，叶章发，黄云鹏，等.2013. 银杏果用林标准化栽培技术[J]. 中国林副特产，125(4)：32-35.

王斌，袁洪印.2016. 无人机喷药技术发展现状与趋势[J]. 农业与技术，36(7)：59-62.

王会顶.2013. 保定市外环路生态景观林评价指标体系研究[D]. 保定：河北农业大学.

王加朝，孙增丽，王建玉，等.2016. 银杏丰产栽培管理[J]. 特种经济动植物.19(7)：41-42.

王金莉，郑淑清，王孟文.2012. 高温平菇林地高产栽培技术[J]. 天津农林科技，26(2)：24-26.

王金政，张安宁，孙岩.2002. 李、杏优质丰产栽培技术彩色图说[M]. 北京：中国农业出版社.

王太华.2010. 桃树病虫害综合防治技术[J]. 北方果树(2)：19-20.

王伟杰.2012. 基于森工技术的城郊休闲林业开发模式研究——以南京八卦洲洲头林地开发为例[D]. 南京：南京林业大学.

王献革，索相敏，郝婕，等.2016. 苹果新品种—冀苹1号[J]. 果树学报，33(5)：629-632.

王晓勤，温晓蕾，路常宽.2010. 我国板栗病虫害防治研究进展[J]. 河北科技师范学院学报，24(1)：39-44.

王永博，王迎涛，王亚茹，等.2015. 梨新品种—'冀硕'的选育[J]. 果树学报，32(4)：730-732.

王永博，王迎涛，王亚茹，等.2015. 中晚熟梨新品种'冀硕'[J]. 园艺学报，42(3)：593-594.

王永博，王迎涛，王亚茹，等.2016. 梨新品种—冀酥[J]. 中国果业信息.33(5)：65.

王永博，王迎涛，王亚茹，等.2016. 梨新品种'冀酥'的选育[J]. 果树学报，33(4)：500-503.

王振章，韩小丽.2016. 毛梾形态特征及育苗技术[J]. 河南农业(7)：40-41.

王中林.2015. 果用银杏早果丰产栽培技术[J]. 科学种养(6)：23-24.

王中林.2016. 油用文冠果生产存在的问题与对策[J]. 科学种养(12)：16-19.

未署名.2004. 鹿的养殖技术[J]. 中国农业文摘(畜牧)(4)：26.

魏养利，吕平会，何桂林.2017. 对大樱桃建园的四点建议[J]. 西北园艺(3)：38.

温海清，梁海平.2006. 浅谈大雁养殖的现状及其发展前景和方向[J]. 畜牧与兽医，38(5)：29-30.

吴泽民，吴澜.2006. 城市森林与城市森林游憩[J]. 中国城市林业，4(6)：34-36.

郗荣庭，曲宪忠.2001. 河北经济林[M]. 北京：中国林业出版社.

郗荣庭，曲宪忠，张国良，等.2001. 河北经济林[M]. 北京：中国林业出版社.

夏孔建.2009. 李树病害综合防治技术[J]. 现代农业科技(20)：171-173.

肖啸，张立彬，刘建珍，等.2011. 桃新品种久艳[J]. 园艺学报，38(12)：2411-2412.

肖啸，张立彬，刘建珍，等.2011. 桃新品种久玉的选育[J]. 果树学报，28(5)：930-931.

肖啸，张立彬，张吉军，等.2010. 桃新品种久硕的选育[J]. 果树学报，27(2)：312-313.

肖智慧，吴焕忠，邓鉴锋，等.2011. 广东省生态景观林带植物选择指引[M]. 北京：中国林业出版社.

谢晓光，麻方军，李海鹏，等.2007. 浅谈梅花鹿常见病防治[J]. 吉林畜牧兽医(3)：45-46.

谢晓亮，刘铭，温春秀，等.2017. 无公害金银花田间生产技术规程[N]. 河北科技报，1(17)：B06.

徐志扬.2014. 平原地区森林资源发展状况浅析[J]. 林业资源管理(增刊)：32-36.

许鹏.2010. 中华红叶杨栽培技术[J]. 山西林业(1)：22-23.

薛晓昀.2011. 大豆根瘤菌与促生菌复合系筛选及机理研究[D]. 北京：中国农业科学院.

薛彦飞.2015. 不同土壤管理措施对土团聚体胶结剂的影响[D]. 杨凌：西北农林科技大学.

闫春丽，孙峰，张权峰.2010. 渭南市农作物秸秆直接还田培肥增产技术研究[J]. 天津农业科学，16(6)：147-148.

杨健，李秀根，王龙，等.2016. 中熟梨新品种'中梨2号'的选育[J]. 果树学报，33(11)：1453-1455.

杨健，王龙，王苏珂，等.2015. 极早熟梨新品种—‘早酥蜜’的选育[J]. 果树学报，32(6)：1283－1285.

杨俊琦，王颂萍，白兰所.2011. 冀南山区林地柴鸡生态、节饲养殖技术浅谈[J]. 饲料广角(14)：38－40.

杨赉丽.2016. 城市园林绿地规划[M].4版. 北京：中国林业出版社.

杨陆强，果霖，朱加繁.2017. 我国农用无人机的发展概况与展望[J]：农机化研究(8)：5－11.

姚金霞，陈进，陈燕英.2016. 四川省农用植保无人机应用现状和发展建议[J]. 四川农业与农机(1)：13－14.

姚延，王志敏，李向荣，等.1994. 杨树柠条混交林生长效应的研究[J]. 林业科技通讯(2)：24－25.

叶功富，洪志猛.2006. 城市森林学[M]. 厦门：厦门大学出版社.

伊宏岩，高超利.2014. 丝棉木的繁育及栽培技术[J]. 河北林业科技(1)：96－97.

殷志祥.2010. 主要果桑品种特性及栽培技术探讨[J]. 中国蚕业，31(2)：58－59.

于广建，王世荣，潘凯.2015. 蔬菜栽培[M]. 北京：中国农业科学技术出版社.

于洪华，贾敬贤.1996. 适于梨矮化密植的新树形[J]. 山西果树(1)：16－18.

于淑娟，高月兵，于明海，等.2012. 银杏丰产栽培技术[J]. 落叶果树，44(2)：56－57.

于忠峰.2011. 杏树主要病虫害及其防治方法[J]. 辽宁林业科技(1)：60－62.

余维可.2010. 关于瑞安市生态休闲林业发展的调查与思考[J]. 温州农业科技(2)：11－15.

袁花，张丽芹，张崇丽.2016. 金太阳甜杏栽培管理技术[J]. 农业与技术，35(4)：142.

袁再健，许元则，谢栌乐.2014. 河北平原农田耗水与地下水动态及粮食生产相互关系分析[J]. 中国生态农业学报，22(8)：904－910.

原玉.2016. 辽西地区机械化秸秆深还技术研究[D]. 沈阳：沈阳农业大学.

臧德奎.2008. 园林植物造景[M]. 北京：中国林业出版社.

曾令祥.2004. 杜仲主要病虫害及防治技术[J]. 贵州农业科学，32(3)：75－77.

张柏林.2 000. 种驼鸟的饲养管理技术[J]. 安徽农业(6)：32.

张博勇，张康健，张檀，等.2004. 秦仲1～4号优良品种选育研究[J]. 西北林学院学报，19(3)：18－20.

张灿峰.2010. 林业有害生物防治药剂药械使用指南[M]. 北京：中国林业出版社.

张昌莲，彭祥伟.2014. 大力推广林地、果园生态养鹅技术[J]. 上海畜牧兽医通讯(6)：68－71.

张改香.2014. 杜仲高效栽培技术研究[J]. 林业实用技术(1)：17－19.

张红文.2009. 河南文冠果与生物质能源林培育[J]. 河南林业科技，29(2)：91－92.

张静.2008. 黄秋葵栽培技术[J]. 现代农业科学，15(6)：25.

张娟，王玉虎，刘航.2016. 对平原地区县域城镇化的若干思考—基于山东、河北的县域城镇化调研[J]. 城市发展研究，23(9)：1－6.

张立彬，王印肖.2015. 河北林木种质资源[M]. 北京：中国林业出版社.

张立彬，肖啸，刘玉艳，等.2009. 耐贮运桃新晶种久脆[J]. 园艺学报，36(6)：930.

张立彬，肖啸，张吉军，等.2011. 桃新品种久红[J]. 园艺学报，38(3)：599－600.

张绮纹，苏晓华，李金花.1999. 中国杨树遗传改良[J]. 中国农业科技导报2(2)：54－58.

张森.2015. 茸鹿科学养殖技术探析[J]. 畜牧兽医，32(1)：153.

张涛，高天姝，白瑞英，等.2015. 油用牡丹利用与研究进展[J]. 重庆师范大学学报(自然科学版)，32

(2)：143 - 149.

张伟 . 2011. 河北平原农村生态环境存在的问题与对策[J]. 科技资讯(19)：170.

张秀花，刘长莹，李真 . 2017. 核桃矮化密植丰产栽培技术[J]. 河北果树(1)：33 - 35，37.

张秀芝，赵相雷，李宏亮，等 . 2011. 河北平原土壤有机碳储量及固碳机制研究[J]. 地学前缘，18(6)：41 - 55.

张燕，郭晋平，张芸香 . 2012. 文冠果落花落果成因及保花保果技术研究进展[J]. 经济林研究，30(4)：180 - 184.

张颖 . 2014. 大球盖菇北方棚内反季节栽培技术[J]. 中国林副特产，133(6)：54 - 55.

张玉芳，高杰，李丹丹 . 2017. 金丝小枣病虫无公害防治技术[J]. 河北果树(1)：53.

张玉芳，高杰，李丹丹，等 . 2017. 金丝小枣采收、烘干、晾晒技术[J]. 河北果树(2)：53 - 54.

赵国斌，范春晖，李文娟 . 2012. 有机杜仲林标准化种植技术研究[J]. 中国园艺文摘(1)：185 - 188.

赵俊喜，刘素云，邱政芳，等 . 2013. 涉县核桃栽培技术指南[M]. 石家庄：河北科学技术出版社 .

赵艳华 . 2016. 种好樱桃树，这几个问题要搞明白[N]. 河北科技报，11(29)：A01 版 .

赵元棣，王兴隆，王涛波 . 2016. 兴趣教学模式在“通用航空运行与保障”课程中的应用探讨[J]. 大学教育(5)：152 - 156.

赵治国，乔明奎，崔贵峰 . 2017. 木本油料作物毛梾的特征特性及繁育技术[J]. 现代农业科技，(2)：127 - 130.

郑亚平 . 2003. 大雁人工养殖技术(上)[N]. 中国畜牧报，2(2)：006 版 .

郑亚平 . 2003. 大雁人工养殖技术(下)[N]. 中国畜牧报，2(6)：007 版 .

郑雨明，高岳印，陈希刚，等 . 2017. 枣树栽培新模式[J]. 烟台果树，28(2)：52 - 53.

周长瑞，杜华兵 . 1989. 杨树刺槐混交林与杨树纯林生物量的比较和分析[J]. 山东林业科技(4)：42 - 45.

周世朗，伍善志 . 1995. 驼鸟养殖技术[J]. 适用技术之窗(4)：21 - 22.

周文 . 2013. 无人飞机在农业植保中的运用及推广[J]. 现代农业装备(3)：45 - 48.

朱锦红 . 2011. 双季槐栽培管理技术[J]. 山西林业(5)：34 - 35.